프로젝트로 완성하는
Go 프로그래밍

프로젝트로 완성하는
Go 프로그래밍

Go 언어를 활용한
마이크로서비스 구축 가이드

맷 라이어 지음

권순범 옮김

맷 라이어^{Mat Ryer}

6살 때부터 컴퓨터 프로그래밍을 하고 있으며, 아버지와 함께 게임과 프로그램을 만들었다. 처음에는 ZX 스펙트럼^{ZX Spectrum}에서 베이직^{BASIC}으로, 그리고 코모도어 아미가^{Commodore Amiga}에서는 AmigaBASIC과 AMOS로 게임을 만들었다. 「Amiga Format」 잡지의 코드를 일일이 옮겨 적고 변수를 바꿔보거나 GOTO문을 움직여서 어떻게 되는지를 확인하는 데 많은 시간을 쏟았다. 이와 같은 프로그래밍에 대한 탐구 정신과 집념이 밑거름이 돼서 18세에 영국 맨스필드에 있는 에이전시에서 웹사이트와 서비스를 만들기 시작했다.

2006년, 노팅엄셔^{Nottinghamshire}의 농촌 지역을 떠나 런던으로 가서 BT에서 일했다. 바로 여기서 애자일 개발 기술을 연마하고 재능 있는 개발자 및 관리자 그룹과 함께 일했다. 이때의 경험은 요즘도 여전히 사용하는 은은한 취향을 발전시키는 데 도움이 됐다.

수년 동안 런던에서 일하면서 C#과 오브젝티브C^{Objective-C}뿐 아니라 루비^{Ruby}와 자바스크립트^{JavaScript}까지 아우르는 다양한 언어로 모든 코딩을 해왔으나 구글이 개척한 Go라는 새로운 시스템 언어에 주목했다. 매우 적절하고 관련성이 높은 최신 기술 과제를 다루기 시작한 이래로는 문제를 해결하기 위해 베타 단계에 있던 때부터 Go 언어를 사용하기 시작했다.

2012년에는 콜로라도의 볼더^{Boulder}로 옮겨 큰 데이터 웹 서비스 및 고가용성 시스템부터 소규모 프로젝트 및 자선 활동에 이르기까지 다양한 프로젝트를 수행했다. 일하던 회사가 매각된 후 2015년 런던으로 귀국했고 현재까지 다양한 제품, 서비스, 오픈소스 프로젝트를 만들기 위해 Go를 계속 사용하고 있다. Go에 관한 글을 자신의 블로그

(matryer.com)에 올리며, 트위터에서는 @matryer란 아이디로 Go에 관해 글을 쓴다.

전 세계 Go 컨퍼런스에서 정기적으로 강연하고 있으며, 사람들이 우연히 마주치게 된다면 자신을 소개하고 서로에게 다가갈 것을 권하고 있다.

| 감사의 말 |

나는 이 책을, 그리고 제2판을 아주 멋진 로리 에드워즈Laurie Edwards의 도움 없이는 쓸 수 없었을 것이다. 그녀는 자신의 프로젝트를 수행하는 와중에도 짬을 내서 내가 체계적으로 계속 집중할 수 있게 해줬다. 그녀의 끊임없는 지원이 없었다면, 내가 이 책(착수한 다른 모든 프로젝트와 함께)을 결코 마무리할 수 없었으리라 확신한다. 내 성장을 도와준 우상들이 있다. 다비드 에르난데스David Hernández(깃허브(이하 별도 표시가 없으면 동일) @dahernan)는 내 아이디어가 훗날 형편없는 것에 깊은 흥미를 가지기 전에 "형편없다."고 얘기하는 것을 아주 좋아한다. 에르네스토 지메네즈Ernesto Jiménez는 매우 열심히 일하고, 개인 프로젝트와 공개 프로젝트 모두에서 극도로 효과적으로 작업한다. 타일러 버넬Tyler Bunnell(@itylerb)과는 함께 Go를 학습했다. 라이언 퀸Ryan Quinn(@mazondo)은 하루에 앱 하나씩을 제작하는 듯하고, 무언가를 만드는 방법에 관한 산증인이다. 이는 곧 아무리 단순한 것이라도 만드는 것이 아무것도 만들지 않는 것보다는 항상 낫다는 의미다. Go의 좋고 나쁜 점에 대한 토론을 해줬을 뿐만 아니라 컴퓨터과학의 한계를 넘어서는 문제에 대해 조언을 구할 수 있었던 팀 슈라이너Tim Schreiner에게 감사의 말을 전한다. 이처럼 재미있는 언어를 만들어준 Go 코어 팀과 기여contribution를 통해 수개월의 개발 기간을 아끼게 해준 Go 커뮤니티 전체에 매우 감사한다. 충실하게 유지되며 다양한 사용자를 확보한 커뮤니티가 될 수 있도록 더욱 열심히 노력하고 있는 Women Who Go and Go Bridge (트위터 @golangbridge) 그룹에 특별히 인사말을 전한다. 내 인생에서 나를 지지해주고, 좋아하는 개발 작업을 직업으로 삼는 데 도움을 준 모든 분들께도 특별한 감사의 말을 전한다. 닉Nick과 매기Maggie Ryer, 크리스Chris Ryer, 글렌Glenn과 트레이시 윌슨Tracey Wilson, 필 잭슨Phil Jackson, 애런 에델Aaron Edell, 섹 차이Sek Chai, 다비드 에르난데스, 에르네스토

6

지메네즈, 블레인 가스트Blaine Garst, 팀Tim과 스테이시 스탁하우스Stacey Stockhaus, 톰 서보Tom Szabo, 스티브 데이비스Steve Davis, 마크 그레이Mark Gray, 존 모츠John Motz, 로리 도넬리Rory Donnelly, 피오트르 로젝Piotr Rojek, 코리 프라크Corey Prak, 피터 부르곤Peter Bourgon, 앤드류 게런드Andrew Gerrand, 데이브 체니Dave Cheney, 윌리엄 빌 케네디William (Bill) Kennedy, 맷 히스Matt Heath, 칼리시아 캄포스Carlisia Campos, 티파니 저니건Tiffany Jernigan, 나탈리 피츠노비치Natalie Pistunovich, 사이먼 하워드Simon Howard, 숀 톰슨Sean Thompson, 제프 캐빈Jeff Cavins, 에드 그랜트Edd Grant, 앨런 미드Alan Meade, 스티브 카트Steve Cart, 앤디 잭슨Andy Jackson, 아딧샤 프라다나Aditya Pradana, 앤디 조슬린Andy Joslin, 칼Kal Chottai, 팀 라이어Tim Ryer, 엠마 페인Emma Payne, 코리Corey와 애쉬튼Ashton Ryer, 클레어Clair Ryer, 가레스Gareth와 딜런 에반스Dylan Evans, 홀리 스미츠먼Holly Smitheman, 필 에드워즈Phil Edwards, 트레이시 에드워즈Tracey Edwards, 커스틴Kirsten, 메간Megan과 폴 크라우칙Paul Krawczyk, 알렉스Alex, 아드리안느Adriénne와 에단 에드워즈Ethan Edwards, 샨텔Chantelle과 그렉 로슨Greg Rosson, 그리고 다른 훌륭한 친구들과 가족을 비롯해 여기에 언급되지 않은 모든 이들에게 감사한다. 매기 라이어(1961 – 2015)를 기리며.

기술 감수자 소개

마이클 함라^{Michael Hamrah}

뉴욕 브루클린의 소프트웨어 엔지니어로, 10년 이상의 개발 경험이 있으며 확장 가능한 분산 시스템이 전문 분야다. 현재 우버^{Uber}의 수석 소프트웨어 엔지니어로 일하고 있으며, 여러 데이터센터에서 하루에 수십억 개의 저지연 이벤트를 처리하는 지표 및 모니터링 시스템에 주력하고 있다. 주로 Go로 작업하며 소프트웨어 스택 전반에 걸친 광범위한 경험을 가지고 있다. 링크드인(https://www.linkedin.com/in/hamrah)을 통해 연락할 수 있다.

다비드 에르난데스^{David Hernandez}

런던의 독립 소프트웨어 엔지니어로, 기업의 소프트웨어를 개선하는 일을 한다. 스페인, 영국, 호주 등 다양한 국가에서 일하고 있으며 'BBC 런던 올림픽 2012' 등의 프로젝트에 참여했다. 또한 아틀라시안^{Atlassian}에서 지속적인 배포^{Continuous Delivery}를 달성하는 데 도움을 줬으며 영국 GDS^{Government Digital Service}[1]에서 영국 국민들에게 서비스를 제공하고 있다.

Go 런던 사용자 그룹에서 자신이 가장 좋아하는 프로그래밍 언어인 Go로 연설하고 협업하는 그를 찾을 수 있다.

---

1   영국 디지털서비스청(https://gds.blog.gov.uk/about/) - 옮긴이

| 옮긴이 소개 |

권순범(http://llun.com)

특정 기술보다는 문제 해결이라는 하나의 화두에 천착하고 있으며 데이터 및 콘텐츠 큐레이션에 관심이 많다. 현재는 소프트웨어 엔지니어로 일하고 있다. 교육공학을 전공해 한때는 인적자원개발^{HRD}을 하기도 했다.

프로그래밍 언어는 무수히 많고 각기 장단점이 존재하므로 어느 하나 우열을 가릴 수 없다. Go 언어 역시 그러하며 특징이 전혀 다른 타 언어들과 비교하기는 어렵겠지만, 성장 가능성에 비중을 둔다면 높게 평가할 수 있다. 객관적으로도 2000년대 이후 등장한 신흥 언어 중 발전이 기대되는 언어를 묻는 설문조사 등[1]에서 최근 수년간 상위권을 차지하고 있을 만큼 Go 언어는 향후 더 큰 성장이 예상된다.

혹자는 얇은 기본서나 입문서를 선호할 수도 있고, 시작부터 모든 것을 다 알아야겠다는 욕심에 바이블과 같이 두꺼운 전문서적을 선호할 수도 있겠지만, 개인적으로는 이런 '블루프린트Blueprint' 시리즈 형태를 선호하는 편이다. 이 책과 같은 구성은 기존의 다른 언어를 어느 정도 접한 프로그래머가 새로운 언어를 학습하기에 굉장히 유익하다고 본다. 물론 컴퓨터 프로그래밍을 처음 배우는 경우(Go 언어로 시작하는 독자는 매우 드물겠지만)에도 딱딱한 문법부터 사전식으로 공부하는 것보다는 단순한 프로그램에서부터 실행 결과를 빠르게 확인하며 흥미를 지속하는 방법이 효과적이다.

적지 않은 분량이지만 책 전체를 보고 하나의 프로그램을 만드는 것이 아니라, 각 장마다 작은 애플리케이션들을 온전히 구현해 완성시켜볼 수 있기 때문에 넓은 범위를 다양하게 다루면서도 새로운 언어를 학습하는 두 마리 토끼를 모두 잡을 수 있도록 구성돼 있다. 게다가 Go 언어뿐만 아니라 구글 앱 엔진 등 구글 클라우드 플랫폼의 다양한 서비스는 물론 도커의 활용에 이르기까지 광범위한 내용을 경험해볼 수 있다. 이후 부족하다고 느껴지는 부분이 있을 경우 『The Go Programming Language』(에이콘,

---

2016)와 같은 기본서나 바이블 형태의 도서 등을 추가로 찾아보며 이 책과 상호보완적으로 활용하면 좋을 것이다.

번역과 관련해서는 실무에서 보통명사처럼 일상적으로 사용하는 용어(메소드, 커맨드라인, 엔드포인트 등)는 최대한 원어 그대로를 표음한 우리말로 표기했으며, 개발 용어 외에도 IT 분야의 배경지식이 필요한 단어에는 역자 주석을 추가해 별도로 찾아보지 않더라도 내용을 이해할 수 있도록 했다.

많은 독자가 이 책을 통해 Go 언어에 친숙해지고 Go만의 특징과 강점들을 이해함으로써 적재적소에, 유용한 도구로 활용할 수 있게 되길 바란다.

| 차례 |

| 들어가며 |

이 책의 1판인 『Go Programming Blueprints』(Packt, 2015)의 반응에 비춰볼 때, 나는 Go 입문자부터 커뮤니티의 존경받는 인사들에게 이르기까지 많은 사람들에게 큰 호응을 얻었다. 이처럼 긍정적인 피드백을 받아 제2판을 쓰게 됐다. 코드가 최신 사고방식으로 업데이트되고 세 개의 새로운 장이 추가됐으며, 깃허브 저장소(https://github.com/matryer/goblueprints)에 독자가 제공한 질문과 기여 덕분에 오류를 해결하고 버그를 수정하고 몇 가지 사항을 해결할 수 있었다. 도움을 준 사람들의 전체 목록을 보려면 깃허브의 README 파일을 참조하라.

상대적으로 젊은 언어와 커뮤니티를 가진 Go가 소프트웨어를 빠르게 작성하고 반복하는 데 나쁜 선택이라는 신화를 없애고자 이 책을 저술하기로 결심했다. 기성 Gem과 라이브러리를 잘 활용해 루비 온 레일즈^{Ruby on Rails} 애플리케이션을 주말에 뚝딱 만들어낸 친구가 있는데, 레일즈란 플랫폼은 신속한 개발을 가능하게 하는 것으로 유명하다. 계속해서 성장하고 있는 오픈소스 패키지의 뷔페처럼, Go를 이용해 처음부터 잘 동작하고 프로젝트를 착수할 때부터 확장성이 고려된 소프트웨어를 레일즈는 경쟁할 수 없는 방식으로 빠르게 구축하고 출시할 수 있는 방법에 대한 실제 사례를 공유하고자 했다. 물론 대부분의 확장성은 언어 외부에서 발생하지만, Go에 내장된 동시성과 같은 특징을 통해 가장 기본적인 하드웨어만으로도 매우 인상적인 결과를 얻을 수 있으므로 실무가 시작될 때 바로 시작할 수 있다.

이 책은 매우 다양한 프로젝트를 탐구한다. 각각은 본격적인 스타트업의 기초를 형성할 수 있는 것들이다. 저지연 채팅 애플리케이션, 도메인 이름 제안 도구, 트위터^{Twitter}를 기반으로 하는 소셜 조사 및 투표 서비스, 구글 플레이스^{Google Places}에서 제공하는 랜덤 외출 생성 프로그램 등 각 장은 Go로 작성된 대부분의 프로그램이나 서비스가 해결해야 할 다양한 문제를 다루고 있다. 이 책에 나와 있는 해결책은 각 프로젝트를 해결할 수 있는 많은 방법 중 하나일 뿐이며, 내가 어떻게 솔루션에 접근했는지 생각해보는 것이 좋다. 개념은 코드 그 자체보다 더 중요하지만 당신의 Go 도구 모음toolbelt에 들어갈 수 있는 몇 가지 팁과 요령을 도처에서 익히게 될 것이다.

제2판에서는 새롭게 구글 앱 엔진Google App Engine을 빌드하는 방법, 마이크로서비스의 생김새, 그리고 코드를 도커Docker로 패키징해 어디서든 배포하는 방법과 같은 실용적인 최신 아키텍처의 개념을 탐구할 것이다.

이 책을 저술한 과정에서 많은 애자일agile 개발자들이 받아들인 철학에 관한 것을 보여주기 때문에 흥미로울 수 있다. 첫 버전을 작성하기 전에 실제 배포 가능한 제품(단순한 제품임에도 불구하고 최소한의 실행 가능한 제품)을 구축하기 위한 도전을 시작했다. 일단 작동되면 스크래치scratch부터 다시 작성한다. 소설가와 언론인은 글쓰기의 기술이 다시 쓰여지고 있다고 종종 말한다. 나는 이것이 소프트웨어에서도 마찬가지임을 알았다. 처음으로 코드를 작성할 때, 우리가 실제로 하고 있는 모든 일은 문제에 대해 알게 되는 것과 문제를 어떻게 해결할지 생각하고, 우리 생각을 머리에서 종이나 텍스트 편집기로 보내는 것이다. 다시 작성할 때 문제를 실제로 해결하기 위해 새로운 지식을 적용한다. 이것을 시도해본 적이 없다면 한번 해보라. 코드의 품질이 상당히 크게 개선될 수도 있다. 소프트웨어를 발전시키는 데 있어 두 번의 작성으로 끝나지 않을 수 있다. 잘못됐을 때 언제든 이전 작성 코드를 버릴 수 있도록 최소한의 노력은 들여야 한다.

테스트 주도 개발TDD 방식에 따라 모든 코드를 작성한다. 일부는 책 전체에서 함께하고 일부는 최종 코드에서 결과를 볼 것이다. 모든 테스트 코드는 책에 포함돼 있지 않더라도 이 책의 깃허브 저장소에서 찾을 수 있다.

테스트 중심의 두 번째 버전을 완성한 후에는 어떻게, 그리고 왜 진행했는지 설명하는 장을 썼다. 대부분의 경우 내가 취했던 반복적인 접근 방식은 조금 변경하고 수정하는 내용으로 페이지 수만 늘릴 뿐이므로 책에 담지 않았다. 그런 식의 지면 추가는 아마 독자들에게 실망스러운 일일 것이다. 그러나 몇몇 경우에는 Go 패키지와 프로그램을 작성할 때 점진적 개선과 작은 반복 프로세스(시작과 유지가 간단하고 반드시 필요한 경우에만 복잡하게 소개)가 적용될 수 있다는 느낌을 얻기 위해 함께 반복할 것이다.

나는 2012년 영국에서 미국으로 건너갔지만, 그 때문에 미국식 영어로 책을 저술한 것은 아니다. 이는 단지 출판사의 요구 사항이었다. 나는 이 책이 미국 독자를 겨냥하고 있다고 생각하며, 그게 아니면 아마 미국식 영어가 컴퓨팅의 표준 언어이기 때문일 것이다(영국 코드에서, 색깔color을 다루는 속성은 U 없이 쓴다). 어느 쪽이든 그 부분에 대해 미리 양해를 구한다. 나는 지나치게 규칙을 따지는 프로그래머가 될 수 있는 방법을 알고 있다.

질문, 개선, 제안, 토론(Go 커뮤니티뿐만 아니라 코어 팀과 언어 자체에 대한 의견 모두 좋다.)은 언제나 환영한다. 이는 책을 구성하는 깃허브의 이슈에서 다뤄질 것이며, https://github.com/matryer/goblueprints에서 누구나 참여할 수 있다.

마지막으로, 누군가가 이러한 프로젝트 중 하나를 기반으로 창업하거나 다른 곳에서 활용한다면 감격할 것이다. 그런 소식이 있다면 전해달라. 트위터 @matryer로 내게 메시지를 보낼 수 있다.

▌ 이 책에서 다루는 내용

1장. 웹 소켓을 이용한 채팅 애플리케이션 여러 사람이 웹 브라우저에서 실시간 대화를 할 수 있는 완전한 웹 애플리케이션을 만드는 방법을 알려준다. NET/HTTP 패키지를 사용해 HTML 페이지를 제공하고 웹 소켓이 있는 클라이언트의 브라우저에 연결하는 방법을 알 수 있다.

2장. 사용자 계정 추가 채팅 애플리케이션에 OAuth를 추가하는 방법을 보여줌으로써 누가 무슨 말을 하고 있는지 추적할 수 있으며 구글, 페이스북 또는 깃허브를 사용해 로그인할 수 있다.

3장. 프로필 사진 구현의 세 가지 방법 채팅 애플리케이션에 프로필 이미지를 추가하는 방법을 설명한다. 인증 서비스나 Gravatar.com 웹 서비스 또는 사용자가 자신의 하드 드라이브에서 자기 사진을 업로드할 수 있도록 허용해 가져올 수 있다.

4장. 도메인 이름 검색용 커맨드라인 툴 Go 커맨드라인 툴이 얼마나 쉬운지 살펴보고 이러한 기술을 사용해 채팅 애플리케이션용으로 완벽한 도메인 이름을 찾는 문제를 해결한다. 또한 표준 입출력 파이프를 활용해 조합 가능하며 꽤 강력한 도구를 어떻게 쉽게 만드는지를 탐구한다.

5장. 분산 시스템 구축 및 유연한 데이터 작업 NSQ 및 MongoDB를 기반으로 하는 확장성이 뛰어난 트위터 여론 조사 투표 계수 엔진을 구축함으로써 민주주의의 미래를 어떻게 준비하는지 설명한다.

6장. RESTful 데이터 웹 서비스 API를 통한 데이터와 기능 노출 5장, '분산 시스템 구축 및 유연한 데이터 작업'에서 만든 JSON 웹 서비스를 통해 기능을 제공하는 방법, 구체적으로는 http.HandlerFunc 함수를 어떻게 래핑해 강력한 파이프라인 패턴을 제공하는지를 알아본다.

7장. 랜덤 추천 웹 서비스 구글 플레이스 API를 사용해 각 지역을 탐색하는 흥미로운 방법을 보여주는 위치 기반 랜덤 추천 API를 어떻게 생성하는지 보여준다. 또한 내부 데이터 구조를 비공개로 유지하고 공용 뷰public view를 동일한 데이터로 제어하는 것이 중요한 이유뿐 아니라 Go에 열거자를 구현하는 방법도 설명한다.

8장. 파일시스템 백업 코드 프로젝트용으로 간단하지만 강력한 파일시스템 백업 도구를 구축하고, Go 표준 라이브러리의 OS 패키지를 사용해 파일시스템과 상호작용하는 방법을 찾는 것을 돕는다. 또한 Go의 인터페이스가 어떻게 간단한 추상화로 강력한 결과를 얻을 수 있는지 살펴본다.

9장. 구글 앱 엔진용 Q&A 애플리케이션 구축 구글의 인프라에 배포할 수 있으며 운영 작업이 거의 혹은 전혀 없이도 대규모로 실행할 수 있는 애플리케이션을 구축하는 방법을 보여준다. 이 프로젝트는 가용성이 뛰어나고 엄청나게 빠르며 스키마가 필요 없는 데이터 저장소인 구글 클라우드 데이터스토어Google Cloud Datastore를 비롯해 구글 앱 엔진에서 사용할 수 있는 몇몇 클라우드 서비스를 활용한다.

10장. Go kit 프레임워크를 이용한 Go의 마이크로서비스 대규모의 일체형 애플리케이션을 개별 서비스로 분리하는 최신 소프트웨어 아키텍처 패러다임을 탐구한다. 각 서비스는 서로 독립적으로 실행되므로 서비스 수요에 맞게 개별적으로 확장할 수 있다. Go kit은 구현 세부 사항에 대해 상관하지 않으면서 마이크로서비스 아키텍처의 몇몇 문제를 해결하는 소프트웨어 프레임워크다.

11장. 도커를 이용한 Go 애플리케이션 배포 9장, '구글 앱 엔진용 Q&A 애플리케이션 구축'에서 작성한 애플리케이션을 패키징하고 배포하기 위해 도커 이미지를 만드는 방법을 간략히 살펴본다. 이미지를 설명하는 Dockerfile을 작성하고 도커 툴을 사용해 이미지를 빌드한 후 디지털 오션Digital Ocean 클라우드에 배포한다.

부록. 안정적인 Go 개발 환경을 위한 지침 Go를 새 컴퓨터에 처음부터 설치하는 방법을 살펴보고 선택 가능한 개발 환경과 장래에 미치는 영향을 설명한다. 몇 가지 코드 편집기(또는 통합 개발 환경IDE) 옵션을 살펴보고, 협업이 어떻게 우리의 결정에 영향을 미치는지뿐만 아니라 패키지의 오픈소스화가 어떤 영향을 미치는지도 검토한다.

▌ 준비 사항

이 책의 코드를 컴파일하고 실행하려면 Go 툴셋을 지원하는 운영체제를 실행할 수 있는 컴퓨터가 필요하다. 지원하는 운영체제 목록은 https://golang.org/doc/install#requirements에서 확인할 수 있다.

부록, '안정적인 Go 개발 환경을 위한 지침'에는 GOPATH 환경 변수를 사용하는 방법을 포함해 Go를 설치하고 개발 환경을 설정하는 데 유용한 팁이 담겨 있다.

▌ 이 책의 대상 독자

이 책은 실제 프로젝트를 구축하면서 언어를 탐구하려는 초심자부터 흥미로운 방식으로 언어를 적용하는 방법에 관심이 있는 전문 고퍼[gopher]까지 모든 Go 프로그래머를 대상으로 한다.

▌ 편집 규약

이 책에서는 독자의 이해를 돕고자 다루는 정보에 따라 글꼴 스타일을 다르게 적용했다. 이러한 스타일의 예와 의미는 다음과 같다.

텍스트에서 코드 단어는 다음과 같이 표기한다. "뭔가 문제가 발생하면 respondErr 함수를 호출한다."

코드 블록은 다음과 같이 표기한다.

```
package meander
type Cost int8
const (
  _ Cost = iota
  Cost1
  Cost2
  Cost3
  Cost4
  Cost5
)
```

커맨드라인 입력이나 출력은 다음과 같이 표기한다.

```
go build -o project && ./project
```

화면상에 표시되는 메뉴나 버튼은 다음과 같이 표기한다. "일단 Xcode를 설치하면 환경 설정을 열고 **Downloads** 섹션으로 이동한다."

 경고나 중요한 노트는 이와 같이 나타낸다.

 팁과 요령은 이와 같이 나타낸다.

▌ 독자 의견

독자로부터의 피드백은 항상 환영이다. 이 책에 대해 무엇이 좋았는지 또는 좋지 않았는지 소감을 알려주길 바란다. 독자 피드백은 앞으로 더 좋은 책을 발행하는 데 큰 도움이 된다. 일반적인 피드백을 우리에게 보낼 때는 간단하게 feedback@packtpub.com으로 이메일을 보내면 되고, 메시지의 제목에 책 이름을 적으면 된다.

여러분이 전문 지식을 가진 주제가 있고, 책을 내거나 책을 만드는 데 기여하고 싶다면 www.packtpub.com/authors에서 저자 가이드를 참조하길 바란다.

▌ 고객 지원

팩트출판사의 구매자가 된 독자에게 도움이 되는 몇 가지를 제공하고자 한다.

예제 코드 다운로드

이 책에 사용된 예제 코드는 http://www.packtpub.com의 계정을 통해 다운로드할 수 있다. 다른 곳에서 구매한 경우에는 http://www.packtpub.com/support를 방문해 등록하면 파일을 이메일로 직접 받을 수 있다.

코드를 다운로드하려면 다음과 같이 한다.

1. 팩트출판사 웹사이트(http://www.packtpub.com)에서 이메일 주소와 암호를 이용해 로그인하거나 계정을 등록한다.
2. 맨 위에 있는 **SUPPORT** 탭으로 마우스 포인터를 이동한다.
3. **Code Downloads & Errata** 항목을 클릭한다.
4. **Search** 입력란에 책 이름을 입력한다.
5. 코드 파일을 다운로드하려는 책을 선택한다.
6. 드롭다운 메뉴에서 이 책을 구매한 위치를 선택한다.
7. **Code Download** 항목을 클릭한다.

팩트출판사 웹사이트의 책 웹 페이지에서 코드 파일 버튼을 클릭해 코드 파일을 다운로드할 수도 있다. 이 페이지는 검색 상자에 책의 이름을 입력해 액세스할 수 있다. 이를 위해 팩트출판사 계정에 로그인해야 한다.

파일을 다운로드한 후에는 다음과 같은 압축 프로그램을 이용해 파일의 압축을 해제한다.

- **윈도우**: WinRAR, 7-Zip
- **맥**: Zipeg, iZip, UnRarX
- **리눅스**: 7-Zip, PeaZip

책의 코드 묶음도 깃허브(https://github.com/PacktPublishing/Go-Programming-Blueprints)에서 호스팅된다. 또한 우리의 풍부한 책과 비디오 카탈로그에서 다른 코드 묶음을 얻을 수 있다. https://github.com/PacktPublishing/에서 그들을 확인하길 바란다. 또한 에이콘출판사의 도서 정보 페이지인 http://www.acornpub.co.kr/book/go-blueprints-2에서도 예제 코드를 다운로드할 수 있다.

정오표

내용을 정확하게 전달하기 위해 최선을 다했지만, 실수가 있을 수 있다. 팩트출판사의 도서에서 문장이든 코드든 간에 문제를 발견해서 알려준다면 매우 감사하게 생각할 것이다. 그런 참여를 통해 그 밖의 독자에게 도움을 주고, 다음 버전의 도서를 더 완성도 높게 만들 수 있다. 오탈자를 발견한다면 http://www.packtpub.com/submit-errata를 방문해 책을 선택하고, 구체적인 내용을 입력해주길 바란다. 보내준 오류 내용이 확인되면 웹사이트에 그 내용이 올라가거나 해당 서적의 정오표 부분에 그 내용이 추가될 것이다. http://www.packtpub.com/support에서 해당 도서명을 선택하면 기존 정오표를 확인할 수 있다. 한국어판은 에이콘출판사 도서정보 페이지 http://www.acornpub.co.kr/book/go-blueprints-2에서 찾아볼 수 있다.

저작권 침해

인터넷에서의 저작권 침해는 모든 매체에서 벌어지고 있는 심각한 문제다. 팩트출판사에서는 저작권과 사용권 문제를 아주 심각하게 인식한다. 어떤 형태로든 팩트출판사 서적의 불법 복제물을 인터넷에서 발견한다면 적절한 조치를 취할 수 있도록 해당 주소나 사이트명을 알려주길 부탁한다.

의심되는 불법 복제물의 링크는 copyright@packtpub.com으로 보내주길 바란다. 저자와 더 좋은 책을 위한 팩트출판사의 노력을 배려하는 마음에 깊은 감사의 뜻을 전한다.

질문

이 책과 관련해 질문이 있다면 questions@packtpub.com으로 문의하길 바란다. 최선을 다해 질문에 답하겠다. 한국어판에 관한 질문은 이 책의 옮긴이나 에이콘출판사 편집 팀(editor@acornpub.co.kr)으로 문의해주길 바란다.

1

웹 소켓을 이용한
채팅 애플리케이션

Go는 고성능의 동시 서버concurrent server1 애플리케이션과 툴을 만들기에 매우 좋다. 웹은 이를 제공하는 데 완벽한 매체다. 요즘에는 웹을 지원하지 않는 기기를 찾는 것이 어려울 정도며 그 덕분에 거의 모든 플랫폼과 장치를 대상으로 하는 단일 애플리케이션을 만들 수 있다.

첫 번째 프로젝트는 여러 사용자가 웹 브라우저에서 실시간으로 대화할 수 있는 웹 기반 채팅 애플리케이션이다. 일반적인 Go 애플리케이션은 대개 많은 패키지들로 구성된다. 각 패키지는 여러 폴더에 코드를 저장하는 방식으로 구성되며 이는 Go의 표준 라이브러리도 마찬가지다. HTML 파일을 제공하는 net/http 패키지를 사용해 간단한 웹 서버를 구축하는 것부터 시작해보자. 그런 다음 메시지가 전달되도록 웹 소켓에 대한 지원을 추가할 것이다.

C#, 자바Java, Node.js 등의 언어에서는 모든 클라이언트를 동기화 상태로 유지하기 위해 복잡한 스레드threading 코드와 잠금lock을 영리하게 사용해야 한다. 앞으로 살펴보겠지만 Go는 내장된 채널channel2과 동시성 패러다임concurrency paradigm3을 통해 스레드를 사용한 개발에 굉장히 많은 도움을 준다.

1장에서 다루는 내용은 다음과 같다.

- HTTP 요청을 처리하기 위한 net/http 패키지 사용
- 템플릿 기반 콘텐츠를 사용자의 브라우저에 전달
- Go 인터페이스를 충족하는 자체 http.Handler 타입 구현
- Go의 고루틴goroutine4을 사용해 애플리케이션이 여러 작업을 동시에 수행하도록 허용

---

1 동시에 여러 개의 요청이 올 때 이를 처리하기 위한 방법으로, 자식 프로세스를 만들어 동시에 처리한다(대기 후 순차적으로 처리하는 iterative server와 대비되는 개념). - 옮긴이

2 두 고루틴이 서로 통신하는 수단으로 별도 작업 없이도 실행 흐름을 동기화할 수 있다. - 옮긴이

3 하나 이상의 작업을 동시에 진행하는 것을 동시성(concurrency)이라고 한다. Go에서는 고루틴과 채널을 통해 동시성을 풍부하게 지원한다. - 옮긴이

4 Go 런타임에 의해 관리되는 경량 스레드. 고루틴을 사용하면 비동기적으로 여러 개의 함수를 실행할 수 있으며 이를 활용해 동시에 작업할 수 있다. - 옮긴이

- 채널을 사용해 현재 실행 중인 고루틴 간 정보 공유
- 웹 소켓과 같은 최신 기능을 사용하도록 HTTP 요청 업그레이드
- 내부 동작을 좀 더 잘 이해하기 위해 애플리케이션에 추적 기능 추가
- 테스트 주도 개발^{TDD, Test-driven development} 방법을 사용해 전체 Go 패키지 작성
- 노출된^{exported} 인터페이스를 통해 비노출^{unexported} 타입 반환

이 프로젝트의 전체 소스 코드는 다음 위치에 있다.

- https://github.com/matryer/goblueprints/tree/master/chapter1/chat

소스 코드는 주기적으로 커밋(commit)됐으므로 깃허브의 히스토리도 실제 1장의 흐름에 따른다.

▌ 간단한 웹 서버

채팅 애플리케이션에 필요한 첫 번째 요소는 두 가지 주요 기능이 있는 웹 서버다.

- 사용자의 브라우저에서 실행되는 HTML과 자바스크립트^{JavaScript} 채팅 클라이언트 제공
- 클라이언트와의 통신을 가능케 하는 웹 소켓 연결을 허용

GOPATH 환경 변수는 부록, '안정적인 Go 개발 환경을 위한 지침'에서 자세히 다룬다. 개발 환경 준비에 도움이 필요한 경우 먼저 읽어보라.

GOPATH의 chat이라는 새 폴더 안에 main.go 파일을 만들고 다음 코드를 추가한다.

```
package main
import (
```

```
  "log"
  "net/http"
)
func main() {
  http.HandleFunc("/", func(w http.ResponseWriter, r *http.Request) {
    w.Write([]byte(`
    <html>
      <head>
        <title>Chat</title>
      </head>
      <body>
        Let's chat!
      </body>
    </html>
    `))
  })
  // 웹 서버 시작
  if err := http.ListenAndServe(":8080", nil); err != nil {
    log.Fatal("ListenAndServe:", err)
  }
}
```

이것은 아주 간단하지만 완전한 Go 프로그램이며 다음 동작을 한다.

- net/http 패키지를 사용해 루트 경로에 요청이 오는지 수신 대기[listen]
- 요청이 있을 때 하드코딩한 HTML을 내보내기
- ListenAndServe 메소드를 사용해 8080포트에서 웹 서버 시작

http.HandleFunc 함수는 경로 패턴 '/'를 두 번째 인수로 전달해 매핑하므로 사용자가 http://localhost:8080/을 입력하면 함수가 실행된다. func(w http.ResponseWriter, r * http.Request) 함수의 형태는 Go 표준 라이브러리를 통해 HTTP 요청을 처리하는 일반적인 방법이다.

커맨드라인(command line)에서 프로그램을 빌드하고 실행하기 때문에 package main을 사용하고 있다. 그러나 재사용이 가능한 채팅 패키지를 제작하는 경우 package chat과 같이 다른 이름을 사용할 수 있다.

터미널[5]에서 방금 생성한 main.go 파일로 이동하고 다음 명령을 통해 프로그램을 실행한다.

```
go run main.go
```

 go run 명령은 간단한 Go 프로그램을 실행하는 데 유용한 간편한 방법이다. 한 번의 명령으로 바이너리를 빌드하고 실행한다. 실제 개발에서는 대개 go build를 사용해 바이너리를 만들고 배포한다. 이에 대해서는 나중에 살펴보자.

브라우저를 열고 주소 창에 http://localhost:8080을 입력해 'Let's chat!' 메시지를 확인한다.

이번처럼 Go 코드에 포함된 HTML 코드를 사용해도 잘 동작하지만, 아무래도 가독성이 떨어지고 프로젝트가 커져감에 따라 점점 더 코드를 읽기 어려워질 것이다. 다음으로는 템플릿을 사용해 코드를 정리하는 방법을 알아보자.

템플릿을 사용해 로직과 뷰 분리

템플릿을 사용하면 사용자 이름을 환영 메시지에 삽입하는 등 일반 텍스트와 특정 텍스트를 혼합할 수 있다. 예를 들어 다음 템플릿을 살펴보자.

---

5   CLI(Command Line Interface)를 가진 명령 창을 지칭하며, 예를 들면 깜빡이는 프롬프트를 갖춘 윈도우의 커맨드 창이나 파워셸('실행' 창에서 각각 cmd, PowerShell 명령을 입력해 실행) 또는 bash 셸이 있다. - 옮긴이

안녕 {{이름}}, 잘 지내니?

앞의 템플릿에 있는 {{이름}} 텍스트를 실제 사람 이름으로 바꿀 수 있다. 그래서 '브루스'가 로그인하면, 다음과 같이 표시된다.

안녕 브루스, 잘 지내니?

Go 표준 라이브러리는 두 개의 기본 템플릿 패키지를 갖고 있다. 하나는 텍스트용 text/template이고, 다른 하나는 HTML용 html/template이다. html/template 패키지는 데이터가 템플릿에 삽입되는 문맥^{context}을 이해한다는 점을 제외하면 텍스트 버전과 동일하다. 이는 스크립트 주입^{script injection}[6] 공격을 방지하고 URL의 특수 문자를 인코딩하는 등의 일반적인 문제를 해결해주기 때문에 유용하다.

처음에는 Go 코드 내부에 있던 HTML 코드를 별도의 파일로 옮길 뿐 아직 어떤 텍스트도 섞이지 않는다. 템플릿 패키지를 사용하면 외부 파일을 아주 쉽게 로드할 수 있어 편리하다.

chat 폴더 아래에 templates라는 새 폴더를 만들고 그 안에 chat.html 파일을 만든다. main.go의 HTML 코드를 그대로 이 파일로 옮기되, 변경 사항이 적용됐는지 확인하기 위해 약간만 수정한다.

```html
<html>
  <head>
    <title>Chat</title>
  </head>
  <body>
    Let's chat (from template)
```

---

6   스크립트를 이용해 악의적으로 사용(예: 해킹) – 옮긴이

```
      </body>
</html>
```

이제 외부 HTML 파일을 사용할 준비가 됐다. 하지만 템플릿을 컴파일해 사용자 브라우저에 제공할 수 있는 방법이 필요하다.

 템플릿 컴파일이란 다양한 데이터와 혼합하기 위해 원본 템플릿을 해석하고 준비하는 하나의 프로세스다. 이는 템플릿을 사용하기 전에 반드시 해야 하며 최초 1회만 수행하면 된다.

템플릿을 로드하고 컴파일하며 전달하는 자체 struct 타입을 작성하려고 한다. filename 문자열을 취하고 (sync.Once 타입을 사용해) 템플릿을 한 번 컴파일하며, 컴파일된 템플릿에 대한 참조를 유지한 후 HTTP 요청에 응답할 새로운 타입을 정의한다. 코드를 빌드하려면 text/template, path/filepath, sync 패키지를 임포트[import] 해야 한다.

main.go에서 다음 코드를 func main( ) 위에 삽입한다.

```go
// templ은 하나의 템플릿을 나타냄
type templateHandler struct {
    once     sync.Once
    filename string
    templ    *template.Template
}
// ServeHTTP가 HTTP 요청을 처리한다
func (t *templateHandler) ServeHTTP(w http.ResponseWriter, r *http.Request) {
    t.once.Do(func() {
        t.templ = template.Must(template.ParseFiles(filepath.Join("templates",
            t.filename)))
    })
```

```
    t.templ.Execute(w, nil)
}
```

 임포트한 패키지의 추가 및 제거를 자동화할 수 있다. 이 방법에 대해서는 부록, '안정적인 Go 개발 환경을 위한 지침'을 참조하라.

templateHandler 타입에는 ServeHTTP라는 단일 메소드가 있다. 이 메소드는 이전에 http.HandleFunc에 전달했던 메소드와 비슷해 보인다. ServeHTTP 메소드는 소스 파일을 로드하고, 템플릿을 컴파일한 후 실행하고, 지정된 http.ResponseWriter 메소드에 출력을 작성한다. ServeHTTP 메소드는 http.Handler 인터페이스를 만족하므로 실제로 http.Handle에 직접 전달할 수 있다.

 다음 주소에서 Go 표준 라이브러리 소스 코드를 간략하게 살펴보자.

• http://golang.org/pkg/net/http/#Handler

http.Handler 인터페이스 정의에서는 net/http 패키지가 HTTP 요청을 제공하는 데 사용되는 특정 타입의 ServeHTTP 메소드만 필요하다는 것을 알 수 있다.

한 번의 실행

템플릿을 일단 한 번만 컴파일하면 템플릿에 접근할 수 있는 몇 가지 방법이 있다. 가장 확실한 방법은 타입 생성 및 템플릿을 컴파일하기 위한 초기화 코드를 호출하는 NewTemplateHandler 함수를 갖는 것이다. 함수가 하나의 고루틴(main 함수 구성 시 메인 고루틴일 것이다.)에 의해서만 호출될 것이라는 확신이 들었다면, 이것은 완벽하게 용인되는 접근법이 될 것이다. 이전 절에서 사용한 대안은 ServeHTTP 메소드 내에서 템플릿을 한 번 컴파일하는 것이었다. sync.Once 타입은 얼마나 많은 고루틴이 ServeHTTP

를 호출하는지에 관계없이 인수로 전달하는 함수가 한 번만 실행된다는 것을 보장한다. 우리 채팅 애플리케이션이 전 세계에 퍼지면 Go의 웹 서버가 자동으로 동시에 작동하므로 유용하다. 우리는 ServeHTTP 메소드에 대한 동시 호출이 매우 많아질 것으로 예상할 수 있다.

ServeHTTP 메소드 내에서 템플릿을 컴파일하면 코드가 확실히 필요하기 전에 작업을 수행하는 데 시간을 낭비하지 않도록 할 수 있다. 이 게으른lazy 초기화 방법은 현재 상황에서 많은 부분을 줄이지는 못하지만 설정 작업이 시간과 리소스를 많이 사용하고 기능이 자주 사용되지 않는 경우 이 방법이 어떻게 유용하게 사용되는지 쉽게 알 수 있다.

자체 핸들러 사용

templateHandler 타입을 구현하려면 다음과 같이 main 함수를 업데이트해야 한다.

```
func main() {
  // 루트
  http.Handle("/", &templateHandler{filename: "chat.html"})
  // 웹 서버 시작
  if err := http.ListenAndServe(":8080", nil); err != nil {
    log.Fatal("ListenAndServe:", err)
  }
}
```

templateHandler 구조체는 유효한 http.Handler 타입이므로 http.Handle 함수에 직접 전달해 지정된 패턴과 일치하는 요청을 처리하도록 요구할 수 있다. 앞의 코드에서 templateHandler 타입의 새 객체를 만들었고 파일명을 chat.html로 지정해 (주소 연산자의 '&'를 사용해) 주소를 가져와서 http.Handle 함수에 전달했다. 새로 생성된 templateHandler 타입에 대한 참조를 저장하지 않지만 다시 참조할 필요가 없으므로 문제가 없다.

터미널에서 Ctrl + C를 눌러 프로그램을 종료했다가 재실행한다. 그다음 브라우저를 새로고침해서 템플릿으로부터 텍스트가 추가됐는지 확인해보자. 이제 코드는 HTML 코드보다 훨씬 간단하고 가독성이 한결 좋아졌다.

Go 프로그램의 적절한 빌드 및 실행

코드가 하나의 main.go 파일로 구성됐을 때는 go run 명령을 사용해 Go 프로그램을 실행하는 것이 유용하다. 그러나 때로는 다른 파일을 빠르게 추가해야 할 수도 있다. 이를 위해서는 실행 전에 전체 패키지를 실행 가능한 바이너리로 적절하게 빌드해야 한다. 방법은 간단하다. 이제부터는 터미널에서 프로그램을 빌드하고 실행할 수 있다.

```
go build -o {파일명}
./{파일명}
```

go build 명령은 지정된 폴더의 모든 .go 파일을 사용해 결과 바이너리를 작성하고 -o 플래그는 생성된 바이너리의 이름을 지정한다. 이제 이름으로 호출해 프로그램을 직접 실행할 수 있다.

예를 들어 채팅 애플리케이션의 경우 다음과 같이 실행할 수 있다.

```
go build -o chat
./chat
```

처음 페이지를 제공할 때 템플릿을 컴파일하므로 변경 사항을 적용하려면 변경 시마다 웹 서버 프로그램을 재시작해야 한다.

▌ 서버상의 채팅방 및 클라이언트 모델링

채팅 애플리케이션의 모든 사용자(클라이언트)는 모두와 채팅할 수 있는 하나의 큰 공개 방에 자동으로 배정된다. room 타입은 클라이언트 연결 관리 및 메시지가 오가는 라우팅을 담당하며 client 타입은 단일 클라이언트에 대한 연결을 나타낸다.

 Go는 타입으로 클래스를 참조하고 객체로 클래스의 인스턴스를 참조한다.

웹 소켓을 관리하기 위해 Go 커뮤니티의 가장 강력한 측면 중 하나인 오픈소스 서드파티third-party 패키지를 사용해보자. 매일 현실 세계의 문제를 해결하는 새로운 패키지가 출시돼 프로젝트에서 사용할 수 있다. 직접 기능을 추가하고 버그를 리포트하거나 고칠 수 있으며 커뮤니티의 지원을 받을 수도 있다.

 아주 특별한 이유가 없는 한 '바퀴의 재발명[7]'은 현명한 방법이 아니다. 따라서 새로운 패키지 구축에 착수하기 전에 이미 같은 문제를 해결한 기존 프로젝트를 검색해볼 필요가 있다. 비슷하긴 하지만 요구 사항을 충족시키지 못하는 프로젝트를 발견하면, 프로젝트에 기여(contributing)해 기능을 추가하는 것을 고려하라. Go는 아주 활발한 오픈소스 커뮤니티(Go 자체가 오픈소스임을 기억하라.)를 보유하고 있으며 항상 새로운 멤버와 아바타를 환영할 준비가 돼 있다.

자체 서버 소켓을 작성하기보다는 고릴라Gorilla 프로젝트의 websocket 패키지를 사용해 서버 측 소켓을 처리할 것이다. websocket 패키지가 어떻게 동작하는지 궁금하다면, 깃허브의 프로젝트 홈페이지(https://github.com/gorilla/websocket)로 가서 오픈소스 코드를 참조하라.

---

7 '바퀴를 다시 발명하지 마라.'에서 유래. 이미 존재하는 무언가를 만드는 시간과 노력은 낭비라는 뜻이다(참고: https://en.wikipedia.org/wiki/Reinventing_the_wheel). – 옮긴이

클라이언트 모델링

chat 폴더에 main.go와 함께 client.go라는 새 파일을 만들고 다음 코드를 추가한다.

```go
package main
import (
  "github.com/gorilla/websocket"
)
// client는 한 명의 채팅 사용자를 나타낸다
type client struct {
  // socket은 이 클라이언트의 웹 소켓이다
  socket *websocket.Conn
  // send는 메시지가 전송되는 채널이다
  send chan []byte
  // room은 클라이언트가 채팅하는 방이다
  room *room
}
```

앞의 코드에서 socket은 클라이언트와 통신할 수 있는 웹 소켓에 대한 참조를 유지하고 있다. send 필드는 수신된 메시지를 대기열에 놓고 소켓을 통해 사용자의 브라우저로 전달할 준비가 된 버퍼 채널이다. room 필드는 채팅방 안의 다른 모든 사람들에게 메시지를 전달할 수 있도록 클라이언트가 채팅 중인 방에 대한 참조를 유지한다.

이 코드를 빌드하려고 하면 몇 가지 오류가 발생한다. websocket 패키지를 가져오려면 go get을 호출해야 한다. 터미널을 열고 다음과 같이 입력하는 것만큼 쉽다.

```
go get github.com/gorilla/websocket
```

코드를 다시 빌드하면 또 다른 오류가 발생할 것이다.

```
./client.go:17 undefined: room
```

문제가 발생한 것은 정의하지 않은 room 타입을 참조했기 때문이다. 컴파일러가 이해하도록 만들려면 room.go라는 파일을 만들고 다음 플레이스홀더placeholder[8] 코드를 삽입한다.

```go
package main
type room struct {
    // forward는 수신 메시지를 보관하는 채널이며
    // 수신한 메시지는 다른 클라이언트로 전달돼야 한다
    forward chan []byte
}
```

채팅방이 필요한 역할에 대해 좀 더 알고 나서 이 정의를 개선할 예정이지만, 지금은 일단 계속 진행할 것이다. 이후 forward 채널은 들어오는 메시지를 다른 모든 클라이언트로 보내는 데 사용한다.

 채널이란 비차단형(non-blocking)이며 스레드로부터 안전한(thread-safe)[9] 방식으로 송신자가 데이터를 전달하고 수신자가 데이터를 읽는 메모리 내(in-memory) 스레드 안전 메시지 대기열(queue)로 생각할 수 있다.

클라이언트가 어떤 작업을 수행하기 위해서는 웹 소켓으로부터 실제로 읽고 쓰는 메소드를 정의해야 한다. client 구조체 외부(아래쪽)에 있는 client.go에 다음 코드를 추가해 client 타입에 read와 write라는 두 메소드를 추가할 것이다.

```go
func (c *client) read() {
    defer c.socket.Close()
```

---

8 일반적으로 텍스트 필드에 무엇을 입력해야 할지 알려주는 역할을 한다. 여기서는 빠져 있는 다른 것을 대신하는 '견본'의 의미로 사용된다. - 옮긴이

9 여러 스레드가 동시에 액세스할 때 경쟁 조건(race conditions)이 없음을 보장한다(https://en.wikipedia.org/wiki/Thread_safety). - 옮긴이

```
  for {
    _, msg, err := c.socket.ReadMessage( )
    if err != nil {
      return
    }
    c.room.forward <- msg
  }
}
func (c *client) write( ) {
  defer c.socket.Close( )
  for msg := range c.send {
    err := c.socket.WriteMessage(websocket.TextMessage, msg)
    if err != nil {
      return
    }
  }
}
```

read 메소드를 사용하면 클라이언트가 ReadMessage 메소드를 통해 소켓에서 읽을 수 있으며, 받은 메시지를 room 타입의 forward 채널로 계속해서 전송할 수 있다. 'the socket has died' 등의 에러가 발생하면 루프가 끊어지고 소켓이 닫힌다. 마찬가지로, write 메소드는 WriteMessage 메소드를 통해 소켓에서 모든 것을 쓰는 송신 채널의 메시지를 계속 수신한다. 소켓 쓰기가 실패하면 for 루프가 끊어지고 소켓이 닫힌다. 전부 컴파일되도록 패키지를 다시 빌드한다.

 앞의 코드에서는 defer 키워드를 소개했다. 이 키워드는 좀 더 알아보길 바란다. 함수가 종료될 때 Go가 c.socket.Close()를 실행하도록 요청한다. 함수(파일 닫기 또는 방금 사용한 소켓 등)를 정리할 필요가 있지만 함수가 어디서 끝날지 확실하지 않을 때 매우 유용하다. 코드가 늘어남에 따라 이 함수에 여러 개의 return문이 있는 경우 소켓을 닫기 위한 호출을 한 번 더 추가할 필요가 없다. 하나의 defer 명령문이 이를 모두 잡아낼 것이기 때문이다.

> defer 키워드 사용 성능에 대해 불만을 제기하는 사람도 있다. 함수의 모든 종료점 앞에 close문을 입력할 뿐만 아니라 수행하지 않기 때문이다. 지연을 사용하지 않기로 결정한다면 늘어날 수 있는 잠재적인 버그 및 코드 유지 관리 비용과 비교해 런타임 성능 비용을 고려해야 한다. 보편적인 경험상 깨끗하고 명료한 코드를 작성하라. 결국 코드가 명확해야 프로그램을 느려지게 만드는 코드를 항시 개선하고 최적화할 수 있다.

채팅방 모델링

이전 절의 c.room.forward <- msg 코드가 실제로 모든 클라이언트에 메시지를 전달하도록 클라이언트가 채팅방에 입장하거나 퇴장할 방법이 필요하다. 동시에 같은 데이터에 액세스하지 않도록 하려면 두 채널을 사용하는 것이 좋다. 하나는 클라이언트를 채팅방에 추가하는 채널이고, 다른 하나는 클라이언트를 제거하는 채널이다. room.go 코드를 다음과 같이 업데이트한다.

```
package main
type room struct {
    // forward는 수신 메시지를 보관하는 채널이며
    // 수신한 메시지는 다른 클라이언트로 전달돼야 한다
    forward chan []byte
    // join은 방에 들어오려는 클라이언트를 위한 채널이다
    join chan *client
    // leave는 방을 나가길 원하는 클라이언트를 위한 채널이다
    leave chan *client
    // clients는 현재 채팅방에 있는 모든 클라이언트를 보유한다
    clients map[*client]bool
}
```

두 개의 채널과 맵map 등 총 세 개의 필드가 추가됐다. join 및 leave 채널은 clients 맵에서 클라이언트를 안전하게 추가 및 제거하기 위해 존재한다. 맵에 직접 액세스하

는 경우 동시에 실행되는 두 개의 고루틴이 맵을 동시에 수정하려고 시도할 가능성이
있으며, 이로 인해 메모리가 손상되거나 예측 불가한 상태^{unpredictable state}가 될 수 있다.

관용적인 Go를 사용한 동시성 프로그래밍

이제 Go의 동시성을 위해 제공하는 매우 강력한 기능인 select문을 사용하게 됐다.
공유 메모리를 동기화하거나 변경할 필요가 있을 때, 또는 채널 내 다양한 액티비티에
따라 각기 다른 동작을 실행해야 할 때 언제든 select문을 사용할 수 있다.

room 구조체 아래에 세 가지 select 케이스가 포함된 run 메소드를 추가한다.

```go
func (r *room) run() {
  for {
    select {
    case client := <-r.join:
      // 입장
      r.clients[client] = true
    case client := <-r.leave:
      // 퇴장
      delete(r.clients, client)
      close(client.send)
    case msg := <-r.forward:
      // 모든 클라이언트에게 메시지 전달
      for client := range r.clients {
        client.send <- msg
      }
    }
  }
}
```

소화하기 어려운 코드처럼 보일지도 모르지만, 작게 나눠보면 강력한 기능에 비해 아
주 간단하다는 것을 알 수 있다. 최상위 for 루프는 프로그램이 종료될 때까지 이 메

소드가 영구적으로 실행된다는 뜻이다. 실수처럼 보일 수도 있겠지만, 이 코드를 고루 틴으로 실행하면 백그라운드에서 실행되므로 나머지 애플리케이션은 차단되지 않는 다. 앞의 코드는 채팅방 안의 세 채널, 즉 join, leave, forward를 계속 모니터링할 것 이다. 메시지가 세 채널 중 하나에서 수신되면 select문은 해당 케이스에 대한 코드 를 실행하게 된다.

 한 번에 한 케이스 코드만 실행한다는 점이 중요하다. 이것이 r.clients 맵이 한 번에 한 가지만 변경됨을 보장하면서 동기화하는 방법이다.

join 채널에서 메시지를 받으면 채팅방에 들어온 클라이언트의 참조를 유지하기 위해 r.clients 맵을 업데이트하기만 하면 된다. 값을 true로 설정하는 것에 주목하라. 슬 라이스^{slice}처럼 맵을 사용하고 있지만 클라이언트가 오고 가는 동안 슬라이스를 축소 하는 것에 대해 걱정할 필요가 없다. 값을 true로 설정하는 것은 레퍼런스를 저장하는 편리한 메모리 저장 방식이다.

leave 채널에서 메시지를 받으면 맵에서 client 타입을 삭제하고 send 채널을 닫는 다. forward 채널에서 메시지를 받으면 모든 클라이언트를 반복하고 각 클라이언트의 send 채널에 메시지를 추가한다. 그런 다음 클라이언트 타입의 write 메소드가 이를 받아들여 소켓에서 브라우저로 보낸다.

채팅방을 HTTP 핸들러로 변환

이제 이전에 템플릿 핸들러를 사용했던 것처럼 room 타입을 http.Handler 타입으로 변환할 것이다. 그렇게 하려면 적절한 특징을 가진 ServeHTTP라는 메소드를 추가하 면 된다.

room.go 파일 맨 아래에 다음 코드를 추가하라.

```
const (
  socketBufferSize  = 1024
  messageBufferSize = 256
)
var upgrader = &websocket.Upgrader{ReadBufferSize: socketBufferSize,
  WriteBufferSize: socketBufferSize}
func (r *room) ServeHTTP(w http.ResponseWriter, req *http.Request) {
  socket, err := upgrader.Upgrade(w, req, nil)
  if err != nil {
    log.Fatal("ServeHTTP:", err)
    return
  }
  client := &client{
    socket: socket,
    send:   make(chan []byte, messageBufferSize),
    room:   r,
  }
  r.join <- client
  defer func() { r.leave <- client }()
  go client.write()
  client.read()
}
```

ServeHTTP 메소드는 채팅방이 이제 핸들러로서 기능할 수 있게 됐다. 곧 구현하겠지
만, 우선 이 코드 스니펫[snippet 10]에서 어떤 일이 벌어지고 있는지 살펴보자.

 웹 브라우저에서 채팅 엔드포인트에 액세스한 경우 프로그램이 충돌하고 'ServeHTTP
websocket: version !=13'과 같은 오류가 표시된다. 이는 웹 브라우저가 아닌 웹 소켓
을 통해 액세스하기 위한 것이다.

---

10 흔히 '코드 조각'으로 통용되는 개발 생산성을 높일 수 있는 부분 코드들이다. '(정보를 담은) 토막 코드', '코드의 단편'
    정도의 개념으로 이해하면 된다. – 옮긴이

웹 소켓을 사용하려면 websocket.Upgrader 타입을 사용해 HTTP 연결을 업그레이드해야 한다. websocket.Upgrader 타입은 재사용 가능하므로 한 개만 만들면 된다. 그런 다음 ServeHTTP 메소드를 통해 요청이 들어오면 upgrader.Upgrade 메소드를 호출해 소켓을 가져온다. 문제가 없다면 클라이언트를 생성해 현재 채팅방의 join 채널에 전달한다. 또한 클라이언트가 끝날 때를 대비해 퇴장하는 작업을 연기한다. 그러면 사용자가 나간 후에 모든 것이 정리된다.

그다음 클라이언트의 write 메소드가 고루틴으로 호출된다. 줄의 시작 부분에 'go'(공백 문자 다음에 go 단어가 온다.) 세 문자로 표시된다. 이 메소드는 다른 스레드나 고루틴에서 메소드를 실행하도록 Go에 지시한다.

 다른 언어의 멀티스레딩 혹은 동시성을 구현하는 데 필요한 코드의 양과 Go에서 달성할 수 있는 세 가지 주요 기능을 비교해보면 왜 Go 언어가 시스템 개발자들 사이에서 호평받는지 알게 될 것이다.

마지막으로, 메인 스레드에서 read 메소드를 호출해 닫을 때까지 작업을 차단한다(연결을 활성 상태로 유지). 코드 스니펫 상단에 상수를 추가하는 것은 프로젝트 전체에서 하드코딩된 값을 선언하는 좋은 방법이다. 그 수가 늘어남에 따라 별도 파일로 분리하거나 적어도 각 파일의 맨 위로 올리면 읽거나 수정하기 쉽다.

복잡성 제거를 위한 헬퍼 함수 사용

채팅방은 거의 준비됐지만 사용하기 위해서는 채널과 맵을 만들어야 한다. 이 경우 개발자가 다음 코드를 사용해 이 작업을 수행하도록 요청하면 된다.

```
r := &room{
  forward: make(chan []byte),
  join:    make(chan *client),
```

```
  leave:   make(chan *client),
  clients: make(map[*client]bool),
}
```

좀 더 정교한 또 다른 솔루션은 대신 이렇게 newRoom 함수를 제공하는 것이다. 그러면
다른 사람들이 채팅방을 편리하게 하기 위해 무엇을 해야 하는지 정확히 알 필요가 없
다. type room struct 정의 아래에 newRoom 함수를 추가한다.

```
// newRoom은 새로운 방을 만든다
func newRoom() *room {
  return &room{
    forward: make(chan []byte),
    join:    make(chan *client),
    leave:   make(chan *client),
    clients: make(map[*client]bool),
  }
}
```

이제 코드 사용자(개발자)는 장황한 여섯 줄의 코드 대신 newRoom 함수만 호출하면
된다.

채팅방 생성 및 사용

먼저 main.go의 main 함수를 업데이트해 모두 연결할 수 있는 공간을 만들고 실행해
보자.

```
func main() {
  r := newRoom()
  http.Handle("/", &templateHandler{filename: "chat.html"})
  http.Handle("/room", r)
```

```
  // 방을 가져옴
  go r.run()
  // 웹 서버 시작
  if err := http.ListenAndServe(":8080", nil); err != nil {
    log.Fatal("ListenAndServe:", err)
  }
}
```

별도의 고루틴(go 키워드에 다시 주목)에서 방을 실행해 채팅 작업이 백그라운드에서 이 뤄지도록 하고, 메인 고루틴이 웹 서버를 실행하도록 한다. 이제 채팅 서버가 완성돼 성공적으로 구축됐지만 클라이언트가 상호작용하지 않으면 쓸모가 없다.

▌ HTML 및 자바스크립트 채팅 클라이언트 구축

채팅 애플리케이션의 사용자가 서버 및 다른 사용자와 상호작용하려면 최신 브라우저 에 있는 웹 소켓을 사용하는 클라이언트 측 코드를 작성해야 한다. 사용자가 애플리케 이션의 루트에 도달했을 때 이미 템플릿을 통해 HTML 콘텐츠를 제공하므로 이를 개 선할 수 있다.

templates 폴더의 chat.html 파일을 다음 마크업^{markup} 코드로 업데이트한다.

```
<html>
<head>
  <title>Chat</title>
  <style>
    input { display: block; }
    ul { list-style: none; }
  </style>
</head>
<body>
```

```
  <ul id="messages"></ul>
  <form id="chatbox">
    <textarea></textarea>
    <input type="submit" value="Send" />
  </form>
</body>
</html>
```

앞의 HTML은 텍스트 영역이 포함된 페이지에서 간단한 웹 폼을 표시하고, **Send** 버튼은 사용자가 서버에 메시지를 보내는 방법으로 사용한다. 위 코드의 messages 엘리먼트에는 채팅 메시지의 텍스트가 포함돼 모든 사용자가 무엇을 말하고 있는지 볼 수 있다. 다음으로 페이지에 기능을 추가하기 위해 자바스크립트를 추가해야 한다. 닫는 </body> 태그 위, form 태그 아래에 다음 코드를 삽입한다.

```
<script src="//ajax.googleapis.com/ajax/libs/jquery/1.11.1/jquery.min.js">
</script>
<script>
  $(function() {
    var socket = null;
    var msgBox = $("#chatbox textarea");
    var messages = $("#messages");
    $("#chatbox").submit(function() {
      if (!msgBox.val()) return false;
      if (!socket) {
        alert("오류: 소켓 연결이 없습니다.");
        return false;
      }
      socket.send(msgBox.val());
      msgBox.val("");
      return false;
    });
    if (!window["WebSocket"]) {
```

```
      alert("오류: 브라우저가 웹 소켓을 지원하지 않습니다.")
    } else {
      socket = new WebSocket("ws://localhost:8080/room");
      socket.onclose = function() {
        alert("연결이 종료됐습니다.");
      }
      socket.onmessage = function(e) {
        messages.append($("<li>").text(e.data));
      }
    }
  });
</script>
```

socket = new WebSocket("ws://localhost:8080/room") 행은 소켓을 열고 두 개의 핵심 이벤트인 onclose와 onmessage에 대한 이벤트 핸들러를 추가한다. 소켓이 메시지를 받으면 jQuery를 사용해 메시지를 리스트 엘리먼트List element[11]에 추가해 사용자에게 보여준다.

HTML 폼을 제출하면 socket.send에 대한 호출이 트리거trigger되며, 이는 서버에 메시지를 보내는 방법이다.

프로그램을 빌드하고 다시 실행해 방금 전의 변경 사항이 표시되도록 템플릿을 다시 컴파일하라.

두 개의 개별 브라우저 또는 동일한 브라우저의 다른 두 탭에서 http://localhost:8080/으로 접속해 애플리케이션을 동시에 실행한다. 한 클라이언트에서 보낸 메시지는 다른 클라이언트에서 즉시 나타난다.

---

11 '목록 요소'라고도 하며 〈li〉 태그를 사용한다. - 옮긴이

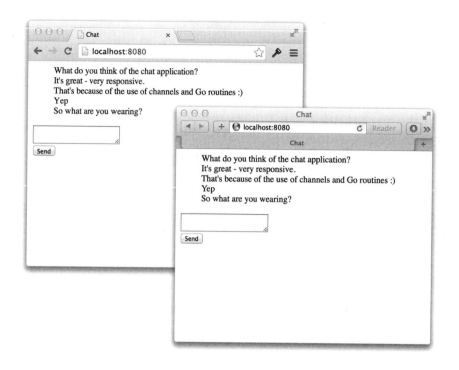

템플릿을 최대한 활용

현재는 정적 HTML을 제공하기 위해 템플릿을 사용하고 있다. 템플릿 사용은 클라이언트 코드를 서버 코드에서 분리할 수 있는 깨끗하고 간단한 방법을 제공하기 때문에 좋다. 그러나 템플릿은 실제로 훨씬 강력하다. 우리는 좀 더 현실에 맞게 사용하기 위해 애플리케이션을 조정할 것이다.

애플리케이션의 호스트 주소(:8080)는 현재 두 곳에서 하드코딩돼 있다. 첫 번째 인스턴스는 main.go에 있으며 여기에서 웹 서버를 시작한다.

```go
if err := http.ListenAndServe(":8080", nil); err != nil {
  log.Fatal("ListenAndServe:", err)
}
```

소켓을 열 때 자바스크립트에서 두 번째로 하드코딩했다.

```
socket = new WebSocket("ws://localhost:8080/room");
```

채팅 애플리케이션은 8080포트에서 로컬로만 실행되도록 고집하는 경우, 꽤 엄격하다. 따라서 커맨드라인 플래그를 사용해 구성 가능하게 만든 후 템플릿의 주입injection 기능을 사용해 자바스크립트가 올바른 호스트를 인식하는지 확인한다.

main.go의 main 함수를 업데이트하라.

```go
func main() {
  var addr = flag.String("addr", ":8080", "The addr of the application.")
  flag.Parse() // 플래그 파싱
  r := newRoom()
  http.Handle("/", &templateHandler{filename: "chat.html"})
  http.Handle("/room", r)
  // 방을 가져옴
  go r.run()
  // 웹 서버 시작
  log.Println("Starting web server on", *addr)
  if err := http.ListenAndServe(*addr, nil); err != nil {
    log.Fatal("ListenAndServe:", err)
  }
}
```

이 코드를 빌드하려면 flag 패키지를 임포트해야 한다. addr 변수에 대한 정의는 플래그를 디폴트로 해서 ':8080' 문자열(값의 목적에 대한 간단한 설명과 함께)로 설정한다. 또한 인수를 파싱하고 적절한 정보를 추출하는 flag.Parse()를 호출해야 한다. 그다음 *addr을 사용해 호스트 플래그의 값을 참조할 수 있다.

flag.String에 대한 호출은 *string 타입을 반환한다. 즉 플래그의 값이 저장된 문자열 변수의 주소를 반환한다. 값의 주소가 아닌 값 자체를 가져오려면 포인터 간접 연산자인 '*'를 사용해야 한다.

또한 변경 내용이 적용됐는지 확인할 수 있도록 터미널에서 주소를 출력하기 위해 log.Println 호출을 추가했다.

작성한 templateHandler 타입을 수정해 요청의 세부 사항을 데이터로 템플릿의 Execute 메소드에 전달한다. main.go에서 ServeHTTP 함수를 업데이트해 요청 r을 data 인수로 Execute 메소드에 전달한다.

```go
func (t *templateHandler) ServeHTTP(w http.ResponseWriter, r *http.Request) {
  t.once.Do(func() {
    t.templ = template.Must(template.ParseFiles(filepath.Join("templates",
      t.filename)))
  })
  t.templ.Execute(w, r)
}
```

이것은 http.Request에서 추출할 수 있는 데이터를 사용해 템플릿을 표시하도록 지시한다. 여기에는 필요한 호스트 주소가 포함된다.

http.Request의 Host 값을 사용하기 위해 데이터를 삽입할 수 있는 특별한 템플릿 구문을 사용할 수 있다. chat.html 파일에서 소켓을 생성하는 라인을 업데이트하라.

```javascript
socket = new WebSocket("ws://{{.Host}}/room");
```

이중 중괄호({{ }})는 주석을 나타내며 템플릿 소스에 데이터를 주입하는 방법을 나타낸다. {{.Host}}는 request.Host의 값으로 주석을 대체하도록 지시하는 것과 본질적으로 동일하다(요청받은 r 객체를 데이터로 전달했으므로).

 지금까지 살펴본 것은 Go의 표준 라이브러리에 내장된 템플릿 중 빙산의 일각에 불과하다. text/template 패키지의 가이드 문서는 어떤 작업들을 할 수 있는지에 대해 더 많은 것을 배울 수 있는 좋은 소스다. http://golang.org/pkg/text/template에서 찾아볼 수 있다.

채팅 프로그램을 다시 빌드하고 재실행하라. 이번에는 채팅 동작에서 더 이상 오류가 발생하지 않는다.

```
go build -o chat
./chat -addr=":3000"
```

브라우저에서 페이지의 소스를 보면 {{.Host}}가 애플리케이션의 실제 호스트로 바뀌었음을 알 수 있다. 유효한 호스트 주소는 포트 번호뿐만이 아니다. 예를 들어 -addr="192.168.0.1:3000"처럼 사용자 환경에서 허용되는 경우 IP 주소나 다른 호스트 이름을 지정할 수도 있다.

▌ 내부를 보기 위한 코드 추적

채팅 애플리케이션이 작동하고 있는지 알 수 있는 유일한 방법은 두 개 이상의 브라우저를 열고 UI를 사용해 메시지를 보내는 것이다. 즉 지금은 코드를 수동으로 테스트하고 있다. 수동 테스트는 채팅 애플리케이션이나 확장될 가능성이 없는 소규모 프로젝트 같은 실험적인 프로젝트에서는 괜찮지만, 코드가 오래 사용되거나 여러 사람이 작업하는 경우 문제가 된다. 채팅 프로그램을 위한 TDD^{Test-driven Development}를 다루지는 않겠지만, 추적^{tracing}이라고 하는 또 다른 유용한 디버깅 기법을 알아볼 것이다.

추적이란 프로그램의 흐름에 중요한 단계를 기록^{log}하거나 출력^{print}해 표면 내부에서 진행되는 작업을 표시하는 방법이다. 이전 절에서는 log.Println 호출을 추가해 채팅 프로그램이 바인딩한 주소를 출력했다. 이 절에서는 이를 공식화하고 자체 추적 패키지를 작성할 것이다.

추적 코드를 작성할 때 TDD 사례를 알아볼 것이다. TDD는 재사용하고 추가하고 공유하며, 심지어 오픈소스까지 포함할 수 있는 패키지의 완벽한 예이기 때문이다.

TDD를 이용한 패키지 작성

Go의 패키지는 폴더마다 하나의 패키지로 구성된다. 어떤 폴더에 포함된 모든 파일이 하나의 패키지라는 의미로, 한 폴더에 두 개 이상의 패키지 선언을 하게 되면 빌드 에러가 발생한다. Go에는 하위 패키지에 대한 개념이 없다. 즉 중첩된 패키지(중첩된 폴더)는 심미적 혹은 정보 제공 목적으로 존재하지만, 슈퍼^{super} 패키지의 기능이나 가시성을 상속하지 않는다. 채팅 애플리케이션에서는 실행 가능한 도구를 만들기 위해 모든 파일이 main 패키지에 속하게 됐다. 추적 패키지는 절대 직접 실행되지 않으므로 다른 패키지 이름을 사용할 수 있다. 또한 사용자를 위해 패키지를 가능한 한 확장 가능하고 유연하게 유지할 수 있도록 모델링하는 방법을 고려해 패키지의 API^{Application Programming Interface12}에 대해 생각할 필요가 있다. 여기에는 노출^{export}할(사용자에게 보이는) 필드, 함수, 메소드 및 타입이 포함되며 단순화를 위해 숨겨진 상태로 유지된다.

---

12 응용프로그램에서 사용할 수 있도록, 운영체제나 프로그래밍 언어가 제공하는 기능을 제어할 수 있게 만든 인터페이스를 뜻한다. 주로 파일 제어, 창 제어, 화상 처리, 문자 제어 등을 위한 인터페이스를 제공한다(출처: https://ko.wikipedia.org/wiki/API). – 옮긴이

Go는 이름의 대소문자 구분을 사용해 익스포트할 항목을 나타낸다. 대문자로 시작하는 이름(예: Tracer)이 패키지 사용자에게 표시되고 소문자로 시작하는 이름(예: templateHandler)은 숨겨지거나 패키지 내부용(private)으로 사용하도록 한다.

trace라는 새 폴더를 생성한다. trace는 추적 패키지명이 되며 chat 폴더와 함께 생성돼 폴더 구조가 다음과 같이 된다.

```
/chat
  client.go
  main.go
  room.go
/trace
```

코드로 넘어가기 전에 성공을 측정할 수 있는 패키지의 설계 목표를 알아보자.

- 패키지는 사용하기 쉬워야 한다.
- 단위 테스트는 기능성을 커버해야 한다.
- 사용자는 추적 프로그램을 자체 구현으로 대체할 수 있는 유연성이 필요하다.

인터페이스

Go의 인터페이스interface는 구현 세부 사항에 엄격하거나 특정하지 않으면서 API를 정의할 수 있는 매우 강력한 기능이다. 가능하다면, 인터페이스를 사용해 패키지의 기본 빌딩 블록을 설명하는 것이 일반적으로 향후 결국 큰 이익이 되며, 추적 패키지를 시작할 지점이 될 것이다.

trace 폴더 안에 tracer.go라는 새 파일을 만들고 다음 코드를 작성한다.

```
package trace
// Tracer는 코드 전체에서 이벤트를 추적할 수 있는
// 객체를 설명하는 인터페이스다
type Tracer interface {
  Trace(...interface{})
}
```

우선 주의해야 할 점은 패키지를 trace로 정의한 것이다.

 폴더명을 패키지명과 일치시키는 것이 좋지만 Go 도구는 이를 강제하지 않는다. 즉 필
요하다면 이름을 자유롭게 붙일 수 있다. 사람들이 패키지를 임포트할 때 폴더의 이름을
입력하게 되며, 갑자기 다른 이름의 패키지를 임포트할 경우 혼동될 수 있음을 명심하라.

Tracer 타입(대문자 T는 이것이 공개적으로 보이는 타입임을 의미함)은 Trace라고 하는 단일
메소드를 설명하는 인터페이스다. ...interface{} 인수 타입은 Trace 메소드가 어떤
타입의 인수를 0개 이상 허용한다는 것을 나타낸다. 메소드가 하나의 문자열을 가져
야 하므로 중복되는 조항이라고 생각할 수도 있다(일부 문자열만 추적하고자 한다). 그러
나 fmt.Sprint 및 log.Fatal 같은 함수를 고려하라. 둘 다 Go의 표준 라이브러리에
널리 사용되는 패턴을 따르므로 한 번에 여러 항목을 전달하려고 할 때 유용한 손쉬운
방법을 제공한다. 자체 API를 Go 커뮤니티에 친숙하고 명확하게 전달하고 싶기 때문
에 가능한 한 이런 패턴과 관행을 따라야 한다.

단위 테스트

테스트 주도 방식을 따르겠다고 했지만, 인터페이스는 단순한 정의일 뿐 구현을 제공
하지 않으므로 직접 테스트할 수 없다. 그러나 Tracer 메소드의 실제 구현을 작성하려
하고 있으며, 실제로 테스트를 먼저 작성할 예정이다.

trace 폴더에 tracer_test.go라는 새 파일을 만들고 다음 기본^{scaffold} 코드를 삽입하라.

```
package trace
import (
  "testing"
)
func TestNew(t *testing.T) {
  t.Error("We haven't written our test yet")
}
```

테스트는 처음부터 Go 툴 체인에 내장돼 자동화 가능한 테스트를 일급^{first-class citizen}[13]으로 작성했다. 테스트 코드는 _test.go 접미사가 붙은 파일에 프로덕션 코드와 함께 존재한다. Go 툴은 Test로 시작하는 모든 함수(하나의 *testing.T 인수)를 단위 테스트^{unit test}로 처리하며 테스트할 때 실행된다. 이 패키지에 대해 테스트를 실행하려면 터미널의 trace 폴더로 이동해 다음을 수행한다.

```
go test
```

TestNew 함수의 본문에서 t.Error에 대한 호출로 인해 테스트가 실패하는 것을 알 수 있다.

```
--- FAIL: TestNew (0.00 seconds)
tracer_test.go:8: We haven't written our test yet
FAIL
exit status 1
FAIL trace 0.011s
```

---

13 특정 언어에서 일급 객체(일급 엔티티, 혹은 일급 시민)라 함은 일반적으로 다른 객체들에 적용 가능한 '함수에 매개변수로 넘기기, 변수에 대입하기'와 같은 연산을 모두 지원하는 객체를 가리킨다(https://ko.wikipedia.org/wiki/일급_객체). – 옮긴이

이전에 실행했던 결과와 혼동되지 않도록 각 테스트 실행 전에 터미널을 지우는 것이 좋다. 윈도우에서는 cls 명령을 사용할 수 있다. 유닉스 시스템에서의 clear 명령도 같은 작업을 수행한다.

분명히 테스트를 제대로 작성하지 않았으며 아직 테스트를 통과하지 못했기 때문에 TestNew 함수를 업데이트해보자.

```
func TestNew(t *testing.T) {
  var buf bytes.Buffer
  tracer := New(&buf)
  if tracer == nil {
    t.Error("Return from New should not be nil")
  } else {
    tracer.Trace("Hello trace package.")
    if buf.String() != "Hello trace package.\n" {
      t.Errorf("Trace should not write '%s'.", buf.String())
    }
  }
}
```

책 전반에서 다루는 대부분의 패키지는 Go 표준 라이브러리에서 사용할 수 있으므로 패키지에 액세스하기 위해 해당 패키지에 대한 import문을 추가할 수 있다. 다른 것들은 외부 패키지이므로 가져오기 전에 go get을 사용해 다운로드해야 한다. 이 경우 import "bytes"를 파일 맨 위에 추가해야 한다.

API의 첫 번째 사용자가 돼 API 설계를 시작했다. 우리는 버퍼의 문자열을 기댓값과 일치시킬 수 있도록 bytes.Buffer 변수에 추적 프로그램의 출력을 캡처하고자 한다. 그렇지 않으면 t.Errorf를 호출할 경우 테스트가 실패한다. 그 전에, 만들어진 New 함수의 리턴 값이 nil이 아닌지 확인한다. 또 그렇다면, t.Error 호출로 인해 테스트가 실패한다.

레드-그린 테스트

go test를 실행하면 실제로 New 함수가 없다며 오류가 발생한다. 여기서는 실수하지 않았으며, 레드-그린 테스트red-green testing[14]라고 알려진 방법을 따르고 있다. 레드-그린 테스트에서는 먼저 단위 테스트를 작성하고 오류가 발생했는지 확인한 후 해당 테스트를 통과할 수 있는 최소한의 코드를 작성하고 다시 훑어보며 반복한다. 여기서 중요한 점은 추가하는 코드가 실제로 뭔가를 하고 있는지, 테스트 코드를 작성하는 것이 의미 있는 테스트인지 확인하려는 것이다.

잠시만 무의미한 테스트를 생각해보라.

```
if true == true {
  t.Error("True should be true")
}
```

true가 참이 아닌 것은 논리적으로 불가능하다(true가 false와 같다면, 새 컴퓨터를 구입할 때다!). 따라서 이 테스트는 무의미하다. 테스트 또는 클레임이 실패하지 않는 경우, 아무런 가치도 없다.

특정 조건에서 true로 설정될 것으로 예상되는 변수에 true를 대체하면 이 시점에서 실제로 테스트가 실패(테스트 중인 코드가 잘못된 것처럼)할 수 있음을 의미하며, 코드 베이스에 기여할 가치가 있는 유의미한 테스트를 해야 한다.

go test의 결과를 작업 관리 목록to-do list처럼 처리해 한 번에 하나의 문제만 해결할 수 있다. New 함수 누락 문제는 지금 바로 해결할 것이다. trace.go 파일에 가능한 한 최소한의 코드를 추가해보자. 인터페이스 타입 정의 아래에 다음 스니펫을 추가하라.

---

14 테스트를 우선으로 하는 TDD의 단계며 red-green-refactor 주기를 갖는다. 테스트 실패인 경우 빨간색으로 보여주고 테스트 성공인 경우 녹색으로 보여주는 단위 테스트 도구를 감안한 용어다(출처: 피트 구들리프, 『훌륭한 프로그래머 되는 법』). - 옮긴이

```
func New() {}
```

이제 go test를 실행하면 비록 많이는 아니지만, 실제로 진전이 있음을 보여준다. 이제 두 가지 오류가 발생한다.

```
./tracer_test.go:11: too many arguments in call to New
./tracer_test.go:11: New(&buf) used as value
```

첫 번째 오류는 New 함수에 인수를 전달하지만 New 함수는 인수를 허용하지 않는다. 두 번째 오류는 New 함수를 값으로 반환하지만 New 함수는 아무것도 반환하지 않는다. 이런 오류를 보고 있을지도 모르지만, 실제로 테스트 주도 코드 작성 경험이 늘게 되면 이러한 세세한 부분들을 건너뛸 수 있다. 그러나 이 메소드를 적절하게 설명하기 위해 얼마 동안은 지나치다 싶게 규칙을 따져볼 것이다. 예상되는 인수를 취하기 위해 New 함수를 업데이트해서 첫 번째 오류를 해결해보자.

```
func New(w io.Writer) {}
```

io.Writer 인터페이스를 만족시키는 인수를 취한다. 즉 지정된 객체가 적절한 Write 메소드를 가져야 한다는 의미다.

 기존 인터페이스, 특히 Go 표준 라이브러리에 있는 인터페이스를 사용하는 것은 코드가 최대한 유연하고 우아하다는 것을 보장하기 위한 매우 강력한 방법이자 자주 필요한 방법이다.

io.Writer를 받아들이면 사용자는 추적 출력을 기록할 위치를 결정할 수 있다. 이 출력은 표준 출력, 파일, 네트워크 소켓, 테스트 케이스의 bytes.Buffer 또는 사용자 정의 객체에도 io.Writer 인터페이스처럼 작동할 수 있다.

go test를 다시 실행하면 첫 번째 오류를 해결한 것을 알 수 있다. 두 번째 오류가 발생한 경우에는 리턴 타입을 추가하기만 하면 된다.

```go
func New(w io.Writer) Tracer {}
```

New 함수가 Tracer를 반환할 것이라고 했지만, 실은 아무것도 반환하지 않는다. go test가 적절히 에러를 낸다.

./tracer.go:13 : missing return at end of function

이 문제는 New 함수에서 nil을 반환함으로써 쉽게 해결할 수 있다.

```go
func New(w io.Writer) Tracer {
  return nil
}
```

물론 테스트 코드에서는 리턴 값이 nil이 아니어야 한다고 명시했으므로 go test를 실행하면 실패 메시지가 표시된다.

tracer_test.go : 14 : Return from New should not be nil

레드-그린 원칙principle에 대한 이와 같은 지나치게 엄격한 준수가 다소 지루해 보일 수 있다. 하지만 너무 멀리 뛰어넘지 않는 것이 중요하다. 한 번에 많은 구현 코드를 작성하면 단위 테스트에 포함되지 않은 코드가 있을 가능성이 크다.

항상 배려심 많은 코어 팀은 코드 커버리지 통계를 제공해 이 문제를 해결했다. 다음 명령은 코드 통계를 제공한다.

```
go test -cover
```

모든 테스트가 통과된 경우, -cover 플래그를 추가하면 테스트 실행 중 얼마만큼의 코드가 사용됐는지coverage 알 수 있다. 분명 100%에 가까울수록 좋다.

인터페이스 구현

이 테스트를 만족하려면 Tracer는 인터페이스일 뿐이며 실제 결과를 리턴해야 하기 때문에 New 메소드에서 제대로 리턴할 수 있는 무언가가 필요하다. Tracer.go 파일에 추적 프로그램의 구현을 추가해보자.

```
type tracer struct {
  out io.Writer
}
func (t *tracer) Trace(a ...interface{}) {}
```

구현은 매우 간단하다. Tracer 타입에는 out이라는 io.Writer 필드가 있다. 추적 출력을 쓸 위치다. Trace 메소드는 Tracer 인터페이스에 필요한 메소드와 정확히 일치하지만 아직 아무것도 수행하지 않는다.

이제 마침내 New 메소드를 고칠 수 있다.

```
func New(w io.Writer) Tracer {
  return &tracer{out: w}
}
```

go test를 다시 실행하면 Trace를 호출하는 동안 아무것도 작성되지 않았기 때문에 기대가 충족되지 않았다는 것을 알 수 있다.

```
tracer_test.go : 18 : Trace should not write ''.
```

혼합된 인수를 지정된 io.Writer 필드에 쓸 Trace 메소드를 업데이트하자.

```
func (t *tracer) Trace(a ...interface{}) {
  fmt.Fprint(t.out, a...)
  fmt.Fprintln(t.out)
}
```

Trace 메소드가 호출되면 fmt.Fprint(그리고 fmt.Fprintln)를 사용해 추적 세부 사항을 형식화하고 out 출력기에 기록한다.

마침내 테스트를 만족시켰는가?

```
go test -cover
PASS
coverage: 100.0% of statements
ok trace 0.011s
```

축하한다! 성공적으로 테스트를 통과했고 100% 테스트 커버리지를 달성했다. 한 잔의 축배를 마신 후에는 이제 구현에 대해 매우 흥미로운 것을 생각해볼 수 있다.

사용자에게 반환되는 비노출 타입

앞서 작성한 tracer 구조체 타입은 소문자 t로 시작하기 때문에 외부로 노출되지 않는다unexported. 따라서 내보낸 New 함수에서 어떻게 반환할 수 있을까? 결국 사용자는 반환된 객체를 받지 못할까? 이것은 완벽하게 용인되며 유효한 Go 코드다. 사용자는 Tracer 인터페이스를 만족하는 개체를 볼 수 없으며 비공개 tracer 타입에 대해 알지도 못한다. 어쨌든 사용자는 인터페이스와만 상호작용하기 때문에 tracer 구현이 다른 메소드나 필드가 공개돼 있어도 문제없다. 사용자에게는 결코 보이지 않을 것이다. 이렇게 하면 패키지의 공개 API를 깨끗하고 단순하게 유지할 수 있도록 해준다.

이 숨겨진 구현 기법은 Go 표준 라이브러리 전체에서 사용된다. 예를 들어, ioutil.NopCloser 메소드는 일반 io.Reader 인터페이스를 io.ReadCloser로 변환하는 함수다. 여기서 Close 메소드는 아무것도 하지 않는다(닫을 필요가 없는 io.Reader 객체가 io.ReadCloser 타입을 필요로 하는 함수로 전달되는 경우에 사용됨). 이 메소드는 사용자에 관한 한 io.ReadCloser를 리턴하지만, 내부에는 구현 내용을 숨기는 비밀 nopCloser 타입이 있다.

 직접 확인하려면 http://golang.org/src/pkg/io/ioutil/ioutil.go에서 Go 표준 라이브러리의 소스 코드를 찾아보고 nopCloser 구조체를 검색하라.

새 추적 패키지 사용

trace 패키지의 첫 번째 버전을 완성했으므로 사용자가 유저 인터페이스^{user interface}를 통해 메시지를 보낼 때 무슨 일이 일어나고 있는지 더 잘 이해하기 위해 채팅 애플리케이션에서 사용할 수 있다.

room.go에서 우리의 새 패키지를 임포트해서 Trace 메소드를 호출해보자. 임포트 경로는 $GOPATH/src 폴더와 상대적인 경로이므로 방금 작성한 trace 패키지의 경로는 GOPATH 환경 변수에 따라 다르다. 따라서 $GOPATH/src/mycode/trace에 trace 패키지를 작성하면 mycode/trace를 임포트해야 한다.

room 타입과 run( ) 메소드를 다음과 같이 업데이트한다.

```
type room struct {
    // forward는 수신 메시지를 보관하는 채널이며
```

```go
    // 수신한 메시지는 다른 클라이언트로 전달돼야 한다
    forward chan []byte
    // join은 방에 들어오려는 클라이언트를 위한 채널이다
    join chan *client
    // leave는 방을 나가길 원하는 클라이언트를 위한 채널이다
    leave chan *client
    // clients는 현재 채팅방에 있는 모든 클라이언트를 보유한다
    clients map[*client]bool
    // tracer는 방 안에서 활동의 추적 정보를 수신한다
    tracer trace.Tracer
}

func (r *room) run() {
    for {
        select {
        case client := <-r.join:
            // 입장
            r.clients[client] = true
            r.tracer.Trace("New client joined")
        case client := <-r.leave:
            // 퇴장
            delete(r.clients, client)
            close(client.send)
            r.tracer.Trace("Client left")
        case msg := <-r.forward:
            r.tracer.Trace("Message received: ", string(msg))
            // 모든 클라이언트에게 메시지 전달
            for client := range r.clients {
                client.send <- msg
                r.tracer.Trace(" -- sent to client")
            }
        }
    }
}
```

trace.Tracer 필드를 room 타입에 추가한 후 코드 전체에 산재된 Trace 메소드를 주기적으로 호출했다. 프로그램을 실행하고 메시지를 보내려고 하면 tracer 필드가 nil 이므로 애플리케이션이 패닉panic하는 것을 알 수 있다. 이제 room 타입을 만들 때 적절한 객체를 만들어 할당하도록 함으로써 이를 해결할 수 있다. main.go 파일을 다음과 같이 업데이트하라.

```
r := newRoom()
r.tracer = trace.New(os.Stdout)
```

New 메소드를 사용해 결과를 os.Stdout 표준 출력 파이프로 보낼 객체를 생성한다(이것은 결과를 터미널로 출력하길 원하는 기술적인 방법이다).

프로그램을 다시 빌드한 후 실행한다. 두 개의 브라우저를 사용해 애플리케이션을 실행하고 이제 터미널에 우리에게 유용한 추적 정보가 표시되는 것을 확인하라.

이제 디버그 정보를 사용해 애플리케이션이 하는 일에 대한 통찰력insight을 얻을 수 있다. 이는 프로젝트를 개발하고 지원할 때 도움이 될 것이다.

선택적 트레이싱 만들기

일단 애플리케이션이 릴리스되면, 생성하는 추적 정보의 종류는 시스템 관리자에게 많은 노이즈를 발생시키거나 터미널 어딘가 또는 다른 곳으로 출력되는 경우 쓸모없게 될 것이다. 또한 room 타입에 대한 트레이서를 설정하지 않을 경우 코드가 패닉 상태에 빠지기 때문에 사용자 친화적인 상황이 아님을 기억하라. 이 두 가지 문제를 해결하기 위해 Tracer 인터페이스를 만족하지만 Trace 메소드가 호출될 때 아무것도 수행하지 않는 객체를 반환하는 trace.Off() 메소드를 사용해 trace 패키지를 향상시킨다.

Trace를 호출하기 전에 Off 함수를 호출해 조용한 추적 프로그램을 얻는 테스트를 추가함으로써 코드가 패닉하지 않도록 한다. 추적이 발생하지 않기 때문에 테스트 코드에서 모두 추적할 수 있다. 다음 테스트 함수를 tracer_test.go 파일에 추가하라.

```go
func TestOff(t *testing.T) {
  var silentTracer Tracer = Off()
  silentTracer.Trace("something")
}
```

통과시키려면 tracer.go 파일에 다음 코드를 추가한다.

```go
type nilTracer struct{}
func (t *nilTracer) Trace(a ...interface{}) {}
// Off는 Trace에 대한 호출을 무시할 Tracer를 생성한다
func Off() Tracer {
  return &nilTracer{}
}
```

nilTracer 구조체는 아무 작업도 하지 않는 Trace 메소드를 정의했으며 Off() 메소드를 호출하면 새로운 nilTracer 구조체가 생성돼 리턴될 것이다. nilTracer 구조체는 io.Writer 인터페이스를 사용하지 않는다는 점에서 tracer 구조체와 다르다.

nilTracer는 아무것도 쓰지 않을 것이므로 전혀 필요치 않다.

이제 room.go 파일에서 newRoom 메소드를 업데이트해 두 번째 문제를 해결해보자.

```go
func newRoom() *room {
  return &room{
    forward: make(chan []byte),
    join:    make(chan *client),
    leave:   make(chan *client),
    clients: make(map[*client]bool),
    tracer:  trace.Off(),
  }
}
```

기본적으로 room 타입은 nilTracer 구조체로 생성되며 Trace에 대한 호출은 무시된다. main.go 파일에서 r.tracer = trace.New(os.Stdout) 줄을 제거하면 이 문제를 해결할 수 있다. 애플리케이션을 사용할 때 터미널에 아무것도 기록되지 않으며 패닉이 발생하지 않는다는 점에 유의하라.

깔끔한 패키지 API

trace 패키지의 API(이 문맥에서는 노출된 변수, 메소드, 타입)를 간략히 살펴보면 간단하고 명백한 설계가 등장했다.

- New() 메소드는 Tracer의 새로운 인스턴스를 생성한다.
- Off() 메소드는 아무 작업도 하지 않는 Tracer를 얻는다.
- Tracer 인터페이스는 Tracer 객체가 구현할 메소드를 설명한다.

나는 이 패키지를 어떠한 문서나 가이드 없이 다른 Go 프로그래머에게 제공하는 데 자신이 있다. 프로그래머들이 패키지의 기능을 파악할 수 있을 것이라고 확신한다.

Go에서는 문서를 추가하는 것이 각 항목 앞줄에 주석을 추가하는 것처럼 간단하다. 주제에 대한 블로그 게시물(http://blog.golang.org/godoc-documenting-go-code)은 tracer.go의 소스 코드 사본을 볼 수 있는 유용한 읽을거리며, trace 패키지에 주석을 다는 방법을 다루는 예제를 소개한다. 자세한 내용은 다음을 참조하라.

- https://github.com/matryer/goblueprints/blob/master/chapter1/trace/tracer.go

요약

1장에서는 완전한 동시 채팅 애플리케이션과 간단한 자체 패키지를 개발해 프로그램 흐름을 추적함으로써 내부에서 진행되는 작업을 좀 더 잘 이해할 수 있도록 했다.

net/http 패키지를 사용해 매우 강력하면서 동시 다발적인 HTTP 웹 서버를 빠르게 만들었다. 그리고 특정 사례에서 클라이언트와 서버 사이의 웹 소켓을 열기 위해 연결을 업그레이드했다. 즉 지저분한 폴링^{polling} 코드를 작성하지 않고도 사용자의 웹 브라우저에 쉽고 빠르게 메시지를 전달할 수 있다. 템플릿을 통해 콘텐츠와 코드를 분리하는 데 유용하고 템플릿 소스에 데이터를 삽입할 수 있도록 하는 방법을 탐구했다. 그러면 호스트 주소를 구성할 수 있다. 커맨드라인 플래그는 채팅 애플리케이션을 호스팅하는 사람들에게 간단한 구성^{configuration} 컨트롤을 제공하는 동시에 합리적인 기본 설정을 지정할 수 있도록 도와줬다.

채팅 애플리케이션은 Go의 강력한 동시성 기능을 사용해 몇 줄의 관용적인 Go에서 명확한 스레드 코드를 작성할 수 있었다. 또한 채널을 통해 클라이언트의 왕래를 제어함으로써 코드에서 동기화 지점을 설정해 동일한 객체를 동시에 수정함으로써 메모리가 손상되는 것을 방지할 수 있었다.

http.Handler와 자체 trace.Tracer 인터페이스 등의 인터페이스를 통해 사용하는 코드를 건드리지 않고도 사용자에게 구현의 이름조차 공개하지 않고 서로 다른 구현을 제공할 수 있게 됐다. room 타입에 ServeHTTP 메소드를 추가하는 방법을 알았으며, 커스텀 채팅방 개념을 웹 소켓 연결을 관리하는 유효한 HTTP 핸들러 객체로 변환시켰다.

누가 메시지를 보냈는지 알 수 없다는 하나의 큰 실수를 차치하더라도, 실제로 애플리케이션을 공개할 수 있는 수준이 되기까지는 갈 길이 멀다. 사용자, 심지어 사용자명에 대한 개념조차 없으며 실제 채팅 애플리케이션이었다면 용인할 수 없는 부분이다.

2장에서는 다른 사람들과 실제 대화를 나누고 있는 것처럼 보이도록 메시지에 응답하는 사용자의 이름을 추가할 것이다.

2

사용자 계정 추가

1장에서 작성한 채팅 애플리케이션은 클라이언트에서 서버로, 그리고 다시 서버에서 클라이언트로 메시지를 고성능으로 전송하는 데 중점을 뒀다. 그러나 현재로서는 사용자가 누구와 이야기하고 있는지 알 수 있는 방법이 없다. 해결책 중 하나는 회원 가입 및 로그인 기능을 구축하고, 사용자가 채팅 페이지를 열기 전에 계정을 생성한 후 인증할 수 있도록 하는 것이다.

무언가를 처음부터 구축하려고 할 때는 항상 다른 사람들이 이전에 이 문제를 어떻게 해결했는지(정말 근본적인 문제가 발생하는 일은 극히 드물다.), 그리고 사용할 수 있는 공개된 해결책이나 표준이 이미 존재하는지 확인해봐야 한다. 승인authorization과 인증authentication은 새로운 문제라고 볼 수 없으며, 특히 웹 환경에는 선택할 수 있는 다양한 프로토콜이 있다. 그렇다면 최선의 방안을 어떻게 결정할 것인가? 항상 그렇듯 사용자의 관점에서 봐야 한다.

요즘 많은 웹사이트에서는 다양한 소셜 미디어나 커뮤니티 웹사이트 등 외부에 있는 계정을 사용해 로그인할 수 있다. 이를 통해 사용자는 다양한 제품과 서비스를 시험해보기 위해 모든 계정 정보를 반복 입력하는 번거로운 작업을 줄일 수 있다. 또한 새로운 사이트의 전환율conversion rates에도 효과가 있다.

2장에서는 인증을 추가하기 위해 채팅 코드를 개선해 사용자가 구글, 페이스북, 또는 깃허브 계정으로 로그인할 수 있게 하고 다른 포털도 쉽게 추가하는 방법을 보여준다. 채팅에 참여하려면 먼저 사용자가 로그인해야 한다. 그러면 사용자 경험UX을 개선하기 위해 인증된 데이터를 사용해 누가 채팅방에 있는지, 무슨 말을 했는지 모든 참가자가 알 수 있다.

2장에서 다루는 내용은 다음과 같다.

- 핸들러에 추가 기능을 덧붙이기 위해 데코레이터^{decorator} 패턴[1]을 사용해 http.Handler 타입을 래핑
- 동적 경로로 HTTP 엔드포인트 제공
- gomniauth 오픈소스 프로젝트를 사용해 인증 서비스에 액세스하기
- http 패키지를 사용해 쿠키를 가져오고 설정하기
- 객체를 Base64로 인코딩하고 다시 정상으로 돌리기
- 웹 소켓을 통해 JSON 데이터를 보내고 받기
- 다양한 타입의 데이터를 템플릿에 제공하기
- 자체 타입의 채널 작업

▌ 핸들러의 연쇄

채팅 애플리케이션의 경우 HTML 콘텐츠를 쉽게 컴파일하고 실행하고 브라우저에 전달하기 위해 자체 http.Handler 타입(room)을 구현했다. 이것은 매우 단순하면서도 강력한 인터페이스이므로 HTTP 처리에 기능을 추가할 때 가능한 한 계속 사용할 것이다.

사용자가 진행할 수 있는지 여부를 판단하기 위해 사용자가 권한이 있는(승인된) 경우에만 검사를 수행하고 실행을 내부 핸들러로 전달하는 승인 래퍼 핸들러를 만든다.

래퍼 핸들러는 내부의 오브젝트와 동일한 http.Handler 인터페이스를 충족시켜서 유효한 핸들러를 감쌀 수 있게 한다. 실제로, 이번에 작성하려는 인증 핸들러도 나중에 필요할 경우 유사한 래퍼에 캡슐화할 수 있다.

---

1 이처럼 기존에 구현돼 있는 클래스(둥근 모양의 빵)에 그때그때 필요한 기능(초콜릿, 치즈, 생크림)을 추가(장식, 포장)해나가는 설계 패턴을 데코레이터 패턴이라고 한다. 이것은 기능 확장이 필요할 때 상속의 대안으로 사용한다(출처: 『쉽게 배우는 소프트웨어 공학』, 한빛아카데미(주)). – 옮긴이

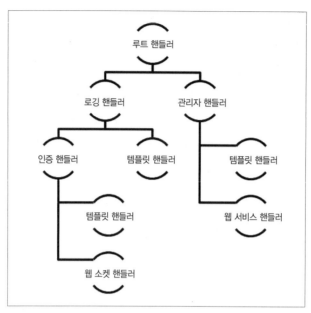

HTTP 핸들러에 적용된 연쇄 패턴

위의 그림은 이 패턴을 좀 더 복잡한 HTTP 핸들러 시나리오에 적용하는 방법을 보여 준다. 각 객체는 http.Handler 인터페이스를 구현한다. 즉 요청을 직접 처리하기 위해 객체를 http.Handle 메소드에 전달하거나 다른 객체에 부여해 기능을 추가할 수 있다. Logging 핸들러는 ServeHTTP 메소드가 내부 핸들러에서 호출되기 전후에 로그 파일에 쓸 수 있다. 내부 핸들러는 또 다른 http.Handler이므로 다른 핸들러는 모두 Logging 핸들러로 래핑되거나 꾸며질 수 있다.

또한 어떤 내부 핸들러를 실행할지 여부를 결정하는 로직을 객체에 포함하는 것이 일 반적이다. 예를 들어, 인증 핸들러는 래핑된 핸들러에 실행을 전달하거나 브라우저로 리디렉션을 발행해 요청 자체를 처리한다.

이론은 이것으로 충분하다. 이제 코드를 작성해보자. chat 폴더에 auth.go라는 새 파 일을 만든다.

```go
package main
import (
  "net/http"
)
type authHandler struct {
  next http.Handler
}
func (h *authHandler) ServeHTTP(w http.ResponseWriter, r *http.Request) {
  _, err := r.Cookie("auth")
  if err == http.ErrNoCookie {
    // 인증 불가
    w.Header().Set("Location", "/login")
    w.WriteHeader(http.StatusTemporaryRedirect)
    return
  }
  if err != nil {
    // 다른 에러
    http.Error(w, err.Error(), http.StatusInternalServerError)
    return
  }
  // 성공 - 다음 핸들러 호출
  h.next.ServeHTTP(w, r)
}
func MustAuth(handler http.Handler) http.Handler {
  return &authHandler{next: handler}
}
```

authHandler 타입은 http.Handler 인터페이스를 충족시키는 ServeHTTP 메소드를 구현할 뿐만 아니라 http.Handler를 다음 필드에 저장(래핑)한다. MustAuth 헬퍼 함수는 단순히 다른 http.Handler를 래핑하는 authHandler를 만든다. 이것은 main.go의 코드에 권한을 쉽게 추가할 수 있도록 해주는 패턴이다.

다음 루트 매핑하는 부분을 조정해보자.

```
http.Handle("/", &templateHandler{filename: "chat.html"})
```

첫 번째 인수를 변경해 채팅할 페이지에 대해 명시적으로 지정해보자. 다음으로 MustAuth 함수를 사용해 두 번째 인수에 대해 templateHandler를 래핑한다.

```
http.Handle("/chat", MustAuth(&templateHandler{filename: "chat.html"}))
```

MustAuth 함수로 templateHandler를 래핑하면 authHandler를 통한 수행이 먼저 실행된다. 요청이 인증되면 templateHandler에만 실행된다.

authHandler의 ServeHTTP 메소드는 auth라는 특수 쿠키를 찾으며, http.Response Writer의 Header 및 WriteHeader 메소드를 사용해 쿠키가 없는 경우 사용자를 로그인 페이지로 리디렉션한다. 밑줄 문자(_)를 사용해 쿠키 자체를 삭제하고, 반환되는 에러만 캡처한다. 이는 쿠키가 이 시점에 있는지 여부만 고려하기 때문이다.

채팅 애플리케이션을 빌드하고 실행한 후 http://localhost:8080/chat에 접속한다.

```
go build -o chat
./chat -host=":8080"
```

 localhost를 통해 제공되는 다른 개발 프로젝트에서 남겨둘 수 있는 이전 인증 토큰이나 다른 쿠키들을 지우려면 쿠키를 삭제해야 한다.

브라우저의 주소 표시줄을 보면 /login 페이지로 즉시 리디렉션된다. 아직 /login 경로를 처리할 수 없기 때문에 '404 페이지를 찾을 수 없음' 오류가 발생한다.

▌ 보기 좋은 소셜 로그인 페이지 작성

지금까지는 애플리케이션의 외관을 신경 쓰지 않았다. 어쨌든 이 책은 Go에 관한 것이지 사용자 인터페이스 개발에 관한 것이 아니다. 그러나 못생긴 앱을 만드는 것에 대해서는 변명의 여지가 없으므로 기능만큼이나 보기에도 좋은 소셜 로그인 페이지를 구축할 것이다.

부트스트랩은 웹에서 반응형 프로젝트를 개발하기 위한 프론트엔드frontend 프레임워크며, 일관성 있고 보기 좋은 방법으로 많은 사용자 인터페이스 문제를 해결하는 CSS 및 자바스크립트 코드를 제공한다. 부트스트랩을 사용해 구축된 사이트는 비슷비슷하게 보이지만(UI를 사용자가 변경custom할 수 있는 많은 방법이 있긴 하다), 초기 버전의 앱이나 디자이너의 도움을 구할 수 없는 개발자에게는 훌륭한 선택이다.

 부트스트랩으로 구성된 시맨틱 표준을 사용해 애플리케이션을 구축하면 웹사이트나 애플리케이션을 위한 부트스트랩 테마를 쉽게 만들 수 있으며 코드에 바로 적용할 수 있다.

CDN에서 호스팅되는 부트스트랩 버전을 사용할 것이므로 채팅 애플리케이션을 통해 별도 버전을 다운로드하고 제공하는 것에 대해 걱정할 필요는 없다. 즉 페이지를 제대로 표시하려면 개발 중에도 인터넷에 연결돼 있어야 한다.

부트스트랩 사본을 다운로드해 제공할 수도 있다. 파일을 assets 폴더에 보관하고 main 함수에 다음 호출을 추가한다(애플리케이션을 통해 http.Handle을 사용함으로써 에셋을 제공함).

```
http.Handle("/assets/", http.StripPrefix("/assets",
http.FileServer(http.Dir("/path/to/assets/"))))
```

main.go에서 로그인 페이지에 대한 엔드포인트를 추가한다.

```
http.Handle("/chat", MustAuth(&templateHandler{filename: "chat.html"}))
http.Handle("/login", &templateHandler{filename: "login.html"})
http.Handle("/room", r)
```

당연히 로그인 페이지에 MustAuth 메소드를 사용하려는 것은 아니다. 무한 리디렉션 루프가 생길 것이기 때문이다.

templates 폴더에 login.html이라는 새 파일을 만들고 다음 HTML 코드를 삽입하라.

```html
<html>
<head>
  <title>Login</title>
  <link rel="stylesheet" href="https://maxcdn.bootstrapcdn.com/
  bootstrap/3.3.6/css/bootstrap.min.css">
</head>
<body>
  <div class="container">
    <div class="page-header">
      <h1>Sign in</h1>
    </div>
    <div class="panel panel-danger">
      <div class="panel-heading">
        <h3 class="panel-title">In order to chat, you must be signed in
        </h3>
      </div>
```

```
        <div class="panel-body">
          <p>Select the service you would like to sign in with:</p>
          <ul>
            <li>
              <a href="/auth/login/facebook">Facebook</a>
            </li>
            <li>
              <a href="/auth/login/github">GitHub</a>
            </li>
            <li>
              <a href="/auth/login/google">Google</a>
            </li>
          </ul>
        </div>
      </div>
    </div>
  </body>
</html>
```

웹 서버를 다시 시작하고 http://localhost:8080/login으로 이동하면 이제 로그인Sign
in 페이지가 표시된다.

█ 동적 경로를 포함한 엔드포인트

Go 표준 라이브러리의 http 패키지에 대한 패턴 일치가 가장 포괄적이고 완벽하게 기능하는 구현implementation은 아니다. 예를 들어, 루비 온 레일즈Ruby on Rails를 사용하면 경로 내에 동적 세그먼트를 만드는 것이 훨씬 쉬워진다. 다음과 같이 경로를 매핑할 수 있다.

```
"auth/:action/:provider_name"
```

그런 다음 레일즈는 일치 경로에서 자동으로 추출한 값을 포함하는 데이터 맵(또는 딕셔너리)을 제공한다. auth/login/google을 방문하면 params[:provider_name]은 google이고 params[:action]은 login과 같다.

대부분의 http 패키지는 우리가 기본적으로 지정할 수 있는 경로 접두사prefix다. 이 접두사는 패턴 끝에 슬래시를 남겨두고 사용할 수 있다.

```
"auth/"
```

그런 다음 나머지 세그먼트를 수동으로 파싱해 적절한 데이터를 추출해야 한다. 이것은 비교적 간단한 경우에 허용되며, 다음과 같이 몇 가지 다른 경로만 처리하면 되므로 당분간 요구에 부합한다.

- /auth/login/google
- /auth/login/facebook
- /auth/callback/google
- /auth/callback/facebook

고급 라우팅 상황을 처리해야 하는 경우 goweb, pat, routes, mux 등의 전용 패키지를 사용하는 것이 좋다. 채팅 애플리케이션처럼 매우 단순한 경우 내장된 기능으로 수행할 것이다.

로그인 프로세스를 강화하는 새로운 핸들러를 만들 예정이다. auth.go에 다음 login Handler 코드를 추가하라.

```go
// loginHandler는 서드파티 로그인 프로세스를 처리한다
// 형식: /auth/{action}/{provider}
func loginHandler(w http.ResponseWriter, r *http.Request) {
  segs := strings.Split(r.URL.Path, "/")
  action := segs[2]
  provider := segs[3]
  switch action {
  case "login":
    log.Println("TODO handle login for", provider)
  default:
    w.WriteHeader(http.StatusNotFound)
    fmt.Fprintf(w, "Auth action %s not supported", action)
  }
}
```

앞의 코드에서 action과 provider에 대한 값을 추출하기 전에 strings.Split을 사용해 경로를 세그먼트로 나눈다. 동작 값을 알고 있으면 특정 코드를 실행한다. 그렇지 않으면 오류 메시지를 출력하고 http.StatusNotFound 상태 코드(HTTP 상태 코드 언어에서는 404)를 반환한다.

지금 당장 코드를 보호하지 않을 것이다. 그러나 누군가가 적은 세그먼트로 login Handler에 접근하는 것은 눈여겨볼 만하다. 코드는 segs[2]와 segs[3]가 존재할 것으로 예상하므로 패닉이 발생할 것이다.

보너스로, 코드를 보호할 수 있는지, 누군가가 /auth/nonsense를 입력하면 패닉 상태가 아닌 적절한 오류 메시지를 리턴하는지 확인하라.

loginHandler는 단순한 함수며 http.Handler 인터페이스를 구현하는 객체는 아니다. 이는 다른 핸들러와 달리 어떤 상태state도 저장할 필요가 없기 때문이다. Go 표준 라이브러리는 이를 지원하므로 http.HandleFunc 함수를 사용해 이전에 http.Handle을 사용한 것과 비슷한 방식으로 매핑할 수 있다. main.go에서 핸들러를 업데이트하라.

```
http.Handle("/chat", MustAuth(&templateHandler{filename: "chat.html"}))
http.Handle("/login", &templateHandler{filename: "login.html"})
http.HandleFunc("/auth/", loginHandler)
http.Handle("/room", r)
```

채팅 애플리케이션을 다시 빌드하고 실행하라.

```
go build -o chat
./chat -host=":8080"
```

다음 URL에 접속하고 터미널에 기록된 출력을 확인한다.

- http://localhost:8080/auth/login/google(출력: TODO handle login for google)
- http://localhost:8080/auth/login/facebook(출력: TODO handle login for facebook)

지금까지 TODO 메시지를 출력하는 동적 경로 일치 메커니즘을 성공적으로 구현했다. 이제 로그인 프로세스가 동작하도록 인증 서비스와 통합해야 한다.

▎ OAuth2 시작하기

OAuth2는 리소스 소유자가 클라이언트에게 액세스 토큰 교환 핸드셰이크^{handshake}를 통해 개인 데이터(담벼락 포스트 또는 트윗)와 같은 개인 액세스 권한을 위임할 수 있도록 허용하는 개방형 인증 표준이다. 개인 데이터에 액세스하지 않으려는 경우에도 OAuth2는 서드파티 사이트에 자격증명을 노출하지 않은 채로 기존 자격증명을 사용해 로그인할 수 있는 훌륭한 옵션이다. 이 경우 우리가 서드파티이므로 OAuth2를 지원하는 서비스를 사용해 사용자가 로그인하도록 허용하고자 한다.

사용자의 관점에서 볼 때 OAuth2 흐름은 다음과 같다.

1. 사용자는 클라이언트 애플리케이션에 로그인하려는 프로바이더를 선택한다.
2. 사용자는 클라이언트 애플리케이션에 권한을 부여해야 하는 프로바이더 웹사이트(클라이언트 애플리케이션 ID가 포함된 URL과 함께)로 리디렉션된다.
3. 사용자는 OAuth2 서비스 프로바이더로 로그인하고 서드파티 애플리케이션이 요청한 권한을 승인한다.
4. 사용자는 요청 코드와 함께 클라이언트 애플리케이션으로 리디렉션된다.
5. 백그라운드에서 클라이언트 애플리케이션은 인증 토큰을 다시 보내는 프로바이더에게 권한 코드를 보낸다.
6. 클라이언트 애플리케이션은 액세스 토큰을 사용해 사용자 정보 또는 담벼락 게시물을 가져오는 등의 프로바이더에게 승인된 요청을 한다.

'바퀴의 재발명'을 피하기 위해 이미 이 문제를 해결한 몇 가지 오픈소스 프로젝트를 살펴볼 것이다.

오픈소스 OAuth2 패키지

앤드류 게런드^{Andrew Gerrand}는 2010년 2월부터 Go 팀에 참여했다. Go 1.0이 공식 출시되기 2년 전이다. 그의 goauth2 패키지(https://github.com/golang/oauth2 참조)는 완전히 Go로 작성된 OAuth2 프로토콜을 훌륭하게 구현한 것이다.

앤드류의 프로젝트는 gomniauth에 영감을 줬다(https://github.com/stretchr/gomniauth 참조). 루비의 omniauth 프로젝트 대체제로 오픈소스 Go의 gomniauth는 다양한 OAuth2 서비스에 액세스할 수 있는 통일된 솔루션을 제공한다. 앞으로 OAuth3(또는 차세대 인증 프로토콜이 무엇이든)가 나오면 gomniauth는 세부 사항 구현에 따른 어려움을 처리할 수 있으며 사용자 코드는 그대로 유지할 수 있다.

채팅 애플리케이션에서는 gomniauth를 사용해 구글, 페이스북, 깃허브에서 제공하는 OAuth 서비스에 액세스하므로 다음 명령을 실행해 설치됐는지 확인하라.

```
go get github.com/stretchr/gomniauth
```

 gomniauth의 프로젝트 종속성 중 몇몇은 Bazaar 리포지토리(repository)에 보관되므로 다운로드를 위해 http://wiki.bazaar.canonical.com/을 방문해볼 필요가 있다.

▌ 인증 프로바이더에게 앱에 대해 알림

사용자가 로그인할 수 있도록 인증 프로바이더에게 요청하기 전에 애플리케이션에 대해 알려야 한다. 대부분의 프로바이더는 이러한 프로세스를 실행할 수 있도록 애플리케이션을 생성할 수 있는 일종의 웹 툴 또는 콘솔을 보유하고 있다. 구글이 제공하는 화면은 다음과 같다.

New Project

Project name ⓘ

Chat Application

Project ID ⓘ

blueprints-chat-app ⟳

Show advanced options...

Create   Cancel

클라이언트 애플리케이션을 식별하려면 클라이언트 ID와 암호를 만들어야 한다. OAuth2는 개방형 표준이긴 하지만, 각 프로바이더마다 고유한 언어와 메커니즘을 갖추고 있다. 따라서 대부분 사용자 인터페이스나 설명서를 확인해 다룰 필요가 있다.

이 책을 저술하는 시점에는 구글 클라우드 콘솔에서 **API Manager**로 이동하고 **Credentials** 자격증명 섹션을 클릭한다.

대부분 보안 강화를 위해 요청이 오는 호스트 URL에 대해 명시해야 한다. 지금은 localhost:8080에서 로컬로 애플리케이션을 호스팅하기 때문에 사용해야 한다. 또한 채팅 애플리케이션의 엔드포인트인 리디렉션 URI를 묻는 메시지가 표시되고 로그인에 성공하면 사용자가 리디렉션된다. 콜백은 loginHandler의 다른 동작이므로 구글 클라이언트의 리디렉션 URL은 http://localhost:8080/auth/callback/google이다.

지원하려는 프로바이더에 대한 인증 프로세스가 완료되면 각 프로바이더에 대한 클라이언트 ID와 암호가 제공된다. 채팅 애플리케이션에서 제공 업체를 설정할 때 필요하기 때문에 이러한 세부 정보는 기록해둔다.

 실제 도메인에서 애플리케이션을 호스팅하는 경우 새로운 클라이언트 ID 및 비밀 정보를 작성하거나 인증 프로바이더의 적절한 URL 필드를 업데이트해 올바른 URL을 가리키도록 해야 한다. 어느 쪽이든 보안을 위해 다른 세트의 개발 및 프로덕션 키를 갖는 것이 좋다.

외부 로그인 구현

인증 프로바이더 사이트에서 생성한 프로젝트, 클라이언트 또는 계정을 사용하려면 gomniauth에게 어떤 프로바이더를 사용할지와 어떻게 통신할지를 알려줘야 한다. 기본 gomniauth 패키지에서 WithProviders 함수를 호출해 이 작업을 수행한다. 다음 코드를 main.go에 추가한다(main 함수의 맨 위에 있는 flag.Parse( ) 행 바로 아래).

```
// gomniauth 설정
gomniauth.SetSecurityKey("PUT YOUR AUTH KEY HERE")
gomniauth.WithProviders(
  facebook.New("key", "secret",
    "http://localhost:8080/auth/callback/facebook"),
  github.New("key", "secret",
    "http://localhost:8080/auth/callback/github"),
  google.New("key", "secret",
    "http://localhost:8080/auth/callback/google"),
)
```

key와 secret 플레이스홀더를 앞서 적어놓은 실제 값으로 바꿔야 한다. 세 번째 인수는 프로바이더 웹사이트에서 클라이언트를 생성할 때 제공한 것과 일치해야 하는 콜백 URL을 나타낸다. 두 번째 경로 세그먼트가 callback인지 확인하라. 아직 구현하지는 않았지만 인증 프로세스의 응답을 처리하는 부분이다.

평소와 같이 필요한 패키지를 반드시 모두 임포트해야 한다.

```
import (
  "github.com/stretchr/gomniauth/providers/facebook"
  "github.com/stretchr/gomniauth/providers/github"
  "github.com/stretchr/gomniauth/providers/google"
)
```

Gomniauth는 클라이언트와 서버 간에 서명 체크섬(checksum)[2]과 함께 상태 데이터를 전송하므로 SetSecurityKey 호출이 필요하다. 체크섬은 전송 도중에 상태 값이 조정되지 않음을 보증한다. 보안 키는 해시를 만들 때 사용된다. 정확한 보안 키를 모른 채로 동일한 해시를 재현하는 것이 불가능에 가까운 방식으로, some long key 부분을 원하는 보안 해시나 구절(phrase)로 대체해야 한다.

로그인하기

이제 Gomniauth를 설정했으므로 /auth/login/{provider} 경로에 접속할 때 사용자를 프로바이더의 인증 페이지로 리디렉션해야 한다. auth.go의 loginHandler 함수를 업데이트하면 된다.

```
func loginHandler(w http.ResponseWriter, r *http.Request) {
  segs := strings.Split(r.URL.Path, "/")
  action := segs[2]
  provider := segs[3]
  switch action {
  case "login":
    provider, err := gomniauth.Provider(provider)
    if err != nil {
      http.Error(w, fmt.Sprintf("Error when trying to get provider %s: %s",
      provider, err), http.StatusBadRequest)
      return
    }
    loginUrl, err := provider.GetBeginAuthURL(nil, nil)
    if err != nil {
```

---

2 중복 검사의 한 형태로, 오류 정정을 통해 공간(전자 통신)이나 시간(기억 장치) 속에서 송신된 자료의 무결성을 보호하는 단순한 방법이다(https://ko.wikipedia.org/wiki/체크섬). – 옮긴이

```
        http.Error(w, fmt.Sprintf("Error when trying to GetBeginAuthURL for
        %s:%s", provider, err), http.StatusInternalServerError)
        return
      }
      w.Header().Set("Location", loginUrl)
      w.WriteHeader(http.StatusTemporaryRedirect)
    default:
      w.WriteHeader(http.StatusNotFound)
      fmt.Fprintf(w, "Auth action %s not supported", action)
    }
}
```

여기서 두 가지 중요한 일을 한다. 먼저 gomniauth.Provider 함수를 사용해 URL에 지정된 객체(예를 들면 google 또는 github)와 일치하는 프로바이더 객체를 가져온다. 그런 다음 GetBeginAuthURL 메소드를 사용해 인증 프로세스를 시작하기 위해 사용자를 보내야 하는 위치를 가져온다.

 GetBeginAuthURL(nil, nil) 인수는 상태 및 옵션에 대한 인수며 채팅 애플리케이션에서는 사용하지 않을 것이다.

첫 번째 인수는 인코딩하고 서명해 인증 프로바이더에게 전송하는 데이터의 상태 맵이다. 프로바이더는 상태와 관련해서 아무것도 하지 않고 콜백 엔드포인트로 다시 보낸다. 이는 예를 들어 인증 프로세스가 개입하기 전에 액세스하려는 원래 페이지로 사용자를 다시 보내려는 경우에 유용하다. 목적을 위해 /chat 엔드포인트만 가지고 있으므로 어떤 상태를 보낼지 고민할 필요가 없다.

두 번째 인수는 인증 프로바이더에게 전송되는 추가 옵션의 맵으로, 인증 프로세스의 동작을 어떻게든 수정한다. 예를 들어, 자체 scope 파라미터를 지정할 수 있다. 이 파라미터를 사용하면 프로바이더로부터 추가 정보에 액세스할 수 있는 권한을 요청할 수 있다. 사용 가능한 옵션에 대한 자세한 내용을 보려면 인터넷에서 OAuth2를 검색하거나 각 프로바이더의 가이드 문서를 읽어보라. 옵션 값은 서비스별로 천차만별이다.

GetBeginAuthURL 호출 시 코드에 오류가 없으면 사용자의 브라우저를 반환된 URL로 리디렉션한다.

오류가 발생하면 http.Error 함수를 사용해 200이 아닌 상태 코드와 함께 오류 메시지를 출력한다.

채팅 애플리케이션을 다시 빌드하고 실행하라.

```
go build -o chat
./chat -host=":8080"
```

 이 책 전반에 걸쳐 수동으로 프로젝트를 중지, 재구성, 실행할 것이다. 하지만 변경 사항을 감지해 Go 애플리케이션을 재시작하는 방식으로 이를 자동으로 처리해주는 도구가 있다.

자동으로 처리해주는 도구에 관심이 있다면 https://github.com/pilu/fresh와 https://github.com/codegangsta/gin을 확인하라.

http://localhost:8080/chat에 액세스해 메인 채팅 페이지를 연다. 아직 로그인하지 않았으므로 로그인 페이지로 리디렉션된다. **Google** 옵션을 클릭한 후 구글 계정을 사용해 로그인하면 (구글에 아직 로그인하지 않은 경우) 구글 고유의 로그인 페이지가 표시된다. 로그인하면 계정에 대한 기본 정보를 보기 전에 채팅 애플리케이션을 위한 권한permission을 요청하는 페이지가 나타난다.

이것은 채팅 애플리케이션의 사용자가 로그인 시 경험하는 것과 동일한 흐름이다.

Accept를 클릭하면 채팅 애플리케이션 코드로 리디렉션되지만 '인증 콜백이 지원되지 않는다Auth action callback not supported.'는 오류가 표시된다. 이는 아직 loginHandler에서 콜백 기능을 구현하지 않았기 때문이다.

프로바이더로부터 오는 응답의 처리

사용자가 프로바이더의 웹사이트에서 Accept(또는 Cancel 버튼)를 클릭하면 애플리케이션의 callback 엔드포인트로 리디렉션된다.

리턴되는 전체 URL을 한눈에 살펴보면 프로바이더가 제공한 승인 코드가 표시된다.

- http://localhost:8080/auth/callback/google?code=4/Q92xJBQfoX6
  PHhzkjhgtyfLc0Ylm.QqV4u9AbA9sYguyfbjFEsNoJKMOjQI

Gomniauth가 이 코드를 사용하기 때문에 이 코드를 어떻게 처리할지 걱정할 필요가 없다. 콜백 핸들러 구현으로 넘어갈 수 있지만, 이 코드는 인증 프로바이더가 개인 사용자 데이터에 액세스할 수 있는 토큰을 교환한다는 사실을 알고 있어야 한다. 보안을 강화하기 위해 이 추가 단계는 브라우저가 아닌 서버 대 서버로 진행된다.

auth.go에서 액션 경로 세그먼트에 또 다른 스위치 케이스를 추가할 준비가 됐다. 디폴트 케이스 앞에 다음 코드를 삽입하라.

```go
case "callback":
  provider, err := gomniauth.Provider(provider)
  if err != nil {
    http.Error(w, fmt.Sprintf("Error when trying to get provider %s: %s",
      provider, err), http.StatusBadRequest)
    return
  }
  creds, err :=
    provider.CompleteAuth(objx.MustFromURLQuery(r.URL.RawQuery))
  if err != nil {
    http.Error(w, fmt.Sprintf("Error when trying to complete auth for %s:
    %s", provider, err), http.StatusInternalServerError)
    return
  }
  user, err := provider.GetUser(creds)
  if err != nil {
    http.Error(w, fmt.Sprintf("Error when trying to get user from %s: %s",
      provider, err), http.StatusInternalServerError)
    return
  }
  authCookieValue := objx.New(map[string]interface{}{
    "name": user.Name(),
  }).MustBase64()
  http.SetCookie(w, &http.Cookie{
    Name:  "auth",
```

```
        Value: authCookieValue,
        Path:  "/"})
    w.Header().Set("Location", "/chat")
    w.WriteHeader(http.StatusTemporaryRedirect)
```

인증 프로바이더가 사용자에게 권한을 부여한 후 사용자를 리디렉션하면 URL은 콜백 작업임을 지정한다. 이전처럼 인증 프로바이더를 찾아서 CompleteAuth 메소드를 호출한다. 요청의 RawQuery를 objx.Map(Gomniauth가 사용하는 다용도 맵 타입)으로 파싱하고 CompleteAuth 메소드는 값을 사용해 프로바이더와 OAuth2 프로바이더 핸드셰이크를 완료한다. 모든 것이 잘 수행되면 사용자의 기본 데이터에 액세스할 수 있는 승인된 자격증명을 받게 된다. 그런 다음 제공자에 대해 GetUser 메소드를 사용하고, Gomniauth는 지정된 자격증명 정보를 사용해 사용자에 대한 몇 가지 기본 정보에 액세스한다.

사용자 데이터가 있으면 JSON 객체의 Name 필드를 Base64로 인코딩하고 나중에 사용할 수 있도록 auth 쿠키 값으로 저장한다.

 Base64 인코딩 데이터는 특수 문자나 예측할 수 없는 문자를 포함하지 않으므로 데이터를 URL로 전달하거나 쿠키에 저장하는 경우 유용하다. Base64 인코딩 데이터는 암호화된 것처럼 보일지라도 Base64로 인코딩한 데이터를 쉽게 원래 텍스트로 다시 디코딩할 수 있는 것은 아니다. 이 작업을 수행하는 온라인 도구가 있다.

쿠키를 설정한 후에 사용자를 원래 목적지라고 확신할 수 있는 chat 페이지로 다시 보낸다.

다시 코드를 빌드하고 실행해 /chat 페이지를 방문하면 가입 절차가 작동하고 채팅 페이지로 다시 돌아갈 수 있다. 대부분의 브라우저에는 보내온 쿠키를 볼 수 있는 검사기 inspector 또는 콘솔이 있다. 이 도구를 사용해 auth 쿠키가 나타났는지 확인할 수 있다.

```
go build -o chat
./chat -host=":8080"
```

이 경우 쿠키 값은 {"name": "Mat Ryer"}의 Base64 인코딩 버전인 eyJuYW1lIjoiTWF
0IFJ5ZXIifQ==이다. 채팅 애플리케이션에서 이름을 입력한 적이 없었다는 사실을 기
억하라. 대신 Gomniauth는 구글에 로그인할 때 구글에게 이름을 물었다. 이와 같이
서명되지 않은 쿠키를 저장하는 것은 사용자의 이름과 같은 부수적인 정보에 대해서는
문제가 되지 않는다. 하지만 서명되지 않은 쿠키를 사용해 민감한 정보를 저장하는 것
은 피해야 한다. 사람들이 데이터에 액세스하고 변경하기 쉽기 때문이다.

사용자 데이터 제시

쿠키 내부에 사용자 데이터를 저장하는 것이 좋은 접근이지만, 비전문가들은 쿠키가
있다는 것을 모를 것이다. 따라서 데이터를 전면에 가져와야 한다. 먼저 사용자 데이
터를 템플릿의 Execute 메소드에 전달하는 templateHandler를 강화해 이 작업을 수
행한다. 이렇게 하면 HTML에서 템플릿 주석을 사용해 사용자 데이터를 사용자에게
표시할 수 있다.

main.go에서 templateHandler의 ServeHTTP 메소드를 업데이트하라.

```
func (t *templateHandler) ServeHTTP(w http.ResponseWriter, r *http.Request) {
  t.once.Do(func() {
    t.templ = template.Must(template.ParseFiles(filepath.Join("templates",
      t.filename)))
  })
  data := map[string]interface{}{
    "Host": r.Host,
  }
  if authCookie, err := r.Cookie("auth"); err == nil {
```

```
    data["UserData"] = objx.MustFromBase64(authCookie.Value)
  }
  t.templ.Execute(w, data)
}
```

전체 http.Request 객체를 데이터로 템플릿에 전달하는 대신 Host 및 UserData가 있는 데이터 객체에 대한 새 map[string]interface{} 정의를 만든다(후자는 auth 쿠키가 존재함). 맵 타입과 중괄호를 지정함으로써 make 키워드를 사용하지 않고 맵을 작성하는 것과 동시에 Host 항목을 추가할 수 있다. 그런 다음 이 새 데이터 객체를 템플릿의 Execute 메소드에 대한 두 번째 인수로 전달한다.

이제 템플릿 소스에 HTML 파일을 추가해 이름을 표시한다. chat.html에서 chatbox 폼을 업데이트한다.

```html
<form id="chatbox">
  {{.UserData.name}}:<br/>
  <textarea></textarea>
  <input type="submit" value="Send" />
</form>
```

{{.UserData.name}} 주석은 textarea 컨트롤 앞에 사용자명을 삽입하도록 템플릿 엔진에 알린다.

objx 패키지를 사용하고 있기 때문에 go get http://github.com/stretchr/objx를 실행하고 임포트하는 것을 잊지 말라. 추가 종속성은 프로젝트에 복잡성을 추가하므로 패키지에서 적절한 함수를 복사해 붙여넣거나 심지어 Base64로 인코딩된 쿠키와 다시 병합하는 자체 코드를 작성할 수도 있다.

아니면 전체 소스 코드를 프로젝트(최상위 폴더 내 vendor로 명명)에 복사함으로써 종속성을 공급(vendor)할 수 있다. Go는 빌드 시점에 임포트된 패키지들에 대해 $GOPATH

> (go get 명령어로 패키지를 받는 곳)에서 체크하기 전에 vendor 폴더를 먼저 확인할 것
> 이다. 따라서 코드를 작성한 이후에 원본 패키지가 변경되지 않는다는 사실에 의존하지
> 않고도 종속성의 정확한 버전을 유지시킬 수 있다.
>
> Go에서 벤더를 사용하는 방법에 대한 자세한 내용은 https://blog.gopheracademy.
> com/advent-2015/vendor-folder/에서 다니엘(Daniel Theophanes)의 게시물을
> 확인하거나 'vendoring in go'를 검색하라.

채팅 애플리케이션을 다시 빌드하고 실행하면 채팅 박스 앞에 이름이 추가된다.

```
go build -o chat
./chat -host=":8080"
```

추가 데이터로 메시지 기능 확장

지금까지 채팅 애플리케이션은 클라이언트와 서버 사이에서 바이트의 슬라이스 또는
[]byte 타입으로 메시지를 전송했다. 따라서 채팅방의 앞으로의 채널에는 chan []
byte 타입을 갖는다. 메시지 자체 이외에 데이터(누가 언제 보냈는지 등) 전달 채널을 향
상시키고 양쪽에서 웹 소켓과 상호작용하는 방식을 향상시킨다.

chat 폴더에 message.go라는 새 파일을 만들어 []byte 슬라이스를 대체할 새 타입
을 정의한다.

```
package main
import (
  "time"
)
// message는 단일 메시지를 나타낸다
type message struct {
  Name    string
```

```
    Message string
    When     time.Time
}
```

---

message 타입은 메시지 문자열 자체를 캡슐화하지만 사용자 이름과 메시지가 전송된 타임스탬프를 각각 보유하는 Name 및 When 필드를 추가했다.

client 타입은 브라우저와의 통신을 담당하므로 단일 메시지 문자열 이상을 송수신해야 한다. 자바스크립트 애플리케이션(즉 브라우저에서 실행 중인 채팅 클라이언트)과 Go 표준 라이브러리는 훌륭한 JSON 구현을 가지고 있기 때문에 메시지에 추가 정보를 인코딩하는 것이 가장 좋은 방법인 것 같다. 소켓에서 ReadJSON 및 WriteJSON 메소드를 사용하기 위해 client.go의 read 및 write 메소드를 변경하고 새로운 message 타입을 인코딩 및 디코딩한다.

```
func (c *client) read() {
  defer c.socket.Close()
  for {
    var msg *message
    err := c.socket.ReadJSON(&msg)
    if err != nil {
      return
    }
    msg.When = time.Now()
    msg.Name = c.userData["name"].(string)
    c.room.forward <- msg
  }
}
func (c *client) write() {
  defer c.socket.Close()
  for msg := range c.send {
    err := c.socket.WriteJSON(msg)
    if err != nil {
```

```
        break
    }
  }
}
```

브라우저에서 메시지를 받으면 Message 필드만 채울 것으로 예상되므로 앞의 코드에서 When 및 Name 필드를 직접 설정해야 한다.

앞의 코드를 작성하려고 하면 몇 가지 사항에 대해 지적하는 것을 알 수 있다. 주된 이유는 *message 객체를 forward와 send chan []byte 채널에 전송하려고 시도한다는 것이다. 이는 채널 타입을 변경하기 전에는 허용되지 않는다. room.go에서 forward 필드를 chan *message 타입으로 변경하고 client.go의 send chan 타입에 대해서도 동일하게 수행한다.

타입이 변경됐으므로 채널을 초기화하는 코드를 업데이트해야 한다. 아니면 컴파일러가 이러한 문제를 제기할 때까지 기다린 후, 원하는 대로 수정할 수 있다. room.go에서 다음과 같이 변경해야 한다.

- forward: make(chan []byte)를 forward: make(chan *message)로 변경
- r.tracer.Trace("Message received: ", string(msg))를 r.tracer.Trace("Message received: ", msg.Message)로 변경
- send: make(chan []byte, messageBufferSize)를 send: make(chan *message, messageBufferSize)로 변경

컴파일러는 또한 클라이언트의 사용자 데이터 부족에 대해 불평할 것이다. 이는 client 타입이 우리가 쿠키에 추가한 새로운 사용자 데이터에 대해 모르기 때문에 공정한 포인트다. userData라는 새로운 범용 map[string] interface{}를 포함하도록 client 구조체를 업데이트하라.

```go
// client는 한 명의 채팅 사용자를 나타낸다
type client struct {
    // socket은 이 클라이언트의 웹 소켓이다
    socket *websocket.Conn
    // send는 메시지가 전송되는 채널이다
    send chan *message
    // room은 클라이언트가 채팅하는 방이다
    room *room
    // userData는 사용자에 대한 정보를 보유한다
    userData map[string]interface{}
}
```

사용자 데이터는 http.Request 객체의 Cookie 메소드를 통해 액세스하는 클라이언트 쿠키에서 가져온다. room.go에서 ServeHTTP를 다음과 같이 변경하라.

```go
func (r *room) ServeHTTP(w http.ResponseWriter, req *http.Request) {
    socket, err := upgrader.Upgrade(w, req, nil)
    if err != nil {
        log.Fatal("ServeHTTP:", err)
        return
    }
    authCookie, err := req.Cookie("auth")
    if err != nil {
        log.Fatal("Failed to get auth cookie:", err)
        return
    }
    client := &client{
        socket:   socket,
        send:     make(chan *message, messageBufferSize),
        room:     r,
        userData: objx.MustFromBase64(authCookie.Value),
    }
    r.join <- client
```

```
    defer func() { r.leave <- client }()
    go client.write()
    client.read()
}
```

http.Request 타입의 Cookie 메소드를 사용해 클라이언트에 전달하기 전에 사용자 데이터를 가져온다. 인코딩된 쿠키 값을 다시 사용 가능한 맵 객체로 변환하기 위해 objx.MustFromBase64 메소드를 사용하고 있다.

이제 소켓에서 보내고 받는 타입을 []byte에서 *message로 변경했으므로 일반 문자열 대신 JSON을 보내고 있음을 자바스크립트 클라이언트에 알려야 한다. 또한 사용자가 메시지를 제출할 때 JSON을 다시 서버에 보내도록 요청해야 한다. chat.html에서 먼저 socket.send 호출을 업데이트하라.

```
socket.send(JSON.stringify({"Message": msgBox.val()}));
```

JSON.stringify를 사용해 지정한 JSON 객체(Message 필드만 포함)를 문자열로 직렬화한 후 서버로 보낸다. Go 코드는 JSON 문자열을 message 객체로 디코딩(또는 비정렬)해 클라이언트 JSON 객체의 필드 이름을 message 타입의 필드 이름과 일치시킨다.

마지막으로 JSON을 예상하도록 socket.onmessage 콜백 함수를 업데이트하고, 페이지에 보낸 사람의 이름을 추가한다.

```
socket.onmessage = function(e) {
  var msg = JSON.parse(e.data);
  messages.append(
    $("<li>").append(
      $("<strong>").text(msg.Name + ": "),
      $("<span>").text(msg.Message)
    )
```

```
    );
}
```

앞의 코드 스니펫에서 자바스크립트의 JSON.parse 함수를 사용해 JSON 문자열을 자바스크립트 객체로 변환한 후 필드에 액세스해 올바르게 표시하는 데 필요한 요소를 작성했다.

애플리케이션을 빌드 및 실행하고 가능한 경우 두 개의 서로 다른 브라우저에 두 개의 다른 계정으로 로그인하라(또는 친구를 초대해 테스트할 수 있음).

```
go build -o chat
./chat -host=:8080
```

다음 스크린샷은 채팅 애플리케이션의 브라우저 채팅 화면을 보여준다.

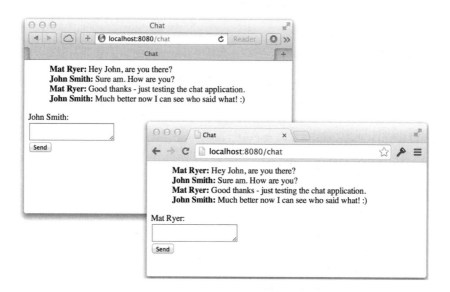

▌요약

2장에서는 사용자가 대화에 참여할 수 있게 하기 전에 OAuth2 서비스 프로바이더를 사용해 사용자를 인증하도록 요청함으로써 채팅 애플리케이션에 유용하고 필요한 기능을 추가했다. Gomniauth와 같은 여러 오픈소스 패키지를 사용해 우리가 다룰 수 있었던 다중 서버의 복잡성을 대폭 줄였다.

`http.Handler` 타입을 감싸는 패턴을 구현해 인증 쿠키가 없어도 사용자가 인증되고 사용할 수 있는 경로를 쉽게 지정할 수 있다. `MustAuth` 헬퍼 함수를 사용하면 코드에 혼란을 주지 않으면서 유창하고 간단한 방법으로 래퍼 타입을 생성할 수 있었다.

쿠키를 사용하고 Base64 인코딩을 사용해 무사히 (비록 안전하지는 않지만) 각 브라우저에 특정 사용자의 상태를 저장하고 정상적인 연결 및 웹 소켓을 통해 해당 데이터를 사용하는 방법을 살펴봤다. 사용자 이름을 UI에 제공하고 특정 조건에서만 특정 데이터를 제공하는 방법을 알기 위해 템플릿에서 사용할 수 있는 데이터를 좀 더 잘 제어했다.

웹 소켓을 통해 추가 정보를 보내고 받을 필요가 있었기 때문에 원시 타입의 채널을 메시지 타입과 같은 자체 타입의 채널로 변경하는 것이 얼마나 쉬운지를 배웠다. 또한 단지 바이트 슬라이스가 아닌 소켓을 통해 JSON 객체를 전송하는 방법을 배웠다. Go의 타입 안전성과 채널 타입 지정 기능 덕분에 컴파일러는 `chan *message`를 통해 메시지 객체 이외의 다른 것을 보내지 않도록 한다. 이렇게 하려고 하면 컴파일러 오류가 발생해 곧바로 사실을 알린다.

채팅 애플리케이션을 만드는 것부터 채팅하는 사람의 이름을 보는 것까지 유용성 면에서는 많이 발전했다. 그러나 여전히 매우 형식적이고 훨씬 시각적인 경험에 익숙한 웹 사용자를 끌어들이지는 않는다. 채팅하는 사람들의 사진이 빠져 있으며, 3장에서는 사진을 넣을 수 있는 다양한 방법을 모색할 것이다. 사용자가 업로드한 후에 OAuth2 프로바이더, Gravatar 웹 서비스 또는 로컬 디스크로부터 프로필 사진(아바타)을 가져와 사용자가 애플리케이션에서 더 잘 표현할 수 있도록 할 수 있다.

추가 과제로, 메시지를 보낼 때 사용자에게 알리기 위해 메시지 타입에 넣는 time.
Time 필드를 사용할 수 있는지 확인하라.

3

프로필 사진 구현의
세 가지 방법

지금까지의 채팅 애플리케이션은 OAuth2 프로토콜을 사용해 사용자가 애플리케이션에 로그인할 수 있도록 해서 누가 무슨 말을 하는지 알게 됐다. 3장에서는 프로필 사진을 추가해 채팅 경험을 좀 더 매력적으로 만들고자 한다.

채팅 애플리케이션에서 메시지 옆에 사진이나 아바타를 추가하는 다음과 같은 방법들을 살펴볼 것이다.

- 인증 서비스^{auth service}에서 제공하는 아바타 이미지 사용
- 사용자의 이메일 주소로 사진을 찾는 https://en.gravatar.com 웹 서비스 이용
- 사용자가 자신의 사진을 업로드하고 직접 제공하도록 허용

처음 두 옵션은 사진 호스팅을 인증 서비스나 https://en.gravatar.com 같은 서드파티에 맡길 수 있으며, 애플리케이션을 관리하는 비용을 줄여주기 때문에 좋다(스토리지 비용 및 대역폭의 관점에서, 사용자의 브라우저는 인증 서비스의 서버에서 사진을 다운로드할 것이기 때문이다). 세 번째 옵션은 웹에서 액세스할 수 있는 위치에 사진을 직접 호스팅하는 것이다.

이러한 옵션들은 병행해서 사용할 수 있다. 실제 상용 애플리케이션에서는 이들을 조합해 사용할 가능성이 크다. 이 장의 후반부에서 어떻게 유연한 설계가 나타나는지 알아볼 것이며, 적절한 아바타를 찾을 때까지 차례대로 각 구현을 시도할 수 있다.

3장에서는 각 마일스톤^{milestone}을 달성하는 데 필요한 최소한의 작업만 수행하면서 민첩하게 진행할 것이다. 즉 각 절의 끝에서 브라우저에서 확인해볼 수 있는 구현 작업을 수행하게 된다. 이것은 또한 필요할 때나 의사 결정에 대해 그 이유를 논의할 때 코드를 리팩토링하는 것을 의미한다.

3장에서 다루는 내용은 다음과 같다.

- 표준이 제정돼 있지 않은 경우에도 인증 서비스로부터 추가 정보를 얻는 좋은 방법

- 코드에 추상화를 구현하는 것이 적절한 경우
- Go의 영(0) 초기화zero-initialization 패턴이 시간과 메모리를 절약할 수 있는 방법
- 인터페이스를 재사용함으로써 기존 인터페이스와 동일한 방식으로 컬렉션과 개별 객체로 작업하기
- https://en.gravatar.com 웹 서비스 사용 방법
- Go에서 MD5 해싱하는 법
- HTTP를 통해 파일을 업로드하고 서버에 저장하는 방법
- Go 웹 서버를 통해 정적static 파일을 제공하는 방법
- 단위 테스트를 사용해 코드 리팩토링을 가이드하는 방법
- struct 타입에서 인터페이스로 기능을 추상화하는 방법과 시기

▎ OAuth2 서버의 아바타

대부분의 인증 서버는 이미 사용자의 이미지를 가지고 있으며 사용자 이름을 얻기 위해 이미 사용했던 보호된 사용자 리소스를 통해 사용할 수 있게 한다. 이 아바타 이미지를 사용하려면 서비스 프로바이더provider(이하 프로바이더)로부터 URL을 가져와서 사용자의 쿠키에 저장하고 웹 소켓을 통해 전송해 모든 클라이언트가 해당 메시지와 함께 이미지를 표시할 수 있도록 해야 한다.

아바타 URL 가져오기

사용자 또는 프로필 리소스의 스키마는 OAuth2 스펙의 일부가 아니다. 즉 각 프로바이더가 해당 데이터를 나타내는 방법을 결정해야 한다. 실제로 프로바이더는 다르게 나타낸다. 예를 들어, 깃허브 사용자 리소스의 아바타 URL은 avatar_url이라는 필드에 저장되는 반면, 구글에서는 동일한 필드를 picture라고 한다. 페이스북은 더 나아가 picture라는 객체 내부의 url 필드에 아바타 URL 값을 중첩하고 있다. 다행히도

Gomniauth는 이것을 추상화해준다. 프로바이더에 대한 GetUser 호출은 공용 필드를 가져오기 위해 인터페이스를 표준화한다.

아바타 URL 필드를 사용하려면 해당 정보를 쿠키에 다시 저장해야 한다. auth.go에서 callback 액션 스위치 케이스^{switch case}를 살펴보고, authCookieValue 객체를 생성하는 코드를 다음과 같이 업데이트한다.

```
authCookieValue := objx.New(map[string]interface{}{
  "name":       user.Name(),
  "avatar_url": user.AvatarURL(),
}).MustBase64()
```

앞의 코드에서 호출된 AvatarURL 필드는 적절한 URL 값을 리턴하고 avatar_url 필드에 저장한 후 쿠키에 저장한다.

 Gomniauth는 User 타입의 인터페이스를 정의하고 각 프로바이더는 자체 버전을 구현한다. 인증 서버에서 반환된 제네릭 map[string] interface{} 데이터는 각 객체 내에 저장되고 메소드 호출은 해당 프로바이더의 올바른 필드 이름을 사용해 적절한 값에 액세스한다. 구현 세부 사항에 대해 엄격하지 않고 정보에 액세스하는 방법을 설명하는 방식이며, Go에서는 인터페이스를 잘 활용하고 있다.

아바타 URL 전송

message 타입을 업데이트해 아바타 URL도 함께 전달할 수 있도록 해야 한다. message.go에 AvatarURL 문자열 필드를 추가한다.

```
type message struct {
  Name        string
```

```
  Message    string
  When       time.Time
  AvatarURL string
}
```

`Name` 필드와 마찬가지로 아직 `AvatarURL`에 실제로 값을 할당하지 않았다. 따라서 client.go에서 read 메소드를 업데이트해야 한다.

```go
func (c *client) read() {
  defer c.socket.Close()
  for {
    var msg *message
    err := c.socket.ReadJSON(&msg)
    if err != nil {
      return
    }
    msg.When = time.Now()
    msg.Name = c.userData["name"].(string)
    if avatarURL, ok := c.userData["avatar_url"]; ok {
      msg.AvatarURL = avatarURL.(string)
    }
    c.room.forward <- msg
  }
}
```

여기에서 수행한 작업은 `userData` 필드에서 값을 가져와 쿠키에 넣은 값을 나타내고, 값이 맵에 있으면 `message`의 해당 필드에 값을 할당하는 것이다. 인증 서비스가 이 필드에 값을 제공하는 것을 보장할 수 없기 때문에 값이 존재하는지 여부를 확인하는 추가 단계를 수행한다. 그리고 실제로 `nil`일지도 모르기 때문에 패닉이 발생할 수 있으며 실제로 값이 없다면 `string` 타입에 할당할 수도 있다.

사용자 인터페이스에 아바타 추가

이제 자바스크립트 클라이언트가 소켓을 통해 아바타 URL 값을 얻었으므로 메시지와 함께 이미지를 표시하는 데 사용할 수 있다. chat.html의 `socket.onmessage` 코드를 업데이트해 이 작업을 수행한다.

```
socket.onmessage = function(e) {
  var msg = JSON.parse(e.data);
  messages.append(
    $("<li>").append(
      $("<img>").css({
        width: 50,
        verticalAlign: "middle"
      }).attr("src", msg.AvatarURL),
      $("<strong>").text(msg.Name + ": "),
      $("<span>").text(msg.Message)
    )
  );
}
```

메시지를 받으면 소스[1]가 AvatarURL 필드로 설정된 img 태그를 삽입한다. jQuery의 css 메소드를 사용해 너비[width]를 50픽셀로 지정한다. 이것은 큰 이미지 때문에 화면이 깨지는 것을 막고 이미지를 주변 텍스트의 중간[2]에 정렬할 수 있게 해준다.

이전 버전으로 로그인한 상태에서 애플리케이션을 빌드하고 실행하면 아바타 URL이 포함되지 않은 auth 쿠키가 그대로 남아있게 된다. 이미 로그인돼 있으므로 다시 인증하라는 요청을 받지 않으며 avatar_url 필드를 추가하는 코드는 절대 실행되지 않는다. 쿠키를 삭제하고 페이지를 새로고침할 수는 있지만 개발 중에 수정 사항이 생길 때마다 계속 반복해야 할 것이다. 로그아웃 기능을 추가해 이 문제를 적절하게 해결하자.

---

1   img 태그의 src 속성(property) - 옮긴이

2   세로 정렬 기준을 'middle'로 한다는 의미(top/middle/bottom) - 옮긴이

로그아웃

사용자를 로그아웃시키는 가장 간단한 방법은 auth 쿠키를 제거하고 사용자를 채팅 페이지로 리디렉션하는 것이다. 그러면 로그인 페이지로 리디렉션될 것이다(쿠키를 방금 삭제했기 때문). main.go에 새로운 HandleFunc 호출을 추가해 이 작업을 수행한다.

```go
http.HandleFunc("/logout", func(w http.ResponseWriter, r *http.Request) {
  http.SetCookie(w, &http.Cookie{
    Name:   "auth",
    Value:  "",
    Path:   "/",
    MaxAge: -1,
  })
  w.Header().Set("Location", "/chat")
  w.WriteHeader(http.StatusTemporaryRedirect)
})
```

앞의 핸들러 함수는 http.SetCookie를 사용해 MaxAge 쿠키 세팅을 -1로 업데이트한다. 이 값은 브라우저에서 즉시 삭제돼야 함을 나타낸다. 모든 브라우저가 강제로 쿠키를 삭제하는 것은 아니므로 새 Value에 빈 문자열을 넣어 이전에 저장돼 있던 사용자 데이터를 제거한다.

 추가 과제로 auth.go의 authHandler 메소드에 대한 ServeHTTP의 첫 번째 행을 업데이트해 값이 비어있을 때와 쿠키가 누락된 경우에 대처할 수 있다.

```go
if cookie, err := r.Cookie("auth"); err == http.ErrNoCookie ||
cookie.Value == ""
```

r.Cookie의 리턴을 무시하는 대신, 리턴된 쿠키(실제로 쿠키가 있었던 경우)에 대한 참조를 유지하고 쿠키의 Value 문자열이 비어있는지 여부를 확인하기 위한 부가 검사를 추가한다.

계속하기 전에 로그아웃^{Sign Out} 링크를 추가해 쿠키를 제거하고 최종 사용자가 로그아웃할 수 있게 하자. chat.html 파일에서 새 /logout 핸들러로 가는 간단한 HTML 링크를 삽입해 chatbox 폼을 업데이트한다.

```
<form id="chatbox">
  {{.UserData.name}}:<br/>
  <textarea></textarea>
  <input type="submit" value="Send" />
  or <a href="/logout">sign out</a>
</form>
```

이제 애플리케이션을 빌드 및 실행하고 브라우저에서 localhost:8080/chat을 연다.

```
go build -o chat
./chat -host=:8080
```

필요한 경우 로그아웃한 후 다시 로그인한다. **Send**를 클릭하면 메시지 옆에 아바타 이미지가 나타난다.

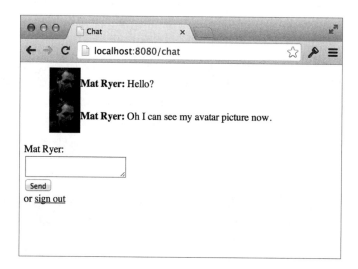

116

더 보기 좋게 만들기

채팅 프로그램이 약간 못생겨 보이기 시작한다. 이제 보이는 부분을 꾸며볼 시간이다.
이전 장에서는 부트스트랩 라이브러리를 로그인 페이지에 사용해 구현했으며 여기에
서는 채팅 페이지로 그 기능을 확장할 것이다. chat.html에서 다음 세 가지를 변경한
다. 부트스트랩 추가 및 CSS 스타일을 조정하고, 폼의 HTML을 변경하고, 페이지에서
메시지를 어떻게 표시할지 조정할 것이다.

1. 먼저 페이지 상단의 style 태그를 업데이트하고 그 위에 link 태그를 삽입해
   부트스트랩을 추가한다.

```
<link rel="stylesheet"href="//netdna.bootstrapcdn.com/bootstrap/
3.3.6/css/bootstrap.min.css">
<style>
  ul#messages { list-style: none; }
  ul#messages li { margin-bottom: 2px; }
  ul#messages li img { margin-right: 10px; }
</style>
```

2. 다음으로 body 태그의 맨 위에 있는 태그(script 태그 앞에 있음)를 다음 코드
   로 바꾼다.

```
<div class="container">
  <div class="panel panel-default">
    <div class="panel-body">
      <ul id="messages"></ul>
    </div>
  </div>
  <form id="chatbox" role="form">
    <div class="form-group">
      <label for="message">Send a message as {{.UserData.name}}
      </label>
```

```
        or <a href="/logout">Sign out</a>
        <textarea id="message" class="form-control"></textarea>
      </div>
      <input type="submit" value="Send" class="btn btn-default" />
    </form>
  </div>
</div>
```

 이 마크업은 다양한 항목에 적절한 클래스를 적용하는 부트스트랩 표준을 따른다. 예를 들어 폼컨트롤(form-control) 클래스는 폼 요소를 깔끔하게 형식화한다(클래스에 대한 자세한 내용은 부트스트랩 문서를 참조하라).

3. 마지막으로 socket.onmessage 자바스크립트 코드를 업데이트해 보낸 사람의 이름을 이미지의 title 속성으로 지정한다. 이렇게 하면 모든 메시지 옆에 이미지를 표시하는 대신 위에 마우스를 올려놓을 때 이미지가 표시된다.

```
socket.onmessage = function(e) {
  var msg = JSON.parse(e.data);
  messages.append(
    $("<li>").append(
      $("<img>").attr("title", msg.Name).css({
        width: 50,
        verticalAlign: "middle"
      }).attr("src", msg.AvatarURL),
      $("<span>").text(msg.Message)
    )
  );
}
```

애플리케이션을 빌드하고 실행한 후 브라우저를 새로고침해 새로운 디자인이 나타나는지 확인한다.

118

```
go build -o chat
./chat -host=:8080
```

위의 명령은 다음과 같은 결과를 보여준다.

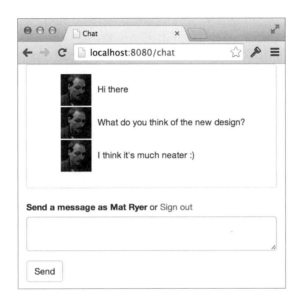

비교적 적은 코드 변경만으로 애플리케이션의 모양과 느낌^{look and feel}이 극적으로 개선됐다.

▌ Gravatar 구현

Gravatar는 사용자가 하나의 프로필 사진을 업로드해 모든 웹사이트에서 사용할 수 있도록 이메일 주소와 연결해주는 웹 서비스다. 개발자는 특정 API 엔드포인트에서 GET 작업을 수행하는 것만으로 애플리케이션과 마찬가지로 이러한 이미지에 액세스할 수 있다. 이 절에서는 인증 서비스에서 제공하는 이미지를 사용하는 대신 Gravatar를 구현하는 방법을 살펴보겠다.

아바타 URL 프로세스 추상화

애플리케이션에서 아바타 URL을 얻는 세 가지 방법이 있으므로 옵션을 깔끔하게 구현하기 위해 기능을 추상화하는 방법을 배우는 것이 좋다. 추상화란 특정 아이디어를 구체적인 구현과 분리하는 프로세스를 말한다. http.Handler 메소드는 각 핸들러가 어떤 조치를 취할지에 대해 특정하지 않고 핸들러가 그 기능 이외에 어떻게 사용되는지 보여주는 좋은 예다.

Go에서 인터페이스를 정의해 아바타 URL을 가져오는 개념을 설명할 것이다. avatar.go라는 새 파일을 만들고 다음 코드를 삽입한다.

```go
package main
import (
  "errors"
)
// ErrNoAvatar는 Avatar 인스턴스가 아바타 URL을 제공할 수 없을 때 리턴되는 에러다
var ErrNoAvatarURL = errors.New("chat: Unable to get an avatar URL.")
// Avatar는 사용자 프로필 사진을 표현할 수 있는 타입을 나타낸다
type Avatar interface {
    // GetAvatarURL은 지정된 클라이언트에 대한 아바타 URL을 가져오고, 문제가 발생하면 에러를 리턴한다
    // 객체가 지정된 클라이언트의 URL을 가져올 수 없는 경우 ErrNoAvatarURL이 리턴된다
    GetAvatarURL(c *client) (string, error)
}
```

Avatar 인터페이스는 아바타 URL을 가져오기 위한 타입을 만족해야 하는 GetAvatarURL 메소드를 설명한다. URL을 리턴할 사용자를 알 수 있도록 클라이언트를 인수로 사용했다. 이 메소드는 두 개의 인수를 리턴한다. 하나는 문자열(잘 진행되는 경우 URL일 것이다.)이고 다른 하나는 뭔가 문제가 발생할 경우를 위한 에러다.

에러가 발생할 수 있는 경우 중 하나는 Avatar의 특정 구현 중 하나가 URL을 가져올 수 없는 것이다. 이 경우 GetAvatarURL은 두 번째 인수로 ErrNoAvatarURL 에러를 리

턴한다. 따라서 ErrNoAvatarURL 에러는 인터페이스의 일부가 된다. 이는 메소드에서 가능한 리턴 중 하나며 코드의 사용자가 명시적으로 처리해야 하는 것이다. 이 메소드의 코드 주석 부분에 이 내용이 언급돼 있다. 이 주석 부분이 Go에서 이러한 설계 결정을 전달하는 유일한 방법이다.

 에러는 errors.New를 사용해 즉시 초기화되고 ErrNoAvatarURL 변수에 저장되기 때문에 이러한 객체 중 하나만 생성된다. 에러 포인터를 리턴 값으로 보내는 것은 비용이 많이 들지 않는다. 이는 유사한 목적으로 제공하는 자바의 예외(checked exceptions)와는 다르다. 자바에서는 고비용의 예외 오브젝트가 생성돼 제어 흐름의 일부로 사용된다.

인증 서비스 및 아바타의 구현

작성한 Avatar의 첫 번째 구현은 인증 서비스에서 얻은 아바타 URL을 하드코딩한 기존 기능을 대체한다. 테스트 주도 개발 방식을 사용해 코드를 수동으로 테스트하지 않고 코드가 안정적으로 수행할 수 있도록 하자. chat 폴더에 avatar_test.go라는 새 파일을 작성한다.

```go
package main
import "testing"
func TestAuthAvatar(t *testing.T) {
  var authAvatar AuthAvatar
  client := new(client)
  url, err := authAvatar.GetAvatarURL(client)
  if err != ErrNoAvatarURL {
    t.Error("AuthAvatar.GetAvatarURL should return ErrNoAvatarURL when no
    value present")
  }
  // 값 설정
  testUrl := "http://url-to-gravatar/"
```

```
  client.userData = map[string]interface{}{"avatar_url": testUrl}
  url, err = authAvatar.GetAvatarURL(client)
  if err != nil {
    t.Error("AuthAvatar.GetAvatarURL should return no error when value
    present")
  }
  if url != testUrl {
    t.Error("AuthAvatar.GetAvatarURL should return correct URL")
  }
}
```

이 파일에는 존재하지 않는 AuthAvatar 타입의 GetAvatarURL 메소드에 대한 테스트
가 포함돼 있다. 첫째, 사용자 데이터가 없는 클라이언트를 사용해 ErrNoAvatarURL 에
러가 리턴되는지 확인한다. 적절한 URL을 설정한 후 이 테스트를 다시 호출해 올바른
값을 리턴하는지 확인한다. 그러나 AuthAvatar 타입이 존재하지 않아서 이 코드 빌드
가 실패하므로 다음 authAvatar를 선언한다.

구현을 작성하기 전에 authAvatar 변수를 AuthAvatar 타입으로 선언한다는 사실에 주
목할 가치가 있다. 하지만 실제로 아무것도 할당하지 않으므로 값이 nil로 유지된다.
이것은 실수가 아니다. 실제로 Go의 0 초기화 (또는 기본 초기화) 기능을 사용하고 있다.
객체에 필요한 상태가 없기 때문에(client를 인수로 전달할 것이다.) 인스턴스를 초기화할
때 시간과 메모리를 낭비할 필요가 없다. Go에서는 메소드가 필드에 액세스하려고 시
도하지 않는다면 nil 객체에 대해 메소드를 호출할 수 있다. 실제로 구현을 작성하려
할 때, 이를 보장하는 방법을 검토할 것이다.

avatar.go로 돌아가서 테스트를 통과시키자. 파일의 맨 아래에 다음 코드를 추가한다.

```
type AuthAvatar struct{}
var UseAuthAvatar AuthAvatar
func (AuthAvatar) GetAvatarURL(c *client) (string, error) {
  if url, ok := c.userData["avatar_url"]; ok {
```

```
    if urlStr, ok := url.(string); ok {
      return urlStr, nil
    }
  }
  return "", ErrNoAvatarURL
}
```

여기서는 AuthAvatar 타입을 빈 구조체로 정의하고 GetAvatarURL 메소드의 구현을 정의한다. AuthAvatar 타입을 가지지만 nil 값으로 남아있는 UseAuthAvatar라는 편리한 변수를 만든다. 나중에 UseAuthAvatar 변수를 Avatar 인터페이스 타입을 찾는 필드에 할당할 수 있다.

 이전에 작성한 GetAvatarURL 메소드는 코드 가독성(line of sight)[3]이 그리 좋지 않다. 적절한 리턴은 두 개의 if 블록 안에 묻혀 있다. 마지막 줄이 return urlStr, nil이고 avatar_url 필드가 없는 경우 메소드가 조기에 종료되도록 리팩토링할 수 있는지 확인하라. 이 코드는 단위 테스트의 대상이 되므로 안심하고 리팩토링할 수 있다.

이러한 종류의 리팩토링에 대한 이론적 근거를 좀 더 자세히 알고 싶으면 다음 주소의 글을 참조한다.

- http://bit.ly/lineofsightgolang

일반적으로 메소드의 리시버(이름 앞의 괄호 안에 정의된 타입)는 메소드 본문에 액세스할 수 있도록 변수에 할당된다. 여기서는 객체가 nil 값을 가질 수 있다고 가정하기 때문에 변수명을 생략해 Go에 참조를 버리라고 전할 수 있다. 이는 그것을 사용하지 말아야 함을 상기시키기 위한 것이다.

---

3 들여쓰기 혹은 줄 맞춤에 관한 내용으로, '가독성'으로 의역했다. - 옮긴이

구현의 본문은 비교적 간단하다. avatar_url의 값을 안전하게 찾고 반환하기 전에 문자열인지 확인한다. 오류가 발생하면 인터페이스에 정의된 대로 ErrNoAvatarURL 에러가 표시된다.

터미널을 열고 chat 폴더로 이동한 후 다음을 입력해 테스트를 실행해보자.

```
go test
```

모두 문제가 없다면 테스트를 통과하고 첫 번째 Avatar 구현이 성공적으로 생성됐을 것이다.

구현 사용

구현을 사용할 때 헬퍼 변수를 직접 참조하거나 기능이 필요할 때마다 인터페이스의 인스턴스를 직접 만들 수 있다. 그러나 이는 추상화의 목적을 무너뜨리는 것이다. 대신 Avatar 인터페이스 타입을 사용해 기능이 필요한 위치를 나타낸다.

채팅 애플리케이션의 경우 대화방마다 아바타 URL을 얻는 방법이 하나 있다. 따라서 room 타입을 업데이트해 Avatar 객체를 보유할 수 있게 한다. room.go에서 다음 필드 정의를 room struct 타입에 추가한다.

```
// avatar는 아바타 정보를 얻는 방법이다
avatar Avatar
```

사용하기 위한 Avatar 구현을 전달할 수 있도록 newRoom 함수를 업데이트한다. room 인스턴스를 만들 때 이 구현을 새 필드에 할당한다.

```
// newRoom은 준비된 새 채팅방을 만든다
func newRoom(avatar Avatar) *room {
  return &room{
```

```
        forward: make(chan *message),
        join:    make(chan *client),
        leave:   make(chan *client),
        clients: make(map[*client]bool),
        tracer:  trace.Off(),
        avatar:  avatar,
    }
}
```

이제 프로젝트를 빌드하면 Avatar 인수를 제공하고 있지 않기 때문에 main.go의
newRoom에 대한 호출이 끊어졌다는 사실을 알 수 있다. 다음과 같이 간편한 UseAuth
Avatar 변수를 전달해 업데이트해보자.

```
r := newRoom(UseAuthAvatar)
```

AuthAvatar의 인스턴스를 만들 필요가 없으므로 메모리가 할당되지 않았다. 여기
서는 애플리케이션 전체에 하나의 채팅방밖에 없기 때문에 큰 절약 효과가 없지만,
애플리케이션에 수천 개의 채팅방이 있는 경우 잠재적인 절감 규모를 상상해보라.
UseAuthAvatar 변수명을 정한 방법은 앞의 코드가 읽기 쉽고 의도가 분명함을 의미
한다.

 인터페이스를 설계할 때는 코드 가독성에 대해 생각하는 것이 중요하다. true 또는
false로 전달되는 boolean 입력을 사용하는 메소드가 인수 이름을 모르는 경우 실제
의미를 숨긴다. 다음의 간단한 예제와 같이 몇 가지 헬퍼 상수를 정의해보자.

```
func move(animated bool) { /* ... */ }
const Animate = true const
DontAnimate = false
```

이제 새로운 Avatar 인터페이스를 사용하도록 client를 변경하는 일만 남았다. client.
go에서 다음과 같이 read 메소드를 업데이트한다.

```
func (c *client) read() {
  defer c.socket.Close()
  for {
    var msg *message
    if err := c.socket.ReadJSON(&msg); err != nil {
      return
    }
    msg.When = time.Now()
    msg.Name = c.userData["name"].(string)
    msg.AvatarURL, _ = c.room.avatar.GetAvatarURL(c)
    c.room.forward <- msg
  }
}
```

여기서는 userData에서 직접 아바타 URL을 추출하는 대신 room의 avatar 인스턴스에
아바타 URL을 가져오도록 요청한다.

애플리케이션을 빌드하고 실행할 때, 약간의 리팩토링을 했음에도 불구하고 동작과
사용자 경험이 전혀 변하지 않았다는 것을 알 수 있다. AuthAvatar 구현을 사용하도록
채팅방에 지시했기 때문이다.

이제 다른 구현을 채팅방에 추가해보자.

Gravatar 구현

Avatar의 Gravatar 구현은 AuthAvatar 구현과 동일한 작업을 수행한다. 다만, https://en.gravatar.com/에서 제공된 프로필 사진에 대한 URL을 생성한다는 점만 다르다. avatar_test.go 파일에 테스트를 추가하는 것부터 시작하자.

```go
func TestGravatarAvatar(t *testing.T) {
  var gravatarAvatar GravatarAvatar
  client := new(client)
  client.userData = map[string]interface{}{"email": "MyEmailAddress@example.
  com"}
  url, err := gravatarAvatar.GetAvatarURL(client)
  if err != nil {
    t.Error("GravatarAvatar.GetAvatarURL should not return an error")
  }
  if url != "//www.gravatar.com/avatar/0bc83cb571cd1c50ba6f3e8a78ef1346" {
    t.Errorf("GravatarAvatar.GetAvatarURL wrongly returned %s", url)
  }
}
```

Gravatar는 이메일 주소의 해시를 사용해 각 프로필 이미지의 고유 ID를 생성하므로 클라이언트를 설정하고 userData에 이메일 주소가 포함되도록 한다. 다음으로 동일한 GetAvatarURL 메소드를 호출하지만 이번에는 GravatarAvatar 타입의 개체를 호출한다. 그런 다음 올바른 URL이 리턴됐다고 단언assertion한다. Gravatar 가이드 문서에서 코드가 수행해야 할 작업을 보장하기 위한 훌륭한 전략이 예제로 나열돼 있기 때문에 이것이 지정된 이메일 주소에 대한 적절한 URL임을 이미 알고 있다.

go test 명령으로 이러한 테스트를 실행하면 타입을 정의하지 않았기 때문에 분명 에러가 발생한다. avatar.go로 돌아가서 io 패키지를 임포트하는 동시에 다음 코드를 추가하라.

```go
type GravatarAvatar struct{}
var UseGravatar GravatarAvatar
func (GravatarAvatar) GetAvatarURL(c *client) (string, error) {
  if email, ok := c.userData["email"]; ok {
    if emailStr, ok := email.(string); ok {
      m := md5.New()
      io.WriteString(m, strings.ToLower(emailStr))
      return fmt.Sprintf("//www.gravatar.com/avatar/%x", m.Sum(nil)), nil
    }
  }
  return "", ErrNoAvatarURL
}
```

AuthAvatar와 같은 패턴을 사용했다. 빈 구조체, 유용한 UseGravatar 변수 및 GetAvatarURL 메소드 구현 그 자체다. 이 메소드에서는 Gravatar의 지침에 따라 이메일 주소에서 MD5 해시를 생성하고 (소문자인지 확인한 후) fmt.Sprintf를 사용해 하드코딩된 기본 URL에 추가한다.

앞의 메소드 역시 코드의 가독성이 좋지 않아 시달리고 있다. 이대로 괜찮은가? 아니면 어떻게든 가독성을 향상시키고 싶은가?

Go 표준 라이브러리 제작자의 노고 덕분에 Go에서 해시를 실현하기는 매우 쉽다. crypto 패키지에는 모두 매우 쉽게 사용할 수 있으며 인상적인 암호화 배열 및 해시 기능이 있다. 이 예제에서는 새로운 md5 해셔^hasher를 만들고 해셔가 io.Writer 인터페이스를 구현하기 때문에 io.WriteString을 사용해 바이트 문자열을 쓸 수 있다. Sum을 호출하면 기록된 바이트의 현재 해시를 리턴한다.

아바타 URL이 필요할 때마다 이메일 주소를 해싱하는 것으로 나타났다. 이는 특히 규모 면에서 매우 비효율적이지만 최적화를 상회하는 작업을 우선할 필요가 있다. 필요하다면 나중에 언제든지 다시 이 구조를 바꿀 수 있다.

테스트를 실행하면 코드가 작동하고 있지만 아직 auth 쿠키에 이메일 주소가 포함돼 있지 않은 것으로 나타난다. auth.go의 authCookieValue 객체에 할당한 코드를 찾고 Gomniauth에서 이메일 값을 가져오도록 업데이트함으로써 이를 수행한다.

```
authCookieValue := objx.New(map[string]interface{}{
    "name":       user.Name(),
    "avatar_url": user.AvatarURL(),
    "email":      user.Email(),
}).MustBase64()
```

마지막으로 해야 할 일은 AuthAvatar 구현 대신 Gravatar 구현을 사용하도록 채팅방에 지시하는 것이다. main.go에서 newRoom을 불러 다음과 같이 변경한다.

```
r := newRoom(UseGravatar)
```

채팅 프로그램을 다시 빌드하고 실행해 브라우저로 이동한다. 쿠키에 저장된 정보가 변경됐으므로 로그아웃한 후 다시 로그인해야 변경 사항이 적용된다는 것을 기억하라.

Gravatar 계정에 다른 이미지가 있다고 가정하면 시스템이 이제 인증 프로바이더가 아닌 Gravatar에서 이미지를 가져온다. 브라우저의 검사 창inspector이나 디버그 도구를 사용하면 img 태그의 src 속성이 실제로 변경됐음을 알 수 있다.

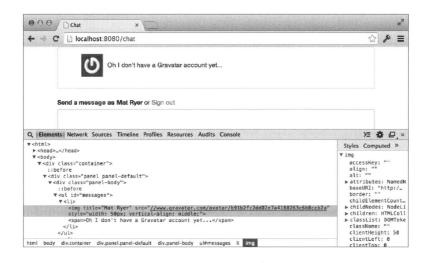

Gravatar 계정이 없으면 프로필 사진 대신 기본 플레이스홀더 이미지가 표시된다.

▌ 아바타 이미지 업로드

이미지를 업로드하는 세 번째이자 마지막 접근 방식에서는 채팅할 때 사용자가 로컬 하드 드라이브에서 이미지를 업로드해 프로필 사진으로 사용하도록 허용하는 방법을 살펴볼 것이다. 파일은 URL을 통해 브라우저에 제공된다. 올바른 이미지를 해당 메시지와 연관시킬 수 있도록 파일을 특정 사용자와 연결하는 방법이 필요하다.

130

사용자 식별

사용자를 고유하게 식별하기 위해 이메일 주소를 해싱하고 결과 문자열을 식별자로 사용해 Gravatar의 접근 방식을 복사한다. 쿠키의 사용자 ID는 나머지 사용자별 데이터와 함께 저장된다. 실제로 GravatarAuth에서 연속 해시와 관련된 비효율적인 부분을 제거하는 추가 이점이 있다.

auth.go에서 authCookieValue 객체를 만드는 코드를 다음 코드로 바꾼다.

```go
m := md5.New()
io.WriteString(m, strings.ToLower(user.Email()))
userId := fmt.Sprintf("%x", m.Sum(nil))
authCookieValue := objx.New(map[string]interface{}{
  "userid":     userId,
  "name":       user.Name(),
  "avatar_url": user.AvatarURL(),
  "email":      user.Email(),
}).MustBase64()
```

여기에서 이메일 주소를 해싱하고 사용자가 로그인한 지점의 userid 필드에 결과 값을 저장했다. 이제부터 이메일 주소를 해싱하는 대신 Gravatar 코드에서 이 값을 사용할 수 있다. 모든 메시지에 대해 먼저 avatar_test.go에서 다음 줄을 제거해 테스트를 업데이트한다.

```go
client.userData = map[string]interface{}{"email":"MyEmailAddress@example.com"}
```

위 줄을 다음 줄로 바꾼다.

```go
client.userData = map[string]interface{}{"userid":"0bc83cb571cd1c50ba6f3e8a78ef1346"}
```

email 필드는 사용하지 않기 때문에 더 이상 설정할 필요가 없다. 대신 새로운 userid 필드에 적절한 값을 설정해야 한다. 그러나 터미널에서 go test를 실행하면 테스트가 실패한 것으로 나타난다.

테스트를 패스하려면 avatar.go에서 GravatarAuth 타입에 대한 GetAvatarURL 메소드를 업데이트한다.

```go
func (GravatarAvatar) GetAvatarURL(c *client) (string, error) {
  if userid, ok := c.userData["userid"]; ok {
    if useridStr, ok := userid.(string); ok {
      return "//www.gravatar.com/avatar/" + useridStr, nil
    }
  }
  return "", ErrNoAvatarURL
}
```

이렇게 해도 동작은 바뀌지 않지만 예기치 않은 최적화를 할 수 있다. 코드를 너무 일찍 최적화하지 않는 이유를 보여주는 좋은 예다. 초기 단계에서 오류를 수정하는 데 필요한 노력을 확인하기에는 시간이 충분하지 않을 수 있다.

업로드 폼

사용자가 아바타로 사용할 파일을 업로드하려면 로컬 하드 드라이브를 찾아보고 서버에 파일을 제출^{submit}해야 한다. 새 템플릿 기반 페이지를 추가해 이를 용이하게 한다. chat/templates 폴더에 upload.html이라는 파일을 만든다.

```html
<html>
<head>
  <title>Upload</title>
  <link rel="stylesheet" href="//netdna.bootstrapcdn.com/bootstrap/3.6.6/
```

```
      css/bootstrap.min.css">
  </head>
  <body>
    <div class="container">
      <div class="page-header">
        <h1>Upload picture</h1>
      </div>
      <form role="form" action="/uploader" enctype="multipart/form-data"
      method="post">
        <input type="hidden" name="userid" value="{{.UserData.userid}}" />
        <div class="form-group">
          <label for="avatarFile">Select file</label>
          <input type="file" name="avatarFile" />
        </div>
        <input type="submit" value="Upload" class="btn" />
      </form>
    </div>
  </body>
</html>
```

부트스트랩을 다시 사용해 페이지를 보기 좋게 만들었으며 다른 페이지에도 잘 맞추도록 했다. 그러나 여기서 중요한 점은 파일을 업로드하는 데 필요한 사용자 인터페이스를 제공하는 HTML 폼이다. 액션은 /uploader를 가리키며, 아직 구현하지 않은 핸들러, 그리고 enctype 속성은 multipart/form-data여야 브라우저가 HTTP를 통해 바이너리 데이터를 전송할 수 있다. 그런 다음 업로드할 파일에 대한 참조를 포함할 file 타입의 input 요소가 있다. 또한 UserData 맵의 userid 값을 숨겨진 입력[4]으로 포함시켰는데, 이는 어떤 사용자가 파일을 업로드하고 있는지 알려준다. 서버에서 핸들러를 구현할 때 데이터를 참조하는 방법이므로 name 속성이 정확해야 한다.

이제 새 템플릿을 main.go의 /upload 경로에 매핑한다.

---

4   UI에서는 표시되지 않는 hidden 타입의 input 태그 – 옮긴이

```
http.Handle("/upload", &templateHandler{filename: "upload.html"})
```

업로드 처리

사용자가 파일을 선택한 후 **Upload**를 클릭하면 브라우저는 파일의 데이터와 사용자 ID를 /uploader로 보내지만, 지금은 그 데이터가 실제로 어디로도 이동하지 않는다. 우리는 파일을 받고, 연결을 통해 스트리밍된 바이트를 읽고, 서버에 새로운 파일로 저장할 수 있는 새로운 HandlerFunc 인터페이스를 구현할 것이다. chat 폴더에서 avatars라는 새 폴더를 만들어보자. 여기에 아바타 이미지 파일을 저장할 것이다.

다음으로 upload.go라는 새 파일을 만들고 다음 코드를 삽입한다. 적절한 패키지 이름과 임포트(io/ioutil, net/http, io, path)를 추가해야 한다.

```go
func uploaderHandler(w http.ResponseWriter, req *http.Request) {
  userId := req.FormValue("userid")
  file, header, err := req.FormFile("avatarFile")
  if err != nil {
    http.Error(w, err.Error(), http.StatusInternalServerError)
    return
  }
  data, err := ioutil.ReadAll(file)
  if err != nil {
    http.Error(w, err.Error(), http.StatusInternalServerError)
    return
  }
  filename := path.Join("avatars", userId+path.Ext(header.Filename))
  err = ioutil.WriteFile(filename, data, 0777)
  if err != nil {
    http.Error(w, err.Error(), http.StatusInternalServerError)
    return
```

```
    }
    io.WriteString(w, "Successful")
}
```

여기에서 첫 번째 uploaderHandler는 http.Request의 FormValue 메소드를 사용해 HTML 폼에 숨겨진 입력에 배치한 사용자 ID를 가져온다. 그런 다음, 세 개의 인수를 반환하는 req.FormFile을 호출해 업로드된 바이트를 읽을 수 있는 io.Reader 타입을 가져온다. 첫 번째 인수는 io.Reader인 multipart.File 인터페이스 타입의 파일 자체를 나타낸다. 두 번째는 파일명 등 파일에 대한 메타데이터를 포함하는 multipart.FileHeader 객체다. 마지막으로 세 번째 인수는 오류로 nill 값을 가질 것이다.

multipart.File 인터페이스 타입도 io.Reader라고 할 때 이는 무엇을 의미하는가? 관련 문서를 훑어보면 알 수 있다(https://golang.org/pkg/mime/multipart/#File). 타입이 실제로는 좀 더 일반적인 인터페이스의 래퍼 인터페이스임을 분명하게 해준다. 즉 multipart.File을 구현하는 모든 객체는 io.Reader를 구현해야 하므로 io.Reader가 필요한 메소드에 multipart.File 타입을 전달할 수 있다.

 래퍼와 같은 표준 라이브러리 인터페이스를 새로운 개념을 설명하기 위해 포함하는 것은 코드가 가능한 한 많은 상황에서 작동하는지 확인할 수 있는 좋은 방법이다. 비슷하게 표준 라이브러리에서 이상적으로 찾을 수 있는 가장 간단한 인터페이스 타입을 사용하는 코드를 작성해야 한다.

예를 들어 파일의 내용을 읽는 데 필요한 메소드를 작성한 경우, 사용자에게 multipart.File 타입의 인수를 제공하도록 요청할 수 있다. 그러나 대신 io.Reader를 요청하면 적절한 Read 메소드가 있는 형식을 전달할 수 있으므로 코드가 훨씬 더 유연해진다. 여기에는 사용자 정의 타입도 포함된다.

ioutil.ReadAll 메소드는 모든 바이트가 수신될 때까지 지정된 io.Reader 인터페이스에서 계속 읽어들인다. 따라서 실제로 클라이언트에서 바이트 스트림을 수신한다.

그다음 path.Join과 path.Ext를 사용해 userid로 새 파일명을 만들고 multipart. FileHeader에서 가져올 수 있는 원래 파일명의 확장자를 복사한다.

그런 다음 ioutil.WriteFile 메소드를 사용해 avatars 폴더에 새 파일을 생성한다. 파일명에 userid를 사용해 Gravatar와 같은 방식으로 이미지를 올바른 사용자에게 연결시킨다. 0777 값은 새로 만드는 파일에 모든 파일 권한이 필요함을 지정하는 것이다. 이것은 다른 권한을 설정해야 하는지 확실치 않은 경우에 적합하다.

어느 단계에서든 오류가 발생하면 500 상태 코드(http.StatusInternalServerError를 지정하기 때문에)와 함께 응답에 기록한다. 그러면 디버그에 도움이 되며, 모두 문제가 없다면 'Successful'을 남긴다.

이 새로운 핸들러 함수를 /uploader에 매핑하려면 main.go로 돌아가서 다음 줄을 func main에 추가해야 한다.

```
http.HandleFunc("/uploader", uploaderHandler)
```

이제 애플리케이션을 빌드 및 실행하고 로그아웃한 후 다시 로그인해 코드에 auth 쿠키를 업로드할 수 있게 한다.

```
go build -o chat
./chat -host=:8080
```

http://localhost:8080/upload를 열고 **파일 선택**Choose File을 클릭한 후 하드 드라이브에서 파일을 선택하고 **Upload**를 클릭하라. chat/avatars 폴더로 이동하면 파일이 실제로 업로드되고 userid 필드의 값에 이름이 변경된 것을 확인할 수 있다.

이미지 제공

이제 사용자의 아바타 이미지를 서버에 보관할 수 있는 위치에 있으므로 브라우저에 액세스할 수 있는 방법이 필요하다. net/http 패키지에 내장된 파일 서버를 사용해 이 작업을 수행한다. main.go에 다음 코드를 추가한다.

```go
http.Handle("/avatars/",
  http.StripPrefix("/avatars/",
    http.FileServer(http.Dir("./avatars"))))
```

이것은 가독성을 높이기 위해 끊어놓은 것으로 실제로는 한 줄 코드다. http.Handle 호출은 avatars/path를 지정된 핸들러와 매핑하도록 지정했으므로 익숙하다고 느껴질 것이다. 이것은 흥미로운 부분이다. http.StripPrefix와 http.FileServer는 모두 http.Handler를 반환하며 이전 장에서 배웠던 배치 패턴을 사용한다. StripPrefix 함수는 http.Handler를 사용하고 지정된 접두사를 제거해 경로를 수정한 후 해당 기능을 내부 핸들러로 전달한다. 이 경우 내부 핸들러는 정적 파일을 제공하고 색인 목록을 제공하며 파일을 찾을 수 없는 경우 404 Not Found 에러를 생성하는 http.FileServer 핸들러다. http.Dir 함수를 사용하면 공개할 폴더를 지정할 수 있다.

> http.StripPrefix가 있는 요청에서 '/avatars/' prefix를 제거하지 않으면 파일 서버는 /avatars/filename 대신 실제 /avatars/avatars/filename과 같은 실제 avatars 폴더 내의 avatars라는 다른 폴더를 찾는다.

브라우저에서 http://localhost:8080/avatars/를 열기 전에 프로그램을 빌드하고 실행해보자. 파일 서버가 avatar 폴더 안에 있는 파일의 목록을 생성했음을 알 수 있다. 파일을 클릭하면 파일이 다운로드되거나 이미지의 경우에는 파일이 표시된다. 아직 이 작업을 수행하지 않았다면 http://localhost:8080/upload로 가서 이미지를 업로드한 후 브라우저에서 목록 페이지로 돌아가 파일을 클릭해보라.

로컬 파일을 위한 아바타 구현

파일시스템 아바타를 만드는 마지막 단계는 이전 절에서 생성한 파일시스템 엔드포인트를 가리키는 URL을 생성하는 Avatar 인터페이스 구현을 작성하는 것이다.

avatar_test.go 파일에 테스트 함수를 추가해보겠다.

```go
func TestFileSystemAvatar(t *testing.T) {
  filename := filepath.Join("avatars", "abc.jpg")
  ioutil.WriteFile(filename, []byte{}, 0777)
  defer os.Remove(filename)
  var fileSystemAvatar FileSystemAvatar
  client := new(client)
  client.userData = map[string]interface{}{"userid": "abc"}
  url, err := fileSystemAvatar.GetAvatarURL(client)
  if err != nil {
    t.Error("FileSystemAvatar.GetAvatarURL should not return an error")
  }
  if url != "/avatars/abc.jpg" {
    t.Errorf("FileSystemAvatar.GetAvatarURL wrongly returned %s", url)
  }
}
```

이 테스트는 GravatarAvatar 테스트와 비슷하지만 약간 더 복잡하다. avatars 폴더에 테스트 파일을 만들고 나중에 삭제하기 때문이다.

 테스트 코드가 패닉이 발생하더라도 defer 함수는 여전히 호출되므로 무슨 일이 발생하든 테스트 코드는 자체적으로 정리된다.

나머지 테스트는 간단하다. client.userData에 userid 필드를 설정하고 GetAvatarURL을 호출해 올바른 값을 리턴한다. 물론 이 테스트는 실패할 것이므로 패스를 위해

avatar.go에 다음 코드를 추가하라.

```go
type FileSystemAvatar struct{}
var UseFileSystemAvatar FileSystemAvatar
func (FileSystemAvatar) GetAvatarURL(c *client) (string, error) {
  if userid, ok := c.userData["userid"]; ok {
    if useridStr, ok := userid.(string); ok {
      return "/avatars/" + useridStr + ".jpg", nil
    }
  }
  return "", ErrNoAvatarURL
}
```

여기에서 알 수 있듯이 올바른 URL을 생성하기 위해 적절한 세그먼트를 함께 추가해 userid 값을 얻고 최종 문자열을 작성하기만 하면 된다. 파일 확장자를 '.jpg'로 해서 하드코딩했음을 알 수 있다. 즉 채팅 애플리케이션의 초기 버전은 JPEG만 지원한다.

 JPEG만 지원하면 반쪽짜리 솔루션처럼 보이지만 애자일 방법론을 따르면 전혀 문제없다. 결국 맞춤형 JPEG 프로필 사진은 맞춤 프로필 사진이 없는 것보다 낫다.

새 Avatar 구현을 사용하기 위해 main.go를 업데이트해 새로운 코드를 살펴보자.

```go
r := newRoom(UseFileSystemAvatar)
```

이제 애플리케이션을 빌드하고 실행한 후 http://localhost:8080/upload로 이동한다. 이어서 웹 폼에서 JPEG 이미지를 업로드해 프로필 사진으로 사용하라. 올바르게 작동하는지 확인하려면 Gravatar 사진이 아닌 고유한 이미지 또는 인증 서비스의 이미지를 선택한다. Upload를 클릭한 후 성공 메시지가 나타나면 http://localhost:8080/

chat으로 이동해 메시지를 보낸다. 애플리케이션에서 실제로 업로드한 프로필 사진을 사용했음을 알 수 있다.

프로필 사진을 변경하려면 /upload 페이지로 돌아가서 다른 사진을 업로드한 후 /chat 페이지로 다시 이동해 추가로 메시지를 보낸다.

다양한 파일 형식 지원

다른 파일 형식을 지원하려면 FileSystemAvatar 형식의 GetAvatarURL 메소드를 좀 더 똑똑하게 만들어야 한다.

맹목적으로 문자열을 만드는 대신, 파일 목록을 가져오기 위해 매우 중요한 ioutil. ReadDir 메소드를 사용한다. 목록에는 디렉터리도 포함되므로 IsDir 메소드를 사용해 건너뛸지 여부를 결정한다.

그런 다음 path.Match를 호출해 각 파일이 userid 필드와 일치하는지 확인한다(이 방식으로 파일명을 기억한다). 파일명이 userid 필드와 일치하면 해당 사용자의 파일을 찾은 것이며 경로를 리턴한다. 문제가 발생하거나 파일을 찾을 수 없는 경우 평소대로 ErrNoAvatarURL 오류가 표시된다.

avatar.go의 적절한 메소드를 다음 코드로 업데이트하라.

```go
func (FileSystemAvatar) GetAvatarURL(c *client) (string, error) {
  if userid, ok := c.userData["userid"]; ok {
    if useridStr, ok := userid.(string); ok {
      files, err := ioutil.ReadDir("avatars")
      if err != nil {
        return "", ErrNoAvatarURL
      }
      for _, file := range files {
        if file.IsDir() {
          continue
        }
        if match, _ := path.Match(useridStr+"*", file.Name()); match {
          return "/avatars/" + file.Name(), nil
        }
      }
    }
  }
  return "", ErrNoAvatarURL
}
```

혼동을 방지하려면 avatar 폴더의 모든 파일을 삭제하고 프로그램을 다시 빌드한다. 이번에는 다양한 형식의 이미지를 업로드하고 애플리케이션이 여러 형식의 이미지를 처리하는 데 문제가 없다는 점에 주목하라.

코드 리팩토링 및 최적화

Avatar 타입이 어떻게 사용되는지 되짚어보면 누군가가 메시지를 보낼 때마다 GetAvatarURL을 호출한다는 것을 알 수 있다. 마지막 구현에서는 메소드가 호출될 때마다 avatars 폴더의 모든 파일을 반복한다. 특히 수다스러운 사용자의 경우 모든 파일 반복이 1분에도 여러 번 이뤄진다는 의미다. 이것은 명백한 리소스 낭비며, 곧 어느 시점에서 스케일링scaling[5]이 문제가 될 것이다.

모든 메시지에 대해 아바타 URL을 가져오는 대신 사용자가 처음 로그인해 auth 쿠키에 캐시할 때 한 번만 가져와야 한다. 불행히도 Avatar 인터페이스 타입은 client 객체를 GetAvatarURL 메소드에 전달해야 하며 사용자를 인증하는 시점에 그러한 객체를 가지고 있지 않아야 한다.

 Avatar 인터페이스를 설계할 때 실수가 있었는가? 이것이 자연스러운 결론인데, 사실 제대로 작업했다. 그 당시 가용한 최상의 정보로 솔루션을 설계했으므로 가능한 모든 향후 사례를 설계하려고 시도했을 때보다 훨씬 빨리 채팅 애플리케이션을 사용할 수 있었다. 소프트웨어는 개발 과정에서 발전하고 거의 항상 변경되며 코드 수명 기간(code lifetime) 동안 분명 바뀔 것이다.

구체적인 타입을 인터페이스로 대체

GetAvatarURL 메소드가 필요로 하는 시점에 사용할 수 없는 타입에 의존한다는 결론을 얻었다. 좋은 대안은 무엇인가? 각 필수 필드를 별도의 인수로 전달할 수는 있지만, 인터페이스가 약해지면 Avatar 구현에 새로운 정보가 필요할 경우 메소드 특징을 변경해야 하므로 인터페이스가 약해진다. 대신 Avatar 구현이 필요로 하는 정보를 캡슐화하는 새로운 타입을 만들고 개념적으로는 특정 사례와 분리된 채로 남게 된다.

auth.go에서 다음 코드를 페이지 맨 위에 추가하라(당연히 package 키워드 밑에).

```
import gomniauthcommon "github.com/stretchr/gomniauth/common"
type ChatUser interface {
  UniqueID( ) string
```

---

5   규모를 확장하는 scale up, scale out 등이 있음 - 옮긴이

```
    AvatarURL() string
}
type chatUser struct {
  gomniauthcommon.User
  uniqueID string
}
func (u chatUser) UniqueID() string {
  return u.uniqueID
}
```

여기에서 import문은 Gomniauth에서 common 패키지를 가져왔으며, 동시에 액세스할 특정 이름을 gomniauthcommon에 지정했다. 패키지명이 충돌하지 않으므로 반드시 필요하지는 않지만, 코드를 이해하기 쉽게 만든다.

앞의 코드에서 ChatUser라는 새로운 인터페이스 타입을 정의했다. 이 인터페이스 타입은 Avatar 구현이 올바른 URL을 생성하는 데 필요한 정보를 제공한다. 그런 다음 인터페이스를 구현하는 chatUser(첫 글자가 소문자임에 주목)라는 실제 구현을 정의했다. 또한 Go에서 매우 흥미로운 특징인 타입 임베딩을 사용한다. 실제로 gomniauth/common.User 인터페이스 타입이 포함돼 있다. 즉 struct 인터페이스가 인터페이스를 자동으로 구현한다는 의미다.

ChatUser 인터페이스를 만족시키기 위해 필요한 두 가지 방법 중 하나만을 실제로 구현한 것으로 나타났으며, 이는 Gomniauth 사용자 인터페이스가 동일한 AvatarURL 메소드를 정의하기 때문에 발생한다. 실제로 묵시적 Gomniauth User 필드에 적절한 값을 설정했다면 chatUser 구조체를 인스턴스화할 때 객체는 Gomniauth의 User 인터페이스와 자체 ChatUser 인터페이스를 동시에 구현한다.

테스트 주도 방식으로 인터페이스 변경

새로운 타입을 사용하려면 먼저 Avatar 인터페이스와 해당 구현을 업데이트해야 한다.

TDD 방식을 따르면서 테스트 파일에서 이러한 변경 작업을 수행하고 코드를 작성하려고 할 때 컴파일러 오류를 확인한다. 그리고 나서 테스트를 통과하기 전에 오류를 수정한 후 테스트 실패를 확인한다.

avatar_test.go를 열고 TestAuthAvatar를 다음 코드로 바꾼다.

```go
func TestAuthAvatar(t *testing.T) {
  var authAvatar AuthAvatar
  testUser := &gomniauthtest.TestUser{}
  testUser.On("AvatarURL").Return("", ErrNoAvatarURL)
  testChatUser := &chatUser{User: testUser}
  url, err := authAvatar.GetAvatarURL(testChatUser)
  if err != ErrNoAvatarURL {
    t.Error("AuthAvatar.GetAvatarURL should return ErrNoAvatarURL when no
    value present")
  }
  testUrl := "http://url-to-gravatar/"
  testUser = &gomniauthtest.TestUser{}
  testChatUser.User = testUser
  testUser.On("AvatarURL").Return(testUrl, nil)
  url, err = authAvatar.GetAvatarURL(testChatUser)
  if err != nil {
    t.Error("AuthAvatar.GetAvatarURL should return no error when value
    present")
  }
  if url != testUrl {
    t.Error("AuthAvatar.GetAvatarURL should return correct URL")
  }
}
```

 이전 절에서 했던 것처럼 gomniauth/test 패키지를 gomniauthtest로 임포트해야
한다.

정의하기 전에 새로운 인터페이스를 사용하는 것은 구상의 새니티 체크^{sanity check}6를 하는 좋은 방법이며, TDD를 연습하는 또 다른 장점이다. 이 새로운 테스트에서는 Gomniauth가 제공한 TestUser를 작성해 chatUser 타입에 임베딩했다. 그런 다음 새로운 chatUser 타입을 GetAvatarURL 호출에 전달하고 항상 수행한 것과 출력에 대한 동일한 단언^{assertion}을 한다.

 Gomniauth의 TestUser 타입은 Testify 패키지의 모의(mocking) 기능을 사용하므로 흥미롭다. 자세한 내용은 https://github.com/stretchr/testify를 참조하라.

On 메소드와 Return 메소드를 사용하면 특정 메소드가 호출될 때 수행할 작업을 TestUser에 알릴 수 있다. 첫 번째 경우에는 AvatarURL 메소드에 오류를 리턴하고 두 번째 경우에는 이 테스트에서 다루는 두 가지 결과를 시뮬레이션하는 testUrl 값을 리턴하도록 요청한다.

다른 두 테스트를 업데이트하는 것은 UniqueID 메소드에만 의존성을 갖기 때문에 훨씬 간단하다. 이 값은 직접 제어할 수 있는 값이다.

avatar_test.go의 다른 두 테스트를 다음 코드로 바꾼다.

```go
func TestGravatarAvatar(t *testing.T) {
  var gravatarAvatar GravatarAvatar
  user := &chatUser{uniqueID: "abc"}
  url, err := gravatarAvatar.GetAvatarURL(user)
  if err != nil {
    t.Error("GravatarAvatar.GetAvatarURL should not return an error")
  }
  if url != "//www.gravatar.com/avatar/abc" {
    t.Errorf("GravatarAvatar.GetAvatarURL wrongly returned %s", url)
  }
```

---

6 '신속하고 광범위하며 얕은 테스트'를 제공하는 소프트웨어 테스팅의 한 형태다. 향후 테스트를 진행하는 것이 가능하고 합리적인지 여부를 결정한다(https://en.wikipedia.org/wiki/Sanity_check). – 옮긴이

```
}
func TestFileSystemAvatar(t *testing.T) {
  // 테스트 아바타 파일을 만듦
  filename := path.Join("avatars", "abc.jpg")
  ioutil.WriteFile(filename, []byte{}, 0777)
  defer func() { os.Remove(filename) }()
  var fileSystemAvatar FileSystemAvatar
  user := &chatUser{uniqueID: "abc"}
  url, err := fileSystemAvatar.GetAvatarURL(user)
  if err != nil {
    t.Error("FileSystemAvatar.GetAvatarURL should not return an error")
  }
  if url != "/avatars/abc.jpg" {
    t.Errorf("FileSystemAvatar.GetAvatarURL wrongly returned %s", url)
  }
}
```

물론 Avatar 인터페이스를 아직 업데이트하지 않았기 때문에 이 테스트 코드는 컴파일되지 않는다. avatar.go에서 Avatar 인터페이스 타입의 GetAvatarURL 서명을 업데이트해 client 타입이 아닌 ChatUser 타입을 사용한다.

```
GetAvatarURL(ChatUser) (string, error)
```

 내부 chatUser 구현 구조체보다는 ChatUser 인터페이스(첫 글자가 대문자)를 사용하고 있으며, GetAvatarURL 메소드가 허용하는 타입에 대해 유연해지고자 한다.

이 빌드를 시도하면 모든 GetAvatarURL 메소드가 여전히 client 객체를 요청하므로 구현이 잘못됐다는 것을 알 수 있다.

기존 구현 수정

현재와 같은 인터페이스를 변경하는 것은 컴파일러 에러를 일으킬 수 있으므로 영향을 받은 코드 부분을 자동으로 찾는 좋은 방법이다. 물론 다른 사람들이 사용할 패키지를 작성한다면 이러한 인터페이스를 변경하는 것에 대해 훨씬 더 엄격해야 하지만 아직 첫 버전을 릴리스(배포)하지 않았으므로 괜찮다.

이제 새 인터페이스를 만족시키고 메소드 타입을 변경해 세 가지 구현 시그니처를 업데이트함으로써 새로운 타입을 사용하도록 할 것이다. FileSystemAvatar의 구현을 다음과 같이 바꾼다.

```go
func (FileSystemAvatar) GetAvatarURL(u ChatUser) (string, error) {
  if files, err := ioutil.ReadDir("avatars"); err == nil {
    for _, file := range files {
      if file.IsDir() {
        continue
      }
      if match, _ := path.Match(u.UniqueID()+"*", file.Name()); match {
        return "/avatars/" + file.Name(), nil
      }
    }
  }
  return "", ErrNoAvatarURL
}
```

여기서 핵심적인 변화는 클라이언트의 userData 필드에 더 이상 액세스하지 않고 ChatUser 인터페이스에서 직접 UniqueID를 호출한다는 것이다.

이어서 AuthAvatar 구현을 다음 코드로 업데이트한다.

```go
func (AuthAvatar) GetAvatarURL(u ChatUser) (string, error) {
  url := u.AvatarURL()
```

```
    if len(url) == 0 {
        return "", ErrNoAvatarURL
    }
    return url, nil
}
```

새로운 설계가 훨씬 간단하다는 것이 입증됐다. 필요한 코드의 양을 줄일 수 있다면 항상 좋은 것이다. 앞의 코드는 AvatarURL 값을 얻기 위해 호출하고, 값이 있다면 리턴한다. 그렇지 않으면 ErrNoAvatarURL 오류가 리턴된다.

 에러 케이스는 if 블록 내부에 중첩돼 있지만, 코드의 예상 흐름은 한 단계 들여쓰기가 된다. 이 연습을 매번 지속할 수는 없지만, 이는 가치 있는 노력이다. 단일 열(column)로 실행의 정상적인 흐름을 보기 위해 코드를 신속하게 검사할 수 있으므로 코드를 훨씬 빨리 이해할 수 있다. 이것을 if...else가 중첩된 블록이 많은 코드와 비교해보라. 이해하기 위해 훨씬 더 많은 풀어내는 과정이 필요하다.

마지막으로 GravatarAvatar 구현을 업데이트한다.

```
func (GravatarAvatar) GetAvatarURL(u ChatUser) (string, error) {
    return "//www.gravatar.com/avatar/" + u.UniqueID(), nil
}
```

전역 변수 대 필드

지금까지 room 타입에 Avatar 구현을 할당했으므로 다른 방에서 서로 다른 아바타를 사용할 수 있다. 그러나 사용자가 로그인할 때 어느 방으로 가는지에 대한 개념이 없으므로 사용할 Avatar 구현을 알 수 없다는 이슈에 노출돼 있다. 우리 채팅 앱은 단일 채팅방만 지원하기 때문에, 구현을 선택하기 위한 또 다른 접근 방법으로서 전역 변수를 사용하는 방법을 살펴볼 것이다.

전역 변수는 단순히 어떤 타입이든 외부에서 정의된 변수며 패키지의 모든 부분(그리고 패키지가 노출될 경우 패키지 외부에서도)에서 액세스할 수 있다. 사용할 타입의 Avatar 구현과 같은 간단한 구성의 경우 전역 변수는 쉽고 간단한 솔루션이다. main.go의 import문 아래에 다음 행을 추가한다.

```
// Avatar 구현을 활성화한다
var avatars Avatar = UseFileSystemAvatar
```

이는 특정 사용자용 아바타 URL을 가져와야 할 때 사용할 수 있는 전역 변수로 avatars 를 정의한다.

새로운 설계 구현

모든 메시지에 대해 GetAvatarURL을 호출하는 코드를 변경함으로써 auth 쿠키를 통해 userData 캐시에 입력한 값에 액세스해야 한다. msg.AvatarURL이 지정된 행을 다음과 같이 변경하라.

```
if avatarUrl, ok := c.userData["avatar_url"]; ok {
  msg.AvatarURL = avatarUrl.(string)
}
```

auth.go에서 loginHandler 내부의 코드를 찾아 provider.GetUser를 호출해 auth CookieValue 객체를 설정한 위치까지 다음 코드로 바꾼다.

```
user, err := provider.GetUser(creds)
if err != nil {
  log.Fatalln("Error when trying to get user from", provider, "-", err)
}
chatUser := &chatUser{User: user}
m := md5.New()
```

```
io.WriteString(m, strings.ToLower(user.Email()))
chatUser.uniqueID = fmt.Sprintf("%x", m.Sum(nil))
avatarURL, err := avatars.GetAvatarURL(chatUser)
if err != nil {
  log.Fatalln("Error when trying to GetAvatarURL", "-", err)
}
```

여기서는 새로운 chatUser 변수를 생성하면서 User 필드(임베디드 인터페이스를 나타냄)를 Gomniauth에서 반환된 User 값으로 설정했다. 그런 다음 userid MD5 해시를 uniqueID 필드에 저장했다.

avatars.GetAvatarURL에 대한 호출은 모든 노력이 결실을 본 곳이다. 이제 프로세스 초기에 사용자의 아바타 URL을 얻었다. auth.go의 authCookieValue 행을 업데이트해 쿠키에 아바타 URL을 캐시하고, 더는 필요치 않으므로 이메일 주소를 제거한다.

```
authCookieValue := objx.New(map[string]interface{}{
  "userid":     chatUser.uniqueID,
  "name":       user.Name(),
  "avatar_url": avatarURL,
}).MustBase64()
```

파일시스템에서 파일을 반복iterating하는 등 Avatar 구현이 해야 하는 작업이 비효율적이지만, 사용자가 처음 로그인할 때만 수행하고 메시지를 보낼 때마다 수행하는 것이 아니라는 점에서 완화된다.

정돈 및 테스트

마지막으로, 리팩토링 과정에서 군살을 제거한다.

Avatar 구현을 더 이상 room에 저장하지 않으므로 타입에서 해당 필드와 모든 참조를 제거해보자. room.go에 있는 room 구조체에서 avatar Avatar 정의를 삭제하고 newRoom

메소드를 업데이트한다.

```go
func newRoom() *room {
  return &room{
    forward: make(chan *message),
    join:    make(chan *client),
    leave:   make(chan *client),
    clients: make(map[*client]bool),
    tracer:  trace.Off(),
  }
}
```

 가능하면 컴파일러를 작업 관리 목록으로 사용해 오류에 따라 다른 코드에 영향을 미친 위치를 찾는다.

main.go에서 newRoom 함수 호출에 전달된 파라미터를 제거한다. 이 변수 대신 전역 변수를 사용하고 있기 때문이다.

이 연습을 마치면 최종 사용자 환경은 변경되지 않는다. 일반적으로 코드를 리팩토링할 때 공용public-facing 인터페이스는 안정적이고 변경되지 않은 상태로, 수정되는 것은 내부 객체다. 단위 테스트를 재실행해 코드를 진전시킬 때 아무것도 중단되지 않도록 한다.

 코드에 대해 golint와 go vet 같은 도구를 실행해 모범 사례를 따르고 주석의 누락이나 잘못 명명된 함수 등 실수를 포함하진 않는지 확인하는 것이 좋다. 몇 개는 여러분이 직접 고쳐보도록 하기 위해 의도적으로 남겨졌다.

▌세 개의 구현 결합

3장을 마무리하기 위해 각 Avatar 구현이 사용자를 위한 URL을 얻으려고 차례를 취하는 메커니즘을 구현할 것이다. 첫 번째 구현에서 ErrNoAvatarURL 오류를 리턴하면 사용 가능한 값을 찾을 때까지 다음 단계를 시도한다.

avatar.go에서 아바타 타입 아래에 다음 타입 정의를 추가하라.

```
type TryAvatars []Avatar
```

TryAvatars 타입은 단순히 메소드를 추가할 수 있는 Avatar 객체 슬라이스다. 다음 GetAvatarURL 메소드를 추가해보자.

```go
func (a TryAvatars) GetAvatarURL(u ChatUser) (string, error) {
  for _, avatar := range a {
    if url, err := avatar.GetAvatarURL(u); err == nil {
      return url, nil
    }
  }
  return "", ErrNoAvatarURL
}
```

즉 TryAvatars는 현재 유효한 Avatar 구현이며 특정 구현 대신 사용할 수 있다. 이전 방법에서는 순서대로 Avatar 객체 슬라이스를 반복하고 각 객체에 대해 GetAvatarURL을 호출했다. 오류가 리턴되지 않으면 URL을 리턴한다. 그렇지 않으면 계속해서 진행한다. 마지막으로 값을 찾지 못하면 인터페이스 설계에 따라 ErrNoAvatarURL을 리턴한다.

새로운 구현을 사용하기 위해 main.go의 avatars 전역 변수를 업데이트하라.

```
var avatars Avatar = TryAvatars{
  UseFileSystemAvatar,
  UseAuthAvatar,
  UseGravatar}
```

여기서 TryAvatars 슬라이스 타입의 새로운 인스턴스를 생성하고 그 안에 다른 Avatar 구현을 넣는다. 슬라이스에 나타나는 순서대로 객체를 반복하므로 순서가 중요하다. 먼저, 코드는 사용자가 사진을 업로드했는지 확인한다. 그렇지 않은 경우 코드는 인증 서비스에 사용할 이미지가 있는지를 확인한다. 접근이 실패하면 Gravatar URL이 생성되며 최악의 경우(예를 들면 사용자가 Gravatar 이미지를 추가하지 않은 경우) 기본 플레이스홀더 이미지가 표시된다.

작동 중인 새로운 기능을 보려면 다음 단계를 수행하라.

1. 애플리케이션을 빌드하고 다시 실행

    ```
    go build -o chat
    ./chat -host=:8080
    ```

2. http://localhost:8080/logout을 방문해 로그아웃
3. avatars 폴더 내 모든 이미지 삭제
4. http://localhost:8080/chat으로 이동해 다시 로그인
5. 메시지를 보내고 프로필 사진을 기록해둠
6. http://localhost:8080/upload를 방문해 새 프로필 사진을 업로드
7. 앞서 했던 것처럼 다시 로그아웃하고 다시 로그인
8. 메시지를 몇 개 더 보내서 프로필 사진이 업데이트됐음을 확인

▌ 요약

이 장에서는 세 가지 방법의 프로필 사진 구현을 채팅 애플리케이션에 추가했다. 먼저 인증 서비스에 사용할 URL을 제공하도록 요청했다. 사용자 리소스 데이터에 대한 Gomniauth의 추상화를 사용해 이 작업을 수행했다. 그런 다음 사용자가 메시지를 보낼 때마다 사용자 인터페이스의 일부로 포함시켰다. Go의 0(또는 디폴트) 초기화를 사용해 인스턴스를 실제로 생성하지 않고 Avatar 인터페이스의 다른 구현을 참조할 수 있었다.

사용자가 로그인할 때 쿠키에 데이터를 저장했다. 쿠키가 코드 빌드 간에 지속된다는 사실을 감안할 때 변경 사항을 검증하는 데 도움이 되는 편리한 로그아웃 기능을 추가했다. 코드를 조금 변경하고 채팅 페이지에 부트스트랩을 적용함으로써 애플리케이션의 외형look and feel이 크게 향상됐다.

Go에서 https://en.gravatar.com/ API를 통한 MD5 해시를 사용했다. 인증 서비스가 제공한 이메일 주소를 해싱해 이메일 주소가 Gravatar에 알려지지 않은 경우 좋은 기본 플레이스홀더 이미지가 제공되므로 누락된 이미지로 인해 사용자 인터페이스가 손상되지 않을 것이다.

그런 다음 업로드 폼을 만들고 완성해 업로드된 이미지를 avatars 폴더에 저장한 서버 기능을 연결했으며, 표준 라이브러리의 http.FileServer 핸들러를 통해 저장된 업로드된 이미지를 사용자에게 노출하는 방법을 살펴봤다. 이로 인해 너무 많은 파일시스템 액세스가 발생해 비효율적인 설계가 도입됨에 따라 단위 테스트를 통해 솔루션을 리팩토링했다. GetAvatarURL 호출을 메시지가 전송될 때가 아닌 사용자가 로그인하는 지점으로 이동시킴으로써 코드를 훨씬 더 확장 가능하게 만들었다.

특수한 ErrNoAvatarURL 오류 타입이 인터페이스 디자인의 일부로 사용돼 적절한 URL을 얻을 수 없을 때 호출 코드에 알릴 수 있었다. 이는 Avatars 슬라이스 타입을 만들 때 특히 유용했다. Avatar 인터페이스를 Avatar 타입에 구현함으로써 파일시스템, 인

154

증 서비스, 그리고 마지막으로 Gravatar로 시작해 사용 가능한 여러 가지 옵션 각각에서 유효한 URL을 얻으려고 시도하는 새로운 구현을 만들 수 있었다. 사용자가 인터페이스와 상호작용하는 방법에 전혀 영향을 미치지 않고 이 작업을 수행했으며, 구현에서 ErrNoAvatarURL을 리턴하면 다음 방법을 시도했다.

채팅 애플리케이션을 사용할 준비가 됐으므로 친구를 초대하고 실제 대화를 나눌 수 있다. 그러나 먼저, 서비스를 제공하기 위해 도메인 이름을 선택해야 한다. 이에 대해서는 다음 4장에서 설명한다.

4

도메인 이름 검색용
커맨드라인 툴

지금까지 작성한 채팅 애플리케이션은 선풍적인 인기를 끌 준비가 돼 있지만 인터넷에 집을 갖기 전까지는 아니다. 친구를 초대해 대화에 참여하기 전에 Go 코드를 실행하는 서버를 가리킬 수 있는 알기 쉽고 사용하기 쉬운 도메인 이름을 선택해야 한다. 다른 이름을 시도하면서 몇 시간 동안 좋아하는 도메인 네임 공급자 앞에 앉아있는 대신, 올바른 이름을 찾는 데 도움이 되는 몇 가지 커맨드라인 도구를 개발할 것이다. 이렇게 해서 Go 표준 라이브러리가 터미널 및 다른 실행 프로그램과 어떻게 상호작용할 수 있는지 보여준다. 또한 커맨드라인 프로그램을 구축하기 위한 몇 가지 패턴과 관행을 알아볼 것이다.

4장에서 다루는 내용은 다음과 같다.

- 하나의 코드 파일로 완전한 커맨드라인 애플리케이션을 작성하는 방법
- 우리가 만드는 툴이 표준 스트림을 사용하는 다른 툴과 조화를 이룰 수 있도록 하는 방법
- 간단한 서드파티 JSON RESTful API와 상호작용하는 방법
- Go 코드에서 표준 입출력 파이프를 활용하는 방법
- 스트리밍 소스에서 한 번에 한 줄씩 읽는 법
- 도메인 정보를 찾기 위해 WHOIS 클라이언트를 구축하는 방법
- 환경 변수에 민감한 정보 또는 배포 관련 정보를 저장하고 사용하는 방법

▌ 커맨드라인 툴을 위한 파이프 설계

표준 스트림(stdin 및 stdout)을 사용해 사용자 및 다른 툴과 통신하는 일련의 커맨드라인 툴을 만들 것이다. 각 도구는 표준 입력 파이프를 통해 한 줄씩 입력을 받아 어떤 방식으로 처리하고, 다음 도구나 사용자의 출력을 한 줄씩 표준 출력 파이프에 내보낸다.

기본적으로 표준 입력은 사용자의 키보드에 연결되고 표준 출력은 명령이 실행된 터미널에 출력된다. 그러나 리디렉션 메타 문자^{metacharacter}를 사용하면 둘 다 리디렉션될 수 있다. 출력을 윈도우에서는 NUL로, 유닉스 시스템에서는 /dev/null로 리디렉션하거나 출력을 디스크에 저장하는 파일로 리디렉션해 출력을 버릴 수 있다. 또는 파이프 문자 '|'를 사용해 한 프로그램의 출력을 다른 프로그램의 입력으로 보낼(이하 파이프pipe) 수 있다. 이 기능은 다양한 도구를 함께 연결하기 위해 사용할 것이다. 예를 들어, 다음 코드를 사용해 한 프로그램의 출력을 터미널의 다른 프로그램에 대한 입력으로 보낼 수 있다.

```
echo -n "Hello" | md5
```

echo 명령의 출력은 Hello 문자열(따옴표 제외)이 되며, md5 명령으로 파이프된다. 이 명령은 Hello의 MD5 해시를 차례로 계산한다.

```
8b1a9953c4611296a827abf8c47804d7
```

이 도구는 줄바꿈 문자로 구분된 각 줄이 하나의 문자열을 나타내는 줄에 사용할 수 있다. 파이프 리디렉션 없이 실행하면 우리는 코드를 테스트하고 디버깅할 때 유용하게 사용될 기본 입력과 출력을 사용해 프로그램과 직접 상호작용할 수 있다. 이는 이 코드를 테스트하고 디버깅할 때 유용하다.

▌ 다섯 개의 간단한 프로그램

4장에서는 마지막에 결합할 다섯 개의 작은 프로그램을 만들 것이다. 프로그램의 주요 특징은 다음과 같다.

- **Sprinkle**: 이 프로그램은 사용 가능한 도메인 이름을 찾는 기회를 늘리기 위해 웹에 친화적인 단어를 추가한다.
- **Domainify**: 이 프로그램은 수용할 수 없는 문자를 제거해 도메인 이름에 대해 단어가 허용되는지 확인한다. 이 작업이 완료되면 공백이 하이픈으로 바뀌고 적절한 최상위 도메인 (.com 또는 .net 등)이 끝에 추가된다.
- **Coolify**: 이 프로그램은 고루하고 오래된 평범한 단어를 모음으로 바꿔서 웹 2.0으로 바꿀 것이다.
- **Synonyms**: 이 프로그램은 서드파티 API를 사용해 동의어를 찾는다.
- **Available**: 이 프로그램은 해당 도메인이 사용 가능한지 혹은 적절한 WHOIS 서버를 사용하지 않는지를 확인한다.

한 장에서 다루기에 다섯 개의 프로그램이 많아 보일 수 있지만, 작은 프로그램 전체가 어떻게 Go로 작성될 수 있는지 잘 알아보자.

Sprinkle

첫 번째 프로그램은 가용한 이름을 찾을 확률을 높이기 위해 설탕을 뿌리듯^{sugar terms} 입력되는 단어를 보충한다. 많은 기업들이 이 방법을 사용해 핵심 메시지의 일관성을 유지하면서 닷컴^{.com} 도메인을 확보할 수 있다. 예를 들어, chat이라는 단어를 넣으면 chatapp을 전달할 수 있다. talk를 보낸다면, 그 대신에 talk time을 받을 수 있다.

Go의 `math/rand` 패키지를 사용하면 컴퓨터의 예측 가능성에서 벗어날 수 있다. 의사 결정에 우연의 요소를 도입함으로써 프로그램을 지능화할 수 있다.

Sprinkle 프로그램을 만들기 위해 다음을 수행한다.

- 원래 단어의 표시 위치를 나타내는 특수 상수를 사용해 변환 배열을 정의
- 출력 값을 stdout에 쓰기 위해 `bufio` 패키지를 사용해 stdin과 `fmt.Println`에서 입력 값을 스캔

- math/rand 패키지를 사용해 적용할 변형을 랜덤으로 선택

 모든 프로그램은 $GOPATH/src 디렉터리에 위치한다. 예를 들어 GOPATH가 ~/ Work/projects/go인 경우 ~/Work/projects/go/src에 프로그램 폴더를 만든다.

$GOPATH/src 디렉터리에서 sprinkle이라는 새 폴더를 만들고 다음 코드가 포함된 main.go 파일을 추가한다.

```go
package main
import (
  "bufio"
  "fmt"
  "math/rand"
  "os"
  "strings"
  "time"
)
const otherWord = "*"
var transforms = []string{
  otherWord,
  otherWord + "app",
  otherWord + "site",
  otherWord + "time",
  "get" + otherWord,
  "go" + otherWord,
  "lets " + otherWord,
  otherWord + "hq",
}
func main() {
  rand.Seed(time.Now().UTC().UnixNano())
  s := bufio.NewScanner(os.Stdin)
  for s.Scan() {
```

```
    t := transforms[rand.Intn(len(transforms))]
    fmt.Println(strings.Replace(t, otherWord, s.Text(), -1))
  }
}
```

이제부터는 적절한 import문을 직접 정리하는 것을 전제로 한다. 도움이 필요하면 부록, '안정적인 Go 개발 환경을 위한 지침'에서 제공하는 팁을 참조한다.

앞의 코드는 완전한 Sprinkle 프로그램을 나타낸다. 이것은 상수, 변수, Sprinkle의 진입점 역할을 하는 필수 main 함수 세 가지를 정의한다. otherWord 상수 문자열은 가능한 각 변환에서 원래 단어가 어디에 있어야 하는지를 지정하는 데 유용한 토큰이다. 이 코드를 사용하면 otherWord+"extra"와 같은 코드를 작성할 수 있다. 이렇게 하면 이런 특정 케이스에서는 원래 단어의 끝에 "extra"라는 단어를 추가하고 싶다는 것을 명확히 나타낸다.

가능한 변환은 문자열 슬라이스로 선언한 transforms 변수에 저장된다. 이전 코드에서 단어 끝에 app을 추가하거나 앞에 lets를 추가하는 등의 몇 가지 다른 변환을 정의했다. 좀 더 추가해보라. 더 창조적일수록 좋다.

main 함수에서 가장 먼저하는 것은 현재 시각을 랜덤 시드^{random seed}로 사용하는 것이다. 컴퓨터는 실제로 난수를 생성할 수 없지만, 랜덤 알고리즘의 시드 숫자를 변경하면 난수가 생성되는 것처럼 보이게 된다. 현재 시각은 프로그램이 실행될 때마다 다르므로 (시스템 시계가 각 실행 전에 재설정되지 않는 경우) 현재 시간을 나노초 단위로 사용한다. 이 단계를 건너뛰면 math/rand 패키지에 의해 생성된 숫자는 고정적이며 프로그램을 실행할 때마다 똑같을 것이다.

그런 다음 bufio.NewScanner를 호출해 bufio.Scanner 객체를 만들고 표준 입력 스트림을 나타내는 os.Stdin에서 입력을 읽도록 지시한다. 이것은 항상 표준 입력에서 읽고 표준 출력에 쓸 것이므로 다섯 프로그램에서 일반적인 패턴이 될 것이다.

bufio.Scanner 객체는 실제로 io.Reader를 입력 소스로 사용하므로 여기에서 사용할 수 있는 다양한 타입이 있다. 이 코드에 대한 단위 테스트를 작성하는 경우 스캐너에서 읽을 표준 io.Reader를 지정해 표준 입력 스트림의 시뮬레이션을 걱정할 필요가 없다.

기본적으로, 스캐너는 캐리지 리턴이나 개행 문자 등의 구분 기호/단락 문자로 구분된 바이트 블록을 읽어낼 수 있다. 또한 스캐너에 대해 우리 자신의 분할 기능을 지정하거나 표준 라이브러리에 내장된 옵션 중 하나를 사용할 수 있다. 예를 들어, bufio.ScanWords는 줄바꿈 대신 공백 문자를 사용해 개별 단어를 검사한다. 설계에서 각 행에 단어(또는 짧은 구)가 있어야 한다고 지정했으므로 기본 행 단위 설정이 이상적이다.

Scan 메소드를 호출하면 스캐너가 입력에서 다음 바이트 블록(다음 행)을 읽도록 지시한 후 아무것도 찾지 못했는지 여부를 나타내는 bool 값을 반환한다. 이것이 for 루프의 조건으로 사용할 수 있는 방법이다. 작업할 내용이 있는 동안 Scan은 true를 반환하고 for 루프의 본문이 실행된다. Scan이 입력의 끝에 도달하면 false를 반환하고 루프가 종료된다. 선택된 바이트는 스캐너의 Bytes 메소드에 저장되며 편리한 Text 메소드는 []byte 슬라이스를 문자열로 변환한다.

for 루프 내부에서 각 입력 행마다 rand.Intn을 사용해 변형 슬라이스에서 임의의 항목을 선택하고 strings.Replace를 사용해 otherWord 문자열이 나타나는 원래 단어를 삽입한다. 마지막으로 fmt.Println을 사용해 출력을 기본 표준 출력 스트림으로 내보낸다.

 math/rand 패키지는 안전하지 않은 난수를 제공한다. 보안 목적으로 난수를 이용하는 코드를 작성하려면 crypto/rand 패키지를 사용해야 한다.

프로그램을 빌드하고 실행해보자.

```
go build -o sprinkle
./sprinkle
```

프로그램이 실행되기 시작하면 기본 동작을 사용해 터미널에서 사용자 입력을 읽는다. 내용을 송신하지 않았거나 읽을 소스를 지정하지 않았기 때문에 기본 동작을 사용한다. chat을 입력하고 엔터 키를 친다. 스캐너는 단어 끝에 있는 줄바꿈 문자를 인식하고 이를 변환하는 코드를 실행해 결과를 출력한다. 예를 들어, chat을 여러 번 입력하면 다음과 같은 결과가 표시된다.

```
chat
go chat
chat
lets chat
chat
chat app
```

터미널이 아직 실행 중이기 때문에 Sprinkle 프로그램은 종료되지 않는다(즉 Scan 메소드가 루프를 중단하기 위해 false를 반환하지 않음을 의미). 일반적인 실행에서는 입력 파이프가 입력을 생성하는 프로그램에 의해 종료된다. 프로그램을 중지하려면 Ctrl + C를 누른다.

계속 진행하기 전에 다른 입력 소스를 지정해 Sprinkle을 실행해보자. echo 명령을 사용해 일부 내용을 생성하고 파이프 문자를 사용해 Sprinkle 프로그램에 전달한다.

```
echo "chat" | ./sprinkle
```

프로그램은 파이프를 종료하고 닫기 전에 echo 명령이 입력 한 줄만 생성하기 때문에 단어를 랜덤으로 변환하고 출력하고 종료한다.

아주 간단하지만 유용한 기능을 가진 첫 번째 프로그램을 성공적으로 완성했다.

 추가 과제로 transformations 배열을 하드코딩하는 대신 플래그를 통해 외부화하거나 텍스트 파일 또는 데이터베이스에 저장할 수 있는지 확인하라.

Domainify

Sprinkle에서 출력되는 일부 단어에는 공백이 포함될 수 있으며 도메인에 허용되지 않는 다른 문자가 포함될 수 있다. 그래서 Domainify라는 프로그램을 작성하려고 한다. 텍스트 줄을 수용 가능한 도메인 세그먼트로 변환하고 끝에 적절한 최상위 레벨 도메인^{TLD, Top-level Domain}을 추가한다. sprinkle 폴더와 같은 위치에 domainify라는 새 폴더를 만들고 main.go 파일에 다음 코드를 추가한다.

```go
package main
var tlds = []string{"com", "net"}
const allowedChars = "abcdefghijklmnopqrstuvwxyz0123456789_-"
func main() {
  rand.Seed(time.Now().UTC().UnixNano())
  s := bufio.NewScanner(os.Stdin)
  for s.Scan() {
    text := strings.ToLower(s.Text())
    var newText []rune
    for _, r := range text {
      if unicode.IsSpace(r) {
        r = '-'
      }
      if !strings.ContainsRune(allowedChars, r) {
        continue
      }
```

```
        newText = append(newText, r)
    }
    fmt.Println(string(newText) + "." +
      tlds[rand.Intn(len(tlds))])
  }
}
```

Domainify와 Sprinkle 프로그램 사이에는 몇 가지 유사점이 있다. rand.Seed를 사용해 임의의 시드를 설정하고 os.Stdin 판독기를 래핑하는 NewScanner 메소드를 생성한다. 더 이상 입력이 없을 때까지 각 줄을 검사한다.

그런 다음 텍스트를 소문자로 변환하고 newText라는 rune 타입의 새 슬라이스를 만든다. rune 타입은 allowedChars 문자열에 나타나는 문자로만 구성되며 strings. ContainsRune은 이를 알려준다. rune이 unicode.IsSpace를 호출해 공백임을 알아낸 경우 이를 도메인 이름에서 허용되는 방법인 하이픈(-)으로 대체한다.

> 문자열을 배열하면 각 문자의 색인과 rune 타입이 반환된다. 이 타입은 문자 자체를 나타내는 숫자 값(구체적으로는 int32)이다. 룬, 문자, 문자열에 대한 자세한 내용은 http://blog.golang.org/strings를 참조하라.

마지막으로 fmt.Println을 사용해 출력하기 전에 []rune 슬라이스의 newText를 문자열로 변환하고 끝에 .com 또는 .net을 추가한다.

Domainify를 빌드하고 실행해보자.

```
go build -o domainify
./domainify
```

domainify가 어떻게 반응하는지 보려면 다음 옵션 중 몇 가지를 입력하라.

166

- Monkey

- Hello Domainify

- "What's up?"

- One (two) three!

일례로 One (two) three!를 입력하면 one-two-three.com을 얻을 수 있다.

Sprinkle과 Domainify를 구성해 함께 작동하는지 확인하려고 한다. 터미널에서 sprinkle과 domainify의 상위 폴더(아마도 $GOPATH/src)로 이동해 다음 명령을 실행한다.

```
./sprinkle/sprinkle | ./domainify/domainify
```

여기에서는 sprinkle 프로그램을 실행하고 결과를 domainify 프로그램에 전달했다. 기본적으로 sprinkle은 터미널을 입력으로 사용하고 터미널에 출력을 보낸다. chat을 몇 번 다시 입력해보면 출력이 Sprinkle이 이전에 출력했던 것과 유사함을 알 수 있다. 단, 도메인 이름에 허용되는 경우는 예외다. 프로그램 사이의 이 파이핑 덕에 커맨드 라인 툴을 함께 구성할 수 있다.

 .com 및 .net 최상위 도메인만 지원하는 것은 상당히 제한적이다. 추가 과제로, 커맨드 라인 플래그를 통해 TLD 목록을 수락할 수 있는지 확인하라.

Coolify

일반적으로 chat과 같은 일반적인 단어의 도메인 이름은 이미 사용되고 있으며 일반적인 해결책은 단어의 모음을 사용하는 것이다. 예를 들어, a를 제거해 cht(실제로 사용할 가능성이 거의 없음) 또는 a를 추가해 chaat을 생성할 수 있다. 이것은 분명히 멋져 보이는 데는 실제 효과가 없지만, 원래 단어처럼 들리는 도메인 이름을 확보하기 위해 조금 오래됐지만 대중적인 방법이 됐다.

세 번째 프로그램인 Coolify를 사용하면 입력을 통해 들어오는 단어 모음을 사용하고 수정된 버전을 출력에 쓸 수 있다.

sprinkle 및 domainify와 같은 위치에 coolify라는 새 폴더를 만들고 다음 코드로 main.go 코드 파일을 만든다.

```go
package main
const (
  duplicateVowel bool = true
  removeVowel    bool = false
)
func randBool() bool {
  return rand.Intn(2) == 0
}
func main() {
  rand.Seed(time.Now().UTC().UnixNano())
  s := bufio.NewScanner(os.Stdin)
  for s.Scan() {
    word := []byte(s.Text())
    if randBool() {
      var vI int = -1
      for i, char := range word {
        switch char {
        case 'a', 'e', 'i', 'o', 'u', 'A', 'E', 'I', 'O', 'U':
          if randBool() {
            vI = i
          }
        }
      }
```

```
    if vI >= 0 {
      switch randBool( ) {
      case duplicateVowel:
        word = append(word[:vI+1], word[vI:]...)
      case removeVowel:
        word = append(word[:vI], word[vI+1:]...)
      }
    }
  }
  fmt.Println(string(word))
  }
}
```

위의 Coolify 코드는 Sprinkle 및 Domainify 코드와 매우 유사하지만 약간 더 복잡하다. 코드의 맨 위에는 Coolify 코드를 좀 더 쉽게 읽도록 해주는 duplicateVowel 및 removeVowel이라는 두 개의 상수가 선언된다. switch문은 모음을 복제하거나 제거할지 여부를 결정한다. 또한 이러한 상수를 사용해 true 또는 false만을 사용하는 대신 의도를 명확하게 표현할 수 있다.

그런 다음 랜덤으로 true 또는 false를 반환하는 randBool 헬퍼 함수를 정의한다. 이는 rand 패키지에 임의의 숫자를 생성하고 그 숫자가 0으로 나오는지 확인하도록 요청함으로써 수행된다. 그것은 0 또는 1이 될 것이므로, 그것이 사실일 가능성은 50%다.

Coolify의 주요 기능은 rand.Seed 메소드를 설정하고 각 입력 행마다 루프 본문을 실행하기 전에 표준 입력 스트림의 스캐너를 작성하는 Sprinkle 및 Domainify와 동일한 방식으로 시작된다. 먼저 randBool을 호출해 단어를 변경할지 여부를 결정하므로 Coolify는 전달된 단어의 절반에만 영향을 미친다.

문자열에서 각 rune을 반복하고 모음을 찾는다. randBool 메소드가 true를 반환하면 vI 변수에 모음 문자의 인덱스가 유지된다. 그렇지 않다면, 계속해서 다른 모음을 찾으려 하지 않고 단어에서 모음을 임의로 선택할 수 있도록 다른 모음을 찾기 위해 문자열을 계속 조사한다.

일단 모음을 선택하면 randBool을 다시 사용해 취할 조치를 랜덤으로 결정한다.

 이것은 유용한 상수가 들어오는 곳이다. 다음 대체 switch문을 고려하라.

```
switch randBool() {
  case true:
    word = append(word[:vI+1], word[vI:]...)
  case false:
    word = append(word[:vI], word[vI+1:]...)
}
```

앞의 코드 스니펫에서 true 및 false는 컨텍스트를 나타내지 않으므로 진행 상황을 알기가 어렵다. 반면에 duplicateVowel과 removeVowel을 사용하면 randBool의 결과가 의미하는 바를 코드를 읽는 사람에게 알릴 수 있다.

슬라이스 다음의 세 점은 각 항목을 추가 함수에 대한 별도 인수로 전달한다. 이것은 하나의 슬라이스를 다른 슬라이스에 추가하는 관용적인 방법이다. 스위치 케이스 내부에서 모음을 복제하거나 모두 제거하기 위해 슬라이스 조작을 수행한다. []byte 슬라이스를 다시 슬라이스하고 append 함수를 사용해 원래 단어의 섹션으로 구성된 새 빌드를 작성한다. 다음 다이어그램은 코드에서 액세스하는 문자열 섹션을 보여준다.

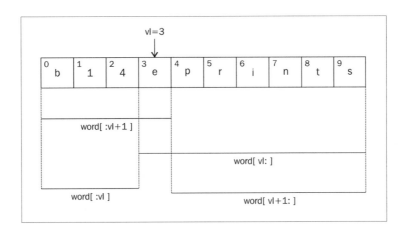

blueprints를 예제 단어로 사용하고 코드에서 첫 번째 e 문자를 모음으로 사용한다고 가정하면 (즉 vl가 3이 되도록) 다음 표는 단어의 각 새 슬라이스가 무엇을 나타내는지 보여준다.

코드	값	설명
word[:vl+1]	blue	단어의 시작 부분부터 선택한 모음까지 슬라이스를 설명한다. 콜론 다음에 지정된 값이 포함돼 있지 않으므로 +1이 필요하다. 오히려 그 값까지 분할한다.
word[vl:]	eprints	이것은 선택된 모음에서 시작해 슬라이스의 끝까지 포함하는 슬라이스를 나타낸다.
word[:vl]	blu	단어의 시작 부분부터 선택한 모음까지 포함하는 슬라이스를 설명한다.
word[vl+1:]	prints	이것은 선택한 모음 다음의 항목에서부터 슬라이스 끝까지의 슬라이스를 설명한다.

단어를 수정한 후 fmt.Println을 써서 출력한다.

Coolify를 빌드하고 이 프로그램으로 무엇을 할 수 있는지 실행해보자.

```
go build -o coolify
./coolify
```

Coolify가 실행 중일 때 blueprints를 입력하면 다음과 같은 변형이 표시된다.

```
blueprnts
bleprints
bluepriints
blueprnts
blueprints
bluprints
```

Coolify가 파이프 체인에 이름을 추가해 Sprinkle 및 Domainify와 함께 동작하는 모습을 살펴보자. 터미널에서 cd 명령을 사용해 상위 폴더로 돌아간 후 다음 명령을 실행하라.

```
./coolify/coolify | ./sprinkle/sprinkle | ./domainify/domainify
```

먼저 불필요한 부분을 단어에 포함시키고 모음을 수정해 마침내 유효한 도메인 이름으로 바꾸기 전에 더 멋지게 만든다. 몇몇 단어를 입력해 우리 코드가 어떤 제안을 하는지 보자.

 Coolify는 모음에서만 작동한다. 추가 연습 과제로, 발생하는 모든 문자에 대해 코드를 동작시킬 수 있는지 확인하라.

Synonyms

지금까지 프로그램은 단지 단어를 수정했지만, 솔루션을 실제로 구현하기 위해서는 단어의 동의어를 제공하는 서드파티 API를 통합할 수 있어야 한다. 이것은 원래의 의미를 유지하면서 다른 도메인 이름을 제안할 수 있다. Sprinkle 및 Domainify와 달리 Synonyms는 주어진 각 단어에 대해 하나 이상의 응답을 작성한다. 파이프 프로그램

아키텍처는 이것이 큰 문제가 없음을 의미한다. 실제로 세 가지 프로그램이 각각 입력 소스에서 여러 줄을 읽을 수 있으므로 걱정할 필요가 없다.

Big Huge Thesaurus(http://bighugelabs.com/)는 매우 깔끔하고 간단한 API를 사용해 한 번의 HTTP GET 요청으로 동의어를 조회할 수 있다.

 훗날 사용 중인 서드파티 API가 바뀌거나 없어지면(결국 우리는 인터넷을 쓰고 있다.), https://github.com/matryer/goblueprints에서 몇 가지 옵션을 찾을 수 있다.

Big Huge Thesaurus를 사용하려면 먼저 API 키가 필요하다. 이 키는 http://words. bighugelabs.com/에서 서비스에 가입하면 얻을 수 있다.

구성을 위한 환경 변수 사용

API 키는 다른 사람들과 공유하고 싶지 않은 민감한 구성 정보며, 코드에 const(상수) 로 저장할 수 있다. 그러나 이것은 키를 공유하지 않으면서 코드를 공유할 수 없다는 것을 의미한다(특히 오픈소스 프로젝트를 사랑한다면 좋지 않다). 또한 더 중요한 사실은 아 마도 키가 만료되거나 다른 키를 사용하려는 경우(그러한 상황이 되고 싶지 않은 경우) 전 체 프로젝트를 다시 컴파일해야 한다는 것이다.

더 좋은 해결책은 환경 변수를 사용해 키를 저장하는 것이다. 이렇게 하면 필요할 때 키를 쉽게 변경할 수 있다. 또한 배포에 따라 서로 다른 키를 사용할 수 있다. 아마 개 발 혹은 테스트를 위한 키와 프로덕션을 위한 키를 가질 수 있을 것이다. 이렇게 하면 특정 코드 실행에 대한 특정 키를 설정할 수 있으므로 시스템 레벨 세팅을 변경하지 않 고도 키를 쉽게 전환할 수 있다. 또한 다양한 운영체제가 환경 변수를 비슷한 방식으로 처리하므로 크로스 플랫폼 코드를 작성하는 경우 완벽한 선택이다.

BHT_APIKEY라는 새 환경 변수를 만들고 API 키를 값으로 설정하라.

웹 API 사용

웹 브라우저에서 요청하면 love라는 단어와 동의어를 찾을 때 JSON 응답 데이터의 구조가 어떻게 보이는지 알 수 있다.

```json
{
  "noun": {
    "syn": [
      "passion",
      "beloved",
      "dear"
    ]
  },
  "verb": {
    "syn": [
      "love",
      "roll in the hay",
      "make out"
    ],
    "ant": [
      "hate"
    ]
  }
}
```

진짜 API라면 여기에 표시된 것보다 실제 더 많은 단어가 리턴될 테지만, 지금은 구조에 주목한다. 이것은 키가 단어의 형태소(동사, 명사 등)를 설명하는 객체를 나타낸다. 또한 값은 syn 또는 ant(각각 동의어^{synonum} 및 반의어^{antonym})에 입력된 문자열 배열을 포함하는 객체다. 그것은 우리가 관심을 갖고 있는 동의어다.

이 JSON 문자열 데이터를 코드에서 사용할 수 있도록 변환하려면 encoding/json 패키지의 기능을 사용해 자체 JSON 문자열 데이터를 구조화해야 한다. 프로젝트에 국한하지 않고 유용할 만한 것을 만들고 있기 때문에, 프로그램 코드에서 직접 API를 사용하지 않고 재사용 가능한 패키지로 API를 적용할 것이다. 다른 프로그램 폴더 옆에($GOPATH/src 안에) thesaurus(동의어 사전)라는 새 폴더를 만들고 다음 코드를 새 bighuge.go 파일에 삽입하라.

```go
package thesaurus
import (
  "encoding/json"
  "errors"
  "net/http"
)
type BigHuge struct {
  APIKey string
}
type synonyms struct {
  Noun *words `json:"noun"`
  Verb *words `json:"verb"`
}
type words struct {
  Syn []string `json:"syn"`
}
func (b *BigHuge) Synonyms(term string) ([]string, error) {
  var syns []string
  response, err := http.Get("http://words.bighugelabs.com/api/2/" +
    b.APIKey + "/" + term + "/json")
```

```
  if err != nil {
    return syns, errors.New("bighuge: Failed when looking for synonyms for
    " + term + "'" + err.Error())
  }
  var data synonyms
  defer response.Body.Close()
  if err := json.NewDecoder(response.Body).Decode(&data); err != nil {
    return syns, err
  }
  if data.Noun != nil {
    syns = append(syns, data.Noun.Syn...)
  }
  if data.Verb != nil {
    syns = append(syns, data.Verb.Syn...)
  }
  return syns, nil
}
```

앞의 코드에서 우리가 정의한 BigHuge 타입에는 필요한 API 키가 있으며, 엔드포인트
에 액세스하고 응답을 파싱하고 결과를 리턴하는 작업을 담당하는 Synonyms 메소드를
제공한다. 이 코드에서 가장 흥미로운 부분은 synonyms와 words의 구조며, Go 용어
로 JSON 응답 형식을 설명한다. 즉 명사 및 동사 개체가 포함된 개체로 Syn이라는 변
수에 문자열 조각이 들어있다. 태그(각 필드 정의 뒤에 나오는 역따옴표backticks(`) 문자열)는
encoding/json 패키지에 어떤 필드를 어떤 변수에 매핑할지 알려준다. 이것은 우리가
다른 이름을 부여했기 때문에 필요하다.

일반적으로 JSON에서는 키의 이름이 소문자이지만, 우리 구조체에서 대문자로 된 이
름을 사용해야 encoding/json 패키지에서 필드가 있음을 알 수 있다. 그렇지 않으면
패키지는 필드를 무시한다. 그러나 타입 자체(synonyms 및 words)는 익스포트할 필
요가 없다.

Synonyms 메소드는 term 인수를 받고 http.Get을 사용해 URL에 API 키 값뿐만 아니라 term 값 자체가 포함된 API 엔드포인트로 웹 요청을 한다. 어떤 이유에서든 웹 요청이 실패하면 log.Fatalln이 호출돼 표준 에러 스트림에 에러를 기록하고 0이 아닌 종료 코드로 프로그램을 종료한다. 실제로 종료 코드는 1이 되며, 이는 오류가 발생했음을 나타낸다.

웹 요청이 성공적이면 응답 본문(또 다른 io.Reader)을 json.NewDecoder 메소드에 전달하고 synonyms 타입의 data 변수로 바이트를 디코딩하도록 요청한다. Go에 내장된 append 함수를 사용해 noun과 verb 동의어를 반환하는 syns 슬라이스에 연결하기 전에 메모리를 깨끗하게 유지하기 위해 응답 본문 닫기를 연기한다.

BigHuge 시소러스를 구현했지만 유일한 옵션은 아니며 Thesaurus 인터페이스를 패키지에 추가해 표현할 수 있다. thesaurus 폴더에서 thesaurus.go라는 새 파일을 만들고 다음 인터페이스 정의를 파일에 추가하라.

```
package thesaurus
type Thesaurus interface {
  Synonyms(term string) ([]string, error)
}
```

이 간단한 인터페이스는 term 문자열을 취하고 동의어를 포함하는 문자열 조각 또는 오류(무언가 잘못된 경우)를 리턴하는 메소드를 설명한다. BigHuge 구조체는 이미 이 인터페이스를 구현하고 있지만, 이제는 다른 사용자가 http://www.dictionary.com 또는 Merriam-Webster 온라인 서비스 등의 다른 서비스에 대해 상호 교환 가능한 구현을 추가할 수 있다.

다음으로 이 새로운 패키지를 프로그램에서 사용하려고 한다. 터미널에서 디렉터리를 $GOPATH/src로 바꾸고 synonyms라는 새 폴더를 만든 후, 새 main.go 파일에 다음 코드를 삽입하라.

```go
func main() {
  apiKey := os.Getenv("BHT_APIKEY")
  thesaurus := &thesaurus.BigHuge{APIKey: apiKey}
  s := bufio.NewScanner(os.Stdin)
  for s.Scan() {
    word := s.Text()
    syns, err := thesaurus.Synonyms(word)
    if err != nil {
      log.Fatalln("Failed when looking for synonyms for "+word, err)
    }
    if len(syns) == 0 {
      log.Fatalln("Couldn't find any synonyms for " + word)
    }
    for _, syn := range syns {
      fmt.Println(syn)
    }
  }
}
```

이제 임포트 패키지를 다시 관리하면 Big Huge Thesaurus API를 통합해 단어의 동의어를 찾을 수 있는 완전한 프로그램을 작성하게 된다.

앞의 코드에서 main 함수가 수행하는 첫 번째 작업은 os.Getenv 호출을 통해 BHT_APIKEY 환경 변수 값을 얻는 것이며, 코드를 보호하기 위해 값을 올바르게 설정했는지 다시 확인하는 것이 좋다. 그렇지 않으면 에러가 발생한다. 지금은 모든 것이 제대로 구성됐다고 가정한다.

다음으로 앞의 코드는 os.Stdin에서 각 입력 행을 다시 스캔하고 Synonyms 메소드를 호출해 대체 단어의 목록을 가져오기 때문에 조금 익숙해 보인다.

프로그램을 빌드하고 chat이라는 단어를 입력할 때 API가 어떤 종류의 동의어를 사용하는지 확인해보자.

```
go build -o synonyms
./synonyms
chat
confab
confabulation
schmooze
New World chat
Old World chat
conversation
thrush
wood warbler
chew the fat
shoot the breeze
chitchat
chatter
```

실제 API를 사용하고 있기 때문에 얻은 결과는 여기에 나열된 것과 다를 수 있다. 그보다 중요한 점은 프로그램에 입력으로 단어나 용어를 제공하면 동의어 목록을 한 줄에 하나씩 출력으로 반환한다는 것이다.

도메인 제안 받기

4장에서 지금까지 구축한 네 가지 프로그램을 작성해 도메인 이름 제안을 위한 유용한 도구를 이미 확보했다. 지금 해야 할 일은 출력을 적절한 방식으로 입력에 송신/전달하는 동시에 프로그램을 실행하는 것이다. 터미널에서 상위 폴더로 이동해 다음의 한 줄을 실행하라.

```
./synonyms/synonyms | ./sprinkle/sprinkle | ./coolify/coolify | ./domainify/
domainify
```

synonyms 프로그램은 목록에서 처음이므로 사용자가 입력하기로 결정한 대로 터미널에서 입력을 받는다. 마찬가지로 domainify는 체인에서 마지막이기 때문에 사용자가 확인할 수 있도록 터미널에 결과를 출력한다. 그 과정에서 단어의 라인은 다른 프로그램을 통해 파이핑돼 각자 자신의 마법을 부릴 수 있는 기회를 제공한다.

도메인 제안을 확인해보려면 몇 가지 단어를 입력한다. 예를 들어 chat을 입력하고 엔터 키를 치면 다음과 같은 메시지가 표시된다.

```
getcnfab.com
confabulationtim.com
getschmoozee.net
schmosee.com
neew-world-chatsite.net
oold-world-chatsite.com
conversatin.net
new-world-warblersit.com
gothrush.net
lets-wood-wrbler.com
chw-the-fat.com
```

표시되는 제안의 수는 실제로 동의어의 수에 따라 달라진다. 이는 입력하는 것보다 더 많은 출력 라인을 생성하는 유일한 프로그램이기 때문이다.

우리는 여전히 가장 큰 문제를 해결하지 못했다. 제안된 도메인 이름을 실제로 사용할 수 있는지는 알 수 없다. 여전히 자리에 앉아서 각 도메인을 웹사이트에 입력해야 한다. 다음 절에서는 이 문제를 다룰 것이다.

Available

마지막 프로그램인 Available은 WHOIS 서버에 연결해 전달된 도메인에 대한 세부 정보를 요청한다. 세부 정보가 반환되지 않으면 해당 도메인을 구입할 수 있는 것으로 볼 수 있다. 안타깝게도 WHOIS 사양(http://tools.ietf.org/html/rfc3912 참조)은 매우 작으며 도메인에 대한 세부 정보를 요청할 때 WHOIS 서버가 어떻게 응답해야 하는지에 대한 정보가 없다. 프로그래밍 방식으로 응답을 파싱하는 것은 번거로운 작업이 된다는 얘기다. 현재 이 문제를 해결하기 위해 WHOIS 서버는 한 개만 통합할 예정이다. 응답 내 어딘가에 도메인에 대한 레코드가 없을 때 불일치No match함을 확신할 수 있다.

 좀 더 강력한 솔루션은 세부 사항에 대해 잘 정의된 구조를 가진 WHOIS 인터페이스와 도메인이 다른 WHOIS 서버에 대해 다른 구현으로 존재하지 않는 경우에 대한 오류 메시지일 수 있다. 상상할 수 있듯이, 이는 꽤 상당한 프로젝트며 오픈소스 활동용으로 딱 좋다.

다른 폴더 옆에 available이라는 새 폴더를 만들고 다음 함수 코드가 포함된 main.go 파일을 추가하라.

```go
func exists(domain string) (bool, error) {
  const whoisServer string = "com.whois-servers.net"
  conn, err := net.Dial("tcp", whoisServer+":43")
  if err != nil {
    return false, err
  }
  defer conn.Close()
  conn.Write([]byte(domain + "rn"))
  scanner := bufio.NewScanner(conn)
  for scanner.Scan() {
    if strings.Contains(strings.ToLower(scanner.Text()), "no match") {
      return false, nil
    }
  }
  return true, nil
}
```

exists 함수는 net.Dial을 호출해 지정된 whoisServer 인스턴스의 43포트에 대한 연결을 열어 WHOIS 스펙에 있는 것을 거의 구현하지 않는다. 그런 다음 함수의 종료(성공, 에러, 심지어 패닉이든)에 관계없이 conn 연결에서 Close( )가 여전히 호출됨을 의미하는 연결 종료를 연기한다. 일단 연결이 열리면 간단히 rn(캐리지 리턴 및 줄바꿈 문자)이 뒤에 오는 도메인을 작성한다. 스펙에 정의돼 있는 것은 여기까지가 전부이므로 지금부터는 스스로 생각해야 한다.

본질적으로, 우리는 응답에서 '일치하지 않음[no match]'에 대한 언급을 찾고 있는데, 이것이 도메인 존재 여부를 결정하는 방법이다(이 경우에 exists는 실제로 WHOIS 서버에 우리가 지정한 도메인 레코드가 있는지 묻는 것이다). 선호하는 bufio.Scanner 메소드를 사용해 응답에서 줄을 반복하는 데 도움을 준다. NewScanner에 연결을 전달하는 것은 net.Conn이 실제로 io.Reader이기 때문에 작동한다. strings.ToLower를 사용하므로 대소문자 구분 및 문자열에 대해 걱정할 필요가 없다. 어느 줄이든 no match 텍스트가 있는지 확인하라. no match가 있으면 도메인이 존재하지 않는 것이므로 false를 리턴하고, 그렇지 않으면 true를 리턴한다.

com.whois-servers.net WHOIS 서비스는 .com 및 .net의 도메인 이름을 지원하므로 Domainify 프로그램은 이러한 타입의 도메인만 추가한다. 더 광범위한 도메인을 선택하기 위해 WHOIS 정보가 있는 서버를 사용했다면 추가 TLD에 대한 지원을 추가할 수 있다.

입력받는 도메인이 사용 가능한지 확인하기 위한 exist 함수를 사용하는 main 함수를 추가해보자. 다음 코드의 체크 기호와 X자 기호는 선택 사항이다. 터미널에서 특수 문자를 지원하지 않는다면 간단히 Yes와 No 문자열로 자유롭게 대체할 수 있다.

main.go에 다음 코드를 추가한다.

```
var marks = map[bool]string{true: "✓", false: "✗"}
func main( ) {
```

```go
s := bufio.NewScanner(os.Stdin)
for s.Scan() {
  domain := s.Text()
  fmt.Print(domain, " ")
  exist, err := exists(domain)
  if err != nil {
    log.Fatalln(err)
  }
  fmt.Println(marks[!exist])
  time.Sleep(1 * time.Second)
}
}
```

 모든 Go 코드 파일이 UTF-8을 준수하기 때문에 코드에서 체크 및 X자 기호를 사용할 수 있다. 실제로 이러한 문자를 얻을 수 있는 가장 좋은 방법은 웹을 검색하고 복사, 붙여넣기해 코드에 넣는 것이다. 아니면 운영체제별로 이러한 특수 문자를 가져오는 방법들이 별도로 있다.

앞의 main 함수 코드에서, 단순히 os.Stdin을 통해 들어오는 각 라인을 반복한다. 이 프로세스는 fmt.Print(fmt.Println이 아닌데, 이는 줄바꿈을 원치 않기 때문이다.)를 사용해 도메인을 출력하는 데 도움이 되며, exist 함수를 호출해 도메인 존재 여부를 확인하고 fmt.Println을 사용해 결과를 출력할 수 있다(끝에 줄바꿈이 필요함).

마지막으로, time.Sleep을 사용해 WHOIS 서버에서 쉽게 처리할 수 있게 잠시 아무것도 처리하지 않도록 지시한다.

 대부분의 WHOIS 서버는 리소스 측면에서 너무 많이 차지하지 않도록 다양한 방법으로 제한된다. 따라서 작업 속도를 늦추는 것은 원격 서버에 부하가 걸리지 않게 하는 현명한 방법이다.

> 이것은 또한 단위 테스트를 위해 무엇을 의미하는지 생각해보라. 단위 테스트가 실제로
> 원격 WHOIS 서버에 실제 요청을 하는 경우 테스트가 실행될 때마다 IP 주소와 비교해
> 통계치가 늘어날 것이다. 더 좋은 방법은 응답을 시뮬레이션하기 위해 WHOIS 서버를
> 스텁(stub)[1]하는 것이다.

맨 위에 있는 마크 맵은 존재하는 bool 응답을 읽을 수 있는 텍스트로 매핑하는 좋은
방법이다. fmt.Println (marks [!exist])를 사용해 한 줄로 응답을 출력할 수 있다.
우리 프로그램은 도메인이 사용 가능한지 아닌지(논리적으로 WHOIS 서버에 존재하는지 아
닌지와 그 반대 여부) 확인하기 때문에 존재하지 않는다고 말하고 있다.

main.go 파일에 대한 import문을 수정한 후 다음 명령을 입력해 Available을 사용함
으로써 도메인 이름을 사용 가능한지 확인할 수 있다.

```
go build -o available
./available
```

Available이 실행되면 일부 도메인 이름을 입력하고 그 결과가 다음 줄에 표시되는
지 확인하라.

---

1   소프트웨어 개발에서 스텁은 다른 프로그래밍 기능을 대리하는 코드며, 기존 코드를 흉내내거나 아직 개발되지 않은 코드
    를 임시로 대치하는 역할을 수행한다(https://ko.wikipedia.org/wiki/메소드_스텁). - 옮긴이

보다시피 사용할 수 없는 도메인의 경우 옆에 작은 기호가 표시된다. 그러나 난수를 사용해 도메인 이름을 만들 때는 확실히 사용 가능함을 알 수 있다.

▌ 다섯 개의 프로그램 조합

이제 다섯 개의 프로그램을 모두 완성했으므로 이 도구를 활용해 채팅 애플리케이션에 쓸 수 있는 도메인 이름을 찾을 수 있다. 가장 쉬운 방법은 4장에서 사용해온 기술, 즉 터미널에서 파이프를 사용해 출력과 입력을 연결하는 것이다.

터미널에서 다섯 개 프로그램의 상위 폴더로 이동해 다음 코드 한 줄을 실행한다.

```
./synonyms/synonyms | ./sprinkle/sprinkle | ./coolify/coolify | ./domainify/
domainify | ./available/available
```

프로그램이 실행되면 시작 단어를 입력하고, 이용 가능성을 확인하기 전에 제안이 어떻게 만들어지는지 보라.

예를 들어 chat을 입력하면 프로그램이 다음 작업을 수행할 수 있다.

1. chat이라는 단어가 synonyms에 입력돼 일련의 유사어가 생성된다.
   - confab
   - confabulation
   - schmooze

2. 유사어가 sprinkle로 이동해서 다음과 같이 웹 친화적인 접두사와 접미사가 추가됐다.
   - confabapp
   - goconfabulation
   - schmooze time

3. 이 새로운 단어들은 coolify로 넘어간다. 여기서 모음이 다소 조정될 수 있다.

   - confabaapp
   - goconfabulatioon
   - schmoooze time

4. 수정된 단어는 domainify로 흘러들어간다. 이제 유효한 도메인 이름으로 바뀐다.

   - confabaapp.com
   - goconfabulatioon.net
   - schmooze-time.com

5. 마지막으로, 도메인 이름이 available의 입력으로 들어간다. 여기에서는 WHOIS 서버와 비교해 다른 사람이 이미 도메인을 선점했는지 확인한다.

   - confabaapp.com ✗
   - goconfabulatioon.net ✓
   - schmooze-time.com ✓

모두를 관장하는 하나의 프로그램

여러 프로그램을 파이핑해 솔루션을 실행하는 것은 현대식의 아키텍처지만 아주 명쾌한 인터페이스는 아니다. 특히 솔루션을 실행할 때마다 각 프로그램을 나열하고 파이프 문자로 구분되는 길고 복잡한 줄을 입력해야 한다. 이 절에서는 os/exec 패키지를 이용해 각 서브 프로그램을 실행하는 Go 프로그램을 작성할 것이다. 우리가 설계한대로 이전의 출력을 다음 프로그램의 입력으로 파이핑한다.

다른 다섯 개 프로그램과 함께 domainfinder라는 새 폴더를 만들고 이 폴더 안에 lib이라는 폴더를 새로 만든다. lib 폴더는 서브 프로그램의 빌드를 유지하는 곳이지만 변경할 때마다 매번 복사, 붙여넣기를 하는 것은 귀찮다. 대신 서브 프로그램을 빌드하고 바이너리를 lib 폴더에 복사해주는 스크립트를 작성할 것이다.

유닉스 시스템에서는 build.sh, 윈도우에서는 build.bat라는 새 파일을 만들고 다음
코드를 삽입한다.

```bash
#!/bin/bash
echo Building domainfinder...
go build -o domainfinder
echo Building synonyms...
cd ../synonyms
go build -o ../domainfinder/lib/synonyms
echo Building available...
cd ../available
go build -o ../domainfinder/lib/available
cd ../build
echo Building sprinkle...
cd ../sprinkle
go build -o ../domainfinder/lib/sprinkle
cd ../build
echo Building coolify...
cd ../coolify
go build -o ../domainfinder/lib/coolify
cd ../build
echo Building domainify...
cd ../domainify
go build -o ../domainfinder/lib/domainify
cd ../build
echo Done.
```

위 스크립트는 모든 서브 프로그램(아직 작성하지 않은 domainfinder 포함)을 간편하게 빌
드하고 lib 폴더에 넣도록 go build 명령을 지시한다. chmod +x build.sh 혹은 다른
방법을 써서 새 스크립트에 실행 권한을 부여한다. 터미널에서 이 스크립트를 실행하
고 lib 폴더를 열어 실제로 서브 프로그램의 바이너리가 위치하는지 확인한다.

지금 'no buildable Go source files' 오류에 대해 걱정할 필요는 없다. domainfinder 프로그램에 빌드할 .go 파일이 없다는 것을 알려주는 것뿐이다.

domainfinder 폴더 안에 main.go 파일을 만들고 다음 코드를 삽입하라.

```go
package main
var cmdChain = []*exec.Cmd{
  exec.Command("lib/synonyms"),
  exec.Command("lib/sprinkle"),
  exec.Command("lib/coolify"),
  exec.Command("lib/domainify"),
  exec.Command("lib/available"),
}
func main() {
  cmdChain[0].Stdin = os.Stdin
  cmdChain[len(cmdChain)-1].Stdout = os.Stdout
  for i := 0; i < len(cmdChain)-1; i++ {
    thisCmd := cmdChain[i]
    nextCmd := cmdChain[i+1]
    stdout, err := thisCmd.StdoutPipe()
    if err != nil {
      log.Fatalln(err)
    }
    nextCmd.Stdin = stdout
  }
  for _, cmd := range cmdChain {
    if err := cmd.Start(); err != nil {
      log.Fatalln(err)
    } else {
      defer cmd.Process.Kill()
    }
  }
```

```
  for _, cmd := range cmdChain {
    if err := cmd.Wait(); err != nil {
      log.Fatalln(err)
    }
  }
}
```

os/exec 패키지는 Go 프로그램에서 외부 프로그램이나 명령을 실행하는 데 필요한 모든 것을 제공한다. 우선 cmdChain 슬라이스에는 함께 결합하고자 하는 순서대로 *exec.Cmd 명령이 포함돼 있다.

main 함수의 맨 위에서는 첫 번째 프로그램의 Stdin(표준 입력 스트림)을 이 프로그램의 os.Stdin 스트림과 연결하고 마지막 프로그램의 Stdout(표준 출력 스트림)을 이 프로그램의 os.Stdout 스트림과 연결한다. 즉 이전처럼 표준 입력 스트림을 통해 입력을 받아 표준 출력 스트림에 출력을 쓴다는 의미다.

이어지는 코드 블록은 각 항목을 반복하고 Stdin을 프로그램의 Stdout 스트림으로 설정해 서브 프로그램을 함께 결합하는 부분이다.

다음 표는 각 프로그램의 어디에서 입력을 받아 어디로 출력하는지 정리한 내용이다.

프로그램	입력(Stdin)	출력(Stdout)
synonyms	domainfinder의 Stdin과 동일	sprinkle
sprinkle	Synonyms	coolify
coolify	Sprinkle	domainify
domainify	Coolify	available
available	Domainify	domainfinder의 Stdout과 동일

그런 다음 Start 메소드를 호출하는 각 명령을 반복한다. 이 메소드는 백그라운드에서 프로그램을 실행한다(Run 메소드와는 대조적으로 서브 프로그램이 존재할 때까지 코드를 차단한

다. 우리는 동시에 다섯 개 프로그램을 실행해야 하기 때문이다). 문제가 발생하면 `log.Fatalln`
과 함께 벗어난다. 그러나 프로그램이 성공적으로 시작되면 프로세스를 강제 종료하라
는 호출을 연기한다. 이렇게 하면 domainfinder 프로그램이 종료될 때, `main` 함수 종
료와 함께 서브 프로그램이 종료되도록 할 수 있다.

모든 프로그램이 실행되기 시작하면 모든 명령을 다시 반복해 완료될 때까지 기다린
다. 이는 domainfinder가 조기 종료되지 않으며 모든 서브 프로그램을 너무 빨리 종료
시키지 않도록 하기 위한 것이다.

build.sh 또는 build.bat 스크립트를 다시 실행해 domainfinder 프로그램이 훨씬 세
련된 인터페이스로 이전과 동일하게 동작함을 알 수 있다.

다음 스크린샷은 `clouds`를 입력했을 때의 출력 결과를 보여준다. 사용 가능한 꽤 많은
도메인명 후보를 발견할 수 있다.

```
                           1. bash
clouds
swarm.net ✗
lets-animal-group.com ✓
atmospheric-phenmenon.net ✓
getgloom.net ✓
gloominss.net ✓
getglumneess.com ✓
irreality.com ✗
physical-phenomenon.net ✓
suspicion.net ✗
getunreeality.net ✓
overcast.net ✗
getobscure.net ✓
befgapp.com ✓
beclod.com ✓
obnubilatesite.net ✓
haze-over.com ✓
fog.com ✗
mist.com ✗
getdefil.net ✓
sullyapp.net ✓
corruptapp.com ✓
^C
echo:domainfinder matryer$
```

▌ 요약

4장에서는 다섯 개의 작은 커맨드라인 프로그램을 함께 조합할 때 모듈식으로 유지하면서 강력한 결과를 얻을 수 있는 방법을 배웠다. 프로그램을 긴밀하게 연결하는 것을 피했고 개별 프로그램도 여전히 유용하게 쓸 수 있다. 예를 들어, available 프로그램을 사용해 직접 입력한 도메인 이름을 사용할 수 있는지 여부를 확인하거나 synonyms 프로그램을 커맨드라인 시소러스(유사어 검색 서비스)로 사용할 수 있다.

표준 스트림을 사용해 이러한 프로그램 형태의 다양한 흐름을 구축하는 방법과 표준 입력 및 표준 출력의 리디렉션을 통해 다양한 흐름을 매우 쉽게 처리할 수 있는 방법을 배웠다.

Big Huge Thesaurus에서 유사어를 가져오고 싶을 때 JSON RESTful API 웹 서비스를 사용하는 것이 얼마나 간단한지 알게 됐다. 또한 WHOIS 서버에 연결해 원시 TCP를 통해 데이터를 썼을 때 비 HTTP API도 사용해봤다.

math/rand 패키지가 코드에서 의사 난수와 의사 결정을 사용할 수 있도록 해줌으로써 다양성과 예측 불가능성을 가져올 수 있었다. 즉 프로그램을 실행할 때마다 다른 결과를 얻을 수 있다.

마지막으로, 모든 서브 프로그램을 함께 조합해 domainfinder라는 간단하고 깔끔하며 세련된 인터페이스를 제공하는 대단한 프로그램을 구축했다.

5장에서는 메시징 큐 기술을 사용해 프로그램을 연결하고 여러 시스템에 분산시켜 대규모로 실현할 수 있는 방법을 모색하는 등 지금까지 배운 아이디어를 한 걸음 더 나아가 살펴보겠다.

5

분산 시스템 구축 및
유연한 데이터 작업

5장에서는 스키마가 없는schemaless 데이터와 분산 처리 기술을 사용해 빅데이터 문제를 해결할 수 있는 양도 가능한 기술을 살펴볼 것이다. 이번에 구축해볼 시스템은 모든 민주적인 선거가 온라인 트위터에서 이뤄지는 미래를 대비하는 것이다. 우리 솔루션은 트위터의 스트리밍 API를 통해 특정 해시 태그에 대한 멘션을 조회해 투표를 수집하고 집계할 것이다. 각 구성 요소는 요구 사항을 충족시키기 위해 수평 확장이 가능하다. 유스케이스use case가 재미있고 흥미롭지만, 우리가 배워볼 핵심 개념과 만들어볼 특정 기술의 선택이 진짜 5장의 핵심이다. 여기서 설명하는 아이디어는 실제 확장성을 필요로 하는 시스템에 직접 적용할 수 있다.

수평 확장(Horizontal scaling)은 가용성, 성능 혹은 용량을 향상시키기 위해 물리적 장치 등의 노드를 시스템에 추가하는 것을 의미한다. 구글과 같은 거대 데이터 기업은 소프트웨어를 작성하고 솔루션을 설계하는 방식 때문에 저렴하고 손쉽게 얻을 수 있는 하드웨어(일반적으로 상용 하드웨어라고 함)를 추가해 확장할 수 있다.

수직 확장(Vertical scaling)은 컴퓨터에 RAM을 늘리거나 멀티코어 프로세서를 추가하는 등 하나의 노드에서 사용 가능한 리소스를 늘리는 것과 같은 의미다.

5장에서는 다음 내용을 배운다.

- 분산된 NoSQL 데이터 저장소, 구체적으로 MongoDB와 상호작용하는 방법
- Bit.ly의 NSQ 같은 분산 메시징 큐distributed messaging queues에 대한 내용과 go-nsq 패키지를 사용해 이벤트를 쉽게 게시하고 구독하는 방법
- 트위터의 스트리밍 API를 통해 실시간 트윗 데이터를 스트리밍하고 장시간 실행하는 네트워크 연결 관리
- 내부의 고루틴을 여럿 지닌 프로그램을 적절히 중지하는 법
- 시그널링을 위해 로우 레벨 메모리 채널을 사용하는 방법

시스템 설계

기본 설계를 스케치하는 것은, 특히 많은 구성 요소가 다양한 방식으로 서로 통신할 분산 시스템에서 대개 유용하다. 설계는 세세하게 본격적으로 착수하면서 달라지게 마련이므로 이 단계에서 시간을 너무 오래 끌지 않을 것이다. 우리는 시스템의 구성 요소와 그것들이 어떻게 조화를 이루는지에 대해 고차원의 개요를 살펴볼 것이다.

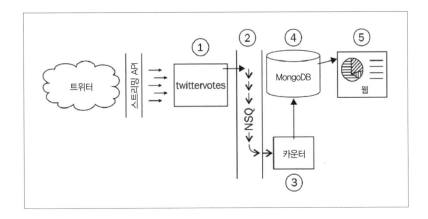

위의 다이어그램은 구축하려는 시스템의 기본 개요를 보여준다.

- 트위터는 세계적으로 유명한 소셜 미디어 네트워크다.
- 트위터의 스트리밍 API는 트윗 데이터가 가능한 한 빨리 스트리밍되는 장기 실행 연결을 허용한다.
- twittervotes는 트위터 API를 통해 관련 트윗 데이터를 가져와서 무엇을 투표할지 결정한다(오히려 어떤 옵션이 트윗 본문에서 언급되는지). 그런 다음 NSQ에 투표를 푸시한다.
- NSQ는 오픈소스, 실시간 분산 메시징 플랫폼으로 Bitly가 제작, 유지 관리하는 규모로 운영되도록 설계됐다. NSQ는 해당 메시지를 해당 인스턴스로 전달해 투표 데이터에 관심을 표명한 모든 사람이 사용할 수 있도록 한다.

- counter는 메시징 큐에서 투표를 수신하고 주기적으로 결과를 MongoDB 데이터베이스에 저장하는 프로그램이다. NSQ에서 투표 메시지를 수신하고 결과의 메모리 내 집계를 유지하면서 주기적으로 데이터를 유지하도록 업데이트를 푸시한다.

- MongoDB는 대규모로 작동하도록 설계된 오픈소스 도큐먼트 데이터베이스Document Database[1]다.

- 웹web은 6장에서 작성할 라이브 결과를 노출하는 웹 서버 프로그램이다.

트윗을 읽고, 투표를 집계하며, 사용자 인터페이스로 밀어넣는 하나의 Go 프로그램을 만들 수 있다고 주장할 수 있지만, 훌륭한 콘셉트 검증proof of concept용 솔루션일 수는 있으나 규모가 매우 제한적이다. 본 설계에서 특정 기능에 대한 요구가 증가함에 따라 구성 요소 중 하나를 수평적으로 확장할 수 있다. 상대적으로 여론 조사가 많지 않지만 데이터를 보는 사람들이 많으면 트위터 투표 수와 카운터 인스턴스를 계속 유지하고, 상황이 바뀌면 더 많은 웹 및 MongoDB 노드를 추가할 수 있다.

 설계의 또 다른 핵심 이점은 중복성(redundancy)이다. 동시에 여러 구성 요소 인스턴스를 동시에 사용할 수 있기 때문에 단말 중 하나가 사라지면(예를 들어, 시스템 충돌 또는 전원 차단으로 인해) 다른 사람들이 느슨해질 수 있다. 최신 아키텍처는 지리적인 범위를 넘어서 그러한 시스템을 배포해 지역 자연 재해로부터 보호하기도 한다. 이런 모든 옵션은 이러한 방식으로 솔루션을 구축할 때 사용할 수 있다.

5장에서는 Go 링크(예를 들어 NSQ는 오로지 Go만으로 작성됨)와 잘 테스트된 드라이버 및 패키지의 가용성으로 인해 특정 기술을 선택했다. 그러나 개념적으로 볼 때 적합한 대안으로 다양한 대안을 제시할 수 있다.

---

1 스키마가 필요 없으며 도큐먼트 그대로(JSON 객체를 생각하면 쉽다.) 넣을 수 있는 데이터베이스다. - 옮긴이

데이터베이스 설계

MongoDB 데이터베이스를 ballots라고 할 것이며, 여기에는 polls라는 단일 컬렉션이 포함될 것이다. polls는 제목, 옵션, 결과와 같은 폴 세부 사항을 하나의 JSON 도큐먼트에 저장한다. 여론 조사 코드는 다음과 같다.

```
{
  "_id": "???",
  "title": "Poll title",
  "options": ["one", "two", "three"],
  "results": {
    "one": 100,
    "two": 200,
    "three": 300
  }
}
```

_id 필드는 MongoDB에 의해 자동 생성되는 각 항목에 대한 고유한 문자열이다. options 필드에는 문자열 옵션 배열이 포함된다. 이들은 트위터에서 찾을 해시 태그다. results 필드는 키가 옵션을 나타내는 맵이며, 값은 각 항목의 총투표 수를 나타낸다.

▌ 환경 설치

5장에서 작성한 코드에는 시스템 구축을 시작하기 전에 설정해야 할 실제 외부 종속성이 있다.

 설치 과정에서 종속성(dependency) 문제로 인해 어려움을 겪는다면 https://github.com/matryer/goblueprints에서 5장의 노트를 확인하라.

대부분의 경우 mongod 및 nsqd와 같은 서비스는 프로그램을 실행하기 전에 시작해야한다. 분산 시스템의 구성 요소를 작성하고 있으므로 동시에 여러 프로그램을 실행해야 한다. 이는 많은 터미널 창을 여는 것처럼 간단하다.

NSQ 소개

NSQ는 하나의 프로그램이 메시지나 이벤트를 다른 프로그램 혹은 다수의 프로그램들에게 전송할 수 있는 메시징 큐다. 프로그램은 로컬 컴퓨터 내부 및 네트워크로 연결된 다양한 노드에서 실행된다. NSQ는 각 메시지의 전달을 최소 한 번은 보장한다. 즉 모든 이해 당사자가 메시지를 수신할 때까지 배달되지 않은 메시지를 캐시에 보관한다. 이는 counter 프로그램이 중단되더라도 어떤 표도 놓치지 않는다는 의미다. 이 기능을 정보가 오래된 것으로 간주되는 '파이어 앤 포겟Fire and forget 2' 메시지 대기열과 대조할 수 있다. 따라서 정보가 제 시간에 배달되지 않고 메시지 발신자가 수요자가 메시지를 받았는지 아닌지 여부를 신경 쓰지 않으면 잊어버리게 된다.

메시지 대기열 추상화를 사용하면 대기열에 대한 네트워크 연결이 있는 경우 시스템의 다른 구성 요소를 다른 위치에서 실행시킬 수 있다. 이 프로그램은 다른 것으로부터 분리돼 있다. 대신 설계가 일체형monolithic 프로그램을 통해 데이터 흐름이 아닌 전문화된 마이크로서비스의 기능을 고려하기 시작한다.

NSQ는 로우raw 바이트를 전송하기 때문에 데이터를 이런 바이트로 인코딩하는 방법은 우리에게 달린 것이다. 예를 들어 데이터를 JSON 또는 필요에 따라 바이너리 형식으로 인코딩할 수 있다. 이 경우 단일 데이터 필드만 공유하므로 투표 옵션을 추가 인코딩 없이 문자열로 보낸다.

먼저 NSQ를 설치해 실행해야 한다.

---

2 사격 후 추가적인 사격 제원을 입력하지 않아도 되는 자체유도화기를 뜻하며 실행만 하면 알아서 전달된다는 의미로 볼 수 있다. - 옮긴이

1. 브라우저에서 http://nsq.io/deployment/installing.html을 열거나 'install nsq'를 검색하고 사용자 환경에 맞는 지시 사항을 따르라. 미리 컴파일된 바이너리를 다운로드하거나 소스에서 직접 빌드할 수 있다. homebrew가 설치돼 있다면, NSQ를 설치하는 것은 다음과 같이 간단하게 입력할 수 있다.

```
brew install nsq
```

2. 일단 NSQ를 설치하면 터미널에서 도구를 사용할 수 있도록 bin 폴더를 PATH 환경 변수에 추가해야 한다.

3. NSQ가 제대로 설치됐는지 확인하려면 터미널을 열고 nsqlookupd를 실행하라. 프로그램이 성공적으로 시작되면 다음과 유사한 출력이 표시된다.

```
nsqlookupd v0.2.27 (built w/go1.3)
TCP: listening on [::]:4160
HTTP: listening on [::]:4161
```

기본 포트를 사용해 NSQ와 상호작용할 것이므로 출력에 나열된 TCP 및 HTTP 포트를 기록해둔다(코드에서 언급할 예정).

4. 우선 Ctrl + C를 눌러 프로세스를 중지하라. 나중에 제대로 시작할 것이다.

사용하고자 하는 NSQ 설치의 주요 도구는 nsqlookupd와 nsqd다. nsqlookupd 프로그램은 분산 NSQ 환경에 대한 토폴로지 정보를 관리하는 데몬이다. 특정 주제에 대한 모든 nsqd 제작자producer를 추적하고 클라이언트가 그러한 정보를 쿼리할 수 있는 인터페이스를 제공한다. nsqd 프로그램은 이해 관계자에게 메시지를 받고, 대기열에 넣고 전달하는 것과 같이 NSQ에 대한 과중한 작업을 수행하는 데몬이다.

 NSQ에 관한 더 자세한 정보와 배경지식을 원하면 http://nsq.io/를 방문하라.

Go NSQ 드라이버

NSQ 도구 자체는 Go로 작성됐으므로 Bit.ly 팀이 NSQ와의 인터랙션을 아주 쉽게 만드는 Go 패키지를 이미 가지고 있는 것이 당연하며, 터미널에서 go get 명령어를 통해 가져올 수 있다.

```
go get github.com/bitly/go-nsq
```

MongoDB 소개

MongoDB는 JSON 도큐먼트와 그 안에 데이터를 저장하고 쿼리할 수 있는 도큐먼트 데이터베이스다. 각 도큐먼트는 데이터를 스키마에 집어넣지 않고 도큐먼트를 그룹화하는 데 사용할 수 있는 컬렉션으로 이동한다. Oracle, Microsoft SQL Server 또는 MySQL과 같은 기존 RDBMS의 행과는 달리, 도큐먼트가 다른 모양을 갖는 것이 허용된다. 예를 들어 사용자 컬렉션에는 다음 세 개의 JSON 도큐먼트가 동시에 포함될 수 있다.

```
{"name":"Mat","lang":"en","points":57}
{"name":"Laurie","position":"Scrum Master"}
{"position":"Traditional Manager","exists":false}
```

이러한 유연성 덕분에 성능에 영향을 미치거나 공간을 낭비하지 않으면서 다양한 구조의 데이터가 공존할 수 있다. 항상 그래왔듯이, 시간이 지남에 따라 소프트웨어가 점차 진화할 것으로 예상되는 경우에 매우 유용하다.

MongoDB는 개발용 컴퓨터와 같은 단일 시스템single-box 설치 시 작업하기가 매우 쉽도록 설계됐다. 프로덕션을 위한 애플리케이션을 호스트할 때는 여러 노드와 위치에 분산돼 있는 좀 더 복잡한 멀티 샤딩multi-sharded 복제 시스템을 설치할 것이다. 그러나 지금은 mongod를 실행하는 것만으로도 충분할 것이다.

https://www.mongodb.com/download-center[3]로 가서 MongoDB의 최신 버전을 다운로드하고 설치하며, 여느 때와 같이 bin 폴더를 PATH 환경 변수에 등록해야 한다.

MongoDB가 성공적으로 설치됐는지 확인하려면 mongod 명령을 실행해본 다음, Ctrl + C를 눌러 바로 중지하라.

Go용 MongoDB 드라이버

구스타보 니마이어Gustavo Niemeyer는 MongoDB와의 상호작용을 단순화하는 데 큰 역할을 했다. mgo(망고mango로 발음함) 패키지는 http://labix.org/mgo에서 호스팅된다. 다음 명령으로 받을 수 있다.

```
go get gopkg.in/mgo.v2
```

환경 시작

이제 필요한 모든 부분을 갖췄으므로 환경을 시작해야 한다. 이 절에서는 다음을 수행할 것이다.

- nsqd 인스턴스가 검색 가능하도록 nsqlookupd를 시작하기
- nsqd를 시작하고 사용할 nsqlookupd를 알려주기
- 데이터 서비스를 위한 mongod 시작하기

이 데몬은 각각 자신의 터미널 창에서 실행돼야 한다. 그러면 Ctrl + C를 누르는 것만으로 간단하게 정지할 수 있다.

---

3   다운로드 URL이 변경됨(자동 리디렉션) - 옮긴이

5장에서 작업하다 보면 이 절을 몇 번씩 반복해서 찾아보게 될 수 있으니 이 페이지 번호를 기억해두는 것이 좋다.

터미널 창에서 다음을 실행하라.

```
nsqlookupd
```

TCP 포트(기본적으로 4160)를 기록해두고 다른 터미널 창에서 다음 명령을 실행하라.

```
nsqd --lookupd-tcp-address=localhost:4160
```

--lookupd-tcp-address 플래그의 포트 번호가 nsqlookupd 인스턴스의 TCP 포트와 일치하는지 확인하라. nsqd를 시작하면 nsqlookupd와 nsqd 모두에서 터미널로 출력되는 일부 출력을 볼 수 있다. 이는 두 프로세스가 서로 통신하고 있음을 나타낸다.

또 다른 창이나 탭에서 다음 명령을 실행해 MongoDB를 시작하라.

```
mongod --dbpath ./db
```

dbpath 플래그는 MongoDB에 데이터베이스의 데이터 파일을 저장할 위치를 알려준다. 원하는 위치를 선택할 수 있지만 mongod가 실행되기 전에 폴더가 존재하는지 확인해야 한다.

 언제든지 dbpath 폴더를 삭제하면 모든 데이터를 효과적으로 삭제하고 새로 시작(초기화)할 수 있다. 이는 개발 중에 특히 유용하다.

이제 환경이 돌아가고 있으므로 컴포넌트를 만들 준비가 됐다.

█ 트위터에서 투표 읽기

다른 프로젝트와 함께 $GOPATH/src 폴더 내에 socialpoll이라는 새 폴더를 만든다. 이 폴더는 Go 패키지 또는 프로그램 자체가 아니지만 세 가지 컴포넌트 프로그램을 포함한다. socialpoll 내부에 twittervotes라는 새 폴더를 만들고 필수 main.go 템플릿을 추가한다(main 함수가 없는 main 패키지는 컴파일되지 않으므로 중요하다).

```
package main
func main(){}
```

twittervotes 프로그램은 다음과 같이 작성할 예정이다.

- mgo를 사용해 MongoDB 데이터베이스에서 모든 투표를 로드하고 각 문서의 옵션 배열에서 모든 옵션을 수집한다.
- 옵션에 대한 언급이 있는 트위터의 스트리밍 API에 대한 연결을 열고 유지한다.
- 어떤 옵션이 언급됐는지 알아내고 필터와 일치하는 각 트윗을 위한 NSQ에 그 옵션을 밀어 넣어라.
- 잠시 후(연결 요청으로 트위터에 '포격'하지 않기 위해) 트위터에 대한 연결이 끊어지면(이는 실제로 트위터의 스트리밍 API 사양의 일부인 장기 실행 연결에서 일반적이다.), 다시 연결해 계속하라.
- 주기적으로 최신 여론 조사를 위해 MongoDB를 다시 쿼리하고 트위터에 대한 연결을 새로고침해 항상 올바른 옵션을 찾아야 한다.
- 사용자가 Ctrl + C를 눌러 프로그램을 종료하면 정상적으로 종료된다.

트위터로 승인

스트리밍 API를 사용하려면 3장, '프로필 사진 구현의 세 가지 방법'에 있는 Gomniauth 서비스 프로바이더와 동일한 방식으로 트위터의 **Application Management** 콘솔에서 인증 자격증명이 필요하다. https://apps.twitter.com/으로 가서 SocialPoll과 같이 부를 새로운 앱을 만든다(이름은 고유해야 하기 때문에 여기에서 재미를 얻을 수 있다. 이름 선택은 코드에 영향을 주지 않는다). 앱을 만들었으면 **API Keys** 탭을 방문해 새 액세스 토큰을 만들어야 하는 'Your access token' 섹션을 찾는다. 잠시 후 페이지를 새로고침하고 사실상 두 세트의 키와 비밀 키(API 키와 비밀 키, 액세스 토큰 및 해당 비밀 키)가 있음에 유의하라. 좋은 코딩 방법에 따라 이 값을 환경 변수로 설정해 소스 파일에서 코드를 하드코딩하지 않아도 프로그램에 액세스할 수 있다. 5장에서 사용할 키는 다음과 같다.

- SP_TWITTER_KEY
- SP_TWITTER_SECRET
- SP_TWITTER_ACCESSTOKEN
- SP_TWITTER_ACCESSSECRET

원하는 대로 환경 변수를 설정할 수 있지만, 애플리케이션이 작동하기 위해 의존하기 때문에 setup.sh(배시 셸용) 또는 setup.bat(윈도우용)이라는 새 파일을 작성하는 것이 좋다. 소스 코드 저장소에서 그러한 파일을 확인하라. 트위터 애플리케이션 페이지에서 적절한 값을 복사해 setup.sh에 다음 코드를 삽입하라.

```
#!/bin/bash
export SP_TWITTER_KEY=yC2EDnaNrEhN5fd33g...
export SP_TWITTER_SECRET=6n0rToIpskCo1ob...
export SP_TWITTER_ACCESSTOKEN=2427-13677...
export SP_TWITTER_ACCESSSECRET=SpnZf336u...
```

윈도우에서 코드는 다음과 같다.

```
SET SP_TWITTER_KEY=yC2EDnaNrEhN5fd33g...
SET SP_TWITTER_SECRET=6n0rToIpskCo1ob...
SET SP_TWITTER_ACCESSTOKEN=2427-13677...
SET SP_TWITTER_ACCESSSECRET=SpnZf336u...
```

소스 파일 또는 호출 명령을 실행해 값을 적절하게 설정하거나 .bashrc 또는 C:₩ cmdauto.cmd 파일에 추가해 새 터미널 창을 열 때마다 설정 실행이 저장되도록 한다.

이를 수행하는 방법을 모르는 경우 '리눅스에서 환경 변수 설정' 또는 유사한 내용을 인 터넷에서 검색하면 도움이 될 것이다.

연결 추출하기

트위터 스트리밍 API는 오랫동안 열려 있는 HTTP 연결을 지원하며 우리 솔루션의 설 계를 고려해 요청이 발생하는 고루틴 외부에서 이를 닫기 위해 net.Conn 객체에 액세 스해야 한다. 우리가 생성할 http.Transport 객체에 자체 dial 메소드를 제공해 이 작 업을 수행할 수 있다.

twittervotes(트위터에 관련된 모든 것이 있는 곳)에 twitter.go라는 새 파일을 만들고 다 음 코드를 삽입하라.

```go
var conn net.Conn
func dial(netw, addr string) (net.Conn, error) {
  if conn != nil {
    conn.Close()
    conn = nil
  }
  netc, err := net.DialTimeout(netw, addr, 5*time.Second)
  if err != nil {
    return nil, err
```

```
    }
  conn = netc
  return netc, nil
}
```

맞춤식 dial 함수는 먼저 conn이 닫혀 있는지 확인한 후 conn 변수가 현재 연결로 업데이트되도록 새 연결을 연다. 연결이 끊어지거나(트위터의 API가 때때로 이를 수행할 것임) 사용자에 의해 닫히면 좀비 연결[4]에 대한 걱정 없이 재다이얼할 수 있다.

정기적으로 데이터베이스 연결을 끊기 때문에 주기적으로 연결을 닫고 새 연결을 시작한다. 이렇게 하려면 연결을 닫고 응답의 본문을 읽는 데 사용할 io.ReadCloser를 닫는 함수가 필요하다. twitter.go에 다음 코드를 추가한다.

```
var reader io.ReadCloser
func closeConn() {
  if conn != nil {
    conn.Close()
  }
  if reader != nil {
    reader.Close()
  }
}
```

이제 언제든지 closeConn을 호출해 트위터와의 지속적인 연결을 끊고 정리할 수 있다. 대부분의 경우, 코드는 데이터베이스의 옵션을 다시 로드하고 새로운 연결을 즉시 연다. 그러나 프로그램을 종료하면 (Ctrl + C 입력에 대한 응답으로) 종료 전에 closeConn을 호출할 수 있다.

---

4 연결 후 제대로 정상 종료(close)되지 않는 경우, 연결이 계속 유지돼 좀비처럼 남게 된다. – 옮긴이

환경 변수 읽기

다음으로 환경 변수를 읽고 요청을 인증하기 위해 필요한 OAuth 객체를 설정하는 함수를 작성하려고 한다. twitter.go 파일에 다음 코드를 추가하라.

```go
var (
  authClient *oauth.Client
  creds      *oauth.Credentials
)
func setupTwitterAuth() {
  var ts struct {
    ConsumerKey    string `env:"SP_TWITTER_KEY,required"`
    ConsumerSecret string `env:"SP_TWITTER_SECRET,required"`
    AccessToken    string `env:"SP_TWITTER_ACCESSTOKEN,required"`
    AccessSecret   string `env:"SP_TWITTER_ACCESSSECRET,required"`
  }
  if err := envdecode.Decode(&ts); err != nil {
    log.Fatalln(err)
  }
  creds = &oauth.Credentials{
    Token:  ts.AccessToken,
    Secret: ts.AccessSecret,
  }
  authClient = &oauth.Client{
    Credentials: oauth.Credentials{
      Token:  ts.ConsumerKey,
      Secret: ts.ConsumerSecret,
    },
  }
}
```

여기에서는 트위터에서 인증해야 하는 환경 변수를 저장할 struct 타입을 정의한다. 이 타입을 다른 곳에서 사용할 필요가 없기 때문에 그것을 인라인으로 정의하고 이 익명 타입의 ts라는 변수를 생성한다. 그래서 다소 특이한 var ts struct ... code를 가진다. 그런 다음 조 쇼$^{Joe Shaw}$가 제작한 envdecode 패키지를 사용해 이러한 환경 변수를 가져온다. go get github.com/joeshaw/envdecode를 실행하고 log 패키지를 임포트해야 한다. 우리 프로그램은 required로 표시된 모든 입력란에 적절한 값을 로드하고 실패할 경우 오류를 반환한다. 이는 사용자에게 트위터 자격증명 없이는 작동하지 않는다고 상기시킨다.

struct의 각 필드 옆에 있는 틱^{tick} 안의 문자열은 태그라고 하며 리플렉션 인터페이스를 통해 사용할 수 있다. 이 인터페이스는 어떤 변수를 찾아야 하는지를 envdecode가 알 수 있는 방법이다. 이 패키지에 필요한 인수를 추가했다. 이는 환경 변수가 누락되거나 비어있는 경우 오류임을 나타낸다.

키를 가지고 있으면 키를 사용해서 개리 버드$^{Gary Burd}$의 go-oauth 패키지에서 oauth.Credentials와 oauth.Client 객체를 생성해 트위터로 요청을 승인할 수 있게 한다.

이제 기본 연결을 제어하고 요청을 인증할 수 있으므로 실제로 승인된 요청을 작성하고 응답을 반환할 코드를 작성할 준비가 됐다. twitter.go에 다음 코드를 추가하라.

```go
var (
  authSetupOnce sync.Once
  httpClient    *http.Client
)
func makeRequest(req *http.Request, params url.Values) (*http.Response,
  error) {
  authSetupOnce.Do(func() {
    setupTwitterAuth()
    httpClient = &http.Client{
      Transport: &http.Transport{
        Dial: dial,
      },
    }
  })
```

```
    formEnc := params.Encode( )
    req.Header.Set("Content-Type", "application/x-www-form- urlencoded")
    req.Header.Set("Content-Length", strconv.Itoa(len(formEnc)))
    req.Header.Set("Authorization", authClient.AuthorizationHeader(creds,
      "POST",
      req.URL, params))
    return httpClient.Do(req)
}
```

sync.Once를 사용해 초기화 코드가 makeRequest를 호출한 횟수에도 불구하고 한 번만 실행되도록 한다. setupTwitterAuth 메소드를 호출한 후 사용자 지정 dial 메소드를 사용하는 http.Transport 함수를 사용해 새 http.Client 함수를 만든다. 그런 다음 쿼리할 옵션이 포함될 지정된 params 객체를 인코딩해 트위터에서 권한 부여에 필요한 적절한 헤더를 설정한다.

MongoDB에서 읽기

투표를 로드하고, 이에 따라 트위터를 검색하는 옵션을 로드하려면 MongoDB에 연결하고 쿼리해야 한다. main.go에서 dialdb와 closedb라는 두 함수를 추가하라.

```
var db *mgo.Session
func dialdb( ) error {
  var err error
  log.Println("dialing mongodb: localhost")
  db, err = mgo.Dial("localhost")
  return err
}
func closedb( ) {
  db.Close( )
  log.Println("closed database connection")
}
```

이 두 함수는 mgo 패키지를 사용해 로컬로 실행 중인 MongoDB 인스턴스에 연결하고 연결을 끊고 mgo.Session(데이터베이스 연결 객체)을 db라는 전역 변수에 저장한다.

 추가 과제로 MongoDB 인스턴스의 위치를 구성 가능하게 설정해 로컬로 실행할 필요가 없는 근사한 방법을 찾을 수 있는지 확인하라.

MongoDB가 실행 중이고 코드가 연결될 수 있다고 가정하면 폴링 객체를 로드하고 문서에서 모든 옵션을 추출해야 한다. 그런 다음 트위터를 검색하는 데 사용한다. main.go에 다음 loadOptions 함수를 추가하라.

```
type poll struct {
  Options []string
}
func loadOptions() ([]string, error) {
  var options []string
  iter := db.DB("ballots").C("polls").Find(nil).Iter()
  var p poll
  for iter.Next(&p) {
    options = append(options, p.Options...)
  }
  iter.Close()
  return options, iter.Err()
}
```

poll 도큐먼트는 단순한 Options 이상을 포함하고 있지만, 이 프로그램은 다른 것에 관심이 없기 때문에 poll 구조를 부풀릴 필요가 없다. db 변수를 사용해 ballots 데이터베이스에서 polls 컬렉션에 액세스하고 mgo 패키지의 플루언트 Find 메소드를 호출해 nil(필터링 없음을 의미)을 전달한다.

플루언트(fluent) 인터페이스(에릭 에반스(Eric Evans)와 마틴 파울러(Martin Fowler)
가 처음 작성)는 메소드 호출을 함께 연결함으로써 코드를 좀 더 쉽게 읽을 수 있도록 하
는 API 디자인을 나타낸다. 이것은 각 메소드가 컨텍스트 객체 자체를 반환함으로써 성
취돼 다른 메소드가 나중에 직접 호출될 수 있다. 예를 들어 mgo를 사용하면 다음과 같
은 쿼리를 작성할 수 있다.

```
query := col.Find(q).Sort("field").Limit(10).Skip(10)
```

그런 다음 Iter 메소드를 호출해 이터레이터[iterator]를 가져와서 각 폴에 하나씩 액세스
할 수 있게 한다. 이것은 단일 poll 객체만 사용하기 때문에 투표 데이터를 읽는 매우
메모리 효율적인 방법이다. 대신 All 메소드를 사용한다면 사용하는 메모리양은 데이
터베이스에 있던 투표 수에 따라 달라지며 이는 통제할 수 없는 것이다.

투표가 있을 때 append 메소드를 사용해 options 슬라이스를 만든다. 물론 데이터베
이스에서 수백만 개의 투표를 통해 이 슬라이스도 커지고 다루기 힘들어질 수 있다. 그
런 수준의 규모에 대해서는 투표 데이터의 일부를 각각 전담하는 다수의 twittervotes
프로그램을 실행할 것이다. 이렇게 하는 간단한 방법은 A-N 및 O-Z 그룹과 같이 제
목이 시작되는 문자를 기반으로 투표를 그룹으로 나누는 것이다. 좀 더 정교한 접근법
은 poll 도큐먼트에 필드를 추가해 좀 더 제어된 방식으로 그룹화하는 것이다. 아마
도 다른 그룹의 통계를 기반으로 하므로 많은 twittervotes 인스턴스에서 로드 밸런
스를 조정할 수 있다.

append 내장 함수는 실제로 variadic 함수다. 즉 여러 요소를 전달해 추가할 수 있다.
올바른 타입의 슬라이스가 있는 경우 슬라이스의 각 항목이 다른 인수로 전달되는 것을
시뮬레이트하는 끝부분에 ...를 추가할 수 있다.

마지막으로 이터레이터를 닫고 옵션을 반환하기 전에 사용된 메모리를 정리하고 반복하는 동안 발생한 오류(mgo.Iter 객체의 Err 메소드 호출)를 수행한다.

트위터에서 읽기

이제 옵션을 로드하고 승인된 요청을 트위터 API에 보낼 수 있다. closeConn 메소드를 호출하거나 트위터가 어떤 이유로든 연결을 닫을 때까지 연결을 초기화하고 스트림에서 지속적으로 읽는 코드를 작성할 준비가 돼 있다. 스트림에 포함된 구조는 복잡한 트위터로, 트윗을 만든 트윗에 대한 모든 종류의 정보와 사용자의 링크 또는 멘션이 본문에 포함돼 있다(자세한 내용은 트위터의 API 문서 참조). 그러나 우리는 트윗 텍스트 자체에만 관심이 있다. 그래서 다른 모든 노이즈에 대해 걱정하지 말고 다음 구조체를 twitter.go에 추가하라.

```go
type tweet struct {
  Text string
}
```

 다소 부족해 보일 수도 있겠지만 트윗에는 텍스트가 있을 뿐이니 이것만 신경 쓰면 된다. 나중에 이 코드를 보게 될 다른 프로그래머들에게도 명확한 의도가 전달될 것이다.

이 새로운 구조체를 사용해, twitter.go에 다음과 같은 readFromTwitter 함수를 추가한다. 이 함수는 votes라는 전송 전용 채널을 사용한다. 이것이 이 함수가 본 프로그램의 나머지 부분에 트위터에 대한 투표를 발견했다는 것을 알려주는 방법이다.

```go
func readFromTwitter(votes chan<- string) {
  options, err := loadOptions()
  if err != nil {
```

```go
    log.Println("failed to load options:", err)
    return
}
u, err := url.Parse("https://stream.twitter.com/1.1/statuses/filter.json")
if err != nil {
    log.Println("creating filter request failed:", err)
    return
}
query := make(url.Values)
query.Set("track", strings.Join(options, ","))
req, err := http.NewRequest("POST", u.String(), strings.NewReader(query.
Encode()))
if err != nil {
    log.Println("creating filter request failed:", err)
    return
}
resp, err := makeRequest(req, query)
if err != nil {
    log.Println("making request failed:", err)
    return
}
reader := resp.Body
decoder := json.NewDecoder(reader)
for {
    var t tweet
    if err := decoder.Decode(&t); err != nil {
        break
    }
    for _, option := range options {
        if strings.Contains(
            strings.ToLower(t.Text),
            strings.ToLower(option),
        ) {
            log.Println("vote:", option)
            votes <- option
```

```
                }
            }
        }
    }
}
```

앞의 코드에서 loadOptions 함수를 호출해 모든 투표 데이터에서 옵션을 로드한 후 url.Parse를 사용해 트위터의 해당 엔드포인트를 설명하는 url.URL 객체를 만든다. url.Values 객체를 생성하고 옵션을 쉼표로 구분된 목록으로 설정한다. API에 따라 인코딩된 url.Values 객체를 본문으로 사용해 새로운 POST 요청을 만들고 이를 쿼리 객체 자체와 함께 makeRequest에 전달한다. 아무 문제가 없다면 요청의 본문으로부터 새로운 json.Decoder를 만들고 Decode 메소드를 호출해 무한 루프를 계속 읽는다. (연결이 닫혀 있을 가능성이 있으므로) 오류가 발생하면 루프를 중단하고 함수를 종료하면 된다. 읽을 트윗이 있으면 t 변수에 디코딩돼 Text 속성(140자 트윗 내용)에 액세스할 수 있다. 우리는 가능한 모든 옵션을 반복하고, 트윗이 그것을 언급했다면 투표 채널로 보낸다. 이 기술을 사용하면 트윗이 동시에 많은 득표를 포함할 수 있다. 선거 규칙에 따라 바꿀 수도 있고 바꾸지 않을 수도 있다.

> votes 채널은 chan <- string 타입이므로 보내기 전용이다(즉 수신할 수 없다는 의미). 메시지가 어떤 방향으로 흐를지 알려주는 작은 화살표를 생각해보라. 채널로 들어가면 (chan <-) 또는 밖으로 나가면 (<-chan)이다. 이는 다른 프로그래머나 미래의 개발자에게 의도를 표현할 수 있는 좋은 방법이다. readFromTwitter 함수를 사용해 투표를 읽지 않으려 한다는 것은 명백하다. 오히려 그 채널에서만 그들을 보낼 것이다.

Decode가 에러를 리턴할 때마다 프로그램을 종료해도 매우 강력한 솔루션이 제공되지 않는다. 트위터 API 문서에서 연결이 끊어질 것이라 말하고 클라이언트는 서비스를 사용할 때 이를 고려해야 하기 때문이다. 그리고 연결을 주기적으로 종료할 것이므로 연결이 끊어지면 다시 연결하는 방법에 대해 생각해봐야 한다.

신호 채널

Go에서 채널을 잘 사용하면 다른 고루틴에서 실행되는 코드 사이에 이벤트를 알릴 수 있다. 다음 함수를 작성할 때 이것에 대한 실제 예를 보게 될 것이다.

이 함수의 목적은 멈추길 원한다는 신호를 보낼 때까지 readFromTwitter 함수를 계속해서 호출하는(지정된 투표 채널을 사용해 투표를 받는) 고루틴을 시작하는 것이다. 일단 멈추면 다른 신호 채널을 통해 알림을 받고자 한다. 함수의 리턴은 struct{} 채널(신호 채널)이 된다.

신호 채널에는 더 자세히 살펴볼 가치가 있는 흥미로운 속성이 있다. 먼저 채널을 통해 전송되는 타입은 빈 struct{}며, 인스턴스가 없으므로 인스턴스는 실제로 0바이트를 차지한다. 따라서 struct{}{}는 신호 이벤트에 메모리 효율적인 옵션이다. true와 false가 모두 1바이트의 메모리를 차지하지만 어떤 사람들은 bool 타입을 사용한다.

http://play.golang.org로 이동해 다음을 테스트해보라.[5]
bool의 크기는 1이다.

```
fmt.Println(reflect.TypeOf(true).Size()) = 1
```

반면에 struct{}{}의 크기는 0이다.

```
fmt.Println(reflect.TypeOf(struct{}{}).Size()) = 0
```

신호 채널의 버퍼 크기는 1이기 때문에 채널에서 신호를 읽을 때까지 실행이 차단되지 않는다.

---

5   에러(undefined: reflect in reflect.TypeOf)가 발생하면 reflect 패키지를 임포트하라. – 옮긴이

코드에서 두 개의 신호 채널을 사용할 것이다. 하나는 고루틴에게 멈춰야 한다는 것을 알려주는 우리의 함수에 전달하는 것이고, 멈춤이 완료되면 신호를 보내는 또 다른 (함수에 의해 제공되는) 신호 채널을 사용할 것이다.

twitter.go에 다음 함수를 추가하라.

```go
func startTwitterStream(stopchan <-chan struct{}, votes chan<- string)
<-chan struct{} {
  stoppedchan := make(chan struct{}, 1)
  go func() {
    defer func() {
      stoppedchan <- struct{}{}
    }()
    for {
      select {
      case <-stopchan:
        log.Println("stopping Twitter...")
        return
      default:
        log.Println("Querying Twitter...")
        readFromTwitter(votes)
        log.Println(" (waiting)")
        time.Sleep(10 * time.Second) // 재연결 전 대기
      }
    }
  }()
  return stoppedchan
}
```

앞의 코드에서 첫 번째 인수인 stopchan은 수신 전용 신호 채널인 <-chan struct {} 타입의 채널이다. 이 코드는 코드 외부에서 신호를 보내고 고루틴이 멈추도록 지시한다. 이 함수 내부에서만 수신한다는 것을 기억하라. 실제 채널 자체가 전송할 수 있다.

216

두 번째 인수는 투표가 전송될 투표 채널이다. 함수의 리턴 타입은 또한 <-chan struct {} 타입의 신호 채널이다. 즉 중단됐음을 나타내기 위해 사용할 수신 전용 채널이다.

이 채널은 고유의 고루틴을 트리거하고 즉시 반환하기 때문에 필요하다. 이렇게 하지 않으면 호출 코드는 생성된 코드가 여전히 실행 중인지 여부를 알 수 없다.

startTwitterStream 함수에서 가장 먼저 하는 일은 stopschan 인수를 만들고, struct{} {}의 전송을 연기해 함수가 종료될 때 완료했음을 나타내는 것이다. stopschan은 일반 채널이므로 수신 전용 채널로 리턴되더라도 이 함수 내에서 보낼 수 있다.

그런 다음 두 개의 채널 중 하나에서 선택하는 무한 for 루프를 시작한다. 첫 번째는 stopchan(첫 번째 인수)으로, 중지하고 리턴할 때가 됐음을 나타낸다(따라서 stoppedchan 에서 지연된 신호를 트리거함). 그런 일이 발생하지 않았다면, readFromTwitter(votes 채널에 전달)를 호출한다. 그러면 데이터베이스에서 옵션을 로드하고 트위터에 대한 연결을 연다.

트위터 연결이 끊어지면 코드가 리턴되고 time.Sleep 함수를 사용해 10초 동안 슬립 상태가 된다. 이는 초과 사용으로 인해 연결을 닫은 경우 트위터 API를 중단시키는 것이다. 일단 쉬었으면, 루프를 다시 입력하고 stopchan을 다시 점검해 호출 코드가 멈추길 원하는지 여부를 확인한다.

이러한 흐름을 명확히 하기 위해, 우리의 코드를 디버깅하는 데 도움이 될 뿐만 아니라 이 다소 복잡한 메커니즘의 내부 동작을 살펴볼 수 있는 핵심 구문들을 기록하고 있다.

 신호 채널은 모든 코드가 단일 패키지 내에 있는 단순한 경우에 훌륭한 솔루션이다. API 경계를 넘어야 하는 경우 마감, 취소, 중지 처리를 위해 Go 1.7에서 표준 라이브러리로 승격된 context 패키지를 추천한다.

NSQ에 게시

코드가 성공적으로 트위터에 투표를 하고 투표 채널을 보냈다면 NSQ 토픽에 게시할 수 있는 방법이 필요하다. 결국 이것이 twittervotes 프로그램의 핵심이다.

투표 채널(이번에는 <-chan string(수신 전용 채널))의 이번 시간에 수신된 각 문자열을 게시하는 publishVotes라는 함수를 작성한다.

 앞의 함수에서 투표 채널은 chan <- string 타입이었지만 이번에는 <-chan string 타입이다. 이것이 실수라고 생각할 수도 있다. 또는 두 채널 모두에 동일한 채널을 사용할 수 없다는 의미일지라도, 잘못된 것이다. 우리가 나중에 만드는 채널은 make (chan string)으로 만들어지고, 수신하지도 전송하지도 않으며, 두 경우 모두 작동할 수 없다. 인수의 채널에서 <- 연산자를 사용하는 이유는 채널이 클리어용으로 사용되거나 리턴 타입인 경우 사용자가 실수로 수신용 채널을 보내거나 혹은 그 반대로도 하지 못하게 하려는 것이다. 이러한 채널을 잘못 사용하면 실제로 컴파일러에서 오류가 발생한다.

일단 votes 채널이 닫히면(외부 코드가 우리의 기능이 작동을 멈추게 하는 방법이다.) 게시를 중단하고 리턴된 정지 신호 채널을 통해 신호를 보낸다.

main.go에 publishVotes 함수를 추가하라.

```go
func publishVotes(votes <-chan string) <-chan struct{} {
  stopchan := make(chan struct{}, 1)
  pub, _ := nsq.NewProducer("localhost:4150",
    nsq.NewConfig())
  go func() {
    for vote := range votes {
      pub.Publish("votes", []byte(vote)) // 투표 게시
    }
    log.Println("Publisher: Stopping")
    pub.Stop()
    log.Println("Publisher: Stopped")
```

```
        stopchan <- struct{}{}
    }()
    return stopchan
}
```

다시 말하지만, 나중에 할 일은 stopchan을 생성하는 것이다. 이번에는 시그널링을 지연시키지 않고 struct{}{}를 stopchan 아래로 보내서 인라인으로 처리한다.

 stopchan을 처리하는 방법의 차이점은 대체 옵션을 제시하는 것이다. 하나의 코드베이스에서 표준이 커뮤니티 내에 나타날 때까지 원하는 스타일을 고수해야 한다. 그렇다면 모두 그렇게 해야 한다. Stopchan을 닫으면 아무것도 보내지 않고 해당 채널에서 대기 중인 코드의 차단을 해제할 수도 있다. 그러나 일단 채널이 닫히면 다시 열 수 없다.

그런 다음 NewProducer를 호출하고 기본 구성을 사용해 localhost의 기본 NSQ 포트에 연결함으로써 NSQ 프로듀서를 만든다. 고루틴을 시작한다. Go 언어의 뛰어난 또 다른 내장 기능을 사용하면 채널에 대한 정상적인 for...range 동작을 수행해 채널(이 경우에는 votes 채널)에서 계속 값을 가져올 수 있다. 채널에 값이 없으면 행이 넘어갈 때까지 실행이 차단된다. votes 채널이 닫히면 for 루프를 빠져나간다.

 Go에서 채널의 힘에 대해 더 자세히 알고 싶다면 존 그레햄커밍(John Graham-Cumming), 특히 Gophercon 2014에서 발표한 'A Channel Compendium'이라는 블로그 게시물과 비디오를 찾아보기 바란다(흥미롭게도 존은 영국 정부에 뒤늦게 위대한 앨런 튜링(Alan Turing)의 대우에 대해 공식적으로 사과하라고 청원한 사람이었다).

루프가 종료되면 (votes 채널이 닫힌 후) 퍼블리셔가 중지되고 stopchan 신호가 전송된다. publishVotes 함수에서 이상한 점이 있는가? 에러를 무시함으로써 Go의 기본 규칙을 깨고 있다(밑줄 변수에 할당함으로써 이를 무시한다). 추가 연습으로, 오류를 잡아 적절한 것으로 보이는 방식으로 처리하라.

정상적으로 프로그램 시작 및 중지

프로그램이 중단되면 실제로 종료하기 전에 몇 가지 작업을 수행한다. 즉 트위터에 대한 연결을 종료하고 NSQ 퍼블리셔를 중지한다. 실제로는 대기열에 대한 등록이 취소된다. 이를 위해 기본 **Ctrl + C** 동작을 재정의해야 한다.

 앞으로 나오는 코드 블록은 모두 main 함수 안에 있으며, 계속하기 전에 각 부분을 얘기할 수 있도록 나뉘어 있다.

main 함수 안에 다음 코드를 추가하라.

```
var stoplock sync.Mutex // stop을 보호
stop := false
stopChan := make(chan struct{}, 1)
signalChan := make(chan os.Signal, 1)
go func() {
  <-signalChan
  stoplock.Lock()
  stop = true
  stoplock.Unlock()
  log.Println("Stopping...")
  stopChan <- struct{}{}
  closeConn()
}()
signal.Notify(signalChan, syscall.SIGINT, syscall.SIGTERM)
```

여기서 우리는 연관된 sync.Mutex 함수로 stop bool을 생성해 동시에 여러 고루틴에서 액세스할 수 있다. 그런 다음 두 개의 신호 채널인 stopChan과 signalChan을 만들고

signal.Notify를 사용해 누군가가 프로그램을 중단하려고 시도할 때 signalCh 신호를 보내도록 요청한다(SIGINT 인터럽트 또는 SIGTERM 종료 POSIX 신호로). stopChan 함수는 프로세스가 종료되길 원하는지 여부를 나타내는 것으로, 나중에 startTwitterStream에 인수로 전달한다.

그런 다음 signalChan에서 읽으려고 신호를 기다리는 블록을 실행한다. 이것은 <- 연산자가 이 경우에 무엇을 하는지(채널에서 읽으려는 것이다.)다. 신호의 타입에는 관심이 없기 때문에 채널에 반환된 객체를 캡처하는 것은 신경 쓰지 않으며, 신호가 수신되면 stop을 true로 설정하고 연결을 닫는다. 지정된 신호 중 하나가 전송될 때만 나머지 고루틴 코드가 실행된다. 이는 프로그램을 종료하기 전에 해체[teardown] 코드를 수행할 수 있는 방법이다.

다음 코드를 main 함수 내부에 추가해 데이터베이스 연결의 종료를 지연시킨다.

```
if err := dialdb(); err != nil {
  log.Fatalln("failed to dial MongoDB:", err)
}
defer closedb()
```

readFromTwitter 메소드는 매번 데이터베이스의 옵션을 다시 로드하기 때문에 프로그램을 재시작하지 않고도 계속 업데이트하길 원하므로 마지막 고루틴을 하나 소개할 것이다. 이 고루틴은 매 순간 closeConn을 호출해 연결이 끊어지도록 해서 readFromTwitter가 다시 호출되도록 한다. main 함수 맨 아래에 다음 코드를 삽입해 이러한 모든 프로세스를 시작한 후 정상적으로 종료될 때까지 기다린다.

```
// 작업 시작
votes := make(chan string) // votes용 채널(chan)
publisherStoppedChan := publishVotes(votes)
twitterStoppedChan := startTwitterStream(stopChan, votes)
go func() {
```

```
  for {
    time.Sleep(1 * time.Minute)
    closeConn()
    stoplock.Lock()
    if stop {
      stoplock.Unlock()
      return
    }
    stoplock.Unlock()
  }
}()
<-twitterStoppedChan
close(votes)
<-publisherStoppedChan
```

첫째, 이 섹션에서 간단한 문자열 채널인 votes 채널을 만든다. 송신 채널(chan <-)도
아니고 수신 채널(<- chan)도 아니므로 주의하라. 실제로 그러한 채널을 만드는 것은
거의 의미가 없다. 그런 다음 publishVotes를 호출한 후 vote 채널을 전달해 반환된
stop 신호 채널에서 수신하고 이를 publisherStoppedChan으로 캡처한다. 마찬가지
로 main 함수의 시작 부분에서 stopChan 함수를 전달하고 startTwitterStream을 호
출해 twitterStoppedChan과 같은 결과 정지 신호 채널을 캡처하는 동안 보낼 vote 채
널을 전달한다.

그런 다음 잠깐 슬립하고 closeConn을 호출해 연결을 종료하기 전에 무한 루프에 즉시
들어가는 리프레시 고루틴을 시작한다. stop bool이 true로 설정된 경우 (이전 고루틴
에서) 루프를 중단하고 종료한다. 그렇지 않으면 연결을 다시 닫기 전에 돌아와서 잠깐
기다린다. stoplock을 사용하는 것이 중요하다. 두 개의 고루틴이 정지 변수에 동시에
액세스하려고 할 수 있지만 이는 충돌을 피하기 위해서다.

고루틴이 시작되면 twitterStoppedChan을 읽음으로써 이를 차단한다. 성공하면(즉 신
호가 stopChan으로 전송됐음을 의미), 투표 채널을 닫을 경우 퍼블리셔의 for ... range

루프가 종료되고 퍼블리셔 자체가 중지되며 그 후에 publisherStoppedChan으로 신호가 전송된다. 우리는 나가기 전에 기다린다.

테스트

프로그램이 제대로 작동하는지 확인하려면 먼저 데이터베이스에서 여론 조사를 만들어야 하며, 두 번째로는 메시징 큐 내부에서 메시지가 실제로 twittervotes에서 생성되는지 여부를 확인해야 한다.

터미널에서 mongo 명령을 실행해 MongoDB와 상호작용할 수 있는 데이터베이스 셸을 연다. 이후 다음 명령을 입력해 테스트 폴poll을 추가하라.

```
> use ballots
switched to db ballots
> db.polls.insert({"title":"Test poll","options":
["happy","sad","fail","win"]})
```

위의 명령은 ballots 데이터베이스의 polls 컬렉션에 새 항목을 추가한다. 트위터에서 사람들이 언급할 가능성이 있는 옵션에 대해 일반적인 단어를 사용해 실제 트윗이 메시지로 변환되는 것을 관찰할 수 있다. 또한 폴링 객체에 results 필드가 없다는 것을 알 수 있다. 문서가 엄격한 스키마를 준수할 필요가 없는 비정형 데이터를 처리하고 있기 때문에 괜찮다. 다음 절에서 작성할 카운터 프로그램은 나중에 결과 데이터를 추가하고 유지 관리한다.

Ctrl + C를 눌러 MongoDB 셸을 종료하고 다음 명령을 입력하라.

```
nsq_tail --topic="votes" --lookupd-http-address=localhost:4161
```

nsq_tail 도구는 지정된 메시징 대기열 토픽에 연결하고 통지하는 모든 메시지를 출력한다. 이것은 twittervotes 프로그램이 메시지를 보내고 있는지 확인하는 곳이다.

별도의 터미널 창에서 twittervotes 프로그램을 빌드하고 실행해보자.

```
go build -o twittervotes
./twittervotes
```

이제 nsq_tail을 실행하는 창으로 돌아가서 실시간 트위터 활동에 대한 응답으로 메시지가 실제로 생성되고 있음에 유의하라.

 많은 활동이 보이지 않으면 트위터에서 트렌드 해시 태그를 찾아보고 이러한 옵션이 포함된 다른 여론 조사를 추가하라.

▌ 투표 집계

구현할 두 번째 프로그램은 counter 도구다. 이 도구는 NSQ에서 투표를 보고, 계산하고, MongoDB를 최신 숫자를 가진 최신 상태로 유지하는 역할을 한다.

twittervotes와 함께 counter라는 새 폴더를 만들고 다음 코드를 새 main.go 파일에 추가한다.

```
package main
import (
  "flag"
  "fmt"
  "os"
)
```

```
var fatalErr error
func fatal(e error) {
  fmt.Println(e)
  flag.PrintDefaults()
  fatalErr = e
}
func main() {
  defer func() {
    if fatalErr != nil {
      os.Exit(1)
    }
  }()
}
```

일반적으로 코드에서 오류가 발생하면 log.Fatal 또는 os.Exit와 같은 호출을 사용해 즉시 프로그램을 종료한다. 0이 아닌 종료 코드를 사용해 프로그램을 종료하는 것이 중요하다. 이는 운영체제에 무언가가 잘못됐다는 것을 알려주고 성공적으로 작업을 완료하지 못했기 때문이다. 정상적인 접근 방식의 문제점은 예정한 지연된 함수(따라서 실행해야 하는 모든 해체 코드)가 실행될 기회를 얻지 못한다는 것이다.

앞의 코드 스니펫에서 사용된 패턴은 치명적인 함수를 호출해 오류가 발생했음을 기록한다. 주 함수가 종료될 때만 지연 함수가 실행되고 종료 코드가 1인 프로그램을 종료하기 위해 os.Exit(1)이 호출된다. 지연된 명령문은 LIFO(후입선출: 마지막 입력이 처음으로 출력됨)다. 우리가 연기한 첫 번째 함수는 실행될 마지막 함수가 될 것이므로 main 함수에서 제일 먼저하는 것이 종료 코드를 지연시키는 이유다. 이렇게 하면 프로그램이 종료되기 전에 연기할 다른 함수가 호출될 수 있다. 이 기능을 사용해 오류와 상관없이 데이터베이스 연결이 닫히도록 할 것이다.

데이터베이스에 연결

데이터베이스 연결과 같은 리소스 정리에 관해 생각해볼 수 있는 가장 좋은 때는 리소스를 성공적으로 얻은 직후다. Go의 defer 키워드를 사용하면 이 작업을 쉽게 수행할 수 있다. main 함수의 맨 아래에 다음 코드를 추가하라.

```
log.Println("Connecting to database...")
db, err := mgo.Dial("localhost")
if err != nil {
  fatal(err)
  return
}
defer func() {
  log.Println("Closing database connection...")
  db.Close()
}()
pollData := db.DB("ballots").C("polls")
```

이 코드는 친숙한 mgo.Dial 메소드를 사용해 로컬로 실행 중인 MongoDB 인스턴스에 대한 세션을 열고 즉시 세션을 닫는 함수를 연기한다. 지연 코드가 포함된 역순으로 실행되기 때문에 이 코드가 종료 코드가 포함된 이전에 지연된 명령문보다 먼저 실행된다(지연된 함수가 호출된 역순으로 실행되기 때문에). 따라서 본 프로그램에서 어떤 일이 일어나더라도 데이터베이스 세션이 확실히 적절하게 닫히게 될 것이다.

 log문은 선택 사항이지만 프로그램을 실행하고 종료할 때 어떤 일이 벌어지는지 알 수 있다.

스니펫 끝부분에서 mgo 플루언트^{fluent} API를 사용해 pollData 변수에 ballots.polls 데이터 컬렉션에 대한 참조를 유지한다. pollData 변수는 추후에 쿼리에 사용한다.

NSQ의 메시지 소비

득표수를 계산하려면 NSQ의 투표 주제에 있는 메시지를 소비해야 하며 이를 저장할 장소가 필요하다. main 함수에 다음 변수를 추가하라.

```go
var counts map[string]int
var countsLock sync.Mutex
```

맵과 잠금(sync.Mutex)은 Go에서 공통으로 사용되는 조합이다. 여러 개의 고루틴이 동일한 맵에 액세스하려고 하므로 동시에 수정하거나 읽으려고 해서 손상시키지 않아야 한다.

main 함수에 다음 코드를 추가한다.

```go
log.Println("Connecting to nsq...")
q, err := nsq.NewConsumer("votes", "counter", nsq.NewConfig())
if err != nil {
  fatal(err)
  return
}
```

NewConsumer 함수는 NSQ 투표 득점을 경청할 객체를 설정할 수 있게 해준다. 따라서 twittervotes가 해당 주제에 대한 투표를 게시할 때 이 프로그램에서 처리할 수 있다. NewConsumer가 오류를 리턴하면 치명적인 함수를 사용해 기록하고 리턴한다.

다음으로 NSQ의 메시지(투표)를 처리하는 코드를 추가한다.

```go
q.AddHandler(nsq.HandlerFunc(func(m *nsq.Message) error {
  countsLock.Lock()
  defer countsLock.Unlock()
  if counts == nil {
```

```
    counts = make(map[string]int)
  }
  vote := string(m.Body)
  counts[vote]++
  return nil
}))
```

nsq.Consumer에서 AddHandler 메소드를 호출하고 votes 항목에서 받은 모든 메시지에 대해 호출할 함수를 전달한다.

투표가 시작되면 countsLock 뮤텍스를 잠근다. 다음으로, 함수가 종료할 때 뮤텍스의 잠금 해제를 연기한다. 이를 통해 NewConsumer가 실행되는 동안 맵을 수정할 수 있는 유일한 사람이 된다. 다른 사람들은 함수가 사용되기 전에 종료될 때까지 기다려야 할 것이다. Lock 메소드를 호출하면 잠금이 실행되는 동안 실행이 차단되고 잠금 해제 호출에 의해 잠금이 해제될 때만 계속된다. 모든 Lock 호출에 잠금 해제 기능이 있는 것이 중요하다. 그렇지 않으면 프로그램을 교착 상태로 만들 것이다.

매번 투표를 할 때마다 데이터베이스가 최신 결과로 업데이트되면 모든 것을 재설정하고 0에서 시작하기 때문에 counts가 nil인지 확인하고 새로운 맵을 만든다. 마지막으로, 지정된 키에 대해 int 값을 1씩 증가시키고 nil을 반환해 오류가 없음을 나타낸다.

NSQ 소비자를 생성하고 핸들러 함수를 추가했지만 NSQ 서비스에 연결해야 한다. 다음 코드를 추가해 수행한다.

```
if err := q.ConnectToNSQLookupd("localhost:4161"); err != nil {
  fatal(err)
  return
}
```

실제로 NSQ 인스턴스보다는 nsqlookupd 인스턴스의 HTTP 포트에 연결한다는 점에 유의해야 한다. 이 추상화는 본 프로그램이 메시지를 소비하기 위해 어디에서 오는 것인지 알 필요가 없음을 의미한다. 서버에 연결하지 못하면(예를 들어, 서버를 시작하는 것을 잊어버린 경우) 오류가 발생하며 즉시 반환하기 전에 치명적인 기능에 대해 보고한다.

데이터베이스 업데이트 유지

이 코드는 투표를 수신하고 그 결과의 맵을 메모리에 보관할 것이다. 그러나 그 정보는 지금까지 우리 프로그램에 갇혀 있다. 이어서 주기적으로 결과를 데이터베이스에 푸시할 코드를 추가해야 한다. 다음 doCount 함수를 추가하라.

```go
func doCount(countsLock *sync.Mutex, counts *map[string]int, pollData *mgo.
Collection) {
  countsLock.Lock()
  defer countsLock.Unlock()
  if len(*counts) == 0 {
    log.Println("No new votes, skipping database update")
    return
  }
  log.Println("Updating database...")
  log.Println(*counts)
  ok := true
  for option, count := range *counts {
    sel := bson.M{"options": bson.M{"$in": []string{option}}}
    up := bson.M{"$inc": bson.M{"results." + option: count}}
    if _, err := pollData.UpdateAll(sel, up); err != nil {
      log.Println("failed to update:", err)
      ok = false
    }
  }
}
```

```
  if ok {
    log.Println("Finished updating database...")
    *counts = nil // counts 리셋
  }
}
```

doCount 함수가 실행될 때, 필요한 첫 번째 작업은 countsLock 잠금과 잠금 해제 unlocking를 지연시키는 것이다. 그런 다음 counts 맵에 값이 있는지 확인한다. 업데이트 가 없다면, 업데이트를 건너뛰고 다음에 기다릴 것을 로그한다.

포인터로서 모든 인자를 취하고 있다(타입명 앞에 '*' 문자를 적어둔다). 원본 데이터 자체 와 상호작용하고 있는지 확인하길 원하기 때문이다. 예를 들어, *counts = nil 라인 은 로컬 맵을 무효로 하지 않고 기본적으로 기본 맵을 nil로 재설정한다. 투표가 있다 면 counts 맵을 반복하고, 옵션과 투표 수를 빼고 (마지막 업데이트 이후) MongoDB 마 력을 사용해 결과를 업데이트한다.

 MongoDB는 일반적인 JSON 문서보다 순회(트래버스)하기 쉬운 BSON(Binary JSON[6]의 약자) 문서를 내부적으로 저장하므로 mgo 패키지에는 mgo/bson 인코딩 패키지가 함께 제공된다. mgo를 사용할 때 종종 bson.M 맵과 같은 bson 타입을 사용 해 MongoDB의 개념을 설명한다.

먼저 map[string]interface{} 타입을 만드는 것과 유사한 bson.M 숏컷 타입을 사용해 업데이트 작업을 위한 셀렉터selector를 만든다. 여기에 작성하는 셀렉터는 다음과 같다.

```
{
  "options": {
    "$in": ["happy"]
```

---

6 이진 JSON – 옮긴이

```
    }
}
```

MongoDB에서 선행 BSON은 "happy"가 options 배열의 항목 중 하나인 polls를 선택하도록 지정한다.

다음으로 같은 기술을 사용해 업데이트 작업을 생성한다.

```
{
  "$inc": {
    "results.happy": 3
  }
}
```

MongoDB에서 선행 BSON은 results.happy 필드를 3만큼 증가시키도록 지정한다. 여론 조사에 results 맵이 없으면 하나가 생성되고 results 내에 happy 키가 없으면 0이라고 가정한다.

그런 다음 pollsData 쿼리에서 UpdateAll 메소드를 호출해 데이터베이스에 명령을 실행하면 셀렉터와 일치하는 모든 투표가 업데이트된다(Update 메소드와 비교하면 하나만 업데이트됨). 문제가 발생하면 이를 보고하고 ok 불리언을 false로 설정한다. 모두 성공하면 카운터를 재설정하기 때문에 counts 맵을 nil로 설정한다.

파일 상단에 updateDuration을 상수로 지정한다. 그러면 프로그램을 테스트할 때 쉽게 변경할 수 있다. main 함수 위에 다음 코드를 추가하라.

```
const updateDuration = 1 * time.Second
```

다음으로 time.Ticker를 추가하고 Ctrl + C에 응답할 때 사용하는 select 블록에서 doCount 함수가 호출되는지 확인한다.

Ctrl + C에 응답

프로그램이 준비되기 전에 마지막으로 할 일은 주기적으로 doCount를 호출하는 select 블록을 설정하고 twittervotes 프로그램에서 했던 것처럼, main 함수가 종료되기 전에 작업 완료 시까지 대기하는지 확인하라. main 함수의 끝에 다음 코드를 추가하라.

```
ticker := time.NewTicker(updateDuration)
termChan := make(chan os.Signal, 1)
signal.Notify(termChan, syscall.SIGINT, syscall.SIGTERM, syscall.SIGHUP)
for {
  select {
  case <-ticker.C:
    doCount(&countsLock, &counts, pollData)
  case <-termChan:
    ticker.Stop()
    q.Stop()
  case <-q.StopChan:
    // 끝냄
    return
  }
}
```

time.Ticker 함수는 현재 시간이 지정된 간격(여기서는 updateDuration)으로 전송되는 채널을 C 필드를 통해 제공하는 타입이다. select 블록에서 이것을 사용해 doCount 함수를 호출하고, termChan과 q.StopChan은 조용하다.

종료를 처리하기 위해 이전과는 약간 다른 전술을 채택했다. Ctrl + C를 누를 때 종료 이벤트를 트랩하면 신호가 termChan으로 간다. 다음으로 무한 루프를 시작한다. 내부에서는 select 구조를 사용해 사용자의 termChan 또는 StopChan에서 뭔가를 수신하는 경우 코드를 실행할 수 있다.

실제로 Ctrl + C 입력에 응답해 termChan 신호를 먼저 얻는다. 이 시점에서 time.Ticker

를 중지하고 투표 수신을 중지하길 소비자에게 요청한다. 그런 다음 실행은 루프에 다시 진입하고 소비자가 StopChan 함수에 대한 신호로 실제로 중단했다고 리포트할 때까지 차단한다. 그런 일이 발생하면 완료돼 빠져나가고 그 시점에서 지연된 명령문을 실행한다. 기억난다면 데이터베이스 세션이 정리된다.

▌ 솔루션 실행

이제 코드가 실제로 작동하는지 확인할 시간이다. nsqlookupd, nsqd, mongod가 별도의 터미널 창에서 다음과 같이 실행되고 있는지 확인하라.

```
nsqlookupd
nsqd --lookupd-tcp-address=127.0.0.1:4160
mongod --dbpath ./db
```

위와 같이 실행되지 않았다면 twittervotes 프로그램이 실행 중인지 확인하라. 그런 다음 counter 폴더에서 카운팅 프로그램을 빌드하고 실행하라.

```
go build -o counter
./counter
```

다음과 같이 작업 counter가 수행 중인 작업을 설명하는 주기적 출력을 봐야 한다.

```
No new votes, skipping database update
Updating database...
map[win:2 happy:2 fail:1]
Finished updating database...
No new votes, skipping database update
Updating database...
```

```
map[win:3]
Finished updating database...
```

 실제로 트위터의 라이브 활동에 응답하고 있기 때문에 출력되는 결과는 물론 다를 것이다.

프로그램이 NSQ에서 투표 데이터를 받고 그 결과로 데이터베이스를 업데이트하는 리포트를 볼 수 있다. MongoDB 셸을 열고 투표 데이터를 쿼리해 results 맵이 업데이트되는지 여부를 확인할 수 있다. 다른 터미널 창에서 MongoDB 셸을 연다.

```
mongo
```

ballots 데이터베이스 사용을 요청하라.

```
> use ballots
switched to db ballots
```

별도 인수 없이 find 메소드를 사용해 모든 투표를 가져온다(끝으로 pretty 메소드를 추가해 JSON을 잘 형식화한다).

```
> db.polls.find().pretty()
{
  "_id": ObjectId("53e2a3afffbff195c2e09a02"),
  "options": [
    "happy", "sad", "fail", "win"
  ],
  "results": {
    "fail": 159,
```

```
    "win": 711,
    "happy": 233,
    "sad": 166,
  },
  "title" : "Test poll"
}
```

results 맵은 실제로 업데이트되며 실시간으로 각 옵션의 총투표 수를 포함한다.

▌요약

5장에서는 많은 기초를 다뤘다. 시그널링 채널을 사용해 프로그램을 정상적으로 종료하는 여러 가지 기술을 배웠다. 이는 프로그램이 종료되기 전에 해야 할 일이 있을 때 특히 중요하다. 프로그램 시작 시 치명적인 오류에 대한 보고를 연기하면 프로세스가 끝나기 전에 다른 지연된 함수의 실행 기회가 주어질 수 있다.

또한 mgo 패키지를 사용해 MongoDB와 상호작용하는 것이 얼마나 쉬운지 살펴보고, 데이터베이스 개념을 설명하면서 BSON 타입을 사용하는 방법을 발견했다. map[string]interface{} 대신 bson.M을 사용하면 구조화되지 않은 데이터나 스키마가 없는 데이터로 작업할 때 필요한 모든 유연성을 제공하면서도 코드를 간결하게 유지할 수 있다.

메시지 대기열에 대해 학습하고 시스템의 메시지 대기열이 허용하는 구성 요소를 구분되고 특화된 마이크로서비스로 분리시키기 위한 방법을 배웠다. 단일 nsqd 인스턴스를 실행하고 TCP 인터페이스를 통해 연결하기 전에 먼저 nsqlookupd 검색 데몬을 실행해 NSQ 인스턴스를 시작했다. 그런 다음 twittervotes의 대기열에 투표를 게시하고 counter 프로그램에 전송된 모든 투표에 대한 핸들러 함수를 실행하기 위한 검색 데몬에 연결할 수 있었다.

우리 솔루션은 실제로 매우 간단한 작업을 수행하고 있지만, 5장에서 제시한 아키텍처는 꽤 훌륭한 작업을 수행할 수 있다.

twittervotes 및 counter 프로그램이 동일한 시스템에서 실행될 필요를 제거했다. 동일 컴퓨터상에서 둘 다 적절한 NSQ에 연결할 수 있다면 실행 중인 위치에 관계없이 기대한 대로 동작한다.

MongoDB 및 NSQ 노드를 여러 물리적 시스템에 배포할 수 있다. 이는 시스템이 적은 자원으로 시작했을 때도 거대한 규모가 될 수 있음을 의미한다. 자원이 부족할 때마다 새로운 시스템을 추가해 수요에 대응할 수 있다.

투표 결과를 쿼리하고 읽어야 하는 다른 애플리케이션을 추가할 때 데이터베이스 서비스의 가용성이 높으며 제공 능력을 확신할 수 있다.

데이터베이스는 여러 지역으로 확장시킬 수 있으며, 백업을 위해 데이터를 복제하므로 재난이 발생해도 데이터가 유실될 염려가 없다.

다중 노드, 내결함성 NSQ 환경을 구축할 수 있다. 이는 twittervotes 프로그램이 흥미로운 트윗을 학습할 때 항상 데이터를 보낼 수 있는 곳이 있다는 것을 의미한다.

다양한 출처에서 투표를 만들어내는 더 많은 프로그램을 작성할 수 있다. 유일한 요구사항은 NSQ에 메시지를 입력하는 방법을 알고 있다는 것이다.

6장에서는 자체 RESTful 데이터 서비스를 구축해 소셜 투표 애플리케이션의 기능을 노출하려고 한다. 또한 사용자가 직접 투표를 만들고 결과를 시각화할 수 있는 웹 인터페이스를 구축할 것이다.

6

RESTful 데이터
웹 서비스 API를 통한
데이터와 기능 노출

5장에서는 트위터에서 트윗을 읽고, 해시 태그 득표를 계산하고, 결과를 MongoDB 데이터베이스에 저장하는 서비스를 만들었다. 또한 MongoDB 셸을 사용해 투표를 추가하고 투표 결과를 확인했다. 혼자서만 개인적으로 사용하는 솔루션이라면 이 방식도 좋지만 프로젝트를 릴리스하고 사용자가 MongoDB 인스턴스에 직접 접속해 우리가 구축한 서비스를 사용하게 되면 어리석은 행동이 될 것이다.

따라서 6장에서는 데이터와 기능을 노출시킬 RESTful 데이터 서비스를 구축하려고 한다. 또한 새 API를 사용하는 간단한 웹사이트를 만들 것이다. 사용자는 우리 웹사이트를 사용해 투표를 생성하고 모니터링하거나 우리 웹 서비스 위에 자신의 애플리케이션을 구축할 수 있다.

 6장의 코드는 5장, '분산 시스템 구축 및 유연한 데이터 작업'을 참조하라. 해당 내용은 이 장의 코드가 실행되는 환경 설정과 관련돼 있으므로 반드시 먼저 완료하는 것이 좋다.

구체적으로 6장에서 다루는 내용은 다음과 같다.

- `http.HandlerFunc` 타입을 래핑하면 HTTP 요청에 대해 간단하지만 강력한 실행 파이프라인을 제공하는 방법
- `context` 패키지를 사용해 HTTP 핸들러 간에 안전하게 데이터를 공유하는 방법
- 데이터 노출을 맡는 핸들러 작성을 위한 모범 사례
- 작은 추상화를 사용하면 가능한 가장 단순한 구현을 작성할 수 있지만, 나중에 인터페이스를 변경하지 않고도 이를 향상시킬 여지를 남겨두는 부분
- 간단한 헬퍼 함수와 타입을 프로젝트에 추가하는 것이 외부 패키지의 의존성 추가로부터 예방하는 방법

▌ RESTful API 설계

API가 RESTful한 것으로 간주되려면 웹의 기본 개념에 충실하고 개발자에게 널리 알려진 몇 가지 원칙을 따라야 한다. 이러한 접근 방식을 통해 API에 이상하거나 부자연스러운 것을 구축하는 것이 아니라 사용자는 이미 개념에 익숙하기 때문에 사용자가 이를 사용하기 시작할 수 있는 출발점을 제공할 수 있다.

중요한 RESTful 설계 개념은 다음과 같다.

- HTTP 메소드[1]는 수행할 작업의 종류를 설명한다. 예를 들어 GET 메소드는 데이터를 읽는 반면 POST 요청은 무언가를 생성한다.
- 데이터는 리소스의 모음으로 표현된다.
- 액션은 데이터 변화로 표현된다.
- URL은 특정 데이터를 참조하는 데 사용된다.
- HTTP 헤더는 서버와 주고받는 표현의 종류를 설명하는 데 사용된다.

다음 표는 API에서 지원하려는 액션을 나타내는 HTTP 메소드 및 URL, 그리고 이와 더불어 간략한 설명 및 호출 방법에 대한 사용 예를 보여준다.

요청	설명	사용 사례
GET /polls	모든 투표 읽기	사용자에게 투표 목록 보여주기
GET /polls/{id}	투표 읽기	특정 투표의 세부 정보 또는 결과 표시
POST /polls	투표 생성	새 투표 만들기
DELETE /polls/{id}	투표 삭제	특정 투표 삭제

플레이스홀더 {id}는 경로에서 투표의 고유 ID가 들어갈 위치를 나타낸다.

---

1   HTTP 프로토콜에서 이용하는 방식이며 GET, POST, DELETE, PUT 등이 있음 - 옮긴이

▌ 핸들러 간 데이터 공유

때로는 미들웨어와 핸들러 간에 상태를 공유해야 한다. Go 1.7은 context 패키지를 표준 라이브러리에 추가했으며, 이는 다른 것들 중에서도 요청 범위 기반의 기본 데이터를 공유하는 방법을 제공한다.

모든 http.Request 메소드에는 request.Context( ) 메소드를 통해 액세스할 수 있는 context.Context 객체가 있으며, 이 객체에서 새 컨텍스트 객체를 만들 수 있다. 그런 다음 request.WithContext( )를 호출해 새로운 Context 객체를 사용하는 (저렴한) 간단한 http.Request 메소드를 가져올 수 있다.

값을 추가하려면 context.WithValue 메소드를 통해 새 컨텍스트(요청의 기존 컨텍스트를 기반으로)를 만들 수 있다.

```
ctx := context.WithValue(r.Context(), "key", "value")
```

 이 방식을 사용해 기술적으로는 모든 타입의 데이터를 저장할 수 있지만, 문자열(String) 및 정수(Integer)와 같은 간단한 기본 타입(primitive type)을 저장하고 핸들러에서 필요할 수 있는 다른 객체에 대한 종속성이나 포인터를 주입하기 위해서는 사용하지 않는 것이 좋다. 6장의 뒷부분에서 데이터베이스 연결과 같이 종속성에 액세스하는 패턴을 살펴보겠다.

미들웨어 코드에서 래핑된 핸들러에 실행을 전달할 때 새로운 ctx 객체를 사용할 수 있다.

```
Handler.ServeHTTP(w, r.WithContext(ctx))
```

제공하는 다른 기능들을 알아보려면 https://golang.org/pkg/context/에서 context 패키지에 대한 문서를 살펴보자.

이 기법을 사용해 핸들러가 다른 곳에서 추출되고 유효성이 검증된 API 키에 액세스 할 수 있게 하려고 한다.

컨텍스트 키

컨텍스트 객체에 값을 설정하려면 키를 사용해야 하며, value 인수가 interface{} 타 입인 것처럼 보일 수도 있다. 그러나 이는 좋아하는 것을 저장할 수는 있지만 반드시 그렇지 않을 수도 있음을 의미한다. 키의 타입을 알게 되면 놀랄 것이다.

```
func WithValue(parent Context, key, val interface{}) Context
```

키 또한 interface{}다. 이는 문자열 외에도 키로 사용할 수 있다는 의미다. 이것은 이 질적인 코드가 동일한 컨텍스트에서 같은 이름의 값을 설정하려고 시도할 때 문제가 될 수 있는 좋은 소식이라고 생각하면 좋은 소식이다.

대신 Go 커뮤니티에서 가치를 키우는 더 안정적인 방식의 패턴이 등장하고 있으며 표준 라이브러리 내부의 일부 장소에서 이미 사용된다. 컨텍스트에서 값을 가져오기 위해 우리의 키와 헬퍼 메소드에 대한 간단한 (비공개private) 구조체를 만들려고 한다.

새 api 폴더 안에 필수적인 부분만 가진 최소한의 main.go 파일을 추가하라.

```
package main
func main(){}
```

contextKey라는 새 타입을 추가하라.

```
type contextKey struct {
  name string
}
```

이 구조체는 키의 이름만 포함하지만 두 개의 키에서 이름 필드가 같더라도 고유한 포인터로 유지된다. 다음으로 API 키 값을 저장할 키를 추가한다.

```
var contextKeyAPIKey = &contextKey{"api-key"}
```

관련 변수를 공통 접두사와 함께 그룹화하는 것이 좋다. 이번 케이스는 contextKey 접두사로 모든 컨텍스트 키 타입의 이름을 시작할 수 있다. 여기서는 contextKeyAPIKey 라는 키를 만들었다. contextKeyAPIKey는 contextKey 타입에 대한 포인터며 api-key 로 이름을 설정한다.

다음으로, 컨텍스트에서 키를 추출할 헬퍼를 작성하려고 한다.

```
func APIKey(ctx context.Context) (string, bool) {
  key, ok := ctx.Value(contextKeyAPIKey).(string)
  return key, ok
}
```

이 함수는 context.Context를 취해 키가 성공적으로 얻어지고 문자열로 캐스트cast(타입 변환)되는지 여부를 나타내는 ok 부울bool과 함께 API 키 문자열을 반환한다. 키가 누락됐거나 타입이 잘못된 경우 두 번째 반환 인수는 false지만 코드에서 패닉이 발생하지 않는다.

contextKey 및 contextKeyAPIKey는 내부(소문자로 시작)지만 APIKey가 익스포트된다. main 패키지에서 이것은 중요하지 않지만 어떤 패키지를 작성하는 경우 컨텍스트에서 데이터를 저장하고 추출하는 방법의 복잡성이 사용자에게 숨겨져 있다는 것을 알면 좋다.

▌ 래핑 핸들러 함수

Go에서 서비스와 웹사이트를 구축할 때 가장 가치 있는 패턴 중 하나를 활용하려고한다. 2장, '사용자 계정 추가'에서 이미 살펴봤다. 메인 핸들러가 실행되기 전후에 코드를 실행하기 위해 http.Handler 타입을 래핑할 수 있는 방법을 배웠으며, http.HandlerFunc 함수 대안에 동일한 기술을 적용할 것이다.

API 키

대부분의 웹 API는 클라이언트가 자신의 애플리케이션에 대한 API 키를 등록하도록요구하며 모든 요청과 함께 요구된다. 이러한 키에는 사용자가 허용한 내용에 따라 일부 앱에서만 제한적인 작업을 수행할 수 있는 상황에서 요청이 전달되는 앱을 식별하는 것부터 권한 문제를 해결하는 것까지 다양한 용도가 있다. 애플리케이션용 API 키를 실제로 구현할 필요는 없지만 클라이언트에게 인터페이스를 제공하도록 요청할 것이다. 그러면 인터페이스를 일정하게 유지하면서 나중에 구현을 추가할 수 있다.

main.go의 맨 아래에 withAPIKey라는 첫 번째 HandlerFunc 래퍼 함수를 추가할 것이다.

```go
func withAPIKey(fn http.HandlerFunc) http.HandlerFunc {
  return func(w http.ResponseWriter, r *http.Request) {
    key := r.URL.Query().Get("key")
    if !isValidAPIKey(key) {
      respondErr(w, r, http.StatusUnauthorized, "invalid API key")
      return
```

```
    }
    ctx := context.WithValue(r.Context(),
      contextKeyAPIKey, key)
    fn(w, r.WithContext(ctx))
  }
}
```

보다시피, withAPIKey 함수는 http.HandlerFunc 타입을 인수로 취해 하나를 리턴한다. 이것은 우리가 이 문맥에서 래핑하는 것을 의미한다. withAPIKey 함수는 아직 작성하지 않은 다른 많은 함수에 의존하지만, 현재 진행 중인 작업을 명확하게 볼 수 있다. 이 함수는 isValidAPIKey를 호출해 key 쿼리 파라미터에 대한 검사를 수행하는 새로운 http.HandlerFunc 타입을 즉시 리턴한다. 키가 유효하지 않은 것으로 판단되면 (false를 반환해) invalid API key 오류로 응답한다. 그렇지 않으면 컨텍스트에 키를 넣고 다음 핸들러를 호출한다. 이 래퍼를 사용하기 위해, 키 파라미터 점검을 사용 가능하게 하려면 http.HandlerFunc 타입을 이 함수에 전달하기만 하면 된다. http.HandlerFunc 타입도 반환하기 때문에 결과는 다른 래퍼로 전달되거나 http.HandleFunc 함수에 직접 주어져 특정 경로 패턴의 핸들러로 실제로 등록된다.

다음에 isValidAPIKey 함수를 추가해보겠다.

```
func isValidAPIKey(key string) bool {
  return key == "abc123"
}
```

지금은 API 키를 abc123으로 하드코딩하려고 한다. 다른 것은 false를 리턴하므로 유효하지 않은 것으로 간주된다. 나중에 이 함수를 수정해 구성 파일이나 데이터베이스를 참조함으로써 isValidAPIKey 메소드 또는 withAPIKey 래퍼의 사용 방법에 영향을 주지 않고 키의 신뢰성을 검사할 수 있다.

교차 출처 자원 공유(CORS)

동일한 출처 보안 정책은 웹 브라우저에서 AJAX 요청이 동일한 도메인에서 호스팅되는 서비스에만 허용되도록 요구한다. 따라서 웹 서비스를 사용하는 모든 웹사이트를 반드시 호스팅하지 않을 것이므로 API가 상당히 제한될 것이다. CORS^{Cross-Origin Resource Sharing} 기법은 동일한 출처 정책을 우회해 다른 영역에서 호스팅되는 웹사이트를 지원하는 서비스를 구축할 수 있게 한다. 이렇게 하려면 *에 대한 응답으로 Access-Control-Allow-Origin 헤더를 설정하기만 하면 된다. 폴링 호출 생성에서 Location 헤더를 사용할 것이기 때문에 이 헤더를 클라이언트가 액세스할 수 있도록 허용할 것이다. 이 헤더는 Access-Control-Expose-Headers 헤더에 나열해 수행할 수 있다. main.go에 다음 코드를 추가한다.

```go
func withCORS(fn http.HandlerFunc) http.HandlerFunc {
  return func(w http.ResponseWriter, r *http.Request) {
    w.Header().Set("Access-Control-Allow-Origin", "*")
    w.Header().Set("Access-Control-Expose-Headers", "Location")
    fn(w, r)
  }
}
```

이것은 가장 간단한 래퍼 함수다. ResponseWriter 타입에 적절한 헤더를 설정하고 지정된 http.HandlerFunc 타입을 호출하기만 하면 된다.

> 6장에서는 CORS를 명시적으로 처리하므로 정확히 무슨 일이 벌어지고 있는지 이해할 수 있다. 실제 프로덕션 코드의 경우에는 https://github.com/fasterness/cors와 같은 오픈소스 솔루션을 사용하는 것을 고려해야 한다.

▌ 의존성 주입[2]

이제 요청에 유효한 API 키가 있고 CORS와 호환된다는 것을 확신할 수 있으므로 핸들러가 데이터베이스에 연결하는 방법을 고려해야 한다. 한 가지 옵션은 각 핸들러가 자체적으로 연결하는 것이지만, DRY(반복하지 말 것)가 아니며 잠재적으로 잘못된 코드를 위한 공간을 남겨둔다. 예를 들어 세션이 종료되면 데이터베이스 세션을 닫는 것을 잊어버리는 코드가 있다. 또한 데이터베이스에 연결하는 방법을 변경하려는 경우 (하드코딩된 IP 주소 대신 도메인명을 사용하려는 경우) 코드를 수정하는 대신 여러 위치에서 고쳐야 할 수도 있다.

대신 핸들러에 대한 모든 의존성을 캡슐화하고 main.go에 데이터베이스 연결로 구성하는 새로운 타입을 생성할 것이다.

Server라는 새 타입을 만든다.

```
// Server는 API 서버다
type Server struct {
  db *mgo.Session
}
```

핸들러 함수는 이 서버의 메소드가 될 것이다. 이는 데이터베이스 세션에 액세스할 수 있는 방법이다.

▌ 응답

어떤 API의 대부분은 상태 코드, 데이터, 오류, 그리고 때로는 헤더의 조합으로 요청에 응답한다. net/http 패키지는 이 모든 것을 매우 쉽게 만든다. 아주 작은 프로젝트

---

2   의존성 주입(DI, Dependency Injection)은 프로그래밍에서 구성 요소 간의 의존 관계가 소스 코드 내부가 아닌 외부의 설정 파일 등을 통해 정의되게 하는 디자인 패턴 중의 하나다(https://ko.wikipedia.org/wiki/의존성_주입). - 옮긴이

나 큰 프로젝트의 초기 단계까지도 최상의 옵션으로 남아있는 옵션 중 하나는 핸들러 내부에 직접 응답 코드를 작성하는 것이다.

그러나 핸들러가 늘어남에 따라 많은 코드를 복제하고 프로젝트 전반에 걸쳐 의사 결정을 전파할 것이다. 좀 더 확장성 있는 접근 방법은 응답 코드를 헬퍼 함수로 추상화하는 것이다.

API의 첫 번째 버전에서는 JSON만 얘기할 예정이지만 나중에 필요할 경우 다른 표현을 추가할 수 있는 유연성을 원한다.

respond.go라는 새 파일을 만들고 다음 코드를 추가한다.

```go
func decodeBody(r *http.Request, v interface{}) error {
  defer r.Body.Close()
  return json.NewDecoder(r.Body).Decode(v)
}
func encodeBody(w http.ResponseWriter, r *http.Request, v interface{}) error {
  return json.NewEncoder(w).Encode(v)
}
```

이 두 함수는 각각 Request 및 ResponseWriter 객체에서 데이터의 디코딩 및 인코딩을 추상화한다. 또한 디코더는 요청 본문을 닫으며, 권장된다. 여기에 많은 기능을 추가하지는 않았지만 코드의 다른 곳에서는 JSON을 언급할 필요가 없으며 다른 표현에 대한 지원을 추가하거나 대신 바이너리 프로토콜로 전환하기로 결정한 경우 두 가지 함수가 필요하다.

다음으로 좀 더 쉽게 응답할 수 있는 몇 가지 헬퍼를 추가할 것이다. respond.go에 다음 코드를 추가한다.

```go
func respond(w http.ResponseWriter, r *http.Request,
  status int, data interface{}) {
```

```
  w.WriteHeader(status)
  if data != nil {
    encodeBody(w, r, data)
  }
}
```

이 함수는 encodeBody 헬퍼를 사용해 상태 코드와 일부 데이터를 ResponseWriter 객체에 쉽게 쓰도록 한다.

에러 처리는 추상화할 가치가 있는 또 다른 중요한 측면이다. 다음 respondErr 헬퍼를 추가하라.

```
func respondErr(w http.ResponseWriter, r *http.Request,
  status int, args ...interface{}) {
  respond(w, r, status, map[string]interface{}{
    "error": map[string]interface{}{
      "message": fmt.Sprint(args...),
    },
  })
}
```

이 메소드는 respond 함수와 비슷한 인터페이스를 제공하지만, 뭔가 잘못됐을 때 분명히 하기 위해 작성된 데이터는 error 객체에 포함된다. 마지막으로 Go 표준 라이브러리의 http.StatusText 함수를 사용해 올바른 메시지를 생성하는 HTTP 오류 관련 헬퍼를 추가할 수 있다.

```
func respondHTTPErr(w http.ResponseWriter, r *http.Request, status int) {
  respondErr(w, r, status, http.StatusText(status))
}
```

이 함수들은 모두 직접 만든 프로그램을 사용$^{dog food}$3한다. 무엇보다 개개인이 실제로 한곳에서 일어날 수 있는 반응을 원하기 때문이다. 우리는 변화를 필요로 한다.

▌ 요청 이해

`http.Request` 객체는 기본 HTTP 요청에 대해 필요할 수 있는 모든 정보에 대한 액세스를 제공한다. 따라서 실제 그 강력함을 느끼려면 net/http 문서를 살펴볼 만한 가치가 있다. 그중 몇 가지 예를 들면 다음과 같다.

- URL, 경로 및 쿼리 문자열
- HTTP 메소드
- 쿠키
- 파일
- 폼 값(폼에 입력한 값)
- 요청자의 리퍼러^{referrer}4 및 사용자 에이전트
- 기본 인증 세부 정보
- 요청 본문
- 헤더 정보

여기에는 해결할 수 없는 몇 가지 사항이 있어 스스로 해결하거나 외부 패키지를 통해 도움을 받아야 한다. URL 경로 파싱은 `http.Request` 타입의 `URL.Path` 필드를 통해 문자열(예: /people/1/books/2)에 액세스할 수 있는 일례다. 경로에 인코딩된 데이터, 예를 들어 사람 ID가 1 또는 책 ID가 2인 경우 가져오는 쉬운 방법은 없다.

---

3 자사 제품이나 자신이 직접 만든 소프트웨어 프로그램을 사용한다는 의미다. – 옮긴이

4 웹 브라우저로 서핑할 때, 하이퍼링크를 통해 각각의 사이트로 방문 시 남는 흔적을 말한다. 웹사이트 관리자가 사이트 방문객이 어떤 경로로 자신의 사이트에 방문했는지 알아볼 때 유용하게 사용된다(https://ko.wikipedia.org/wiki/리퍼러). 요컨대 '방문 유입 경로'라고 할 수 있다. – 옮긴이

Goweb이나 Gorillz의 Mux 패키지와 같은 몇 가지 프로젝트가 이 문제를 해결하는 좋은 방법이다. 값을 위한 플레이스홀더를 포함하는 경로 패턴을 매핑해 원래의 문자열에서 꺼내 코드에 사용할 수 있도록 한다. 예를 들어 /users/{userID}/comments/{commentID}의 패턴을 매핑할 수 있다. 이 패턴은 /users/1/comments/2와 같은 경로를 매핑한다. 핸들러 코드에서 경로를 직접 파싱하지 않고 중괄호 안에 있는 이름으로 값을 가져올 수 있다.

요구 사항이 간단하므로 간단한 경로 파싱 유틸리티를 함께 사용한다. 나중에 다른 패키지를 사용할 수는 있지만 그럴 경우 프로젝트에 의존성이 추가된다.

path.go라는 새 파일을 만들고 다음 코드를 삽입하라.

```go
package main
import (
  "strings"
)
const PathSeparator = "/"
type Path struct {
  Path string
  ID   string
}
func NewPath(p string) *Path {
  var id string
  p = strings.Trim(p, PathSeparator)
  s := strings.Split(p, PathSeparator)
  if len(s) > 1 {
    id = s[len(s)-1]
    p = strings.Join(s[:len(s)-1], PathSeparator)
  }
  return &Path{Path: p, ID: id}
}
func (p *Path) HasID() bool {
```

```
    return len(p.ID) > 0
}
```

이 간단한 파서^{parser}는 지정된 경로 문자열을 파싱하고 Path 타입의 새 인스턴스를 반환하는 NewPath 함수를 제공한다. 앞뒤의 슬래시는 strings.Trim을 사용해 트리밍되고 나머지 경로는 PathSeparator 상수(단지 슬래시)로 분할된다(strings.Split 사용). 둘 이상의 세그먼트(len (s)> 1)가 있는 경우 마지막 세그먼트가 ID로 간주된다. s [len (s) -1]을 사용해 ID의 마지막 항목을 선택하고 나머지 s[:len(s)-1]을 사용해 항목의 나머지 부분을 선택하기 위해 문자열 슬라이스를 다시 슬라이스한다. 동일한 행에서 PathSeparator 상수로 경로 세그먼트를 다시 결합해 ID가 없는 경로가 포함된 단일 문자열을 형성한다.

이것은 모든 collection/id 쌍을 지원하는데, 이는 우리 API에 필요한 것이다. 다음 표에서는 지정된 원본 경로 문자열에 대한 Path 타입의 상태를 보여준다.

원래 경로 문자열	경로(path)	ID	HasID
/	/	nil	false
/people/	people	nil	false
/people/1/	people	1	true

▌ 하나의 함수로 API 제공

웹 서비스는 특정 HTTP 주소와 포트를 바인딩하고 요청을 처리하는 간단한 Go 프로그램일 뿐이다. 따라서 모든 커맨드라인 도구 작성 지식과 기술을 사용하게 된다.

 또한 main 함수가 가능한 한 간단하고 소박하다는(modest) 것을 보장하고자 한다. 이것은 항시 코딩의 목표다. 특히 Go에서는 더욱 그렇다.

main 함수를 작성하기 전에 API 프로그램의 몇 가지 설계 목표를 살펴보겠다.

- 프로그램을 다시 컴파일하지 않고도 API가 수신하는 HTTP 주소 및 포트와 MongoDB 인스턴스의 주소를 지정할 수 있어야 한다(커맨드라인 플래그를 통해).
- 프로그램을 종료할 때 프로그램을 정상적으로 종료하고, 종료 시그널이 프로그램에 전송될 때 처리 중인 요청이 완료되도록 한다.
- 프로그램이 상태 업데이트를 로그아웃하고 오류를 적절히 보고하길 원한다.

main.go 파일 윗부분의 main 함수 플레이스홀더를 다음 코드로 바꾼다.

```go
func main() {
  var (
    addr  = flag.String("addr", ":8080", "endpoint address")
    mongo = flag.String("mongo", "localhost", "mongodb address")
  )
  log.Println("Dialing mongo", *mongo)
  db, err := mgo.Dial(*mongo)
  if err != nil {
    log.Fatalln("failed to connect to mongo:", err)
  }
  defer db.Close()
  s := &Server{
    db: db,
  }
  mux := http.NewServeMux()
  mux.HandleFunc("/polls/",
    withCORS(withAPIKey(s.handlePolls)))
  log.Println("Starting web server on", *addr)
  http.ListenAndServe(":8080", mux)
  log.Println("Stopping...")
}
```

이 함수가 API의 main 함수 전체다. 가장 먼저 할 일은 addr과 mongo라는 두 개의 커맨드라인 플래그를 지정해 적절한 기본값으로 지정하고 플래그 패키지에 파싱하도록 요청하는 것이다. 그런 다음 지정된 주소에서 MongoDB 데이터베이스에 다이얼을 시도한다. 실패하면 log.Fatalln을 호출해 중단한다. 데이터베이스가 실행 중이며 연결할 수 있다고 가정하면 연결 종료를 연기하기 전에 참조를 db 변수에 저장한다. 이것은 프로그램이 끝날 때 프로그램이 제대로 연결을 끊고 정리할 수 있게 한다.

 서버를 만들고 데이터베이스 종속성을 지정한다. 서버를 s라고 부르면 한 문자 변수를 참조하는 코드를 읽거나 그 코드가 무엇인지 알기 어렵기 때문에 혹자는 좋지 않은 방법이라고 생각한다. 하지만 이 변수는 적용 범위가 아주 작기 때문에 혼동될 염려가 없으며 서버라는 정의를 나타내기에 매우 적절하다.

그런 다음 Go 표준 라이브러리가 제공하는 요청 멀티플렉서인 새로운 http.ServeMux 객체를 만들고 /polls/ 경로로 시작하는 모든 요청에 대해 단일 핸들러를 등록한다. handlePolls 핸들러는 서버의 메소드며, 이것이 데이터베이스에 액세스할 수 있는 방법이다.

핸들러 함수 래퍼 사용

ServeMux 핸들러에서 HandleFunc를 호출할 때 다음과 같은 핸들러 함수 래퍼를 사용한다.

```
withCORS (withAPIKey (handlePolls))
```

각 함수는 http.HandlerFunc 타입을 인수로 사용하고 하나를 리턴하므로 이전에 수행한 것처럼 함수 호출을 중첩해 실행을 연결할 수 있다. 따라서 경로 접두사 /polls/와 함께 요청이 들어오면 프로그램은 다음 실행 경로를 취한다.

1. 적절한 헤더를 설정하는 withCORS 함수가 호출된다.

2. withAPIKey 함수가 다음을 호출해 API 키에 대한 요청을 확인하고 유효하지 않은 경우 중단하거나 다음 핸들러 함수를 호출한다.

3. 그러면 respond.go의 헬퍼 함수를 사용해 클라이언트에 응답을 쓸 수 있는 handlePolls 함수가 호출된다.

4. 실행은 APIKey로 돌아가고 종료된다.

5. 실행은 마침내 종료된 withCORS로 다시 돌아간다.

▌ 엔드포인트 핸들링

퍼즐의 마지막 부분은 handlePolls 함수다. 이 함수는 헬퍼를 사용해 들어오는 요청을 이해하고 데이터베이스에 액세스하고 클라이언트에게 다시 보낼 의미 있는 응답을 생성한다. 또한 5장에서 함께 작업한 투표 데이터를 모델링해야 한다.

polls.go라는 새 파일을 만들고 다음 코드를 추가한다.

```
package main
import "gopkg.in/mgo.v2/bson"
type poll struct {
  ID       bson.ObjectId  `bson:"_id" json:"id"`
  Title    string         `json:"title"`
  Options  []string       `json:"options"`
  Results  map[string]int `json:"results,omitempty"`
  APIKey   string         `json:"apikey"`
}
```

여기에서는 poll이라는 구조체를 정의한다. 이 구조체는 5장에서 작성한 코드가 생성 및 관리하는 투표를 설명하는 다섯 개의 필드를 포함한다. APIKey 필드도 추가했다. 실제 필드에서는 API 키 필드를 추가했지만 API 키 필드를 추출하는 방법을 보여준다. 각 필드에는 태그(ID 케이스에 두 개)가 있어 추가 메타데이터를 제공할 수 있다.

구조체에 메타데이터를 추가하기 위한 태그 사용

태그는 같은 줄에 있는 struct 타입 내의 필드 정의를 따르는 문자열이다. ` 문자를 사용해 리터럴 문자열을 나타낸다. 즉 태그 문자열 자체 내에서 큰따옴표를 자유롭게 사용할 수 있다. reflect 패키지를 사용하면 어떤 키와 관련된 값을 가져올 수 있다. 여기서 bson과 json은 모두 키의 예시고 공백 문자로 구분된 각 키/값 쌍이다. encoding/json 및 gopkg.in/mgo.v2/bson 패키지는 태그를 사용해 (다른 속성과 함께) 인코딩 및 디코딩에 사용되는 필드 이름을 지정할 수 있게 해준다. BSON을 사용해 MongoDB 데이터베이스 및 JSON과 대화해 클라이언트와 대화하므로 실제 동일한 struct 타입의 다른 뷰를 지정할 수 있다. 예를 들어, ID 필드를 고려해보라.

```
ID bson.ObjectId `bson:"_id" json:"id"`
```

Go에 있는 필드의 이름은 ID고 JSON 필드는 id며 BSON 필드는 MongoDB에서 사용되는 특수 식별자 필드인 _id다.

단일 핸들러로 다수의 작업 수행

간단한 경로 파싱 솔루션은 경로에 대해서만 신경을 썼기 때문에 클라이언트가 수행하는 RESTful 작업의 종류를 볼 때 약간의 추가 작업을 해야 한다. 특히 요청을 처리하는 방법을 알 수 있도록 HTTP 메소드를 고려해야 한다. 예를 들어 /polls/path에 대한 GET 호출은 POST 호출이 새 호출을 작성하는 투표를 읽어야 한다. 일부 프레임워크는 HTTP 메소드 또는 요청의 특정 헤더 존재 여부 등의 경로 그 이상을 기반으로 핸들러를 매핑할 수 있도록 해서 이 문제점을 해결한다. 이 코드는 매우 단순하기 때문에 간단한 switch 케이스를 사용하려고 한다. polls.go에 handlePolls 함수를 추가한다.

```go
func (s *Server) handlePolls(w http.ResponseWriter,
  r *http.Request) {
  switch r.Method {
  case "GET":
    s.handlePollsGet(w, r)
    return
  case "POST":
    s.handlePollsPost(w, r)
    return
  case "DELETE":
    s.handlePollsDelete(w, r)
    return
  }
  // 찾지 못함
  respondHTTPErr(w, r, http.StatusNotFound)
}
```

HTTP 메소드에서 GET, POST 또는 DELETE 여부에 따라 코드를 분기한다. HTTP 메소
드가 다르다면 404 http.StatusNotFound 오류로 응답한다. 이 코드를 컴파일하려면
handlePolls 핸들러 아래에 다음 함수 스텁을 추가할 수 있다.

```go
func (s *Server) handlePollsGet(w http.ResponseWriter,
  r *http.Request) {
  respondErr(w, r, http.StatusInternalServerError,
    errors.New("not implemented"))
}
func (s *Server) handlePollsPost(w http.ResponseWriter,
  r *http.Request) {
  respondErr(w, r, http.StatusInternalServerError,
    errors.New("not implemented"))
```

```
}
func (s *Server) handlePollsDelete(w http.ResponseWriter,
  r *http.Request) {
  respondErr(w, r, http.StatusInternalServerError,
    errors.New("not implemented"))
}
```

 이 절에서는 요청 성분(HTTP 메소드)을 수동으로 파싱하고 코드에서 의사 결정을 수행하는 방법을 배웠다. 이는 단순한 경우에 유용하지만 고릴라(Gorilla)의 mux 등의 패키지를 살펴보면 이러한 문제를 해결하는 좀 더 강력한 방법을 찾을 수 있다. 그럼에도 불구하고 외부 의존성을 최소로 유지하는 것이 좋고 이는 Go 코드가 포함된 핵심 철학이다.

투표 읽기

이제 웹 서비스의 기능을 구현할 차례다. 다음 코드를 추가하라.

```
func (s *Server) handlePollsGet(w http.ResponseWriter,
  r *http.Request) {
  session := s.db.Copy()
  defer session.Close()
  c := session.DB("ballots").C("polls")
  var q *mgo.Query
  p := NewPath(r.URL.Path)
  if p.HasID() {
    // 특정 투표 가져오기
    q = c.FindId(bson.ObjectIdHex(p.ID))
  } else {
    // 모든 투표 가져오기
    q = c.Find(nil)
  }
  var result []*poll
```

```
  if err := q.All(&result); err != nil {
    respondErr(w, r, http.StatusInternalServerError, err)
    return
  }
  respond(w, r, http.StatusOK, &result)
}
```

각 하위 핸들러 함수에서 가장 먼저 해야 할 일은 MongoDB와 상호작용할 수 있는
데이터베이스 세션의 복사본을 만드는 것이다. 그런 다음 mgo를 사용해 데이터베이스
에 있는 polls 컬렉션을 참조하는 객체를 생성한다. 이 컬렉션은 투표가 있는 곳임이
기억날 것이다.

그런 다음 경로를 파싱해 mgo.Query 개체를 작성한다. ID가 있으면 polls 컬렉션에
서 FindId 메소드를 사용한다. 그렇지 않으면 Find 메소드로 nil을 전달한다. 이 메소
드는 모든 폴을 선택하려고 함을 나타낸다. ObjectIdHex 메소드를 사용해 ID를 문자
열에서 bson.ObjectId 타입으로 변환하고 숫자로 나타낸(16진수) 식별자를 사용해 투
표를 참조할 수 있다.

All 메소드는 poll 객체 컬렉션을 생성할 것으로 예상되므로 결과를 []*poll 또는
poll 타입에 대한 포인터 슬라이스로 정의한다. 쿼리에서 All 메소드를 호출하면 mgo
가 MongoDB에 대한 연결을 사용해 모든 투표를 읽고 result 객체를 채운다.

 소수의 여론 조사와 같은 소규모의 경우 이 접근법은 좋지만 여론 조사가 늘어남에 따
라 좀 더 정교한 접근 방식을 고려해야 한다. 쿼리에서 Iter 메소드를 사용하고 Limit 및
Skip 메소드를 사용해 결과를 페이지별로 처리할 수 있으므로 메모리에 너무 많은 데이
터를 로드하거나 한꺼번에 너무 많은 정보를 사용자에게 제공하지 않는다.

이제 몇 가지 기능을 추가했으므로 처음으로 API를 사용해보겠다. 5장에서 설정한 것
과 동일한 MongoDB 인스턴스를 사용하고 있다면 이미 polls 컬렉션에 일부 데이터

가 있어야 한다. API가 제대로 작동하는지 확인하려면 데이터베이스에 적어도 두 개의 투표가 있어야 한다.

다른 폴을 데이터베이스에 추가해야 하는 경우 터미널에서 mongo 명령을 실행해 MongoDB와 상호작용할 수 있는 데이터베이스 셸을 연다. 그런 다음 몇 가지 테스트 폴을 추가하려면 다음 명령을 입력하라.

```
> use ballots
switched to db ballots
> db.polls.insert({"title":"Test poll","options":
["one","two","three"]})
> db.polls.insert({"title":"Test poll two","options":
["four","five","six"]})
```

터미널에서 api 폴더로 이동해 프로젝트를 빌드하고 실행한다.

```
go build -o api
./api
```

브라우저에서 http://localhost:8080/polls/?key=abc123으로 이동해 /polls/ 엔드포인트에 GET 요청을 하라. 마지막 슬래시를 포함해야 한다. 결과는 JSON 형식의 투표 배열이 된다.

브라우저에서 특정 투표에 대한 데이터에 액세스하려면 http://localhost:8080/polls/5415b060a02cd4adb487c3ae?key=abc123처럼 '?' 문자 앞에 투표 목록의 ID 중 하나를 복사해 붙여넣는다.

이제 모든 투표를 리턴하는 대신 하나만 리턴한다.

단일 폴만 리턴하더라도 이 폴 값은 여전히 배열 안에 중첩돼 있음을 알 수 있다. 이 것은 두 가지 이유에서 의도적인 디자인 결정이었다. 가장 중요한 이유는 중첩을 통해 API 사용자가 데이터를 소비하는 코드를 작성하는 것이 더 쉬워졌기 때문이다. 사용자가 항상 JSON 배열을 기대하는 경우 단일 타입에 대해 하나의 타입을, 투표 모음에 대해 하나의 타입을 갖는 것이 아니라 기대를 설명하는 강력한 타입을 작성할 수 있다. API 설계자로서, 이 결정을 내려야 한다. 배열에 객체를 중첩시킨 두 번째 이유는 API 코드를 더 간단하게 만들어서 mgo.Query 객체를 변경하고 나머지 코드는 그대로 두는 것이다.

투표 생성

클라이언트는 투표를 만들기 위해 /polls/에 POST 요청을 할 수 있어야 한다. POST 케이스에 다음 코드를 추가한다.

```
func (s *Server) handlePollsPost(w http.ResponseWriter,
  r *http.Request) {
  session := s.db.Copy()
  defer session.Close()
  c := session.DB("ballots").C("polls")
  var p poll
  if err := decodeBody(r, &p); err != nil {
    respondErr(w, r, http.StatusBadRequest, "failed to read poll from
    request", err)
    return
  }
  apikey, ok := APIKey(r.Context())
  if ok {
```

```
    p.APIKey = apikey
  }
  p.ID = bson.NewObjectId()
  if err := c.Insert(p); err != nil {
    respondErr(w, r, http.StatusInternalServerError,
      "failed to insert poll", err)
    return
  }
  w.Header().Set("Location", "polls/"+p.ID.Hex())
  respond(w, r, http.StatusCreated, nil)
}
```

이전과 같이 데이터베이스 세션의 사본을 얻은 후에는 RESTful 원칙에 따라 클라이언트가 생성하려는 폴 객체의 표현을 포함해야 하는 요청의 본문을 디코딩하려고 시도한다. 오류가 발생하면 respondErr 헬퍼를 사용해 오류를 사용자에게 출력하고 즉시 함수를 종료한다. 그런 다음 폴에 대한 새로운 고유 ID를 생성하고 mgo 패키지의 Insert 메소드를 사용해 이를 데이터베이스로 보낸다. 그런 다음 응답의 Location 헤더를 설정하고 새로 생성된 폴에 액세스할 수 있는 URL을 가리키는 201 http.StatusCreated 메시지로 응답한다. 일부 API는 객체에 링크를 제공하는 대신 객체를 반환한다. 이는 구체적인 표준이 없으므로 설계하는 여러분에게 달렸다.

투표 삭제

API에 포함시킬 마지막 기능은 투표를 삭제하는 기능이다. 투표 URL(/polls/5415b060a02cd4adb487c3ae와 같은)에 DELETE HTTP 메소드를 요청하면 데이터베이스에서 투표를 제거하고 200 Success 응답을 리턴할 수 있다.

```
func (s *Server) handlePollsDelete(w http.ResponseWriter,
  r *http.Request) {
  session := s.db.Copy()
```

```
  defer session.Close()
  c := session.DB("ballots").C("polls")
  p := NewPath(r.URL.Path)
  if !p.HasID() {
    respondErr(w, r, http.StatusMethodNotAllowed,
      "Cannot delete all polls.")
    return
  }
  if err := c.RemoveId(bson.ObjectIdHex(p.ID)); err != nil {
    respondErr(w, r, http.StatusInternalServerError,
      "failed to delete poll", err)
    return
  }
  respond(w, r, http.StatusOK, nil) // ok
}
```

GET 케이스와 마찬가지로 경로를 파싱하지만, 이번에는 경로에 ID가 없는 경우 오류로 응답한다. 현재 사람들이 한 번의 요청으로 모든 투표를 삭제할 수 없도록 하기 위해 적절한 StatusMethodNotAllowed 코드를 사용한다. 그런 다음 앞서 사용한 것과 같은 컬렉션을 사용해 RemoveId를 호출하고 경로의 ID를 bson.ObjectId 타입으로 변환한 후 전달한다. 문제가 없으면 바디 없이 http.StatusOK 메시지로 응답한다.

CORS 지원

CORS에서 DELETE 기능을 사용하려면 CORS 브라우저가 DELETE와 같은 일부 HTTP 메소드를 처리하는 방식을 지원하는 약간의 추가 작업을 수행해야 한다. CORS 브라우저는 실제로 OPTIONS의 HTTP 메소드를 사용해 사전preflight 요청을 보내고 (Access-Control-Request-Method 요청 헤더에 나열된) DELETE 요청을 할 수 있는 권한을 요청하며, API는 작업 요청에 적절하게 응답해야 한다. switch문에 OPTIONS 케이스를 추가하라.

```
case "OPTIONS":
  w.Header().Add("Access-Control-Allow-Methods", "DELETE")
  respond(w, r, http.StatusOK, nil)
  return
```

브라우저가 DELETE 요청을 보낼 수 있는 권한을 요청하면 API는 Access-Control-Allow-Methods 헤더를 DELETE로 설정하고 응답해 withCORS 래퍼 핸들러에서 설정한 기본 * 값을 재정의한다. 실제 상황에서는 요청에 대한 응답으로 Access-Control-Allow-Methods 헤더의 값이 변경되지만, 지원하는 유일한 경우는 DELETE밖에 없으므로 지금은 이를 하드코딩할 수 있다.

 CORS에 대한 자세한 내용은 이 책에서 다루는 범위를 벗어나지만, 진정으로 접근 가능한 웹 서비스 및 API를 구축하려는 경우 해당 내용을 온라인으로 조사하는 것이 좋다. http://enablecors.org/에서부터 시작하라.

curl을 사용해 API 테스트

curl은 커맨드라인 툴로 HTTP 요청을 만들어서 실제 애플리케이션이나 클라이언트가 서비스를 사용하는 것처럼 액세스할 수 있다.

 윈도우 사용자는 기본적으로 curl에 액세스할 수 없으므로 대안을 찾아야 한다. http://curl.haxx.se/dlwiz/?type=bin을 확인하거나 웹에서 윈도우 curl 대안을 검색하라.

터미널에서 API를 통해 데이터베이스의 모든 투표를 읽어보자. api 폴더로 이동해 프로젝트를 빌드 및 실행하고 MongoDB가 실행 중인지 확인하라.

```
go build -o api
./api
```

그런 다음 아래의 단계를 수행한다.

1. -X 플래그를 사용해 지정된 URL에 GET 요청을 보내고 있음을 나타내는 다음 curl 명령을 입력하라.

   ```
   curl -X GET http://localhost:8080/polls/?key=abc123
   ```

2. 엔터 키를 누르면 결과가 출력된다.

   ```
   [{"id":"541727b08ea48e5e5d5bb189","title":"Best Beatle?",
   "options": ["john","paul","george","ringo"]},
   {"id":"541728728ea48e5e5d5bb18a","title":"Favorite language?",
   "options": ["go","java","javascript","ruby"]}]
   ```

3. API가 데이터베이스에서 투표 전체를 리턴한다는 것을 알 수 있다. 새 투표를 생성하려면 다음 명령을 실행하라.[5]

   ```
   curl --data '{"title":"test","options":
   ["one","two","three"]}'
   -X POST http://localhost:8080/polls/?key=abc123
   ```

4. 새 투표를 보려면 목록을 다시 가져온다.

   ```
   curl -X GET http://localhost:8080/polls/?key=abc123
   ```

---

5 윈도우 콘솔에서는 에러가 발생한다. 따옴표 사용에 주의한다(작은따옴표를 없애고, 큰따옴표 앞에 ₩ 문자 추가 {₩"title ₩":₩"test₩",₩"options₩":[₩"one₩",₩"two₩",₩"three₩"]}). – 옮긴이

5. ID 중 하나를 복사해 붙여넣고 해당 투표를 구체적으로 참조하도록 URL을 조정하라.

```
curl -X GET http://localhost:8080/polls/541727b08ea48e5e5d5bb189?key
=abc123
[{"id":"541727b08ea48e5e5d5bb189","","title":"Best Beatle?",
"options": ["john","paul","george","ringo"]}]
```

6. 이제 선택한 투표만 보인다. 투표를 삭제하기 위한 DELETE 요청을 만들어보겠다.

```
curl -X DELETE http://localhost:8080/polls/541727b08ea48e5e5d5bb189?
key=abc123
```

7. 이제 모든 투표를 다시 불러오면, 비틀즈 투표가 끝난 것을 알 수 있다.

```
curl -X GET http://localhost:8080/polls/?key=abc123
[{"id":"541728728ea48e5e5d5bb18a","title":"Favorite language?","opti
ons":["go","java","javascript","ruby"]}]
```

이제 API가 예상대로 작동하는 것을 확인했으므로 API를 적절하게 사용할 클라이언트를 구축할 차례다.

▌ API를 사용하는 웹 클라이언트

API를 통해 노출된 기능과 데이터를 사용하는 매우 간단한 웹 클라이언트를 구성해 사용자가 5장 및 이전에 작성한 투표 시스템과 상호작용할 수 있도록 할 것이다. 클라이언트는 세 개의 웹 페이지로 구성된다.

- 모든 투표를 보여주는 index.html 페이지

- 특정 투표 결과를 보여주는 view.html 페이지

- 사용자가 새로운 투표를 만들 수 있는 new.html 페이지

api 폴더와 동일한 위치에 web이라는 폴더를 만들고 main.go 파일에 다음 내용을
추가하라.

```go
package main
import (
  "flag"
  "log"
  "net/http"
)
func main() {
  var addr = flag.String("addr", ":8081", "website address")
  flag.Parse()
  mux := http.NewServeMux()
  mux.Handle("/", http.StripPrefix("/",
    http.FileServer(http.Dir("public"))))
  log.Println("Serving website at:", *addr)
  http.ListenAndServe(*addr, mux)
}
```

이 몇 줄의 Go 코드는 실제로 Go 언어와 표준 라이브러리의 아름다움을 강조하고 있
다. 이들은 확장성이 뛰어나고 정적인 웹사이트 호스팅 프로그램을 대표한다. 이 프로
그램은 addr 플래그를 사용하고, 친숙한 http.ServeMux 타입을 사용해 public 폴더에
서 정적 파일을 제공한다.

이어지는 몇 페이지를 만들려면 UI를 구축하는 동안 많은 HTML 및 자바스크립트 코드를 작성해야 한다. 이 코드는 Go 코드가 아니기 때문에 모두 타이핑하지 않으려면 이 책의 깃허브(https://github.com/matryer/goblueprints)로 가서 언제든지 복사한 후 붙여넣기하라. 적절하게 부트스트랩과 jQuery 라이브러리의 최신 버전을 포함시킬 수도 있지만, 이후 버전과는 구현상의 차이가 있을 수 있다.

투표 목록을 보여주는 인덱스 페이지

web 폴더 안에 public 폴더를 만들고 다음의 HTML 코드를 작성해 index.html 파일을 추가한다.

```
<!DOCTYPE html>
<html>
<head>
  <title>Polls</title>
  <link rel="stylesheet" href="//maxcdn.bootstrapcdn.com/bootstrap/3.2.0/
css/bootstrap.min.css">
</head>
<body>
</body>
</html>
```

부트스트랩을 사용해 간단한 UI를 멋지게 보이도록 만들려면 HTML 페이지의 body 태그에 두 개의 섹션을 추가해야 한다. 먼저 투표 목록을 표시할 DOM 요소를 추가한다.

```
<div class="container">
  <div class="col-md-4"></div>
  <div class="col-md-4">
    <h1>Polls</h1>
    <ul id="polls"></ul>
```

```
    <a href="new.html" class="btn btn-primary">Create new poll</a>
  </div>
  <div class="col-md-4"></div>
</div>
```

여기서는 부트스트랩의 그리드 시스템을 사용해 투표 목록과 새로운 투표를 만들 수 있는 new.html에 대한 링크로 구성된 콘텐츠를 가운데 정렬한다.

그런 다음 아래에 다음 script 태그와 자바스크립트를 추가하라.

```
<script src="//ajax.googleapis.com/ajax/libs/jquery/2.1.1/jquery.min.js"></script>
<script>
  $(function() {
    var update = function() {
      $.get("http://localhost:8080/polls/?key=abc123", null, null, "json")
        .done(function(polls) {
          $("#polls").empty();
          for (var p in polls) {
            var poll = polls[p];
            $("#polls").append(
              $("<li>").append(
                $("<a>")
                .attr("href", "view.html?poll=polls/" + poll.id)
                .text(poll.title)
              )
            )
          }
        });
      window.setTimeout(update, 10000);
    }
    update();
  });
</script>
```

웹 서비스에 AJAX 요청을 하기 위해 jQuery의 `$.get` 함수를 사용하고 있으며 API URL을 하드코딩하고 있다. 실제로 어떤 경우에 대해 결정할 수 있는가? 아니면 최소한 도메인명을 사용해 추상화할 수 있는가? 투표가 로드되면 jQuery를 사용해 view. html 페이지에 대한 하이퍼링크가 포함된 목록을 작성하고 투표 ID를 쿼리 파라미터로 전달한다.

새 투표 생성

사용자가 새 투표를 생성할 수 있게 하려면 public 폴더 내에 new.html이라는 파일을 만들고 다음 HTML 코드를 파일에 추가한다.

```html
<!DOCTYPE html>
<html>
<head>
  <title>Create Poll</title>
  <link rel="stylesheet" href="//maxcdn.bootstrapcdn.com/bootstrap/3.2.0/css/
bootstrap.min.css">
</head>
<body>
  <script src="//ajax.googleapis.com/ajax/libs/jquery/2.1.1/jquery.min.js">
  </script>
</body>
</html>
```

새로운 투표를 작성할 때 필요한 정보, 즉 투표의 제목과 옵션을 수집할 HTML 양식 요소를 추가할 것이다. body 태그 안에 다음 코드를 추가한다.

```html
<div class="container">
  <div class="col-md-4"></div>
  <form id="poll" role="form" class="col-md-4">
    <h2>Create Poll</h2>
```

```
  <div class="form-group">
    <label for="title">Title</label>
    <input type="text" class="form-control" id="title" placeholder="Title">
  </div>
  <div class="form-group">
    <label for="options">Options</label>
    <input type="text" class="form-control" id="options"
    placeholder="Options">
    <p class="help-block">Comma separated</p>
  </div>
  <button type="submit" class="btn btn-primary">Create Poll</button> or <a
  href="/">cancel</a>
  </form>
  <div class="col-md-4"></div>
</div>
```

API가 JSON을 사용하기 때문에 HTML 폼^{form}을 JSON으로 인코딩된 문자열로 바꾸고 쉼표로 구분된 옵션 문자열을 옵션 배열로 분리해야 한다. 다음 script 태그를 추가하라.

```
<script>
  $(function() {
    var form = $("form#poll");
    form.submit(function(e) {
      e.preventDefault();
      var title = form.find("input[id='title']").val();
      var options = form.find("input[id='options']").val();
      options = options.split(",");
      for (var opt in options) {
        options[opt] = options[opt].trim();
      }
      $.post("http://localhost:8080/polls/?key=abc123",
        JSON.stringify({
```

```
        title: title,
        options: options
      })
    ).done(function(d, s, r) {
      location.href = "view.html?poll=" +
        r.getResponseHeader("Location");
    });
  });
});
</script>
```

여기서는 양식의 submit 이벤트에 리스너를 추가하고 jQuery의 val 메소드를 사용해 입력 값을 수집한다. 옵션을 쉼표로 분리하고 $POST 메소드를 사용해 적절한 API 엔드 포인트에 POST 요청을 하기 전에 공간을 정리한다. JSON.stringify를 사용하면 데이터 객체를 JSON 문자열로 바꿀 수 있으며 API에서 예상하는 대로 해당 문자열을 요청 본문으로 사용한다. 성공하면 Location 헤더를 꺼내 사용자를 view.html 페이지로 리디렉션하고 새로 작성된 투표에 대한 참조를 파라미터로 전달한다.

투표의 세부 정보 표시

완성해야 할 앱의 마지막 페이지는 view.html 페이지다. 이 페이지에서는 사용자가 투표의 세부 정보와 실시간 결과를 볼 수 있다. public 폴더 안에 view.html 파일을 만들고 다음 HTML 코드를 추가한다.

```
<!DOCTYPE html>
<html>
<head>
  <title>View Poll</title>
  <link rel="stylesheet" href="//maxcdn.bootstrapcdn.com/bootstrap/3.2.0/
  css/bootstrap.min.css">
```

```
</head>
<body>
  <div class="container">
    <div class="col-md-4"></div>
    <div class="col-md-4">
      <h1 data-field="title">...</h1>
      <ul id="options"></ul>
      <div id="chart"></div>
      <div>
        <button class="btn btn-sm" id="delete">Delete this poll</button>
      </div>
    </div>
    <div class="col-md-4"></div>
  </div>
</body>
</html>
```

이 페이지는 다른 페이지와 거의 비슷하다. 투표의 제목, 옵션, 파이 차트를 표시하는 요소가 포함돼 있으며, 구글의 시각화 API를 우리가 만든 API와 매시업해 결과를 보여준다. view.html의 마지막 div 태그(그리고 닫는 body 태그 위)에 다음 script 태그를 추가한다.

```
<script src="//www.google.com/jsapi"></script>
<script src="//ajax.googleapis.com/ajax/libs/jquery/2.1.1/jquery.min.js">
</script>
<script>
  google.load('visualization', '1.0', {
    'packages': ['corechart']
  });
  google.setOnLoadCallback(function() {
      $(function() {
          var chart;
          var poll = location.href.split("poll=")[1];
```

272

```
var update = function() {
  $.get("http://localhost:8080/" + poll + "?key=abc123", null,
  null,
      "json")
    .done(function(polls) {
        var poll = polls[0];
        $('[data-field="title"]').text(poll.title);
        $("#options").empty();
        for (var o in poll.results) {
          $("#options").append(
            $("<li>").append(
              $("<small>").addClass("label label
                default ").text(poll.results[o]),
                " ", o
              )
            )
        }
        if (poll.results) {
          var data = new google.visualization.DataTable();
          data.addColumn("string", "Option");
          data.addColumn("number", "Votes");
          for (var o in poll.results) {
            data.addRow([o, poll.results[o]])
          }
          if (!chart) {
            chart = new google.visualization.
            PieChart(document.getElementById('chart'));
          }
          chart.draw(data, {
            is3D: true
          });
        }
      }
    ); window.setTimeout(update, 1000);
  };
```

```
        update();
        $("#delete").click(function() {
          if (confirm("Sure?")) {
            $.ajax({
                url: "http://localhost:8080/" + poll + "?key=abc123",
                type: "DELETE"
            })
            .done(function() {
              location.href = "/";
            })
          }
        });
      });
    });
</script>
```

jQuery, 부트스트랩, 구글 자바스크립트 API 등 우리 페이지에 필요한 의존성을 포함한다. 이 코드는 구글에서 적절한 시각화 라이브러리를 로드하고 DOM 요소를 로드할 때까지 기다린 후 URL에서 poll=로 나눠 투표 ID를 추출한다. 그런 다음 페이지의 뷰를 생성하는 함수를 나타내는 update라는 변수를 만든다. 이 방식은 뷰 업데이트를 위한 정기적인 호출을 하기 위해 window.setTimeout을 사용하기 쉽게 만든다. 업데이트 함수 안에서 $.get을 사용해 /polls/{id} 엔드포인트에 GET 요청을 보내고 {id}를 URL에서 이전에 추출한 실제 ID로 바꾼다. 투표가 로드되면 페이지의 제목을 업데이트하고 옵션을 반복해 목록에 추가한다. 결과가 있는 경우(5장에서 결과 득표를 계산하기 시작한 results 맵만 데이터에 추가됨) 새로운 google.visualization.PieChart 객체를 만들고 결과가 포함된 google.visualization.DataTable 객체를 작성한다. 차트에서 draw를 호출하면 데이터가 표시돼 차트가 최신 숫자로 업데이트된다. 그런 다음 setTimeout을 사용해 코드에서 1초 후에 update를 재호출하도록 지시한다.

마지막으로 페이지에 추가한 delete 버튼의 click 이벤트에 바인딩하고, 사용자에게 한 번 더 확인한다. 이후 투표 URL에 DELETE 요청을 하고 다시 홈페이지로 리디렉

274

션한다. 실제로 OPTIONS 요구가 먼저 요청을 일으키고 권한을 요구하는 것은 이 요청이다. 따라서 handlePolls 함수에서 이전에 명시적으로 지원을 추가한 이유가 있다.

▌ 솔루션 실행

4장과 5장에서 많은 구성 요소를 만들었으니 이제 모두 함께 동작시켜보자. 이 절에는 5장의 앞부분에서 설명한 대로 환경을 제대로 설정했다고 가정하고 모든 항목을 실행하기 위해 필요한 모든 것이 들어있다. 여기서는 네 개의 하위 폴더(api, counter, twittervotes, web)를 포함하는 하나의 폴더가 있다고 가정한다.

아무것도 실행되지 않은 상태로 가정하고 다음 단계를 수행한다(자체 터미널 창의 각 단계).

1. 최상위 폴더에서 nsqlookupd 데몬을 시작한다.

```
nsqlookupd
```

2. 동일한 디렉터리에서 nsqd 데몬을 시작한다.

```
nsqd --lookupd-tcp-address=localhost:4160
```

3. MongoDB 데몬을 시작하라.

```
mongod
```

4. counter 폴더로 이동해 빌드하고 실행하라.

```
cd counter
go build -o counter
./counter
```

5. twittervotes 폴더로 이동해 빌드하고 실행하라. 적절한 환경 변수를 설정했는지 확인하라. 그렇지 않으면 프로그램을 실행할 때 오류가 표시된다.

```
cd ../twittervotes
go build -o twittervotes
./twittervotes
```

6. api 폴더로 이동해 빌드하고 실행하라.

```
cd ../api
go build -o api
./api
```

7. web 폴더로 이동해 빌드하고 실행하라.

```
cd ../web
go build -o web
./web
```

이제 모두 실행되고 있다. 브라우저를 열어 http://localhost:8081/로 접속한다. 사용자 인터페이스를 사용해 Moods라는 투표를 작성하고 'happy, sad, fail, success'를 옵션으로 입력하라. 이들은 트위터에서 관련 활동을 확인할 가능성이 높은 공통된 단어다.

투표를 작성하면 보기 페이지로 이동해 결과를 볼 수 있다. UI가 실시간으로 업데이트됨에 따라 몇 초 동안 기다렸다가 열심히 노력한 결과인 실시간 결과를 감상하라.

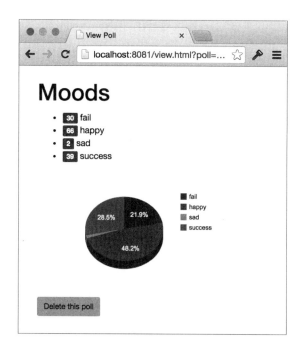

요약

6장에서는 확장성이 뛰어난 RESTful API를 통해 소셜 여론 조사 솔루션의 데이터를 공개하는 간단한 웹사이트를 구축했다. 이 웹사이트는 API를 사용해 사용자가 직관적인 방식으로 상호작용할 수 있도록 했다. 웹사이트는 정적 콘텐츠로만 구성되며 서버측 처리는 없다(API는 큰 부담이 되기 때문). 이를 통해 bitballoon.com과 같은 정적 호스팅 사이트에서 웹사이트를 매우 저렴하게 호스팅하거나 파일을 콘텐츠 배포 네트워크CDN에 배포할 수 있다.

API 서비스에서 표준 라이브러리의 핸들러 패턴을 손상시키거나 난독화하지 않고 핸들러 간에 데이터를 공유하는 방법을 배웠다. 또한 래핑된 핸들러 함수를 사용해 매우 단순하고 직관적인 방식으로 기능 파이프라인을 구축할 수 있었다.

몇 가지 기본 인코딩 및 디코딩 기능을 썼지만, 단순히 encoding/json 패키지에서 해당 부분을 현재 래핑하고 있으나 나중에 코드 내부의 인터페이스를 변경하지 않고도 다양한 데이터 표현을 지원하기 위해 개선될 수 있다. 데이터 요청에 쉽게 응답할 수 있는 몇 가지 간단한 헬퍼 함수를 작성하면서 나중에 API를 발전시킬 수 있는 추상화와 동일한 종류의 추상화를 제공한다.

단순한 경우에 HTTP 메소드로 전환하는 것이 단일 엔드포인트를 위한 많은 기능을 지원하는 훌륭한 방법임을 알았다. 몇 줄의 코드 추가만으로 JSONP와 같은 우회 방법을 찾거나 새로운 해결책을 사용할 필요 없이 다른 도메인에서 실행되는 애플리케이션이 우리 서비스와 상호작용할 수 있도록 CORS에 대한 지원을 구축할 수 있는 방법을 배웠다.

7장에서는 Meander라 부르는 새로운 스타트업 앱을 만들기 위해 API와 웹 기술을 발전시킬 것이다. 또한 열거자enumerator를 공식적으로 지원하지 않는 언어에서 열거자를 표현하는 흥미로운 방법을 살펴보겠다.

7

랜덤 추천 웹 서비스

7장에서 구축할 프로젝트의 배후 개념은 간단하다. 사용자가 API를 통해 공개할 미리 정의된 여행 타입 집합을 기반으로 특정 지리적 위치에서 수행할 작업에 대한 랜덤 추천을 생성할 수 있도록 한다. 이 프로젝트에는 Meander라는 코드명을 붙일 것이다.

보통 실무 프로젝트에서는 한 사람이 풀스택[full stack]1을 도맡아 하지는 않는다. 누군가 웹사이트를 구축하고, 다른 사람이 iOS 앱을 작성하고, 아웃소싱 회사가 데스크톱 버전을 만드는 식이다. 더 성공적인 API 프로젝트에서는, 특히 API가 공개 API인 경우 어떤 사람들이 API를 사용하는지 알 수조차 없다.

7장에서는 API를 구현하기 전에 가상의 파트너와 함께 최소한의 API 디자인을 설계하고 합의함으로써 이 실제 상황을 시뮬레이션한다. 프로젝트가 끝나면 팀원이 만든 사용자 인터페이스를 다운로드해 두 애플리케이션을 연계시켜 최종 애플리케이션을 만들 수 있는지 확인한다.

7장에서 다루는 내용은 다음과 같다.

- 쉽고 간단한 애자일[Agile] 사용자 스토리2를 사용해 프로젝트의 일반적인 목표를 표현하는 방법
- 많은 사람들이 동시에 작업할 수 있도록 하는 API의 설계에 합의함으로써 프로젝트의 미팅 포인트에 동의할 수 있음을 발견하기
- 초기 버전에서 코드로 작성되고 프로그램에 컴파일된 데이터 픽스처[fixture]를 가져올 수 있는지 확인해 나중에 인터페이스를 변경하지 않고 구현을 변경하는 방법
- 내부 표현을 숨기거나 변형하려는 경우에 구조체(그리고 다른 타입)가 자신의 공개 버전을 나타낼 수 있는 전략

---

1 특정 영역(스택)만 개발하는 것이 아닌, 서버와 클라이언트 또는 백엔드(back-end)와 프론트엔드(front-end)를 아우르는 전체 스택을 말한다. MEAN 스택, MERN 스택 등이 유명하다. 개발과 관련된 모든 것을 의미하는 경우도 있다. - 옮긴이
2 애자일 방법론의 스토리, 사용자 시나리오 - 옮긴이

- 타입의 인터페이스를 단순하게 유지하면서 내장된 구조체를 사용해 중첩된 데이터를 표현하는 방법
- 코드를 부풀리지 않고 `http.Get`을 사용해 외부 API, 특히 구글 플레이스 API 요청을 만드는 방법
- 실제로 언어 기능이 아니더라도 Go에서 열거자를 효과적으로 구현하는 방법
- TDD의 실제 예를 경험하기
- `math/rand` 패키지를 사용해 쉽게 만드는 슬라이스에서 랜덤으로 항목을 선택하기
- `http.Request` 타입의 URL 파라미터에서 데이터를 가져오는 쉬운 방법

▍프로젝트 개요

애자일 방법론에 따라 프로젝트의 기능을 설명하는 두 가지 사용자 스토리를 작성해보자. 사용자 스토리는 애플리케이션의 전체 기능을 설명하는 포괄적인 문서가 아니어야 한다. 오히려 작은 카드는 사용자가 무엇을 하려는 것인지를 설명할 뿐만 아니라 이유도 설명하기에 완벽하다. 또한 전체 시스템을 전면적으로 설계하거나 구현 세부 사항을 너무 깊이 파고들지 않고 이 작업을 수행해야 한다.

먼저 사용자가 선택할 수 있는 다양한 여행 타입을 확인하는 방법에 대한 스토리가 필요하다.

~로서	여행자
~하고 싶다.	다른 종류의 여행을 보고
그래서	내 파트너를 데려가기 위해 어떤 저녁을 할지 결정할 수 있다.

둘째, 선택한 여행 타입에 대한 랜덤 추천 제공에 관한 스토리가 필요하다.

~로서	여행자
~하고 싶다.	선택한 여행 타입에 대한 랜덤 추천을 보고
그래서	나는 어디로 가야 할지, 그리고 밤은 어떻게 되는지 알기 위해

이 두 스토리는 API가 제공해야 하는 두 가지 핵심 기능을 나타내며 실제로 두 개의 엔드포인트를 나타내는 것으로 끝난다.

특정 위치 주변의 장소를 찾기 위해 구글 플레이스 API를 사용해 bar, cafe 또는 movie_theater와 같은 특정 종류의 업체 목록을 검색할 수 있다. 그런 다음 Go의 math/rand 패키지를 사용해 이 장소에서 랜덤으로 선택함으로써 사용자를 위한 완전한 여정을 만든다.

 구글 플레이스 API는 다양한 비즈니스 타입을 지원한다. 전체 목록은 https://developers.google.com/places/documentation/supported_types를 참조하라.

프로젝트 설계 세부 사항

스토리를 대화형 애플리케이션으로 바꾸기 위해 두 개의 JSON 엔드포인트를 제공할 것이다. 하나는 사용자가 애플리케이션에서 선택할 수 있는 종류의 여행을 제공하고 다른 하나는 실제로 선택한 여행 타입에 대한 랜덤 추천을 생성하는 것이다.

GET /journeys

앞의 호출은 다음과 같은 목록을 리턴한다.

```
[
  {
```

```
    name: "Romantic",
    journey: "park|bar|movie_theater|restaurant|florist"
  },
  {
    name: "Shopping",
    journey: "department_store|clothing_store|jewelry_store"
  }
]
```

name 필드는 앱에서 생성하는 추천 타입에 대한 사람이 읽을 수 있는 형태의 라벨이며, journey 필드는 지원되는 여행 타입의 파이프[3]로 구분된 목록이다. 실제 파라미터를 생성하는 다른 엔드포인트에 URL 파라미터로 전달할 journey 값이다.

```
GET /recommendations?lat=1&lng=2&journey=bar|cafe&radius=10&cost=$...$$$$$
```

이 엔드포인트는 장소 개체 배열을 반환하기 전에 구글 플레이스 API를 쿼리하고 추천을 생성한다. URL의 파라미터를 사용해 수행할 쿼리의 종류를 제어한다. 위도와 경도를 나타내는 lat 및 lng 파라미터는 API에서 전 세계의 추천 지점을 알려주고 radius 파라미터는 관심이 있는 지점 주변의 거리를 미터(m) 단위로 나타낸다.

cost 값은 사람이 읽을 수 있는 방법으로 API가 리턴하는 장소의 가격 범위를 나타낸다. 이 값은 하한과 상한의 범위를 세 개의 점으로 구분해 나타낸 두 개의 값으로 구성된다. 달러 문자($)의 수는 가격 수준을 나타내며, $는 가장 저렴하고 $$$$$는 가장 비싸다. 이 패턴을 사용하면 $ ... $$의 값은 매우 저렴한 비용의 추천을 나타내며 $$$$ ... $$$$$는 매우 비싼 경험을 나타낸다.

---

3 '|' 기호를 지칭하며 세로줄(vertical-bar)이라고도 함 – 옮긴이

일부 프로그래머는 비용 범위가 수치로 표현되고 있다고 할 수도 있겠지만, API를 일반 사람들이 사용할 것이기 때문에 조금 재미있게 보지 않겠는가? 이는 API 설계자인 여러 분에게 달려 있다.

이 호출에 대한 예제 페이로드는 다음과 같다.

```
[
  {
    icon: "http://maps.gstatic.com/mapfiles/place_api/icons/cafe-71.png",
    lat: 51.519583, lng: -0.146251,
    vicinity: "63 New Cavendish St, London",
    name: "Asia House",
    photos: [{
      url: "https://maps.googleapis.com/maps/api/place/photo?
      maxwidth=400&photoreference=CnRnAAAAyLRN"
    }]
  }, ...
]
```

리턴된 배열에는 여행의 각 세그먼트에 대한 랜덤 추천을 적절한 순서로 나타내는 장소 개체가 들어있다. 앞의 예는 런던에 있는 카페다. 데이터 필드는 매우 명확하다. lat, lng 필드는 장소의 위치를 나타내고 name 및 vicinity 필드는 상호명과 업체의 위치를 알려주며 photos 배열은 구글 서버의 관련 사진 목록을 제공한다. vicinity 및 icon 필드는 사용자에게 좀 더 풍부한 경험을 제공하는 데 도움이 된다.

█ 코드에서 데이터 표현

먼저 사용자가 선택할 수 있는 여행을 제공하려고 한다. 그래서 GOPATH에 meander라는 새로운 폴더를 만든 다음 journeys.go 코드를 추가하라.

```
package meander
type j struct {
  Name       string
  PlaceTypes []string
}
var Journeys = []interface{}{
  j{Name: "Romantic", PlaceTypes: []string{"park", "bar",
    "movie_theater", "restaurant", "florist", "taxi_stand"}},
  j{Name: "Shopping", PlaceTypes: []string{"department_store", "cafe",
    "clothing_store", "jewelry_store", "shoe_store"}},
  j{Name: "Night Out", PlaceTypes: []string{"bar", "casino", "food",
    "bar", "night_club", "bar", "bar", "hospital"}},
  j{Name: "Culture", PlaceTypes: []string{"museum", "cafe", "cemetery",
    "library", "art_gallery"}},
  j{Name: "Pamper", PlaceTypes: []string{"hair_care", "beauty_salon",
    "cafe", "spa"}},
}
```

여기서 meander 패키지 안에 j라는 내부 타입을 정의한다. Journeys 패키지의 인스턴스는 Journeys 슬라이스 안에 인스턴스를 작성해 설명한다. 이 접근 방식은 외부 데이터 저장소에 대한 의존성을 만들지 않고 코드에서 데이터를 표현하는 매우 간단한 방법이다.

추가 과제로 이 과정에서 golint를 적절하게 유지할 수 있는지 살펴보라. 코드를 추가할 때마다 패키지에 대해 golint를 실행하고 나타나는 제안을 모두 만족시킨다. 그것은 문서가 없는 익스포트 항목에 대해 많은 관심을 가지고 있다. 올바른 형식으로 간단한 주석을 추가하면 이를 만족시킬 수 있다. golint에 대한 자세한 내용은 다음을 참조하라.

• https://github.com/golang/lint

물론 이것은 나중에 사용자가 자신의 여행을 만들고 공유할 수 있는 능력을 갖춘 상태로 진행될 것이다. API를 통해 데이터를 공개하고 있으므로 이 방법은 초기 버전에 적합하다. 인터페이스에 영향을 주지 않고 내부 구현을 자유롭게 변경할 수 있기 때문이다.

 실제 타입에 관계없이 공용 데이터를 공개하는 일반적인 방법을 구현할 것이기 때문에 []interface{} 타입의 슬라이스를 사용하고 있다.

로맨틱한 여정은 처음에는 공원, 다음에는 바, 영화관, 그다음에는 꽃집 방문 전에 레스토랑, 마지막에는 집으로 가는 택시 승강장으로 구성된다. 당신은 일반적인 아이디어를 얻을 것이다. 구글 플레이스 API에서 지원되는 타입을 참조하고 창의력을 발휘해 다른 기능을 추가하라.

meander(main이 아님)라는 패키지 안에 코드를 포함하고 있기 때문에 지금까지 작성한 다른 API와 같은 도구로 코드를 실행할 수 없음을 알았을 것이다. meander/cmd/meander와 같은 경로를 갖도록 meander 내부에 두 개의 새 폴더를 만든다. 여기에는 HTTP 엔드포인트를 통해 meander 패키지의 기능을 노출하는 실제 커맨드라인 도구가 포함된다.

정처 없이 거닐기^{meandering} 프로젝트(다른 도구를 임포트하고 사용할 수 있는)를 주로 만들기 때문에 루트 폴더의 코드가 meander 패키지며, cmd 폴더 안에 명령(main 패키지)이 포함된다. 생략된 경우 명령 이름이 폴더와 동일한 좋은 사례를 따르기 위해 최종 meander 폴더를 포함한다. 명령은 혼동을 줄 수 있는 meander 대신에 cmd라고 부른다.

cmd/meander 폴더 안의 main.go 파일에 다음 코드를 추가하라.

```
package main
func main() {
  // meander.APIKey = "TODO"
  http.HandleFunc("/journeys", func(w http.ResponseWriter,
    r *http.Request) {
```

```
    respond(w, r, meander.Journeys)
  })
  http.ListenAndServe(":8080", http.DefaultServeMux)
}
func respond(w http.ResponseWriter, r *http.Request, data []interface{})
error {
  return json.NewEncoder(w).Encode(data)
}
```

이것을 /journeys 엔드포인트에 매핑하는 간단한 API 엔드포인트 프로그램으로 인
식한다.

 encoding/json, net/http, runtime 패키지는 앞서 만든 자체 meander 패키지와 함
께 임포트해야 한다.

meander 패키지에서 APIKey의 값을 설정한다(이것은 아직 구현되지 않았기 때문에 주석 처
리돼 있다). net/http 패키지에서 친숙한 HandleFunc 함수를 호출해 엔드포인트를 바
인딩한 후 단지 meander.Journeys 변수로 응답한다. http.ResponseWriter 타입에 지
정된 데이터를 인코딩하는 respond 함수를 제공해 6장의 추상 응답 개념을 차용한다.

터미널에서 cmd/meander 폴더로 이동하고 go run을 사용해 API 프로그램을 실행해
보라. 이 파일은 단일 파일이므로 이 단계에서 실행 파일로 만들 필요가 없다.

go run main.go

http://localhost:8080/journeys 엔드포인트에 액세스하고 다음과 같이 Journeys 데
이터 페이로드가 제공되는지 확인한다.

```
[{
  Name: "Romantic",
  PlaceTypes: [
    "park",
    "bar",
    "movie_theater",
    "restaurant",
    "florist",
    "taxi_stand"
  ]
}, ...]
```

이것은 충분히 만족스럽지만 한 가지 중대한 결함이 있다. 구현에 대한 내부를 노출하는 것이다. PlaceType 필드 이름을 Types로 변경하면 API에서 작성한 약속이 깨지므로 이를 방지하는 것이 중요하다.

프로젝트는 시간이 경과함에 따라 진화하고 변화하며, 특히 성공한 개발자들에게는 개발자가 진화의 영향으로부터 고객을 보호하기 위해 할 수 있는 일을 해야 한다. 추상화 인터페이스는 데이터 객체의 공개 뷰를 소유하는 것과 마찬가지로 이를 수행하는 좋은 방법이다.

Go 구조체의 공개 뷰

Go에서 구조체의 공개public 뷰를 제어하려면 개별 journey 타입에서 노출 방법을 알려줄 수 있는 방법을 고안해야 한다. 루트 meander 폴더에서 public.go라는 새 파일을 만들고 다음 코드를 추가한다.

```
package meander
type Facade interface {
  Public() interface{}
```

```
}
func Public(o interface{}) interface{} {
  if p, ok := o.(Facade); ok {
    return p.Public()
  }
  return o
}
```

Facade 인터페이스는 구조체의 공개 뷰를 반환하는 단일 Public 메소드를 제공한다. 내보낸 Public 함수는 모든 객체를 가져와서 Facade 인터페이스를 구현하는지 여부를 확인한다(Public () interface{} 메소드를 갖고 있는가?). 구현됐다면 메소드를 호출하고 아니면 결과를 리턴한다. 원래 객체를 그대로 리턴한다. 이를 통해 ResponseWriter 객체에 결과를 기록하기 전에 Public 함수를 통해 무엇이든 전달할 수 있으므로 개별 구조체가 공개 뷰를 제어할 수 있다.

 일반적으로 Facade와 같은 단일 메소드 인터페이스의 이름은 Reader 및 Writer와 같이 설명된 메소드의 이름을 따른다. 그러나 Publicer는 혼란스럽기 때문에 의도적으로 규칙을 어겼다.

Journeys.go에 다음 코드를 추가해 j 타입에 대한 Public 메소드를 구현해보겠다.

```
func (j j) Public() interface{} {
  return map[string]interface{}{
    "name":    j.Name,
    "journey": strings.Join(j.PlaceTypes, "|"),
  }
}
```

j 타입의 공개 뷰는 PlaceTypes 필드를 API 디자인에 따라 파이프 문자로 구분된 단일 문자열로 조인한다.

cmd/meander/main.go로 돌아가서 respond 메소드를 새로운 Public 함수를 사용하는 메소드로 바꾼다.

```go
func respond(w http.ResponseWriter, r *http.Request, data []interface{})
error {
  publicData := make([]interface{}, len(data))
  for i, d := range data {
    publicData[i] = meander.Public(d)
  }
  return json.NewEncoder(w).Encode(publicData)
}
```

여기에서는 각 항목에 대해 meander.Public 함수를 호출하는 데이터 슬라이스를 반복해 결과를 동일한 크기의 새 슬라이스에 작성한다. j 타입의 경우, Public 메소드는 기본 뷰가 아닌 데이터의 공개 뷰를 제공하기 위해 호출된다. 터미널에서 cmd/meander 폴더로 다시 이동해 http://localhost:8080/journeys를 입력하기 전에 go run main.go를 실행하라. 이제 동일한 데이터가 새로운 구조로 변경됐다.

```
[{
  journey: "park|bar|movie_theater|restaurant|florist|taxi_stand",
  name: "Romantic"
}, ...]
```

 동일한 결과를 얻는 또 다른 방법은 이전 장에서 설명한 것처럼 태그를 사용해 필드 이름을 제어하고 형식을 정렬화하는 방법을 인코더에 알리는 MarshalJSON 메소드를 제공하는 []string 타입을 구현하는 것이다. 둘 다 가능하지만, Facade 인터페이스와 Public 메소드가 아마도 더 잘 표현해주고 우리가 제어할 수 있는 범위가 늘어날 것이다(누군가 코드를 읽는다면 무슨 일이 벌어질지 분명하지 않은가?).

▌랜덤 추천 생성

코드에서 랜덤하게 추천을 생성할 장소를 얻으려면 구글 플레이스 API를 쿼리해야 한다. 루트 meander 폴더에 다음 query.go 파일을 추가하라.

```go
package meander
type Place struct {
  *googleGeometry `json:"geometry"`
  Name            string        `json:"name"`
  Icon            string        `json:"icon"`
  Photos          []*googlePhoto `json:"photos"`
  Vicinity        string        `json:"vicinity"`
}
type googleResponse struct {
  Results []*Place `json:"results"`
}
type googleGeometry struct {
  *googleLocation `json:"location"`
}
type googleLocation struct {
  Lat float64 `json:"lat"`
  Lng float64 `json:"lng"`
}
type googlePhoto struct {
  PhotoRef string `json:"photo_reference"`
  URL      string `json:"url"`
}
```

이 코드는 구글 플레이스 API의 JSON 응답을 사용 가능한 객체로 파싱하는 데 필요한 구조체를 정의한다.

위 코드의 대부분은 명확하지만 Place 타입에 googleGeometry 타입이 포함돼 있어 API에서 중첩된 데이터를 표현할 수 있으며 구글 코드에서 이를 병합하는 것이 중요하다. googleGeometry 내의 googleLocation을 사용해 이 작업을 수행한다. 즉 다른 구조에 기술적으로 중첩돼 있어도 Place 객체의 Lat 및 Lng 값에 직접 액세스할 수 있다.

Place 개체가 공개적으로 표시되는 방식을 제어하려고 하기 때문에 이 타입에 다음 Public 메소드를 지정해보겠다.

```
func (p *Place) Public() interface{} {
  return map[string]interface{}{
    "name":     p.Name,
    "icon":     p.Icon,
    "photos":   p.Photos,
    "vicinity": p.Vicinity,
    "lat":      p.Lat,
    "lng":      p.Lng,
  }
}
```

구글 플레이스 API 키

대부분의 API와 마찬가지로 원격 서비스에 액세스하려면 API 키가 필요하다. 구글 API 콘솔로 이동해 구글 계정으로 로그인하고 구글 플레이스 API에 대한 키를 만든다. 자세한 내용은 구글 개발자 웹사이트의 문서를 참조하라.

키를 얻은 후에는 그 키를 유지할 수 있는 meander 패키지 안에 변수를 생성해보자. query.go 맨 위에 다음 정의를 추가하라.

```
var APIKey string
```

이제 main.go로 돌아간 후 APIKey 행에서 이중 슬래시 '//'를 제거하고 TODO 값을 구글 API 콘솔에서 제공한 실제 키로 바꾼다. 코드에서 직접 이와 같은 키를 하드코딩하는 것은 나쁜 습관이다. 대신 환경 변수로 분류해 소스 코드 저장소에 저장하지 않는 것이 좋다.

Go의 열거자

구글 API의 다양한 비용 범위를 처리하려면 열거자(또는 열거형)를 사용해 다양한 값을 표시하고 문자열 표현을 주고받는 변환을 처리하는 것이 좋다. Go는 열거자를 명시적으로 언어의 기능으로 제공하지 않지만 이를 구현하는 데는 깔끔한 방법이 있다. 이 절에서 살펴보겠다.

Go에서 열거자를 작성하는 간단하고 유연한 체크리스트는 다음과 같다.

- 원시 타입을 기반으로 새로운 타입을 정의
- 사용자가 적절한 값 중 하나를 지정해야 할 때마다 해당 타입을 사용
- iota 키워드를 사용해 첫 번째 0 값을 무시하고 const 블록의 값을 설정
- 당신의 열거자의 가치에 합당한 문자열 표현의 지도를 구현

- 지도에서 적절한 문자열 표현을 반환하는 타입의 String 메소드 구현
- 지도를 사용해 문자열을 사용자의 타입으로 변환하는 ParseType 함수를 구현

이제 API에서 비용 수준을 나타내는 열거자를 작성한다. 루트 meander 폴더 안에 cost_level.go라는 새 파일을 만들고 다음 코드를 추가하라.

```go
package meander
type Cost int8
const (
    _ Cost = iota
    Cost1
    Cost2
    Cost3
    Cost4
    Cost5
)
```

여기서 우리는 Cost라고 하는 열거자의 타입을 정의하고 소수의 값만 표시해야 하므로 int8 범위에 기반한다. 더 큰 값이 필요한 열거자의 경우 iota와 함께 작동하는 정수 타입을 자유롭게 사용할 수 있다. Cost 타입은 이제 자체의 실제 타입이며, 지원되는 값 중 하나를 나타내는 데 필요한 경우 어디에서나 사용할 수 있다. 예를 들어 Cost 타입을 함수의 인수로 지정할 수도 있고 구조체의 필드에 대한 타입으로 사용할 수도 있다.

그런 다음 해당 타입의 상수 목록을 정의하고 iota 키워드를 사용해 상수에 대한 값을 증가시키려고 한다. 첫 번째 iota 값(항상 0임)을 무시함으로써 지정된 상수 중 하나가 0 값이 아닌, 명시적으로 사용돼야 함을 나타낸다.

열거자의 문자열 표현을 제공하려면 Cost 타입에 String 메소드만 추가하면 된다. Go 표준 라이브러리(예: fmt.Println)에서 프린트 호출을 사용할 때마다 기본적으로 숫자

값이 사용되므로 코드에서 문자열을 사용할 필요가 없어도 유용한 연습이다. 종종 이러한 값은 의미가 없으므로 값을 찾아보고 각 항목의 숫자 값을 결정하기 위해 선을 계산해야 한다.

 Go의 String( ) 메소드에 대한 자세한 내용은 fmt 패키지의 Stringer 및 GoStringer 인터페이스를 참조하라(https://golang.org/pkg/fmt/#Stringer).

테스트 주도 열거자

열거자 코드가 올바르게 작동하는지 확인하기 위해 예상되는 동작에 대한 단언을 만드는 단위 테스트를 작성한다.

cost_level.go와 함께 cost_level_test.go라는 새 파일을 추가하고 다음 단위 테스트를 추가하라.

```go
package meander_test
import (
  "github.com/cheekybits/is"
  "path/to/meander"
  "testing"
)
func TestCostValues(t *testing.T) {
  is := is.New(t)
  is.Equal(int(meander.Cost1), 1)
  is.Equal(int(meander.Cost2), 2)
  is.Equal(int(meander.Cost3), 3)
  is.Equal(int(meander.Cost4), 4)
  is.Equal(int(meander.Cost5), 5)
}
```

CheekyBits의 is 패키지(https://github.com/cheekybits/is)를 가져오기 위해 go get을 실행해야 한다.

 is 패키지는 대안적인 테스트 헬퍼 패키지임에도 불구하고 매우 단순하며 일부러 기본적인 것을 골랐다. 자신만의 프로젝트를 만들거나 전혀 사용하지 않을 때는 좋아하는 것을 골라야 한다.

일반적으로 열거자 중 상수의 실 정수^{integer} 값은 걱정하지 않지만 구글 플레이스 API는 숫자^{numerical} 값을 사용해 동일한 값을 나타내기 때문에 값에 주의해야 한다.

 컨벤션에서 벗어난 이 테스트 파일에서 이상한 것을 발견했을 것이다. 루트 meander 폴더 안에 있지만 meander 패키지의 일부가 아니며, 오히려 meander_test에 있다. Go에서는 테스트를 제외하고 모든 경우에 오류가 발생한다. 우리는 테스트 코드를 자체 패키지에 넣기 때문에 더 이상 meander 패키지의 내부에 액세스할 수 없다는 것을 의미한다. 패키지 접두사를 어떻게 사용해야 하는지 유의하라. 이것은 단점처럼 보일지도 모르지만 실제로 패키지의 사용자인 것처럼 패키지를 테스트하고 있는지 확인할 수 있다. 우리는 익스포트된 메소드만을 호출할 수 있으며 익스포트 타입에 대해서만 볼 수 있다. 사용자와 마찬가지로 사용자가 할 수 없는 일을 내부에서 할 수 없다. 이는 진정한 사용자 테스트다. 테스트 시 때로는 내부 상태를 조작해야 한다. 이 경우 테스트는 코드와 같은 패키지에 있어야 한다.

터미널에서 go test를 실행해 테스트를 수행하고 테스트가 통과한 것을 확인하라.

각 Cost 상수의 문자열 표현에 대한 단언을 만들기 위해 또 다른 테스트를 추가해보겠다. cost_level_test.go에 다음 단위 테스트를 추가하라.

```
func TestCostString(t *testing.T) {
  is := is.New(t)
  is.Equal(meander.Cost1.String(), "$")
  is.Equal(meander.Cost2.String(), "$$")
```

```
  is.Equal(meander.Cost3.String(), "$$$")
  is.Equal(meander.Cost4.String(), "$$$$")
  is.Equal(meander.Cost5.String(), "$$$$$")
}
```

이 테스트는 각 상수에 대해 String 메소드를 호출하면 예상 값을 얻을 수 있음을 보여준다. 아직 String 메소드를 구현하지 않아서 이러한 테스트는 실패할 것이다.

Cost 상수 아래에 다음 맵과 String 메소드를 추가한다.

```
var costStrings = map[string]Cost{
  "$":     Cost1,
  "$$":    Cost2,
  "$$$":   Cost3,
  "$$$$":  Cost4,
  "$$$$$": Cost5,
}
func (l Cost) String() string {
  for s, v := range costStrings {
    if l == v {
      return s
    }
  }
  return "invalid"
}
```

map[string]Cost 변수는 비용 값을 문자열 표현으로 매핑하고 String 메소드는 맵을 반복해 적절한 값을 반환한다.

 간단한 strings.Repeat("$", int(l)) 리턴은 똑같이 작동할 것이다(더 간단한 코드이므로 받아냄). 그러나 종종 그렇지 않을 수 있다. 따라서 이 절에서는 일반적인 접근법을 설명한다.

이제 Cost3 값을 출력하면 숫자 값보다 훨씬 유용한 $$$가 표시된다. API에서 이러한 문자열을 사용하려는 경우 ParseCost 메소드도 추가한다.

cost_value_test.go에 다음 단위 테스트를 추가하라.

```go
func TestParseCost(t *testing.T) {
  is := is.New(t)
  is.Equal(meander.Cost1, meander.ParseCost("$"))
  is.Equal(meander.Cost2, meander.ParseCost("$$"))
  is.Equal(meander.Cost3, meander.ParseCost("$$$"))
  is.Equal(meander.Cost4, meander.ParseCost("$$$$"))
  is.Equal(meander.Cost5, meander.ParseCost("$$$$$"))
}
```

여기서 우리는 ParseCost를 호출하면 실제로 입력 문자열에 따라 적절한 값을 얻을 것이라고 주장한다.

cost_value.go에 다음 구현 코드를 추가하라.

```go
func ParseCost(s string) Cost {
  return costStrings[s]
}
```

Cost 문자열을 파싱하는 것은 맵이 배치된 방식이므로 매우 간단하다.

다양한 비용 값을 나타낼 필요가 있으므로 CostRange 타입을 상상하고 이를 사용하려는 방법에 대한 테스트를 작성하라. cost_value_test.go에 다음 테스트를 추가하라.

```go
func TestParseCostRange(t *testing.T) {
  is := is.New(t)
  var l meander.CostRange
  var err error
```

```
  l, err = meander.ParseCostRange("$$...$$$")
  is.NoErr(err)
  is.Equal(l.From, meander.Cost2)
  is.Equal(l.To, meander.Cost3)
  l, err = meander.ParseCostRange("$...$$$$$")
  is.NoErr(err)
  is.Equal(l.From, meander.Cost1)
  is.Equal(l.To, meander.Cost5)
}
func TestCostRangeString(t *testing.T) {
  is := is.New(t)
  r := meander.CostRange{
    From: meander.Cost2,
    To:   meander.Cost4,
  }
  is.Equal("$$...$$$$", r.String())
}
```

먼저 두 개의 달러 기호($)로 된 문자열을 전달한 후 세 개의 점과 세 개의 달러 기호를 차례로 전달하면 From meander.Cost2와 To가 meander.Cost3로 설정되는 새로운 meander.CostRange 타입을 만들어야 한다고 지정한다. 또한 문자열을 파싱할 때 오류가 반환되지 않음을 선언하기 위해 is.NoErr을 사용한다. 두 번째 테스트에서는 적절한 값을 반환하는 CostRange.String 메소드를 테스트해 역방향 테스트를 수행한다.

테스트를 통과하려면 다음 CostRange 타입과 연관된 String 및 ParseString 함수를 추가하라.

```
type CostRange struct {
  From Cost
  To   Cost
}
func (r CostRange) String() string {
```

```
    return r.From.String() + "..." + r.To.String()
}
func ParseCostRange(s string) (CostRange, error) {
  var r CostRange
  segs := strings.Split(s, "...")
  if len(segs) != 2 {
    return r, errors.New("invalid cost range")
  }
  r.From = ParseCost(segs[0])
  r.To = ParseCost(segs[1])
  return r, nil
}
```

이렇게 하면 $ ... $$$$$와 같은 문자열을 두 개의 Cost 값이 있는 구조로 변환할 수 있다. From 및 To 설정은 그 반대다. 누군가가 잘못된 비용 범위를 초과한 경우(점으로 나눈 후 세그먼트의 수를 간단히 확인) 오류가 리턴된다. 문자열에 점(.) 및 달러 기호($)만 포함돼 있는지 확인하는 등 필요에 따라 추가 검사를 할 수 있다.

구글 플레이스 API 쿼리

API의 결과를 나타낼 수 있게 됐으므로 실제 쿼리를 나타내고 시작하는 방법이 필요하다. query.go에 다음 구조체를 추가하라.

```
type Query struct {
  Lat          float64
  Lng          float64
  Journey      []string
  Radius       int
  CostRangeStr string
}
```

이 구조체에는 쿼리를 구성하는 데 필요한 모든 정보가 들어있다. 이 정보는 실제로 클라이언트의 요청에 있는 URL 파라미터에서 가져온다. 그런 다음 구글 서버에 실제 요청을 하는 다음의 find 메소드를 추가하라.

```go
func (q *Query) find(types string) (*googleResponse, error) {
  u := "https://maps.googleapis.com/maps/api/place/nearbysearch/json"
  vals := make(url.Values)
  vals.Set("location", fmt.Sprintf("%g,%g", q.Lat, q.Lng))
  vals.Set("radius", fmt.Sprintf("%d", q.Radius))
  vals.Set("types", types)
  vals.Set("key", APIKey)
  if len(q.CostRangeStr) > 0 {
    r, err := ParseCostRange(q.CostRangeStr)
    if err != nil {
      return nil, err
    }
    vals.Set("minprice", fmt.Sprintf("%d", int(r.From)-1))
    vals.Set("maxprice", fmt.Sprintf("%d", int(r.To)-1))
  }
  res, err := http.Get(u + "?" + vals.Encode())
  if err != nil {
    return nil, err
  }
  defer res.Body.Close()
  var response googleResponse
  if err := json.NewDecoder(res.Body).Decode(&response); err != nil {
    return nil, err
  }
  return &response, nil
}
```

먼저 lat, lng, radius는 물론 APIKey 값에 대한 데이터의 인코딩된 문자열을 url. Values에 추가해 구글 플레이스 API 스펙에 따라 요청 URL을 작성한다.

url.Values 타입은 실제로 map[string][]string 타입이므로 new가 아닌 make를 사용한다.

인수로 지정하는 types 값은 찾을 비즈니스의 종류를 나타낸다. CostRangeStr이 있는 경우 이를 파싱하고 마지막으로 http.Get을 호출해 실제로 요청하기 전에 minprice 및 maxprice 값을 설정한다. 요청이 성공하면 응답 본문response body 닫기를 연기하고 json.Decoder 메소드를 사용해 API에서 googleResponse 타입으로 되돌아오는 JSON을 디코딩한다.

추천 구축

다음으로 여정에서 다양한 단계를 찾기 위해 많은 호출을 실시하는 메소드를 작성해야 한다. find 메소드 아래에 다음 Run 메소드를 Query 구조체에 추가한다.

```go
// Run은 쿼리를 동시에 실행하고, 결과를 리턴한다
func (q *Query) Run() []interface{} {
  rand.Seed(time.Now().UnixNano())
  var w sync.WaitGroup
  var l sync.Mutex
  places := make([]interface{}, len(q.Journey))
  for i, r := range q.Journey {
    w.Add(1)
    go func(types string, i int) {
      defer w.Done()
      response, err := q.find(types)
      if err != nil {
        log.Println("Failed to find places:", err)
        return
      }
      if len(response.Results) == 0 {
```

```
      log.Println("No places found for", types)
      return
    }
    for _, result := range response.Results {
      for _, photo := range result.Photos {
        photo.URL =
          "https://maps.googleapis.com/maps/api/place/photo?" +
            "maxwidth=1000&photoreference=" + photo.PhotoRef + "&key="
          +APIKey
      }
    }
    randI := rand.Intn(len(response.Results))
    l.Lock()
    places[i] = response.Results[randI]
    l.Unlock()
  }(r, i)
}
w.Wait() // 전부 종료될 때까지 대기
return places
}
```

먼저 할 일은 1970년 1월 1일 UTC 이후의 나노초(ns) 단위의 현재 시간을 랜덤 시드로 설정하는 것이다. 이렇게 하면 Run 메소드를 호출하고 rand 패키지를 사용할 때마다 결과가 달라진다. 그렇지 않으면 코드가 매번 동일한 추천 사항을 제안할 것이고, 이는 목적이 무산되는 것이다.

구글에 많은 요청을 해야 하고 가능한 한 빠른 시간 내에 확인해야 하므로 Query.find 메소드를 동시에 호출해 모든 검색어를 동시에 실행한다. 다음으로 sync.WaitGroup 및 sync.Mutex 메소드와 함께 선택한 장소를 유지하는 맵을 만들어 많은 고루틴이 안전하게 맵에 동시에 액세스할 수 있게 한다.

그런 다음 bar, cafe 또는 movie_theater가 될 수 있는 Journey 슬라이스의 각 항목을 반복한다. 각 항목에 대해 WaitGroup 객체에 1을 더하고 고루틴을 시작한다. 루틴 내부에서 우선 w.Done 호출을 연기하고 WaitGroup 객체에게 이 요청이 완료됐음을 알려주며 find 메소드를 호출해 실제 요청을 한다. 오류가 발생하지 않고 실제로 장소를 찾을 수 있었다고 가정하면 결과에 대해 반복하고 존재할 수 있는 모든 사진에 사용할 수 있는 URL을 작성한다. 구글 플레이스 API에 따르면 실제 참조를 얻기 위해 다른 API 호출에서 사용할 수 있는 photoreference 키가 제공된다. 클라이언트가 구글 플레이스 API에 대해 전혀 모르게 하기 위해 우리는 완전한 URL을 만든다.

그런 다음 맵 락커를 잠그고 rand.Intn을 호출해 임의로 옵션 중 하나를 선택한다. 이후 sync.Mutex를 잠금 해제하기 전에 places 슬라이스의 올바른 위치에 삽입한다.

마지막으로, 모든 고루틴이 장소를 반환하기 전에 w.Wait를 호출해 완료할 때까지 대기한다.

쿼리 파라미터를 사용하는 핸들러

이제 /recommendation 호출을 연결해야 하므로 cmd/meander 폴더의 main.go로 돌아가서 main 함수에 다음 코드를 추가하라.

```go
http.HandleFunc("/recommendations", cors(func(w http.ResponseWriter, r
*http.Request) {
  q := &meander.Query{
    Journey: strings.Split(r.URL.Query().Get("journey"), "|"),
  }
  var err error
  q.Lat, err = strconv.ParseFloat(r.URL.Query().Get("lat"), 64)
  if err != nil {
    http.Error(w, err.Error(), http.StatusBadRequest)
    return
  }
  q.Lng, err = strconv.ParseFloat(r.URL.Query().Get("lng"), 64)
  if err != nil {
```

```
    http.Error(w, err.Error(), http.StatusBadRequest)
    return
  }
  q.Radius, err = strconv.Atoi(r.URL.Query().Get("radius"))
  if err != nil {
    http.Error(w, err.Error(), http.StatusBadRequest)
    return
  }
  q.CostRangeStr = r.URL.Query().Get("cost")
  places := q.Run()
  respond(w, r, places)
}))
```

이 핸들러는 meander.Query 개체를 준비하고 결과에 응답하기 전에 Run 메소드를 호출한다. http.Request 타입의 URL 값은 주어진 키에 대한 값을 차례로 조회하는 Get 메소드를 제공하는 Query 데이터를 노출한다.

여행 문자열은 bar|cafe|movie_theater 형식에서 파이프 문자로 분할해 문자열 슬라이스로 변환된다. 그런 다음 strconv 패키지에서 몇 가지 함수를 호출하면 문자열 위도, 경도 및 반경 값이 숫자 형식으로 바뀐다. 값의 형식이 잘못된 경우 오류가 발생하고 http.StatusBadRequest 상태의 http.Error 헬퍼를 사용해 클라이언트에 기록한다.

CORS

6장에서 구현했던 것처럼, 첫 번째 버전의 API 마지막 부분은 CORS를 구현하는 것이다. 다음 절에서 해결책에 대해 읽기 전에 이 문제를 스스로 해결할 수 있는지 확인하라.

이 문제를 직접 해결하려면 Access-Control-Allow-Origin 응답 헤더를 *로 설정해야 한다. 또한 6장에서 했던 http.HandlerFunc 래핑을 생각해보라. 이 코드의 가장 적합한 위치는 아마 cmd/meander 프로그램 내부일 것이다. HTTP 엔드포인트를 통해 기능을 제공하기 때문이다.

main.go에 다음 cors 함수를 추가한다.

```go
func cors(f http.HandlerFunc) http.HandlerFunc {
  return func(w http.ResponseWriter, r *http.Request) {
    w.Header().Set("Access-Control-Allow-Origin", "*")
    f(w, r)
  }
}
```

이 익숙한 패턴은 http.HandlerFunc 타입을 사용하고 전달된 함수를 호출하기 전에 적절한 헤더를 설정하는 새로운 함수를 리턴한다. 이제 cors 함수가 두 엔드포인트 모두에서 호출되도록 코드를 수정할 수 있다. main 함수의 해당 줄을 업데이트하라.

```go
func main() {
  meander.APIKey = "YOUR_API_KEY"
  http.HandleFunc("/journeys", cors(func(w http.ResponseWriter, r *http.
  Request) {
    respond(w, r, meander.Journeys)
  }))
  http.HandleFunc("/recommendations", cors(func(w http.ResponseWriter,
    r *http.Request) {
    q := &meander.Query{
      Journey: strings.Split(r.URL.Query().Get("journey"), "|"),
    }
    var err error
    q.Lat, err = strconv.ParseFloat(r.URL.Query().Get("lat"), 64)
```

```
        if err != nil {
          http.Error(w, err.Error(), http.StatusBadRequest)
          return
        }
        q.Lng, err = strconv.ParseFloat(r.URL.Query().Get("lng"), 64)
        if err != nil {
          http.Error(w, err.Error(), http.StatusBadRequest)
          return
        }
        q.Radius, err = strconv.Atoi(r.URL.Query().Get("radius"))
        if err != nil {
          http.Error(w, err.Error(), http.StatusBadRequest)
          return
        }
        q.CostRangeStr = r.URL.Query().Get("cost")
        places := q.Run()
        respond(w, r, places)
      }))
    log.Println("serving meander API on :8080")
    http.ListenAndServe(":8080", http.DefaultServeMux)
}
```

이제 cross-origin 에러가 발생하지 않고 모든 도메인에서 API 호출이 허용된다.

 r.URL.Query()에 대한 다중 호출을 제거해 코드를 깔끔하게 단장할 방법이 있는가? 아마도 호출을 한 번 수행하고 그 결과를 지역 변수에 저장(cache)하면 쿼리를 여러 번 파싱하는 것을 피할 수 있다.

API 테스트

API를 테스트할 준비가 됐으므로 콘솔에서 cmd/meander 폴더로 이동하라. 프로그램이 meander 패키지를 임포트하기 때문에 프로그램을 빌드하면 meander 패키지까지 자동으로 빌드된다.

프로그램을 빌드하고 실행한다.

```
go build -o meanderapi
./meanderapi
```

API의 의미 있는 결과를 확인하려면 실제 위도와 경도를 찾아보자. http://mygeoposition.com/의 웹 도구를 사용해 잘 알고 있는 위치의 x, y 값을 가져온다.

아니면 다음 유명 도시 중에서 선택하라.

- 영국 런던: 51.520707 x 0.153809
- 미국 뉴욕: 40.7127840 x -74.0059410
- 일본 도쿄: 35.6894870 x 139.6917060
- 미국 샌프란시스코: 37.7749290 x -122.4194160

이제 웹 브라우저를 열고 필드에 적절한 값을 사용해 /recommendations 엔드포인트에 액세스해보라.

```
http://localhost:8080/recommendations?
  lat=51.520707&lng=-0.153809&radius=5000&
  journey=cafe|bar|casino|restaurant&
  cost=$...$$$
```

다음 스크린샷은 런던 주변의 샘플 추천 정보를 보여준다.

간단한 API가 얼마나 강력한지 알아보기 위해 여러 가지 여정의 문자열을 시도하거나 위치를 조정하고, 다양한 비용 범위 값의 문자열을 넣어보는 등 URL의 값을 자유롭게 다뤄보라.

웹 애플리케이션

동일한 API 사양으로 구축된 완전한 웹 애플리케이션을 다운로드하고 구현 이전에 그것이 우리의 눈앞에 생명을 불어넣는지 확인하려고 한다. https://github.com/matryer/goblueprints/tree/master/chapter7/meanderweb으로 이동해 meanderweb 프로젝트를 GOPATH 폴더로 다운로드하라.

터미널에서 meanderweb 폴더로 이동해 빌드하고 실행한다.

```
go build -o meanderweb
./meanderweb
```

localhost:8081에서 실행되는 웹사이트가 시작돼 localhost:8080에서 실행되는 API를 찾기 위해 하드코딩돼 있다. CORS 지원을 추가했기 때문에 다른 도메인에서 작동하고 있음에도 불구하고 문제가 되지 않는다.

브라우저에서 http://localhost:8081/을 열고 애플리케이션과 상호작용하라. 다른 사람이 UI를 만들었지만, 우리가 개발한 API 없이는 쓸모없을 것이다.

▎ 요약

7장에서는 구글 플레이스 API를 사용하고 추상화하는 API를 작성해 사용자가 재미있고 흥미로운 방법으로 자신의 스케줄을 계획할 수 있도록 했다.

구현을 미리 설계하려 하지 않고 고차원의 달성 목표를 간단하고 짧은 사용자 스토리로 작성해 시작했다. 프로젝트를 병렬화하기 위해 프로젝트의 미팅 포인트를 API 설계로 합의하고 이를 위해 (파트너와 마찬가지로) 구축했다.

코드에 직접 데이터를 포함해 프로젝트의 초기 단계에서 데이터 저장소를 조사, 설계, 구현하지 않아도 됐다. API 엔드포인트를 통해 데이터에 액세스하는 방법을 신경 써서 API를 사용함으로써 작성된 앱을 손상시키지 않고도 데이터의 저장 방법 및 위치를 완전히 변경할 수 있었다.

Facade 인터페이스를 구현해 구현에 대한 지저분하거나 민감한 세부 사항을 밝히지 않고도 구조체 및 기타 타입에서 공개 표현을 제공할 수 있다.

열거자에 대한 시도는 언어에 공식적인 지원이 없더라도 열거형을 작성하는 데 유용한 출발점을 제공했다. 우리가 사용한 iota 키워드는 값을 증가시키면서 고유한 수치 타입의 상수를 지정할 수 있게 한다. 우리가 구현한 일반적인 String 메소드는 열거형이 로그에서 불분명한 숫자가 되지 않도록 하는 방법을 보여줬다. 동시에 테스트 주도 개발과 레드/그린 프로그래밍의 현실적인 예제를 알아봤다. 처음에는 실패한 단위 테스트를 작성했지만 구현 코드를 작성해 통과시켰다.

8장에서는 코드 백업 도구를 만들기 위해 웹 서비스에서 벗어나 Go를 사용해 로컬 파일시스템과 상호작용할 수 있는 방법을 설명할 것이다.

8

파일시스템 백업

파일시스템 백업 기능을 제공하는 많은 솔루션이 있다. 여기에는 드롭박스Dropbox, 박스Box, 카보나이트Carbonite와 같은 애플리케이션부터 애플의 타임머신Time Machine, 시게이트Seagate 네트워크 연결 스토리지 제품 등의 하드웨어 솔루션에 이르기까지 모든 것이 포함된다. 대부분의 컨슈머 툴은 정책 및 콘텐츠를 관리하는 앱 또는 웹사이트와 함께 중요한 자동 기능을 제공한다. 대부분, 특히 개발자에게 이러한 도구는 필요로 하는 일들을 하지 않는다. 그러나 Go의 표준 라이브러리(ioutil, os 등의 패키지 포함) 덕분에 필요한 방식으로 정확하게 작동하는 백업 솔루션을 구축하는 데 필요한 모든 것을 갖추게 됐다.

다음 프로젝트에서는 소스 코드 프로젝트를 위한 간단한 파일시스템 백업을 구축할 것이다. 소스 코드 프로젝트는 지정된 폴더를 보관하고, 변경 사항이 발생할 때마다 스냅샷을 저장한다. 변경 사항은 파일을 수정해 저장하는 경우나 새 파일 및 폴더를 추가할 때 혹은 파일을 삭제할 때 발생할 수 있다. 이전 파일을 검색하기 위해 언제든지 어느 시점으로 돌아갈 수 있게 하고 싶다.

8장에서 다루는 내용은 다음과 같다.

- 패키지와 커맨드라인 도구로 구성된 프로젝트를 구조화하는 방법
- 도구 실행을 통해 간단한 데이터를 유지하는 실용적인 접근법
- os 패키지를 사용해 파일시스템과 상호작용하는 방법
- Ctrl + C를 존중하면서 무한 루프에서 코드를 실행하는 방법
- filepath.Walk를 사용해 파일과 폴더를 반복 처리하는 방법
- 디렉터리의 내용 변경 여부를 신속하게 판단하는 방법
- archive/zip 패키지를 사용해 파일을 압축하는 방법
- 커맨드라인 플래그와 일반 인수를 고려한 도구를 만드는 방법

솔루션 설계

솔루션을 위한 고차원의 수용 준거를 목록화하는 것부터 시작할 것이다. 우리의 접근 방식은 다음과 같다.

- 이 솔루션은 소스 코드 프로젝트를 변경할 때 파일의 스냅샷을 정기적으로 만들어야 한다.
- 디렉터리가 변경 여부를 확인하는 간격을 제어하려고 한다.
- 코드 프로젝트는 주로 텍스트 기반이므로 아카이브를 생성하기 위해 디렉터리를 압축하면 많은 공간을 절약할 수 있다.
- 나중에 이 프로젝트를 개선하고 싶은 부분을 면밀히 주시하면서 이 프로젝트를 신속하게 구축할 것이다.
- 차후 구현을 변경하기로 결정하면 어떤 구현 결정 사항이든 쉽게 수정돼야 한다.
- 두 개의 커맨드라인 도구를 구축할 것이다. 작업을 수행하는 백엔드 데몬과 백업 서비스의 경로를 나열, 추가, 제거할 수 있는 사용자 상호작용 유틸리티다.

프로젝트 구조

Go 솔루션은 하나의 프로젝트에 다른 Go 프로그래머가 여러분의 기능을 사용할 수 있는 패키지와 최종 사용자가 프로그램을 사용할 수 있도록 하는 커맨드라인 도구를 포함하는 것이 일반적이다.

7장에서 본 바와 같이 이러한 프로젝트를 구성하는 컨벤션이 등장하고 있다. 메인 프로젝트의 프로젝트 폴더에 패키지가 있으며, 여러 명령이 있는 경우는 cmd나 cmds라는 하위 폴더에 커맨드라인 도구가 있다. Go에서 모든 패키지는 디렉터리 트리와 상관없이 동일하기 때문에 프로젝트 패키지에서 명령을 가져올 필요가 없다는 것을 알면 명령 하위 패키지에서 패키지를 가져올 수 있다(순환 의존성을 가질 수 없으므로 불법이다). 이것은 불필요한 추상화처럼 보일지 모르지만 실제로는 일반적인 패턴이며 gofmt 및 goimports 등의 표준 Go 툴 체인에서 볼 수 있다.

예를 들어, 이 프로젝트에서는 backup이라는 패키지와 두 개의 커맨드라인 도구(데몬과 사용자 상호작용 도구)를 작성하려고 한다. 다음과 같은 방식으로 프로젝트를 구성할 것이다.

```
/backup - 패키지
/backup/cmds/backup - 사용자 상호작용 도구
/backup/cmds/backupd - 워커 데몬
```

---

 cmd 폴더 안에 직접 코드를 두지 않는 이유는 (명령이 한 개만 있더라도) go install로 프로젝트를 빌드할 때 명령 이름으로 폴더 이름을 사용하기 때문이다. 모든 도구를 cmd 라고 부른다면 불편할 것이다.

█ 백업 패키지

먼저 backup 패키지를 작성하려고 한다. 관련 패키지를 작성할 때 우리가 첫 번째 사용자가 될 것이다. backup 패키지는 실제로 백업 절차를 수행할 뿐만 아니라 디렉터리가 변경됐는지, 백업해야 하는지를 결정한다.

명백한 인터페이스 우선 검토

새로운 Go 프로그램을 시작할 때 고려해야 할 초기 사항 중 하나는 인터페이스가 눈에 잘 들어오는지 여부다. 지나치게 추상화하거나 너무 많은 시간을 낭비하고 싶지는 않다. 코드 작성을 시작할 때 변경될 수 있는 사항을 설계해야 하지만, 그렇게 해야만

하는 명백한 개념을 찾아서는 안 된다. 확신이 없다면, 완벽하게 받아들일 수 있다. 구체적인 타입을 사용해 코드를 작성하고 실제로 문제를 해결한 후에 잠재적인 추상화를 다시 고찰해야 한다.

그러나 우리의 코드는 파일을 보관하므로 Archiver 인터페이스가 후보로 나타난다.

GOPATH/src 폴더에 backup이라는 새 폴더를 만들고 다음 archiver.go 코드를 추가하라.

```
package backup
type Archiver interface {
  Archive(src, dest string) error
}
```

Archiver 인터페이스는 소스 및 대상 경로를 사용해 오류를 리턴하는 Archive라는 메소드를 지정한다. 이 인터페이스의 구현은 원본 폴더를 보관하고 대상 경로에 저장하는 작업을 담당한다.

 인터페이스를 전면에 정의하는 것은 몇 가지 개념을 머릿속에서 코드로 옮기는 좋은 방법이다. 단순한 인터페이스의 힘을 기억하는 한, 솔루션을 발전시키면서 이 인터페이스가 변할 수 없다는 것을 의미하지는 않는다. 또한 io 패키지의 대부분의 I/O 인터페이스는 단 하나의 메소드만 노출한다는 것을 기억하라.

처음부터 ZIP 파일을 아카이브 형식으로 구현하는 동안 다른 종류의 Archiver 형식으로 쉽게 교환할 수 있는 케이스를 만들었다.

구현을 통한 인터페이스 테스트

이제 Archiver 타입에 대한 인터페이스가 생겼으므로 ZIP 파일 형식을 사용하는 타입을 구현할 것이다.

archiver.go에 다음 구조체 정의를 추가하라.

```
type zipper struct{}
```

이 타입을 익스포트할 것이 아니기 때문에 패키지 외부의 사용자가 패키지를 사용할 수 없다고 결론 내릴 수 있다. 사실, 자신의 타입을 만들고 관리하는 것에 대해 걱정할 필요가 없도록 사용할 수 있는 타입의 인스턴스를 제공할 것이다.

다음 익스포트 구현을 추가하라.

```
// Zip은 파일을 압축하고 압축 해제하는 Archiver다
var ZIP Archiver = (*zipper)(nil)
```

Go Voodoo의 이 특이한 코드 스니펫은 실제로 메모리를 사용하지 않고 컴파일러에 인텐트를 노출하는 매우 흥미로운 방법이다(문자 그대로 0바이트). 이는 Archiver 타입의 ZIP이라는 변수를 정의하고 있다. 따라서 패키지 외부에서는 Zip으로 압축하려는 경우 Archiver가 필요한 곳이면 어디에서든지 해당 변수를 사용할 수 있다. 그런 다음, 그것을 *zipper 타입에 nil형cast으로 지정한다. nil은 메모리를 필요로 하지 않지만 zipper 포인터에 캐스팅되고 zipper 구조체에 상태state가 없으므로 문제를 해결하는 적절한 방법이다. 외부 사용자로부터 코드의 복잡성(정말 실제 구현)을 숨긴다. 패키지 외부에 있는 누군가가 zipper 타입을 알아야 할 이유가 전혀 없다. 외부external를 건드리지 않고도 내부internal를 바꿀 수 있는 인터페이스의 진정한 힘이다.

이 트릭의 부수적인 이점은 컴파일러가 zipper 타입이 Archiver 인터페이스를 제대로 구현하는지 여부를 확인하는 것이다. 따라서 이 코드를 빌드하려고 하면 컴파일러 오류가 발생할 것이다.

```
./archiver.go:10: cannot use (*zipper)(nil) (type *zipper) as type
Archiver in assignment:
```

```
*zipper does not implement Archiver (missing Archive method)
```

zipper 타입이 인터페이스에서 위임된 대로 Archive 메소드를 구현하지 않는다는 것을 알 수 있다.

 또한 테스트 코드에서 Archive 메소드를 사용해 타입이 필요한 인터페이스를 구현하는지 확인할 수 있다. 변수를 사용할 필요가 없으면 항상 밑줄('_')을 사용해 변수를 버리고 컴파일러 도움을 얻는다.

```
var _ Interface = (*Implementation)(nil)
```

컴파일러를 만족시키기 위해 zipper 타입에 대한 Archive 메소드의 구현을 추가할 것이다.

archiver.go에 다음 코드를 추가한다.

```
func (z *zipper) Archive(src, dest string) error {
  if err := os.MkdirAll(filepath.Dir(dest), 0777); err != nil {
    return err
  }
  out, err := os.Create(dest)
  if err != nil {
    return err
  }
  defer out.Close()
  w := zip.NewWriter(out)
  defer w.Close()
  return filepath.Walk(src, func(path string, info os.FileInfo, err error)
  error {
    if info.IsDir() {
```

```
        return nil // 건너뜀
      }
      if err != nil {
        return err
      }
      in, err := os.Open(path)
      if err != nil {
        return err
      }
      defer in.Close()
      f, err := w.Create(path)
      if err != nil {
        return err
      }
      _, err = io.Copy(f, in)
      if err != nil {
        return err
      }
      return nil
    })
}
```

Go 표준 라이브러리에서 archive/zip 패키지도 임포트해야 한다. Archive 메소드에서는 ZIP 파일 작성을 준비하기 위해 다음 단계를 수행한다.

- os.MkdirAll을 사용해 대상 디렉터리가 존재하는지 확인하라. 0777 코드는 누락된 디렉터리를 만들어야 하는 파일 사용 권한을 나타낸다.
- os.Create를 사용해 dest 경로에 지정된 새 파일을 만든다.
- 파일이 에러 없이 생성됐다면, defer out.Close() 함수를 사용해 파일 닫기를 연기하라.
- zip.NewWriter를 사용해 새로운 zip.Writer 타입을 만든다. 방금 작성한 파일에 쓰고 writer의 종료를 연기하는 타입이다.

일단 zip.Writer 타입을 사용할 준비가 되면 filepath.Walk 함수를 사용해 소스 디렉터리 src를 반복한다.

filepath.Walk 함수는 파일시스템을 반복하면서 발견되는 모든 항목(파일 및 폴더)에 대해 호출되는 루트 경로 및 콜백 함수의 두 인수를 사용한다.

 함수는 Go의 첫 번째 클래스 타입이므로 전역 함수 및 메소드뿐만 아니라 인수 타입으로 사용할 수 있음을 의미한다. filepath.Walk 함수는 두 번째 인수 타입을 filepath.WalkFunc로 지정한다. 이 함수는 특정 서명이 있는 함수다. 시그니처(올바른 입력 및 리턴 인수)를 고수하는 한, filepath.WalkFunc 타입을 고려하는 것이 아니라 인라인 함수를 작성할 수 있다.

Go 소스 코드를 살펴보면 filepath.WalkFunc의 서명이 func(path string, info os.FileInfo, err error) error에서 전달하는 함수와 일치함을 알 수 있다.

filepath.Walk 함수는 재귀적이므로 하위 폴더로도 깊숙이 이동할 수 있다. 콜백 함수 자체는 파일의 전체 경로, 파일 또는 폴더 자체를 설명하는 os.FileInfo 객체, 에러(문제가 발생한 경우 에러를 리턴함) 등 세 가지 인수를 사용한다. 콜백 함수를 호출하면 리턴되는 특정 SkipDir 에러 값 이외의 오류가 발생할 경우 작업이 중단되고 filepath.Walk가 해당 오류를 리턴한다. 오류를 Archive 호출자에게 넘기고 더 이상 할 수 있는 일이 없으므로 신경 쓰지 않도록 한다.

트리의 각 항목에 대해 코드는 다음 단계를 수행한다.

- info.IsDir 메소드가 아이템이 폴더라는 것을 알려주면 nil을 반환하고 효과적으로 건너뛴다. 파일 경로가 해당 정보를 인코딩하기 때문에 ZIP 아카이브에 폴더를 추가할 이유가 없다.
- 세 번째 인수를 통해 오류가 전달되면 파일에 대한 정보에 액세스할 때 오류가 발생했음을 의미한다. 이는 드문 경우이므로 오류만 리턴하면 결국 Archive

호출자에게 전달된다. filepath.Walk의 구현자로서 여기에서 작업을 강제로 중단하지 않아도 된다. 개인적인 케이스에 의미를 부여하는 것은 자유다.

- os.Open을 사용해 읽을 소스 파일을 열고, 성공적이면 종료를 연기하라.
- ZipWriter 객체에서 Create를 호출해 새로운 압축 파일을 생성하고 내부에 중첩된 디렉터리를 포함하는 파일의 전체 경로를 지정해야 함을 나타낸다.
- io.Copy를 사용해 소스 파일에서 모든 바이트를 읽고 이전에 열었던 ZIP 파일에 ZipWriter 객체를 통해 기록한다.
- 오류가 없음을 나타내기 위해 nil을 리턴한다.

8장에서는 단위 테스트나 TDD 연습을 다루지 않지만, 구현이 의도한 대로 작동하는지 확인하는 테스트는 마음껏 작성해보라.

 패키지를 작성하고 있기 때문에 지금까지 익스포트된 부분에 대해 주석을 다는 데 얼마 간의 시간을 할애해야 한다. golint를 사용하면 놓친 부분을 찾을 수 있다.

파일시스템 변경 확인

백업 시스템의 가장 큰 문제점 중 하나는 폴더가 플랫폼 간, 예측 가능하거나 안정적인 방식으로 변경됐는지 여부를 결정하는 것이다. 결국, 이전 백업과 다른 것이 없으면 백업을 생성할 필요가 없다. 이 문제에 관해 생각해볼 만한 몇 가지 사항이 있다. 최상위 폴더의 마지막 수정 날짜를 확인해야 하는가? 관심을 갖는 파일이 변경될 때마다 시스템 알림을 사용해 정보를 받아야 하는가? 이 두 가지 방법 모두에 문제가 있으며 해결하기 쉬운 문제가 아니다.

https://fsnotify.org에서 fsnotify 프로젝트를 확인하라(소스: https://github.com/fsnotify). 제작자는 파일시스템 이벤트에 가입하기 위한 크로스 플랫폼 패키지를 만들려고 한다. 이 글을 쓰는 시점에서 이 프로젝트는 여전히 초기 단계에 있으며 현 시점에서 사용할 수 있는 옵션은 아니지만 미래에는 파일시스템 이벤트에 대한 표준 솔루션이 될 수 있다.

대신 무언가가 변경됐는지 여부를 검토할 때 주의를 기울일 모든 정보로 구성된 MD5 해시를 생성하려고 한다.

os.FileInfo 타입을 보면 파일이나 폴더에 대한 많은 정보를 찾을 수 있다.

```
type FileInfo interface {
    Name() string        // 파일의 기본 이름
    Size() int64         // 일반 파일의 길이(바이트), 다른 파일의 경우 시스템에 따라 다름
    Mode() FileMode      // 파일 모드 비트
    ModTime() time.Time  // 수정 시각
    IsDir() bool         // Mode().IsDir()의 생략형
    Sys() interface{}    // 기저 데이터 소스(nil을 리턴할 수 있음)
}
```

폴더의 모든 파일에 대한 다양한 변경 사항을 알기 위해 해시 파일명과 경로로 구성된다(따라서 파일의 이름을 바꾸면 해시가 달라진다). 크기(파일 크기가 변경된 경우, 그것은 분명히 다른 것이다.), 마지막으로 수정한 날짜, 항목이 파일인지 폴더인지 여부, 파일 모드 비트인지 여부에 따라 다르다. 폴더를 보관하지 않을지라도 폴더명과 폴더의 트리 구조는 계속 주시한다.

dirhash.go라는 새 파일을 만들고 다음 함수를 추가하라.

```
package backup
import (
```

```
    "crypto/md5"
    "fmt"
    "io"
    "os"
    "path/filepath"
)
func DirHash(path string) (string, error) {
  hash := md5.New()
  err := filepath.Walk(path, func(path string, info os.FileInfo, err error)
  error {
    if err != nil {
      return err
    }
    io.WriteString(hash, path)
    fmt.Fprintf(hash, "%v", info.IsDir())
    fmt.Fprintf(hash, "%v", info.ModTime())
    fmt.Fprintf(hash, "%v", info.Mode())
    fmt.Fprintf(hash, "%v", info.Name())
    fmt.Fprintf(hash, "%v", info.Size())
    return nil
  })
  if err != nil {
    return "", err
  }
  return fmt.Sprintf("%x", hash.Sum(nil)), nil
}
```

먼저 filepath.Walk를 사용하기 전에 MD5를 계산하는 방법을 알고 있는 새로운 hash.Hash 함수를 만든다. 지정된 경로 디렉터리 내의 모든 파일과 폴더를 다시 반복한다. 각 항목에 대해 오류가 없다고 가정하면 io.WriteString을 사용해 해시 생성기에 차이 정보를 기록한다. io.Writer 및 fmt.Fprintf에 문자열을 쓸 수 있다. 이 함수는 동일하지만 서식 기능을 동시에 나타낸다. %v 포맷 동사를 사용해 각 항목에 대한 기본값 형식을 생성할 수 있다.

각 파일이 처리되고 오류가 발생하지 않는다고 가정하면 fmt.Sprintf를 사용해 결과 문자열을 생성한다. hash.Hash의 Sum 메소드는 지정된 값이 추가된 최종 해시 값을 계산한다. 이미 관심 있는 모든 정보를 추가했기 때문에 아무것도 추가하지 않으므로 그냥 무시한다. %x 포맷 동사는 값을 소문자로 헥사(16진수)를 이용해 나타내고자 함이다. 이것은 MD5 해시를 나타내는 일반적인 방법이다.

변경 사항 확인 및 백업 시작

이제 폴더를 해시하고 백업을 수행할 수 있게 됐으므로 두 가지를 함께 Monitor라는 새로운 타입으로 설정한다. Monitor 타입은 연관된 해시가 있는 경로 맵, 모든 Archiver 타입에 대한 참조(물론 backup.ZIP을 사용할 것이다.) 및 아카이브를 저장할 위치를 나타내는 대상 문자열을 갖는다.

monitor.go라는 새 파일을 만들고 다음 정의를 추가한다.

```
type Monitor struct {
  Paths        map[string]string
  Archiver     Archiver
  Destination  string
}
```

변경 사항 검사를 트리거하기 위해 다음 Now 메소드를 추가한다.

```
func (m *Monitor) Now() (int, error) {
  var counter int
  for path, lastHash := range m.Paths {
    newHash, err := DirHash(path)
    if err != nil {
      return counter, err
    }
    if newHash != lastHash {
```

```
    err := m.act(path)
    if err != nil {
      return counter, err
    }
    m.Paths[path] = newHash // 해시 업데이트
    counter++
  }
 }
 return counter, nil
}
```

Now 메소드는 맵의 모든 경로를 반복하고 해당 폴더의 최신 해시를 생성한다. 해시가 맵(마지막으로 확인했을 때 생성된 것)의 해시와 일치하지 않으면 변경된 것으로 간주돼 다시 백업해야 한다. 맵에서 해시를 이 새 해시로 업데이트하기 전에 아직 쓰지 않은as-yet-un-written act 메소드를 호출해 이를 수행한다.

Now를 호출할 때 일어난 일에 대해 사용자에게 높은 수준의 표시를 제공하기 위해 또한 폴더를 백업할 때마다 증가하는 카운터를 유지 관리하고 있다. 정보를 포격하지 않고 시스템이 하고 있는 일에 최종 사용자를 최신 상태로 유지하기 위해 나중에 이것을 사용할 것이다.

```
m.act undefined (type *Monitor has no field or method act)
```

컴파일러는 다시 우리를 도와 act 메소드를 추가해야 함을 상기시켜준다.

```
func (m *Monitor) act(path string) error {
  dirname := filepath.Base(path)
  filename := fmt.Sprintf("%d.zip", time.Now().UnixNano())
  return m.Archiver.Archive(path, filepath.Join(m.Destination, dirname,
  filename))
}
```

ZIP Archiver 타입에서 무거운 작업을 수행했으므로 파일명을 생성하고 보관 파일을 저장할 위치를 결정한 후 Archive 메소드를 호출해야 한다.

 Archive 메소드가 에러를 리턴하면 act 메소드와 Now 메소드가 각각 리턴한다. 체인에서 오류를 전달하는 이 메커니즘은 Go에서 매우 일반적이며, 복구할 수 있는 유용한 작업을 수행하거나 문제를 다른 사람에게 연기할 수 있는 경우를 처리할 수 있다.

앞의 코드에서 act 메소드는 time.Now().UnixNano()를 사용해 타임스탬프 파일명을 생성하고 .zip 확장자를 하드코딩한다.

일시적인 하드코딩 허용

지금처럼 파일 확장자를 하드코딩하는 것은 처음에는 괜찮지만, 한번 생각해본다면 여기에 약간의 우려가 섞여 있다. Archiver 구현을 RAR이나 자체 압축 형식을 사용하도록 변경하면 .zip 확장자가 더 이상 적합하지 않게 된다.

 계속 읽기 전에 이 하드코딩을 피하기 위해 수행할 단계를 생각해보라. 파일명 확장자는 어디에서 결정되는가? 하드코딩을 피하기 위해 어떤 변경을 해야 하는가?

파일명 확장자를 결정하는 적절한 곳은 아카이브의 종류를 알고 있기 때문에 아마 Archiver 인터페이스에 있을 것이다. 그래서 우리는 Ext() 문자열 메소드를 추가하고 act 메소드에서 그 메소드에 접근할 수 있다. 그러나 Archiver 제작자가 확장자가 아닌 전체 파일명 형식을 지정할 수 있게 함으로써 큰 작업 없이 추가할 수 있다.

archiver.go로 돌아가 Archiver 인터페이스 정의를 업데이트하라.

```
type Archiver interface {
  DestFmt() string
```

```
    Archive(src, dest string) error
}
```

zipper 타입은 이제 다음을 구현해야 한다.

```
func (z *zipper) DestFmt() string {
  return "%d.zip"
}
```

이제 act 메소드에 Archiver 인터페이스에서 전체 형식 문자열을 가져오도록 요청할
수 있으므로 act 메소드를 업데이트하라.

```
func (m *Monitor) act(path string) error {
  dirname := filepath.Base(path)
  filename := fmt.Sprintf(m.Archiver.DestFmt(), time.Now().UnixNano())
  return m.Archiver.Archive(path, filepath.Join(m.Destination, dirname,
  filename))
}
```

▌사용자 커맨드라인 도구

구축할 첫 번째 도구는 사용자가 백업 데몬 도구(나중에 설명하겠지만)에 대한 경로를 추
가, 나열, 제거할 수 있도록 한다. 웹 인터페이스를 노출하거나 심지어 데스크톱 사용
자 인터페이스 통합을 위해 바인딩 패키지를 사용할 수도 있지만, 간단하게 유지하고
커맨드라인 도구를 직접 만들 것이다.

backup 폴더 안에 cmds라는 폴더를 만들고, 그 안에 또 다른 backup 폴더를 생성해
backup/cmds/backup을 만든다.

새 backup 폴더에서 main.go에 다음 코드를 추가한다.

```go
func main() {
  var fatalErr error
  defer func() {
    if fatalErr != nil {
      flag.PrintDefaults()
      log.Fatalln(fatalErr)
    }
  }()
  var (
    dbpath = flag.String("db", "./backupdata", "path to database directory")
  )
  flag.Parse()
  args := flag.Args()
  if len(args) < 1 {
    fatalErr = errors.New("invalid usage; must specify command")
    return
  }
}
```

먼저 fatalErr 변수를 정의하고 값이 nil인지 확인하는 함수를 지연^{defer}한다. 그렇지 않은 경우 플래그 기본값과 함께 오류를 출력하고 0이 아닌 상태 코드로 종료한다. 그런 다음 플래그를 파싱하고 나머지 인수를 가져오며 적어도 하나가 있음을 확인하기 전에 filedb 데이터베이스 디렉터리에 대한 경로를 예상하는 db라는 플래그를 정의한다.

작은 데이터 유지

생성하는 경로와 해시를 추적하려면 프로그램을 중지하고 시작할 때도 이상적으로 작동하는 일종의 데이터 저장 메커니즘이 필요하다. 여기에는 텍스트 파일에서부터 수

평 확장 가능한 완전한 데이터베이스 솔루션에 이르기까지 다양한 선택항^{choice}이 있다. 단순성에 대한 Go의 정신은 우리의 작은 백업 프로그램에 데이터베이스 의존성을 구축하는 것이 좋은 아이디어는 아닐 것이라고 말한다. 오히려 이 문제를 해결할 수 있는 가장 간단한 방법이 무엇인지 질문해야 한다.

github.com/matryer/filedb 패키지는 이런 종류의 문제에 대한 실험적인 해결책이다. 아주 단순한 스키마 없는 데이터베이스인 것처럼 파일시스템과 상호작용할 수 있다. mgo와 같은 패키지에서 디자인 리드를 가져오고 데이터 조회 요구가 아주 간단한 경우에 사용할 수 있다. filedb에서 데이터베이스는 폴더고 컬렉션은 각 레코드가 다른 레코드를 나타내는 파일이다. 물론, filedb 프로젝트가 발전함에 따라 모두 바뀔 수 있지만 인터페이스는 잘되지 않을 것이다.

 이 프로젝트와 같은 종속성(dependency)을 Go 프로젝트에 추가하는 것은 시간이 지남에 따라 종속성이 사라지거나, 초기 범위를 넘어서 변경되거나, 경우에 따라 완전히 사라지기 때문에 매우 조심스럽게 수행돼야 한다. 직관에 반하는 것으로 들리지만 프로젝트에 몇 개의 파일을 복사해 붙여넣는 것이 외부 종속성에 의존하는 것보다 나은 해결책인지 고려해야 한다. 또는 전체 패키지를 명령의 vendor 폴더로 복사해 종속성을 공급할 수도 있다. 이는 툴에 맞게 잘 동작하는 종속성의 스냅샷을 저장하는 것과 유사하다.

main 함수의 끝에 다음 코드를 추가하라.

```
db, err := filedb.Dial(*dbpath)
if err != nil {
  fatalErr = err
  return
}
defer db.Close()
col, err := db.C("paths")
if err != nil {
  fatalErr = err
```

```
    return
}
```

여기서는 `filedb.Dial` 함수를 사용해 `filedb` 데이터베이스에 연결한다. 실제 데이터베이스 서버가 없기 때문에 데이터베이스가 어디에 있는지 지정하는 것 외에는 아무런 일도 일어나지 않는다(이것은 나중에 변경될 수 있다. 그렇기 때문에 이러한 규정이 인터페이스에 존재한다). 성공한 경우 데이터베이스 닫기를 연기한다.

데이터베이스를 닫으면 파일을 열어서 지울 필요가 있기 때문에 실제로 뭔가를 한다.

`mgo` 패턴에 이어 다음에는 C 메소드를 사용해 컬렉션을 지정하고 `col` 변수에 대한 참조를 유지한다. 오류가 발생하면 `fatalErr` 변수에 할당하고 리턴한다.

데이터를 저장하기 위해 `path`라는 타입을 정의할 예정이며, 전체 경로와 마지막 해시 값을 저장하고 이를 JSON 인코딩을 사용해 `filedb` 데이터베이스에 저장한다. `main` 함수 위에 다음 struct 정의를 추가하라.

```
type path struct {
    Path string
    Hash string
}
```

인수 파싱

`flags.Args`(`os.Args`와 반대)를 호출하면 플래그를 제외한 인수 슬라이스를 받는다. 이렇게 하면 플래그 인수와 플래그가 아닌 인수를 같은 도구에서 혼합할 수 있다.

도구를 다음과 같은 방법으로 사용할 수 있도록 한다.

- 경로를 추가하려면 다음과 같다.

```
backup -db=/path/to/db add {경로} [경로들 ...]
```

- 경로를 제거하려면 다음과 같다.

```
backup -db=/path/to/db remove {경로} [경로들 ...]
```

- 모든 경로를 나열하려면 다음과 같다.

```
backup -db=/path/to/db list
```

이를 달성하기 위해 이미 플래그를 처리했으므로 플래그가 아닌 첫 번째 인수를 확인해야 한다.

main 함수에 다음 코드를 추가한다.

```
switch strings.ToLower(args[0]) {
  case "list":
  case "add":
  case "remove":
}
```

여기에서는 첫 번째 인수를 소문자로 설정한 후 스위치를 만들기만 한다(사용자가 backup LIST를 입력해도 계속 작동시키고 싶은 경우).

경로 나열

데이터베이스의 경로를 나열하려면 경로의 col 변수에서 ForEach 메소드를 사용한다. list 케이스에 다음 코드를 추가한다.

```
var path path
col.ForEach(func(i int, data []byte) bool {
  err := json.Unmarshal(data, &path)
  if err != nil {
    fatalErr = err
    return true
  }
  fmt.Printf("= %s\n", path)
  return false
})
```

ForEach에 콜백 함수를 전달한다. 콜백 함수는 해당 컬렉션의 모든 항목에 대해 호출된다. 그런 다음 이를 JSON에서 경로 형식으로 비정렬화Unmarshal하고 fmt.Printf를 사용해 출력한다. 우리는 filedb 인터페이스에 따라 false를 리턴한다. true를 리턴하면 반복을 멈추고 모든 것을 나열하도록 하고 싶다.

자체 타입에 대한 문자열 표현

이 방식으로 Go에서 구조체를 출력할 때 %s 포맷 동사를 사용하면 사용자가 읽기 어려운 일부 지저분한 결과가 발생할 수 있다. 그러나 타입이 String() 문자열 메소드를 구현하면 대신 사용돼 출력을 제어할 수 있다. path 구조체 아래에 다음 메소드를 추가하라.

```
func (p path) String() string {
  return fmt.Sprintf("%s [%s]", p.Path, p.Hash)
}
```

이것은 path 타입을 문자열로 나타내는 방법을 알려준다.

경로 추가

경로(또는 여러 경로들)를 추가하려면 나머지 인수를 반복하고 각 인수에 대해 InsertJSON 메소드를 호출한다. add 케이스에 다음 코드를 추가한다.

```
if len(args[1:]) == 0 {
  fatalErr = errors.New("must specify path to add(추가할 경로를 지정해야 한다)")
  return
}
for _, p := range args[1:] {
  path := &path{Path: p, Hash: "아직 보관되지 않음"}
  if err := col.InsertJSON(path); err != nil {
    fatalErr = err
    return
  }
  fmt.Printf("+ %s\n", path)
}
```

사용자가 추가 인수를 지정하지 않은 경우(예: 경로 입력 없이 backup add를 호출한 경우), 치명적인fatal 오류가 리턴된다. 그렇지 않으면 작업을 수행하고 성공적으로 추가됐음을 나타내기 위해 경로 문자열(접두사 + 기호)을 출력한다. 기본적으로 해시를 '아직 보관되지 않음Not yet archived' 문자열 리터럴로 설정한다. 이는 유효하지 않은 해시지만, 사용자가 아직 아카이브되지 않았음을 알리고 코드에 그대로 표시한다는 두 가지 목적을 제공한다(폴더의 해시가 그 문자열과 결코 같지 않음).

경로 제거

하나의 경로(또는 여러 경로)를 제거하려면 path 컬렉션에 RemoveEach 메소드를 사용한다. remove 케이스에 다음 코드를 추가한다.

```
var path path
col.RemoveEach(func(i int, data []byte) (bool, bool) {
  err := json.Unmarshal(data, &path)
  if err != nil {
    fatalErr = err
    return false, true
  }
  for _, p := range args[1:] {
    if path.Path == p {
      fmt.Printf("- %s\n", path)
      return true, false
    }
  }
  return false, false
})
```

RemoveEach에 제공하는 콜백 함수는 다음과 같이 두 개의 bool 타입을 반환한다. 첫 번째는 항목을 제거해야 하는지를 나타내고 두 번째는 반복 중지 여부를 결정해야 한다.

새로운 도구 사용

간단한 backup 커맨드라인 도구를 완성했다. 실제로 실행해보자. backup/cmds/ backup 내에 backupdata라는 폴더를 만든다. 이것은 filedb 데이터베이스가 될 것이다.

터미널에서 main.go 파일로 이동해 다음을 실행하고 도구를 빌드하라.

```
go build -o backup
```

모두 문제없으면 경로를 추가할 수 있다.

```
./backup -db=./backupdata add ./test ./test2
```

예상되는 출력을 확인한다.

```
+ ./test [아직 보관되지 않음]
+ ./test2 [아직 보관되지 않음]
```

이제 다른 경로를 추가해보겠다.

```
./backup -db=./backupdata add ./test3
```

이제 전체 목록을 볼 수 있다.

```
./backup -db=./backupdata list
```

우리 프로그램은 다음과 같은 결과를 낸다.

```
= ./test [아직 보관되지 않음]
= ./test2 [아직 보관되지 않음]
= ./test3 [아직 보관되지 않음]
```

remove 기능이 작동하는지 확인하기 위해 test3를 제거해보자.

```
./backup -db=./backupdata remove ./test3
./backup -db=./backupdata list
```

이것은 다시 다음과 같이 돌아갈 것이다.

이제 우리의 유스케이스에 맞는 방식으로 filedb 데이터베이스와 상호작용할 수 있다. 다음으로, 작업을 수행하기 위해 실제로 backup 패키지를 사용할 데몬 프로그램을 빌드한다.

▎ 데몬 백업 툴

backupd라고 명명할 backup 툴은 filedb 데이터베이스에 나열된 경로를 주기적으로 확인하고 폴더를 해싱해 변경 사항이 있는지 확인하며 backup 패키지를 사용해 실제로 필요한 폴더를 보관 처리한다.

backup/cmds/backup 폴더와 함께 backupd라는 새 폴더를 만들고 치명적인 오류와 플래그를 처리하도록 바로 넘어가자.

```go
func main() {
  var fatalErr error
  defer func() {
    if fatalErr != nil {
      log.Fatalln(fatalErr)
    }
  }()
  var (
    interval = flag.Duration("interval", 10*time.Second, "interval between
    checks")
    archive  = flag.String("archive", "archive", "path to archive location")
    dbpath   = flag.String("db", "./db", "path to filedb database")
  )
```

```
    flag.Parse( )
}
```

지금까지 이런 종류의 코드를 봤으므로 이제 익숙해져야 한다. interval, archive, db 라는 세 가지 플래그를 지정하기 전에 치명적인 오류의 처리를 연기한다. interval 플래그는 폴더가 변경됐는지 여부를 확인하는 데 걸리는 시간(초)을 나타낸다. archive 플래그는 ZIP 파일이 저장될 보관 위치의 경로며, db 플래그는 backup 명령이 있는 동일한 filedb 데이터베이스의 상호작용하는 경로다. flag.Parse에 대한 일반적인 호출은 변수를 설정하고 이동 준비가 됐는지 확인한다.

폴더의 해시를 검사하기 위해 이전에 작성한 Monitor 인스턴스가 필요하다. main 함수에 다음 코드를 추가하라.

```
m := &backup.Monitor{
  Destination: *archive,
  Archiver:    backup.ZIP,
  Paths:       make(map[string]string),
}
```

여기서는 archive 값을 Destination 타입으로 사용하는 backup.Monitor를 작성한다. 우리는 backup.ZIP 아카이버를 사용해 내부적으로 경로와 해시를 저장할 준비가 된 맵을 작성한다. 데몬 시작 시 데이터베이스에서 경로를 로드해 작업을 중지하고 시작할 때 불필요하게 아카이빙하지 않도록 한다.

main 함수에 다음 코드를 추가한다.

```
db, err := filedb.Dial(*dbpath)
if err != nil {
  fatalErr = err
  return
```

```
}
defer db.Close()
col, err := db.C("paths")
if err != nil {
  fatalErr = err
  return
}
```

이전에 이 코드를 봤다. 데이터베이스를 호출하고 paths 컬렉션과 상호작용할 수 있는 객체를 만든다. 실패한 것이 있으면 fatalErr을 설정하고 돌아간다.

중복 구조

사용자 커맨드라인 툴 프로그램에서 사용한 것과 같은 경로 구조를 사용할 것이므로 이 프로그램에 대해서도 정의를 포함시켜야 한다. main 함수 위에 다음 구조체를 삽입하라.

```
type path struct {
  Path string
  Hash string
}
```

객체지향 프로그래머는 이 공유 스니펫이 한 곳에서만 존재하고 두 프로그램 모두에서 복제되지 않도록 하기 위해 지금까지 이 페이지에서 외치고 있음이 틀림없다. 나는 당신이 이 강박에 저항할 것을 촉구한다. 이 네 줄의 코드는 새로운 패키지를 정당화하기 어려우므로 오버헤드가 거의 없는 두 프로그램 모두에서 쉽게 동일하게 적용될 수 있다. 또한 backupd 프로그램에 LastChecked 필드를 추가해 각 폴더가 한 시간에 한 번만 아카이빙되는 규칙을 추가할 수 있음을 고려하라. backup 프로그램은 이에 상관없이 어떤 필드가 path 구조를 구성하는지에 대해 완벽하게 만족할 것이다.

데이터 캐싱

이제 모든 기존 경로를 쿼리하고 Paths 맵을 업데이트할 수 있다. 이는 특히 느리고 단절된 데이터 저장소에서 프로그램 속도를 높이는 유용한 기술이다. 캐시(이 경우 Paths 맵)에 데이터를 로드하면 정보가 필요할 때마다 번거롭게 파일을 참조하지 않고도 액세스할 수 있다.

main 함수 본문에 다음 코드를 추가한다.

```
var path path
col.ForEach(func(_ int, data []byte) bool {
  if err := json.Unmarshal(data, &path); err != nil {
    fatalErr = err
    return true
  }
  m.Paths[path.Path] = path.Hash
  return false // 계속한다
})
if fatalErr != nil {
  return
}
if len(m.Paths) < 1 {
  fatalErr = errors.New("no paths - use backup tool to add at least one")
  return
}
```

ForEach 메소드를 다시 사용하면 데이터베이스의 모든 경로를 반복할 수 있다. JSON 바이트를 다른 프로그램에서 사용한 것과 같은 path 구조로 비정렬화^{unmarshal}하고 Paths 맵에 값을 설정한다. 아무 문제가 없다면 적어도 하나의 경로가 있는지를 최종 점검하고, 그렇지 않은 경우 에러와 함께 리턴한다.

백업 프로그램의 한계는 일단 시작되면 경로를 동적으로 추가하지 않는다는 것이다. 즉 데몬을 다시 시작해야 한다. 재시작하는 것이 귀찮다면 주기적으로 Paths 맵을 업데이트하거나 다른 종류의 구성 관리를 사용하는 메커니즘을 구축할 수 있다.

무한 루프

그다음으로 해야 할 일은 해시를 즉시 검사해 일정한 간격으로 다시 검사를 수행하는 무한 루프에 들어가기 전에 보관해야 하는지 확인하는 것이다.

무한 루프는 좋지 않은 아이디어처럼 느껴진다. 사실 어떨 때는 버그처럼 들린다. 그러나 이 프로그램 내에서 무한 루프에 대해 이야기하고 있으므로 무한 루프가 간단한 break 명령으로 쉽게 끊길 수 있기 때문에 어감만큼 극적이지는 않다. 무한 루프와 기본 명령문이 없는 select문을 혼합할 경우 무언가가 일어날 때까지 기다릴 때는 CPU 사이클을 가동하지 않고 관리 가능한 방식으로 코드를 실행할 수 있다. 실행은 두 채널 중 하나가 데이터를 받을 때까지 차단된다.

Go에서 무한 루프를 만드는 것은 다음과 같이 간단하다.

```
for {}
```

중괄호({}) 안의 명령어는 코드를 실행하는 컴퓨터 성능만큼 빠르게 반복 실행된다. 다시 말하지만, 실행 요청에 주의하지 않으면 이는 나쁜 계획처럼 들린다. 이 경우 두 채널에서 채널 중 하나가 흥미로운 내용이 될 때까지 안전하게 차단할 select 케이스를 즉시 시작한다.

다음 코드를 추가하라.

```
check(m, col)
signalChan := make(chan os.Signal, 1)
signal.Notify(signalChan, syscall.SIGINT, syscall.SIGTERM)
for {
  select {
  case <-time.After(*interval):
    check(m, col)
  case <-signalChan:
    // 중지
    fmt.Println()
    log.Printf("Stopping... ")
    return
  }
}
```

물론 책임감 있는 프로그래머로서, 사용자가 프로그램을 종료할 때 어떤 일이 일어나는지 신경 써야 한다. 따라서 check 메소드(아직 존재하지 않음)를 호출한 후에는 신호 채널을 만들고 signal.Notify를 사용해 종료 신호가 자동으로 처리되는 것이 아니라 채널에 제공되도록 요청한다. 무한 for 루프에서는 timer 채널이 메시지를 보내거나 종료 신호 채널이 메시지를 보내는 두 가지 가능성을 선택한다. timer 채널 메시지인 경우 다시 check를 호출한다. signalChan이면 프로그램을 종료한다. 그렇지 않으면 루프백해 대기한다.

time.After 함수는 지정된 시간이 경과한 후 신호(실제로는 현재 시간)를 보낼 채널을 리턴한다. 우리는 flag.Duration을 사용하기 때문에 time.Duration 인수로 (deferenced via *)를 함수에 직접 전달할 수 있다. flag.Duration을 사용하면, 사용자가 10초면 10s 또는 1분이면 1m과 같이 사람이 읽을 수 있는 방식으로 시간 간격을 지정할 수도 있다.

마지막으로, 데이터베이스 함수를 닫는 것과 같이 지연된 명령문을 실행하게 하는 main 함수에서 돌아온다.

filedb 레코드 업데이트

Monitor 타입에 대해 Now 메소드를 호출하고 새로운 해시가 있는 경우 데이터베이스를 업데이트해야 하는 check 함수의 구현만 남았다.

main 함수 아래에 다음 코드를 추가하라.

```go
func check(m *backup.Monitor, col *filedb.C) {
  log.Println("Checking...")
  counter, err := m.Now()
  if err != nil {
    log.Fatalln("failed to backup:", err)
  }
  if counter > 0 {
    log.Printf(" Archived %d directories\n", counter)
    // 해시 업데이트
    var path path
    col.SelectEach(func(_ int, data []byte) (bool, []byte, bool) {
      if err := json.Unmarshal(data, &path); err != nil {
        log.Println("failed to unmarshal data (skipping):", err)
        return true, data, false
      }
      path.Hash, _ = m.Paths[path.Path]
      newdata, err := json.Marshal(&path)
      if err != nil {
        log.Println("failed to marshal data (skipping):", err)
        return true, data, false
      }
      return true, newdata, false
    })
  } else {
    log.Println(" No changes")
  }
}
```

check 함수는 먼저 즉시 Now를 호출하기 전에 검사를 수행하는지 사용자에게 알려준다. Monitor 타입이 파일을 아카이빙했는지 여부를 묻는 것이다. 파일을 사용자에게 출력하고 계속해서 새 값으로 데이터베이스를 업데이트한다. SelectEach 메소드를 사용하면 대체 바이트를 반환해 컬렉션의 각 레코드를 변경할 수 있다. 따라서 바이트를 비정렬화해 경로 구조를 얻고, 해시 값을 업데이트하고, 정렬된 바이트를 반환한다. 이렇게 하면 다음에 backupd 프로세스를 시작할 때 올바른 해시 값을 사용하게 된다.

▌ 솔루션 테스트

두 프로그램이 함께 잘 동작하는지 보자. 두 개의 프로그램을 실행할 것이므로 두 개의 터미널 창을 연다.

이미 데이터베이스에 몇 가지 경로가 추가됐으므로 backup을 사용해 경로를 살펴보자.

```
./backup -db="./backupdata" list
```

두 개의 테스트 폴더가 표시돼야 한다. 만약 그렇지 않다면 '경로 추가' 절을 참조하라.

```
= ./test [아직 보관되지 않음]
= ./test2 [아직 보관되지 않음]
```

다른 창에서 backupd 폴더로 이동해 test 및 test2라는 두 개의 테스트 폴더를 만든다.

일반적인 방법으로 backupd를 빌드한다.

```
go build -o backupd
```

344

모두 성공했다면 이제 백업 프로세스를 시작할 수 있다. db 경로를 backup 프로그램에 사용한 경로와 동일하게 지정하고 archive라는 새 폴더를 사용해 ZIP 파일을 저장하도록 지정한다. 테스트용으로, 시간 절약을 위해 간격을 5초로 지정하라.

```
./backupd -db="../backup/backupdata/" -archive="./archive" -interval=5s
```

곧바로 backupd는 폴더를 확인하고, 해시를 계산하고, (아직 아카이브되지 않음) 다른 폴더임을 확인하고 두 폴더에 대한 아카이브 프로세스를 시작해야 한다. 다음과 같은 결과를 출력한다.

```
Checking...
Archived 2 directories
```

backup/cmds/backupd에서 새로 생성된 archive 폴더를 열고 두 개의 하위 폴더 test 및 test2를 작성했는지 확인한다. 내부에는 빈 폴더의 압축된 아카이브 버전이 있으며, 자유롭게 압축을 풀고 볼 수 있다. 지금까지는 아무것도 놀라울 게 없다.

한편, 터미널 창에서 backupd는 폴더의 변경 사항을 다시 확인했다.

```
Checking...
No changes
Checking...
No changes
```

평소 사용하는 텍스트 편집기에서 test2 폴더 안에 test라는 단어가 들어있는 새 텍스트 파일을 만들고 one.txt로 저장하라. 몇 초 후에 backupd가 새 파일을 발견하고 archive/test2 폴더 안에 다른 스냅샷을 생성했음을 알 수 있다.

물론 시간이 다르기 때문에 파일명이 다르지만, 압축을 풀면 폴더의 압축된 아카이브 버전이 실제로 생성됐음을 알 수 있다.

다음 작업을 수행해 프로그램을 실행해보라.

- one.txt 파일의 내용 변경
- 파일을 test 폴더에 추가하기
- 파일 삭제

▌ 요약

8장에서는 코드 프로젝트를 위한 매우 간단한 백업 시스템을 성공적으로 구축했다. 이를 통해 이러한 프로그램의 동작을 확장하거나 수정하는 것이 얼마나 간단한지 알 수 있다. 해결할 수 있는 잠재적 문제의 범위는 무한하다.

이전 절에서 했던 것처럼 로컬 아카이브 대상 폴더를 갖는 대신 네트워크 저장 장치를 마운트하고 이를 사용하는 것을 상상해보라. 갑자기 이 중요한 파일의 외부 지역(또는 적어도 컴퓨터 외부) 백업이 생겼으며, 드롭박스 폴더를 보관 대상으로 쉽게 설정할 수 있다. 그러면 스냅샷에 직접 액세스할 수 있을 뿐만 아니라 복사본도 클라우드에 저장되고 다른 사용자와 공유할 수도 있다.

Archiver 인터페이스를 확장해 Restore 작업(파일 압축을 풀기 위해 encoding/zip 패키지만 사용)을 지원하면 맥에서 타임머신Time Machine이 제공하는 것처럼 아카이브 내부를 볼 수 있고 개별 파일의 변경 사항에 액세스할 수 있는 도구를 구축할 수 있다. 파일 색인을 생성하면 깃허브처럼 코드 수정 이력history 내역 전체를 검색할 수 있다.

파일명이 타임스탬프이므로 오래된 아카이브를 덜 사용 중인 저장 영역 매체로 백업하거나 날짜별 덤프로 변경 사항을 요약할 수 있다.

분명히 백업 소프트웨어가 이미 있고, 잘 테스트되고, 전 세계적으로 사용되고 있으며 아직 해결되지 않은 문제의 해결에 집중하는 것이 현명한 일일 수도 있다. 그러나 일을 해내기 위해 작은 프로그램을 작성하는 데 약간의 노력이 필요한 경우, 관리할 수 있는 점 때문에 작성할 만한 가치가 있다. 코드를 작성하면 타협 없이 정확히 원하는 것을 얻을 수 있으며 각 개인이 명령할 수 있다.

특히 8장에서는 Go의 표준 라이브러리가 파일시스템과 상호작용하는 방법, 즉 읽기용 파일 열기, 새 파일 생성 및 디렉터리 작성 방법을 살펴봤다. os 패키지는 io 패키지의 강력한 타입과 encoding/zip 및 기타 기능을 더 혼합해 아주 간단한 Go 인터페이스를 구성하고 매우 강력한 결과를 제공하는 방법을 명확하게 보여준다.

9

구글 앱 엔진용
Q&A 애플리케이션 구축

구글 앱 엔진Google App Engine은 개발자들에게 애플리케이션을 배포하는 NoOps(No Operations의 약자로, 개발자와 엔지니어에게 코드를 실행하고 사용할 수 있는 작업이 없다는 것을 나타냄) 방식을 제공한다. 그리고 몇 년 전부터 언어 옵션을 공식적으로 지원한다. 구글의 아키텍처는 구글 검색, 구글 지도, 지메일Gmail과 같이 세계에서 가장 큰 애플리케이션 중 일부를 실행하므로 자체 코드를 배포할 때 매우 안전한 방법이다.

구글 앱 엔진을 사용하면 Go 애플리케이션을 작성하고 몇 가지 특수 구성 파일을 추가해 구글 서버에 배포할 수 있다. 이 서버는 가용성이 뛰어나고 확장 가능하며 탄력적인 환경에서 호스팅 및 제공된다. 인스턴스가 자동으로 요구를 충족시키기 위해 스핀업spin up하고 풍부한 무료 할당량 및 예산을 사전에 지정해 더 이상 필요하지 않게 되면 정상적으로 종료된다.

구글 앱 엔진은 애플리케이션 인스턴스 실행과 함께 빠르고 대규모의 데이터 저장소, 검색, 메모리 캐시memcache, 작업 대기열과 같은 유용한 서비스를 제공한다. 투명한 로드 밸런싱transparent load balancing이란 서버에 과부하가 발생하지 않고 요청이 신속하게 처리될 수 있도록 추가 소프트웨어 또는 하드웨어를 구축하고 유지 관리할 필요가 없음을 의미한다.

9장에서는 스택 오버플로우Stack Overflow나 쿼라Quora1와 유사한 질의응답 서비스를 위한 API 백엔드를 구축하고 이를 구글 앱 엔진에 배포한다. 이 과정에서 우리는 이러한 모든 애플리케이션에 적용할 수 있는 기법과 패턴 및 사례를 살펴보고 애플리케이션에서 사용할 수 있는 유용한 서비스를 자세히 살펴본다.

특히 9장에서 다루는 내용은 다음과 같다.

- Go용 구글 앱 엔진 SDK를 사용해 클라우드에 배포하기 전에 애플리케이션을 로컬로 빌드하고 테스트하는 방법

---

1   각각 프로그래밍계의 '지식 검색'이며 해외 유수의 질의응답 사이트라고 할 수 있다. - 옮긴이

- app.yaml을 사용해 애플리케이션을 구성하는 방법
- 구글 앱 엔진의 모듈을 사용해 애플리케이션을 구성하는 다양한 구성 요소를 독립적으로 관리할 수 있는 방법
- 구글 클라우드 데이터스토어를 사용해 데이터를 일정하게 유지하고 쿼리할 수 있는 방법
- 구글 클라우드 데이터스토어에서 데이터 모델링 및 키 작업에 합리적인 패턴
- 구글 앱 엔진 유저 API를 사용해 구글 계정으로 사용자를 인증하는 방법
- 엔티티에 비정규화된 데이터를 삽입하는 패턴
- 트랜잭션을 사용해 데이터 무결성을 보장하고 카운터를 작성하는 방법
- 코드에서 들여쓰기를 유지하는 것이 유지 보수성을 향상시키는 데 도움이 되는 이유
- 서드파티 패키지에 의존성을 추가하지 않고 간단한 HTTP 라우팅을 달성하는 방법

Go용 구글 앱 엔진 SDK

구글 앱 엔진 애플리케이션을 실행하고 배포하려면 Go SDK를 다운로드하고 구성해야 한다. https://cloud.google.com/appengine/downloads로 이동해 시스템에 맞는 Go용 구글 앱 엔진 SDK 최신 버전을 다운로드하라. ZIP 파일에는 go_appengine이라는 폴더가 있다. 이 폴더는 GOPATH 외부의 적절한 폴더에 있어야 한다(예: /Users/yourname/work/go_appengine).

SDK의 이름은 향후 변경될 수도 있다. 그런 경우 프로젝트 홈페이지(https://github.com/matryer/goblueprints)에서 그에 맞춰 올바른 방향으로 수정된 노트가 있는지 확인하라.[2]

다음으로 처음 Go를 구성할 때 go 폴더에 대해 지정했던 것과 마찬가지로 go_appengine 폴더를 $PATH 환경 변수에 추가해야 한다.

설치 상태를 테스트하려면 터미널을 열고 다음을 입력하라.

```
goapp version
```

다음과 같은 내용이 표시된다.

```
go version go1.6.1 (appengine-1.9.37) darwin/amd64
```

 Go의 실제 버전은 다를 수 있으며, 실제 Go 출시보다 몇 개월 지연될 수 있다. 이는 구글의 클라우드 플랫폼 팀이 새로운 Go 릴리스를 지원하기 위한 작업을 수행해야 하기 때문이다.

goapp 명령은 몇 가지 추가적인 하위 명령을 사용해 go 명령을 대체한다. 따라서 goapp test와 goapp vet 등을 할 수 있다.

---

2 2017년 7월 기준 '구글 클라우드 SDK'로 통합 제공되고 있다(https://cloud.google.com/appengine/docs/standard/go/download). 책의 내용대로 연습하고 싶다면 다운로드 페이지 중간에 있는 링크 'you can download the original App Engine SDK for Go'를 클릭해 다운로드할 수 있다. - 옮긴이

애플리케이션 생성

구글 서버에 애플리케이션을 배포하려면 구글 클라우드 플랫폼 콘솔을 사용해서 설정해야 한다. 브라우저에서 https://console.cloud.google.com으로 이동해 구글 계정으로 로그인하라. 콘솔이 수시로 변경되면서 이동하는 '프로젝트 생성' 메뉴 항목을 찾는다. 이미 프로젝트가 있는 경우 프로젝트 이름을 클릭해 하위 메뉴를 열면 해당 프로젝트 이름이 나타난다.

 원하는 것을 찾을 수 없을 경우 'App Engine 프로젝트 생성하기'를 검색하면 찾을 수 있다.

'새 프로젝트' 대화 상자가 열리면 애플리케이션의 이름을 묻는 메시지가 나타난다. 원하는 대로 이름 지을 수 있지만 (예를 들면 Answers) 프로젝트 ID는 별도로 생성되며 나중에 앱을 구성할 때 이를 참조해야 한다. '편집'을 클릭해 자신의 ID를 지정할 수도 있지만 그 값이 전 세계적으로 고유해야 하므로 값을 생각할 때 창의력을 발휘해야 한다. 이 책에서는 answerapp을 애플리케이션 ID로 사용하며, 이 ID는 이미 사용됐으므로 선택할 수 없다.

프로젝트가 생성되려면 몇 분 정도 걸린다. 계속할 수 있고 나중에 다시 확인할 수 있으니 페이지를 보고 있을 필요는 없다.

앱 엔진 애플리케이션은 Go 패키지다

Go용 구글 앱 엔진 SDK가 구성됐고 애플리케이션이 생성됐으므로 이제 빌드를 시작할 수 있다.

구글 앱 엔진에서 애플리케이션은 http.Handle 또는 http.HandleFunc 함수를 통해 핸들러를 등록하는 init 함수가 있는 일반적인 Go 패키지다. 일반 도구처럼 main 패키지일 필요는 없다.

GOPATH 폴더 내부 어딘가에 answersapp/api라는 새 폴더를 만들고 다음 main.
go 파일을 추가하라.

```go
package api
import (
  "io"
  "net/http"
)
func init() {
  http.HandleFunc("/", handleHello)
}
func handleHello(w http.ResponseWriter, r *http.Request) {
  io.WriteString(w, "Hello from App Engine")
}
```

이제까지 대부분 익숙하겠지만 `ListenAndServe` 호출은 없으며 핸들러는 `main`이 아닌
`init` 함수 내에 설정돼 있다. 간단한 `handleHello` 함수로 모든 요청을 처리할 것이다.
이 함수는 단지 환영하는 문자열을 출력할 것이다.

app.yaml 파일

간단한 Go 패키지를 구글 앱 엔진 애플리케이션으로 바꾸려면 app.yaml이라는 특
수한 구성 파일을 추가해야 한다. 파일은 애플리케이션이나 모듈의 루트에 있으므로
answerapp/api 폴더에 다음 내용으로 만든다.

```yaml
application: YOUR_APPLICATION_ID_HERE
version: 1
runtime: go
api_version: go1
handlers:
```

```
- url: /.*
  script: _go_app
```

이 파일은 YAML(Yet Another Markup Language 포맷의 자세한 내용은 yaml.org를 참조하라.)에서 사람과 컴퓨터가 읽을 수 있는 간단한 구성 파일이다. 다음 표에서는 각 속성을 설명한다.

속성	설명
application	애플리케이션 ID(프로젝트를 만들 때 복사 및 붙여넣기)
version	애플리케이션 버전 번호를 사용하면 여러 버전을 배포하고 새로운 버전을 테스트하기 위해 트래픽을 분리할 수 있다. 우리는 지금 버전 1을 고수할 것이다.
runtime	애플리케이션을 실행할 런타임의 이름이다. 이 책은 Go 책이고 Go 애플리케이션을 작성하고 있으므로 go를 사용한다.
api_version	go1이라는 api 버전은 구글에서 지원하는 런타임 버전이다. 이것이 훗날 go2가 될 것이라고 상상할 수 있다.
handlers	구성된 URL 매핑의 선택. 이 경우 모든 것이 특수 _go_app 스크립트에 매핑되지만 여기에 정적 파일과 폴더를 지정할 수도 있다.

로컬에서 간단한 애플리케이션 실행

애플리케이션을 배포하기 전에 애플리케이션을 로컬에서 테스트하는 것이 좋다. 이전에 다운로드한 앱 엔진 SDK를 사용해 이 작업을 수행할 수 있다.

answerapp/api 폴더로 이동해 터미널에서 다음 명령을 실행하라.

```
goapp serve
```

다음과 같은 결과가 나타난다.

API 서버가 포트 56443에서 로컬로 실행 중이며 관리자 서버가 8000에서 실행 중이고 애플리케이션(모듈 default)이 이제 localhost:8080에서 제공되므로 브라우저에서 해당 API를 실행해보자.

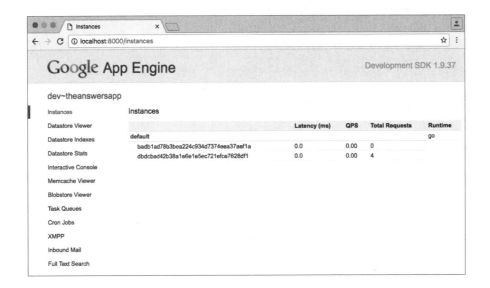

Hello from App Engine 응답에서 볼 수 있듯이 애플리케이션은 로컬에서 실행된다. 포트를 8080에서 8000으로 변경해 관리 서버로 이동한다.

앞의 스크린샷은 실행 중인 인스턴스 보기, 데이터 저장소 검사, 작업 대기열 관리 등 애플리케이션 내부의 정보를 얻는 데 사용할 수 있는 웹 포털을 보여준다.

간단한 애플리케이션을 구글 앱 엔진에 배포

구글 앱 엔진의 NoOps 프로미스^promise를 제대로 이해하기 위해 이 간단한 애플리케이션을 클라우드에 배포할 예정이다. 터미널로 돌아가서 **Ctrl + C**를 눌러 서버를 중지하고 다음 명령을 실행한다.

```
goapp deploy
```

애플리케이션이 패키징돼 구글 서버에 업로드된다. 완료되면 다음과 같은 내용을 볼 수 있다.

```
Completed update of app: theanswersapp, version: 1
```

정말 간단하다.

모든 구글 앱 엔진 애플리케이션에서 무료로 제공하는 페이지로 이동해 애플리케이션 ID를 자신의 애플리케이션 ID(https://YOUR_APPLICATION_ID_HERE.appspot.com/)로 바꾼다는 사실을 기억하면 된다.

앞에서와 같은 결과를 볼 수 있다(구글 서버는 로컬 개발 서버가 제공하지 않는 콘텐츠 타입에 대해 가정하고 있기 때문에 글꼴이 다르게 표시될 수 있다).

 애플리케이션은 HTTP/2를 통해 제공되며 이미 상당히 방대한 규모로 구현할 수 있다. 우리가 한 일은 구성(config) 파일과 몇 줄의 코드를 작성하는 것뿐이다.

구글 앱 엔진의 모듈

모듈module은 독립적으로 버전화, 업데이트, 관리를 할 수 있는 Go 패키지다. 앱은 하나의 모듈을 포함할 수도 있고, 동일한 모듈과 동일한 데이터 및 서비스에 액세스할 수 있는 같은 애플리케이션의 일부인 여러 모듈로 구성될 수도 있다. 애플리케이션은 기능이 많지 않더라도 기본 모듈을 가져야 한다.

우리 애플리케이션은 다음 모듈로 구성된다.

모듈명	설명
default	필수 기본 모듈
api	RESTful JSON API를 제공하는 API 패키지
web	API 모듈에 AJAX 호출을 하는 HTML, CSS, 자바스크립트를 제공하는 정적 웹사이트

각 모듈은 Go 패키지이므로 자체 폴더 내에 있다.

api 폴더와 함께 default란 새 폴더를 만들어 프로젝트를 모듈로 재구성해보자.

다른 모듈이 모든 의미 있는 작업을 수행하길 원하기 때문에 기본 모듈을 구성 용도로 사용하지 않을 것이다. 그러나 이 폴더를 비워두면 구글 앱 엔진 SDK에서 아무것도 빌드하지 않는다는 메시지를 표시할 것이다.

default 폴더 안에 다음 플레이스홀더만 있는 main.go 파일을 추가하라.

```
package defaultmodule
func init() {}
```

이 파일은 default 모듈이 존재함을 허용하는 것 외에는 아무것도 하지 않는다.

 패키지 이름이 폴더와 일치하는 것은 좋았지만, 'default'는 Go에서 예약어로 사용하는 키워드이므로 그 룰을 따르지 못할 때도 있다.

애플리케이션의 다른 모듈은 web이라 불리므로 api와 default 폴더 옆에 web이라는 또 다른 폴더를 만든다. 9장에서는 애플리케이션용 API만 구축하고 웹 모듈은 다운로드하는 트릭을 쓸 생각이다.

프로젝트 홈페이지 https://github.com/matryer/goblueprints로 가서 제2판의 콘텐츠에 액세스하고 README 파일의 다운로드 섹션에서 9장, '구글 앱 엔진용 Q&A 애플리케이션 구축'에 대한 웹 컴포넌트의 다운로드 링크를 찾는다. ZIP 파일에는 웹 구성 요소의 소스 파일이 포함돼 있다. 이 파일은 압축을 풀고 web 폴더에 저장해야 한다.

이제 애플리케이션 구조는 다음처럼 구성된다.

```
/answersapp/api
/answersapp/default
/answersapp/web
```

모듈 지정하기

api 패키지가 될 모듈을 지정하려면 api 폴더의 app.yaml에 속성을 추가해야 한다. module 속성을 포함하도록 업데이트하라.

```
application: YOUR_APPLICATION_ID_HERE
version: 1
runtime: go
module: api
api_version: go1
handlers:
- url: /.*
  script: _go_app
```

default 모듈도 배포해야 하므로 app.yaml 구성 파일을 추가해야 한다. api/app.yaml 파일을 default/app.yaml에 복사해 모듈을 default로 변경한다.

```
application: YOUR_APPLICATION_ID_HERE
version: 1
runtime: go
module: default
api_version: go1
handlers:
- url: /.*
  script: _go_app
```

dispatch.yaml을 사용해 모듈에 라우팅

트래픽을 모듈에 적절히 라우팅하기 위해 우리는 URL 패턴을 모듈에 매핑할 수 있는 dispatch.yaml이라는 또 다른 구성 파일을 작성한다.

/api/path로 시작하는 모든 트래픽을 api 모듈로 라우팅하고 다른 모든 트래픽을 web 모듈로 라우팅하려고 한다. 앞에서 언급했듯이 default 모듈에서 트래픽을 처리하지는 않지만 나중에는 더 많은 유틸리티를 사용하게 된다.

answersapp 폴더(모듈 폴더 내부가 아니라 모듈 폴더들과 나란히)에서 다음 내용이 있는 dispatch.yaml이라는 새 파일을 만든다.

```
application: YOUR_APPLICATION_ID_HERE
dispatch:
- url: "*/api/*"
  module: api
- url: "*/*"
  module: web
```

동일한 application 속성은 구글 앱 엔진 SDK에서 Go가 어떤 애플리케이션을 가리키는지 알려주고 dispatch 섹션은 URL을 모듈로 라우팅한다.

▌ 구글 클라우드 데이터스토어

앱 엔진 개발자가 사용할 수 있는 서비스 중 하나는 자동 스케일링^{automatic scaling} 및 고성능을 위해 구축된 NoSQL 도큐먼트 데이터베이스인 구글 클라우드 데이터스토어 Google Cloud Datastore다. 제한된 피처 세트는 매우 높은 규모를 보장하지만, 주의 사항과 모범 사례를 이해하는 것이 성공적인 프로젝트에 필수적이다.

비정규화 데이터

관계형 데이터베이스^{RDBMS} 경험이 있는 개발자는 데이터를 '정규화'하고 여러 테이블에 분산시키고 조인하기 전에 참조(외래 키)를 추가해 데이터 중복성을 줄이려는 경향이 있다(각 데이터 조각을 데이터베이스에 한 번만 표시하려고 함). 완전한 그림을 만들기 위해 쿼리를 통해 되돌아간다. 스키마리스^{schemaless} 및 NoSQL 데이터베이스에서는 그 반대의 경향이 있다. 우리는 각 도큐먼트에 필요한 전체 그림이 포함되도록 데이터를 '비정규화'한다. 단 한 가지만 가져가야 하기 때문에 읽기 시간이 매우 빠르다.

예를 들어 MySQL이나 Postgres와 같은 관계형 데이터베이스에서 트윗을 모델링하는 방법을 생각해보라.

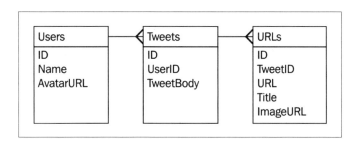

트윗 자체에는 고유unique ID, 트윗 작성자를 나타내는 Users 테이블에 대한 외래 키 참조 및 TweetBody에서 언급된 많은 URL이 포함된다.

이 설계의 한 가지 좋은 특징은 사용자가 자신의 이름 혹은 AvatarURL을 변경할 수 있으며 과거와 미래의 모든 트윗에 반영돼 비정규화된 세계에서는 무료로 얻을 수 없는 것이다.

그러나 사용자에게 트윗을 표시하려면 트윗 자체를 로드하고 (조인을 통해) 사용자의 이름과 아바타 URL을 조회한 후 URL 테이블에서 관련 데이터를 로드해 표시해야 한다. 이는 모든 링크의 미리보기를 위해서다. 규모 면에서 보면 이 세 개의 데이터 테이블이 서로 물리적으로 분리돼 있기 때문에 어려워진다. 전체 그림을 구성하기 위해 많은 일이 발생해야 한다.

비정규화된 디자인이 대신 어떻게 보이는지 생각해보라.

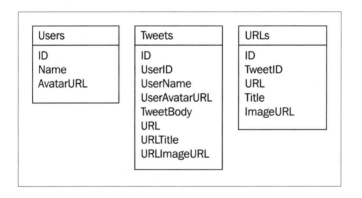

여전히 데이터의 동일한 세 개 버킷을 가지고 있다. 단, 우리의 트윗은 다른 곳에서 데이터를 검색할 필요 없이 사용자에게 표시하기 위해 필요한 모든 것을 포함하고 있다. 하드코어 관계형 데이터베이스 설계자는 지금까지 이것이 무엇을 의미하는지를 깨닫고 있으며, 의심할 여지없이 그들로 하여금 불안감을 느끼게 한다. 이 접근 방식은 다음을 의미한다.

- 데이터가 반복된다. 사용자의 AvatarURL이 트윗에서 UserAvatarURL로 반복된다(공간 낭비가 아닌가?).
- 사용자가 자신의 AvatarURL을 변경하면 트윗의 UserAvatarURL이 만료된다.

데이터베이스 설계는 결국 물리학으로 귀결된다. 트윗은 쓰여질 것보다 훨씬 더 많은 시간을 읽게 될 것이라 판단하고 있다. 그래서 고통을 미리 받아들여서 저장 장치에 쏟아붓고 싶다. 어떤 세트가 마스터 세트고 어느 것이 속도를 위해 복제되는지에 대한 이해가 있는 한 반복되는 데이터에는 아무런 문제가 없다.

데이터를 변경하는 것은 그 자체로 흥미로운 주제지만, 그 트레이드오프trade off에서 괜찮은 몇 가지 이유를 생각해보자.

첫째로, 트윗을 읽는 속도의 이점은 아마 이력이 있는 도큐먼트에 반영되지 않은 마스터 데이터에 대한 변경의 예기치 못한 동작에 가치가 있다. 이러한 이유로 기능을 드러내는 것을 수용하기로 결정한 것은 전적으로 받아들일 수 있다.

둘째, 특정 순간에 데이터의 스냅샷을 유지하는 것이 합리적이라고 판단할 수 있다. 예를 들어, 누군가가 자신의 프로필 사진을 좋아하는지 여부를 묻는 트윗을 상상해보라. 그림이 변경되면 트윗 컨텍스트가 손실된다. 좀 더 심각한 예를 들면, 주문 전달을 위해 주소 테이블의 행을 가리키고 나중에 주소가 변경된 경우 발생할 수 있는 일을 고려하라. 갑자기 주문이 다른 장소로 배송된 것처럼 보일 수 있다.

마지막으로 스토리지가 점점 더 저렴해지고 있으므로 공간을 절약하기 위해 데이터를 표준화해야 할 필요성이 줄어든다. 트위터는 팔로워 각각의 트윗 문서 전체를 복사하기까지 한다. 트위터의 팔로워 100명은 당신의 트윗이 적어도 100번 복사된다는 것을 의미한다. 이것은 관계형 데이터베이스 팬들에게는 어리석은 소리처럼 들리겠지만, 트위터는 사용자 경험에 기반해 현명한 트레이드오프를 만들고 있다. 트윗을 작성하고 여러 번 저장하는 데 많은 시간을 할애해 피드를 새로고침할 때 업데이트를 받기 위해 오래 기다릴 필요가 없다.

이제 잘된 NoSQL 설계 사례를 이해했으므로 API의 데이터 부분을 구동하는 데 필요한 타입, 함수, 메소드를 구현해보겠다.

▌ 엔티티 및 데이터 액세스

구글 클라우드 데이터스토어에 데이터를 유지하려면 각 엔티티를 나타내는 구조체가필요하다. 이러한 엔티티 구조는 datastore API를 통해 데이터를 저장하고 로드할 때직렬화 및 비직렬화된다. 우리는 헬퍼 메소드를 추가해 데이터 저장소와의 상호작용을 수행할 수 있다. 이는 엔티티 자체와 물리적으로 가까운 기능을 유지하는 좋은 방법이다. 예를 들어 Answer라는 구조체를 사용해 응답을 모델링하고 데이터 저장소 패키지에서 적절한 함수를 호출하는 Create 메소드를 추가한다. 이렇게 하면 많은 데이터 액세스 코드로 HTTP 핸들러를 확장할 수 없으며 대신 깨끗하고 단순하게 유지할 수 있다.

우리 애플리케이션의 기본 블록 중 하나는 질문의 개념이다. 이 경우 사용자가 질문하고 많은 사람들이 대답할 수 있다. 주소 지정이 가능하도록(URL에서 참조할 수 있도록) 고유한 ID를 가지며 생성된 타임스탬프를 저장한다.

answersapp 내에 questions.go라는 새 파일을 만들고 다음과 같은 struct 함수를추가한다.

```
type Question struct {
```

```
Key          *datastore.Key `json:"id" datastore:"-"`
CTime        time.Time      `json:"created"`
Question     string         `json:"question"`
User         UserCard       `json:"user"`
AnswersCount int            `json:"answers_count"`
}
```

이 구조는 애플리케이션에서의 질문을 묘사한다. 8장에서 비슷한 작업을 한 것처럼 대부분은 아주 명백하게 보일 것이다. UserCard 구조체는 비정규화된 User 엔티티를 나타내며 둘 다 나중에 추가할 것이다.

 다음을 이용해 Go 프로젝트에 datastore 패키지를 임포트할 수 있다.

```
import "google.golang.org/appengine/datastore"
```

datastore.Key 타입을 알아둘 필요가 있다.

구글 클라우드 데이터스토어의 키

데이터스토어의 모든 엔티티에는 고유하게 식별하는 키가 있다. 그들은 당신의 경우에 적합한지에 따라 문자열 또는 정수로 구성될 수 있다. 직접 키를 결정하거나 데이터스토어가 자동으로 키를 할당하게 할 수 있다. 다시 한 번 당신의 유스케이스는 어떤 것이 가장 좋은 접근 방식인지를 결정할 것이고, 우리는 9장에서 두 가지를 모두 탐구할 것이다.

키는 datastore.NewKey 및 datastore.NewIncompleteKey 함수를 사용해 생성되며 datastore.Get 및 datastore.Put 함수를 통해 데이터스토어에 데이터를 입력 및 출력하는 데 사용된다.

데이터스토어에서 MongoDB 또는 SQL 기술과 달리 키와 엔티티 본문은 고유하며 도큐먼트 또는 레코드의 다른 필드다. 이것이 `Datastore : "-"` 필드 태그가 있는 Question 구조체의 Key를 제외하는 이유다. json 태그와 마찬가지로 데이터스토어가 데이터를 가져와서 넣을 때 Key 필드를 모두 무시하길 원한다.

키에는 선택적으로 부모가 있을 수 있다. 이는 연결된 데이터를 그룹화하는 좋은 방법이며 데이터스토어는 이러한 그룹의 엔티티에 대해 확실히 보장한다. 자세한 내용은 구글 클라우드 데이터스토어 온라인 문서를 참조하라.

구글 클라우드 데이터스토어에 데이터 가져오기

데이터스토어에 데이터를 저장하기 전에 사용자의 질문이 올바른지 확인해야 한다. Question 구조체 정의 아래에 다음 메소드를 추가하라.

```
func (q Question) OK() error {
  if len(q.Question) < 10 {
    return errors.New("question is too short(질문이 너무 짧음)")
  }
  return nil
}
```

질문에 문제가 있으면 OK 함수가 에러를 리턴하거나 그렇지 않으면 nil을 리턴한다. 이 경우 질문이 적어도 10자 이상인지 확인해야 한다.

이 데이터를 데이터 저장소에 유지하려면 Question 구조체 자체에 메소드를 추가해야 한다. questions.go의 맨 아래에 다음 코드를 추가하라.

```
func (q *Question) Create(ctx context.Context) error {
  log.Debugf(ctx, "Saving question: %s", q.Question)
  if q.Key == nil {
```

```
    q.Key = datastore.NewIncompleteKey(ctx, "Question", nil)
  }
  user, err := UserFromAEUser(ctx)
  if err != nil {
    return err
  }
  q.User = user.Card()
  q.CTime = time.Now()
  q.Key, err = datastore.Put(ctx, q.Key, q)
  if err != nil {
    return err
  }
  return nil
}
```

Create 메소드는 질문에 대한 포인터를 리시버로 사용한다. 이는 필드를 변경하기 때문에 중요하다.

 리시버가 * 없이 (q Question)였다면 포인터 대신에 질문의 복사본을 얻을 것이고, 우리가 변경한 사항은 원래의 Question 구조체 자체가 아닌 로컬 복사본에만 영향을 미친다.

가장 먼저 할 일은 log(https://godoc.org/google.golang.org/appengine/log 패키지)를 사용하는 것인데, 우리가 질문을 저장한다는 디버그 문을 쓰려면 로그를 사용하라. 개발 환경에서 코드를 실행하면 터미널에 이 코드가 표시된다. 프로덕션 환경에서는 구글 클라우드 플랫폼에서 제공하는 전용 로깅 서비스로 이동한다.

키가 nil인 경우, 즉 새로운 질문인 경우 필드에 불완전한 키를 지정한다. 이 키는 데이터스토어에 키를 생성하도록 알려준다. 우리가 전달하는 세 가지 인수는 context.Context(모든 데이터 저장소 함수 및 메소드에 전달해야 함), 엔티티의 종류를 설명하는 문자열, 부모 키다. 여기서는 nil이다.

키가 있음을 알게 되면 나중에 추가할 메소드를 호출해 앱 엔진 사용자로부터 User를 얻거나 생성하고 질문에 설정한 후 CTime 필드(생성된 시간)를 time.Now로 설정한다. 질문에 대한 타임스탬프를 작성한다.

우리는 Question 함수를 적절한 형태로 가지고 있다. 실제로 데이터 저장소에 배치하기 위해 datastore.Put을 호출한다. 평소와 같이 첫 번째 인수는 context.Context고, 그 뒤에 질문 키와 질문 엔티티가 온다.

구글 클라우드 데이터스토어는 키를 엔티티와 별개의 것으로 취급하므로 키를 자체 코드로 유지하려면 약간의 작업이 추가로 필요하다. datastore.Put 메소드는 전체 키와 error라는 두 개의 인수를 반환한다. 키 인수는 실제로 유용하다. 불완전한 키를 보내고 데이터 저장소에 put 작업 중에 수행할 키를 생성하도록 요청하기 때문이다. 성공하면 완성된 키를 나타내는 새 datastore.Key 객체를 반환한다. 키 객체를 Question 객체의 Key 필드에 저장한다.

아무 문제가 없다면 nil을 리턴한다.

다른 헬퍼를 추가해 기존 질문을 업데이트하라.

```go
func (q *Question) Update(ctx context.Context) error {
  if q.Key == nil {
    q.Key = datastore.NewIncompleteKey(ctx, "Question", nil)
  }
  var err error
  q.Key, err = datastore.Put(ctx, q.Key, q)
  if err != nil {
    return err
  }
  return nil
}
```

이 메소드는 이미 설정돼 있으므로 CTime 또는 User 필드를 설정하지 않는다는 점을 제외하고는 매우 유사하다.

구글 클라우드 데이터스토어에서 데이터 읽기

데이터 읽기는 datastore.Get 메소드를 사용하는 것만큼 간단하지만 엔티티에서 키를 유지하길 원하므로(datastore 메소드는 이와 같이 작동하지 않는다.) questions.go에 추가할 함수와 같은 헬퍼 함수를 추가하는 것이 일반적이다.

```go
func GetQuestion(ctx context.Context, key *datastore.Key) (*Question, error) {
  var q Question
  err := datastore.Get(ctx, key, &q)
  if err != nil {
    return nil, err
  }
  q.Key = key
  return &q, nil
}
```

GetQuestion 함수는 얻을 context.Context 및 datastore.Key 메소드를 사용한다. 그런 다음 datastore.Get을 호출하고 반환하기 전에 엔티티에 키를 할당하는 간단한 작업을 수행한다. 물론 오류는 일반적인 방식으로 처리된다.

이것은 여러분의 코드 사용자가 직접 datastore.Get과 datastore.Put을 상호작용할 필요가 없다는 것을 알 수 있도록 따라야 할 좋은 패턴이다. 키를 사용해 엔티티가 올바르게 채워질 수 있도록 헬퍼를 사용하라(다른 키와 함께 저장하기 전이나 로드하기 전에 수행할 수 있는 조정).

▌ 구글 앱 엔진 사용자

우리가 사용할 또 다른 서비스는 구글 앱 엔진 Users API다. 이 API는 구글 계정(구글 Apps 계정)의 인증을 제공한다.

users.go라는 새 파일을 만들고 다음 코드를 추가하라.

```go
type User struct {
    Key         *datastore.Key `json:"id" datastore:"-"`
    UserID      string         `json:"-"`
    DisplayName string         `json:"display_name"`
    AvatarURL   string         `json:"avatar_url"`
    Score       int            `json:"score"`
}
```

Question 구조체와 마찬가지로, User 엔티티를 구성하는 Key와 몇 개의 필드를 가지고 있다. 이 구조체는 사용자를 설명하는 애플리케이션에 속한 객체를 나타내며, 우리 시스템에서 모든 인증된 사용자에 대해 하나씩 갖게 될 것이다. 하지만 이것은 Users API에서 얻을 수 있는 것과 동일한 사용자 객체가 아니다.

https://godoc.org/google.golang.org/appengine/user 패키지를 임포트하고 user. Current (context.Context) 함수를 호출하면 nil(사용자가 인증되지 않은 경우) 또는 user .User 객체가 반환된다. 이 객체는 Users API에 속하며 구글 데이터 저장소에는 적합하지 않으므로 앱 엔진 사용자를 구글 사용자로 변환하는 헬퍼 함수를 작성해야 한다.

 goimports가 자동으로 os/user를 대신 임포트하지 않도록 조심하라. 때로는 수동으로 임포트 처리하는 것이 가장 좋다.

users.go에 다음 코드를 추가한다.

```
func UserFromAEUser(ctx context.Context) (*User, error) {
  aeuser := user.Current(ctx)
  if aeuser == nil {
    return nil, errors.New("not logged in")
  }
  var appUser User
  appUser.Key = datastore.NewKey(ctx, "User", aeuser.ID, 0, nil)
  err := datastore.Get(ctx, appUser.Key, &appUser)
  if err != nil && err != datastore.ErrNoSuchEntity {
    return nil, err
  }
  if err == nil {
    return &appUser, nil
  }
  appUser.UserID = aeuser.ID
  appUser.DisplayName = aeuser.String()
  appUser.AvatarURL = gravatarURL(aeuser.Email)
  log.Infof(ctx, "saving new user: %s", aeuser.String())
  appUser.Key, err = datastore.Put(ctx, appUser.Key, &appUser)
  if err != nil {
    return nil, err
  }
  return &appUser, nil
}
```

user.Current를 호출해 현재 인증된 사용자를 얻고, 이것이 nil이면 오류와 함께 리턴한다. 즉 사용자가 로그인하지 않았으므로 작업을 완료할 수 없다. 구글의 웹 패키지는 사용자가 구글에 로그인했는지 확인하고 API 엔드포인트에 도달할 때까지 인증될 것으로 기대한다.

그런 다음 User 타입의 새 appUser 변수를 만들고 datastore.Key를 설정한다. 이번에는 불완전한 키를 만들지 않는다. 대신 datastore.NewKey를 사용하고 사용자 ID와 일치하는 문자열 ID를 지정한다. 이 키 예측 가능성은 애플리케이션에 인증된 사용자당 하나의 User 엔티티만 존재할 뿐 아니라 쿼리를 사용하지 않고도 User 엔티티를 로드할 수 있음을 의미한다.

대신 앱 엔진 User ID를 필드로 사용하는 경우 관심 있는 레코드를 찾기 위해 쿼리를 수행해야 한다. 직접 가져오기 방법과 비교할 때 쿼리가 더 비싸므로, 이 방법은 가능한 경우 항상 선호된다.

그런 다음 datastore.Get을 호출해 User 엔티티를 로드하려고 시도한다. 사용자가 처음 로그인하는 경우 엔티티가 없으며 리턴된 오류는 특수 datastore.ErrNoSuchEntity 변수가 된다. 이 경우 해당 필드를 설정하고 datastore.Put을 사용해 저장한다. 그렇지 않으면 로드된 User만 리턴한다.

이 함수에서 초기 리턴을 확인하고 있다. 이것은 들여쓴 블록 안팎으로 코드를 따르지 않고 코드의 실행 흐름을 읽기 쉽도록 하기 위한 것이다. 나는 이것을 '코드의 시선(line of sight of code)'이라 부르며, 내 블로그(https://medium.com/@matryer)에 코드에 대한 글을 썼다.

지금은 아바타 사진을 위해 Gravatar를 다시 사용할 것이므로 다음 헬퍼 함수를 users.go 하단에 추가하라.

```go
func gravatarURL(email string) string {
  m := md5.New()
  io.WriteString(m, strings.ToLower(email))
  return fmt.Sprintf("//www.gravatar.com/avatar/%x", m.Sum(nil))
}
```

비정규화된 데이터 임베딩

Question 타입은 작성자를 User로 간주하지 않는다. 오히려 타입은 UserCard였다. 비정규화된 데이터를 다른 엔티티에 포함할 때, 때로는 마스터 엔티티와 약간 다르게 보이길 원할 것이다. 여기서는 키를 User 엔티티에 저장하지 않으므로(key 필드에 datastore: "-"가 있음을 기억하라.), 키를 저장하는 새로운 타입이 필요하다.

users.go의 맨 아래에 UserCard 구조체와 User에 연관된 헬퍼 메소드를 추가한다.

```go
type UserCard struct {
  Key          *datastore.Key `json:"id"`
  DisplayName string          `json:"display_name"`
  AvatarURL    string          `json:"avatar_url"`
}
func (u User) Card() UserCard {
  return UserCard{
    Key:          u.Key,
    DisplayName: u.DisplayName,
    AvatarURL:    u.AvatarURL,
  }
}
```

UserCard는 datastore 태그를 지정하지 않으므로 Key 필드는 실제로 데이터 저장소에 유지된다. Card() 헬퍼 함수는 각 필드의 값을 복사해 UserCard를 만들고 리턴한다. 이것은 낭비로 보이지만 큰 통제력을 제공한다. 특히 임베디드 데이터를 원래의 엔티티와 매우 달리 보이게 하려는 경우 더욱 그렇다.

구글 클라우드 데이터스토어에서의 트랜잭션

트랜잭션을 사용해 데이터 저장소에 대한 일련의 변경 사항을 지정하고 하나씩 커밋할 수 있다. 개별 작업 중 하나라도 실패하면 전체 트랜잭션이 적용되지 않는다. 이것은 카운터를 유지 보수하거나 서로의 상태에 의존하는 여러 엔티티를 갖고자 할 때 매우 유용하다. 구글 클라우드 데이터스토어에서 거래하는 동안 트랜잭션이 완료될 때까지 읽혀진 모든 엔티티가 잠겨(다른 코드는 변경되지 않음) 추가적인 안정감을 제공하고 데이터 충돌을 방지한다.

 당신이 은행 시스템을 구축하고 있다면(런던에 있는 Monzo라는 은행은 실제로 Go를 사용해 은행을 만들고 있다.), 사용자 계정을 Account라는 엔티티로 나타낼 수 있다. 한 계좌에서 다른 계좌로 돈을 이체하려면 계좌 A에서 돈이 공제되고 계좌 B에 단일 거래로 입금됐는지 확인해야 한다. 둘 중 하나라도 실패하면 사람들은 만족하지 않을 것이다(공정하게 말하자면, 공제 작업이 실패한 경우 A 계좌의 주인은 아마 기쁠 것이다. A가 비용을 전혀 치르지 않고도 B가 돈을 얻기 때문이다).

우리가 어디에서 트랜잭션을 사용하는지 보려면 먼저 질문에 모형의 답변을 추가하라.

answers.go라는 새 파일을 만들고 다음 구조체 및 유효성 검사 메소드를 추가한다.

```go
type Answer struct {
    Key     *datastore.Key `json:"id" datastore:"-"`
    Answer  string         `json:"answer"`
    CTime   time.Time      `json:"created"`
    User    UserCard       `json:"user"`
    Score   int            `json:"score"`
}

func (a Answer) OK() error {
    if len(a.Answer) < 10 {
        return errors.New("answer is too short")
```

```
  }
  return nil
}
```

Answer는 질문과 유사하고 `datastore.Key`(지속되지 않음), 타임스탬프를 캡처하는 `CTime`이 있으며 `UserCard`(질문에 답변하는 사람을 나타내는)를 포함한다. 또한 사용자가 답변에 투표할 때 오르내리는 `Score` 정수integer 필드가 있다.

트랜잭션을 사용해 카운터 유지 관리

`Question` 구조체는 `AnswerCount`라는 필드를 가지고 있다. 여기서는 질문이 요청한 답변의 수를 나타내는 정수를 저장하려고 한다.

먼저 질문 4와 5의 동시 활동을 추적해 `AnswerCount` 필드를 추적하기 위해 트랜잭션을 사용하지 않을 경우 발생할 수 있는 상황을 살펴보겠다.

단계	Answer 4	Answer 5	Question.AnswerCount
1	질문 로드	질문 로드	3
2	AnswerCount=3	AnswerCount=3	3
3	AnswerCount++	AnswerCount++	3
4	AnswerCount=4	AnswerCount=4	3
5	답변과 질문 저장	답변과 질문 저장	4

테이블에서 잠금 질문 없이 응답이 동시에 들어왔을 때 `AnswerCount`는 5가 아닌 4가될 것이다. 트랜잭션 잠금은 다음처럼 된다.

단계	Answer 4	Answer 5	Question.AnswerCount
1	질문 잠금	질문 잠금	3
2	AnswerCount=3	잠금 해제 대기	3

(이어짐)

단계	Answer 4	Answer 5	Question.AnswerCount
3	AnswerCount++	잠금 해제 대기	3
4	답변과 질문 저장	잠금 해제 대기	4
5	잠금 해제	잠금 해제 대기	4
6	완료	질문 잠금	4
7		AnswerCount=4	4
8		AnswerCount++	4
9		답변과 질문 저장	5

이 경우, 먼저 잠금을 얻는 응답에 따라 조작이 수행되고 다른 조작은 계속하기 전에 대기한다. 이것은 (다른 하나가 끝나길 기다려야 하기 때문에) 작업을 느리게 할 가능성이 있지만, 정확한 숫자를 얻기 위해 충분히 들일 만한 시간이다.

 트랜잭션이 진행되는 동안 다른 사람을 근본적으로 차단하기 때문에 트랜잭션 내의 작업량을 가능한 한 작게 유지하는 것이 가장 좋다. 구글 클라우드 데이터스토어는 트랜잭션 외부에서는 같은 종류의 보증을 하지 않기 때문에 매우 빠르다.

코드에서는 datastore.RunInTransaction 함수를 사용한다. answers.go에 다음을 추가하라.

```go
func (a *Answer) Create(ctx context.Context, questionKey *datastore.Key)
error {
  a.Key = datastore.NewIncompleteKey(ctx, "Answer", questionKey)
  user, err := UserFromAEUser(ctx)
  if err != nil {
    return err
  }
  a.User = user.Card()
```

```
  a.CTime = time.Now( )
err = datastore.RunInTransaction(ctx, func(ctx context.Context) error {
  q, err := GetQuestion(ctx, questionKey)
  if err != nil {
    return err
  }
  err = a.Put(ctx)
  if err != nil {
    return err
  }
  q.AnswersCount++
  err = q.Update(ctx)
  if err != nil {
    return err
  }
  return nil
}, &datastore.TransactionOptions{XG: true})
if err != nil {
  return err
}
return nil
}
```

먼저 Answer 종류를 사용해 새로운 불완전한 키를 만들고 부모를 질문 키로 설정한다.
이는 질문이 모든 대답에 대한 조상ancestor이 될 것임을 의미한다.

 구글 클라우드 데이터스토어에서 조상 키는 특별하므로 구글 클라우드 플랫폼 웹사이트
의 문서에서 조상 키의 뉘앙스에 대해 읽어보는 것이 좋다.

UserFromAEUser 함수를 사용해 질문에 대답하는 사용자를 얻고 앞에서 설명한 것처럼
CTime을 현재 시간으로 설정하기 전에 Answer 내에서 UserCard를 설정한다.

그런 다음 트랜잭션을 시작하는 함수뿐만 아니라 컨텍스트를 취하는 datastore. RunInTransaction 함수를 호출해 트랜잭션을 시작한다. XG를 true로 설정하기 위해 사용해야 하는 datastore.TransactionOptions 집합인 세 번째 인수가 있다. 이 인수는 데이터 저장소에 엔티티 그룹(Answer와 Question 두 종류 모두)에서 트랜잭션을 수행할 것임을 알린다.

 자체 함수를 작성하고 자체 API를 설계할 때는 함수 인수를 끝에 두는 것이 좋다. 그렇지 않으면 앞의 코드처럼 인라인 함수 블록이 나중에 다른 인수가 있다는 사실을 모호하게 만든다. TransactionOptions 객체가 RunInTransaction 함수에 전달되는 인수라는 사실을 알기는 매우 어렵다. 구글 팀의 누군가가 이 결정을 후회하지 않을까 싶다.

트랜잭션은 우리가 사용할 새로운 컨텍스트를 제공함으로써 작동한다. 즉 트랜잭션 함수 내부의 코드가 마치 트랜잭션에 없는 것처럼 보인다. 이것은 훌륭한 API 설계다(그리고 마지막 인수가 아닌 함수를 면제forgive할 수 있음을 의미한다).

트랜잭션 함수에서 GetQuestion 헬퍼를 사용해 질문을 로드한다. 트랜잭션 함수 내부에 데이터를 로드하면 트랜잭션 함수에 잠금이 설정된다. 그런 다음 답변을 저장하고 AnswerCount 정수를 업데이트한 후 질문을 업데이트한다. 모두 정상이면 (오류가 없는 경우) 응답이 저장되고 AnswerCount가 1씩 증가한다.

트랜잭션 함수에서 오류를 반환하면 다른 작업이 취소되고 오류가 반환된다. 그런 경우에는 Answer.Create 메소드에서 오류를 반환하고 사용자가 다시 시도하도록 한다.

이어서 GetQuestion 함수와 유사한 GetAnswer 헬퍼를 추가한다.

```go
func GetAnswer(ctx context.Context, answerKey *datastore.Key) (*Answer,
error) {
  var answer Answer
  err := datastore.Get(ctx, answerKey, &answer)
  if err != nil {
```

```
    return nil, err
  }
  answer.Key = answerKey
  return &answer, nil
}
```

이제 answer.go에 Put 헬퍼 메소드를 추가할 것이다.

```
func (a *Answer) Put(ctx context.Context) error {
  var err error
  a.Key, err = datastore.Put(ctx, a.Key, a)
  if err != nil {
    return err
  }
  return nil
}
```

이 두 함수는 GetQuestion 및 Question.Put 메소드와 매우 유사하지만, 지금은 그것을 추상화하고 코드를 정리하려는^{drying up} 유혹에 빠지지 말자.

조기 추상화 방지

복사 및 붙여넣기는 보통 일반적인 아이디어를 추상화하고 코드를 DRY(반복해서 사용하지 말라.)할 수 있기 때문에 대개 프로그래머에게는 나쁜 것으로 간주된다. 그러나 나쁜 추상화를 설계하는 것이 매우 쉽기 때문에 즉시 이 작업을 수행하려는 유혹에 저항할 가치가 있다. 코드 추상화는 코드에 의존하기 시작하므로 그다지 복잡하지 않다. 우선 몇 군데에 코드를 복제하고 나중에 재검토^{revisit}해 센스 있는 추상화 요소가 있는지 확인하는 것이 좋다.

▌구글 클라우드 데이터스토어에서 쿼리

지금까지는 구글 클라우드 데이터스토어에 하나의 객체를 넣고 가져오는 작업만 수행했다. 질문에 대한 답변 목록을 표시할 때는 datastore.Query를 통해 수행할 수 있는 모든 작업을 하나의 작업으로 로드하려고 한다.

질의 인터페이스는 유창한 API며, 각 메소드는 동일한 객체 또는 수정된 객체를 반환하므로 호출을 함께 연결할 수 있다. 순서, 제한, 조상, 필터 등으로 구성된 쿼리를 작성하는 데 사용할 수 있으며, 주어진 질문에 대한 모든 대답을 로드하고 가장 인기 있는(Score 값이 높은) 점수를 먼저 표시하는 함수를 작성하는 데 사용한다.

answers.go에 다음 함수를 추가한다.

```go
func GetAnswers(ctx context.Context, questionKey *datastore.Key) ([]*Answer,
error) {
  var answers []*Answer
  answerKeys, err := datastore.NewQuery("Answer").
    Ancestor(questionKey).
    Order("-Score").
    Order("-CTime").
    GetAll(ctx, &answers)
  for i, answer := range answers {
    answer.Key = answerKeys[i]
  }
  if err != nil {
    return nil, err
  }
  return answers, nil
}
```

우리는 먼저 빈 포인터를 생성하고 datastore.NewQuery를 사용해 쿼리 작성을 시작한다. Ancestor 메소드는 특정 질문에 속한 답변만을 찾고 있음을 나타낸다. Order 메소드 호출은 먼저 Score를 내림차순으로 정렬한 후 최신순으로 정렬을 지정한다. GetAll 메소드는 슬라이스에 대한 포인터를 가져와서 결과가 있는 작업을 수행하고 모든 키가 들어있는 새 슬라이스를 리턴한다.

 리턴되는 키의 순서는 슬라이스 내 엔티티의 순서와 일치한다. 이것이 각 항목에 해당하는 키를 알 수 있는 방법이다.

키와 엔티티 필드를 함께 유지하고 있기 때문에 답변 전체를 범위 지정하고 answer.Key를 GetAll에서 리턴된 해당 datastore.Key에 할당한다.

 페이징을 구현하지 않음으로써 첫 버전용 API를 단순하게 유지하지만, 궁극적으로는 구현이 필요하다. 그렇지 않으면 질문과 답변의 수가 늘어남에 따라 단일 요청으로 모든 것을 제공하고자 시도하게 되고 결국 사용자와 서버를 압도하게 된다.

답변을 승인하는 신청(스팸이나 부적절한 콘텐츠로부터 보호하기 위해)을 한 단계 수행한 경우 Authorized 필터를 추가해 true로 설정할 수 있다. 다음과 같이 할 수 있다.

```
datastore.NewQuery("Answer").
  Filter("Authorized =", true)
```

 검색어 및 필터링에 대한 자세한 내용은 온라인에서 구글 클라우드 데이터스토어 API 문서를 참조하라.

데이터를 쿼리해야 하는 또 다른 곳은 애플리케이션 홈페이지에서 가장 중요한 질문을 보여줄 때다. 첫 번째 질문은 답변이 가장 많은 질문을 보여준다. 우리는 그것들이 가장 흥미로울 것이라고 생각하지만, 점수 또는 질문 보기에서 정렬하는 API를 망가트리지 않고 앞으로 이 기능을 변경할 수 있다.

Question 종류에 Query를 작성하고, 응답 수(가장 높은 것부터), 시간(또한 가장 먼저 나온 것부터) 순으로 Order 명령을 사용한다. 또한 Limit 메소드를 사용해 이 API에 대한 상위 25개 질문만 선택하도록 한다. 나중에 페이징을 구현하면 동적으로 만들 수도 있다.

questions.go에 TopQuestions 함수를 추가한다.

```go
func TopQuestions(ctx context.Context) ([]*Question, error) {
  var questions []*Question
  questionKeys, err := datastore.NewQuery("Question").
    Order("-AnswersCount").
    Order("-CTime").
    Limit(25).
    GetAll(ctx, &questions)
  if err != nil {
    return nil, err
  }
  for i := range questions {
    questions[i].Key = questionKeys[i]
  }
  return questions, nil
}
```

이 코드는 답변을 로드하는 것과 유사하며 Question 객체의 슬라이스나 오류가 리턴된다.

▎ 투표

이제 애플리케이션에서 질문과 답변을 모델링했으므로 투표가 어떻게 작동하는지 생각해보자.

조금씩 설계해보자.

- 사용자는 자신의 의견에 따라 답변을 위아래로 투표한다.
- 답변은 점수에 따라 정렬되므로 가장 높은 점수의 답변이 먼저 표시된다.
- 각 사람은 답변당 한 표가 허용된다.
- 사용자가 다시 투표하면 이전 투표를 대체해야 한다.

지금까지 9장에서 배웠던 것 중 일부를 활용할 것이다. 트랜잭션은 정확한 점수가 답변에 대해 계산되도록 하는 데 도움이 되며 예측 가능한 키를 다시 사용해 각 사람이 답변당 하나의 표를 얻도록 한다.

먼저 각 투표를 대표하는 구조를 만들고 필드 태그를 사용해 데이터 저장소에 데이터 색인을 생성하는 방법을 좀 더 구체적으로 설명한다.

색인 생성

구글 클라우드 데이터스토어에서 읽기 속도는 색인을 광범위하게 사용해 매우 빠르다. 기본적으로 구조체의 모든 필드에 대한 색인이 생성된다. 인덱싱되지 않은 필드에서 필터링을 시도하는 쿼리는 실패한다(메소드는 오류를 리턴할 것이다). 데이터 저장소는 다른 기술과 마찬가지로 너무 느린 것으로 간주되기에 다시 검색^{scanning}으로 넘어가지 않는다. 하나의 쿼리가 두 개 이상의 필드를 필터링하는 경우 모든 필드로 구성된 추가 인덱스를 추가해야 한다.

10개의 필드가 있는 구조는 엔티티 자체에 대한 쓰기 작업과 업데이트해야 하는 각 인덱스에 대한 쓰기 작업을 여러 번 수행한다. 따라서 쿼리 계획이 없는 필드의 인덱싱을 해제하는 것이 좋다.

questions.go에서 Datastore 필드 태그를 Question 구조체에 추가하라.

```
type Question struct {
    Key             *datastore.Key `json:"id" datastore:"-"`
    CTime           time.Time      `json:"created" datastore:",noindex"`
    Question        string         `json:"question" datastore:",noindex"`
    User            UserCard       `json:"user"`
    AnswersCount    int            `json:"answers_count"`
}
```

datastore:",noindex" 필드 태그 추가는 데이터 저장소에 이러한 필드의 색인을 생성하지 않도록 지시한다.

 쉼표로 시작하는 ',noindex' 값은 약간 혼란을 준다. 이 값은 본질적으로 쉼표로 구분된 인수 목록이다. 첫 번째는 각 필드를 저장할 때 데이터 저장소에서 사용하려는 이름이다 (json 태그와 마찬가지로). 이름에 대해 전혀 언급하고 싶지 않기 때문에 데이터 저장소가 실제 필드 이름을 사용하길 원하지 않는다. 따라서 첫 번째 인수는 비어있고 두 번째 인수는 noindex다.

Answer 구조체에서 인덱스를 생성하지 않으려는 필드에 대해 다음 작업을 수행한다.

```
type Answer struct {
    Key     *datastore.Key `json:"id" datastore:"-"`
    Answer  string         `json:"answer" datastore:",noindex"`
    CTime   time.Time      `json:"created"`
    User    UserCard       `json:"user" datastore:",noindex"`
    Score   int            `json:"score"`
}
```

Vote 구조체에서는 다음과 같이 한다.

```go
type Vote struct {
    Key      *datastore.Key `json:"id" datastore:"-"`
    MTime    time.Time      `json:"last_modified" datastore:",noindex"`
    Question QuestionCard   `json:"question" datastore:",noindex"`
    Answer   AnswerCard     `json:"answer" datastore:",noindex"`
    User     UserCard       `json:"user" datastore:",noindex"`
    Score    int            `json:"score" datastore:",noindex"`
}
```

AnswerCard, UserCard, QuestionCard 카드 타입의 모든 필드에 noindex 선언을 추가할 수도 있다.

 noindex 없이 남은 필드는 쿼리에 사용되며 구글 클라우드 데이터스토어가 실제로 이러한 입력란에 대한 색인을 유지 관리해야 한다.

엔티티의 다른 뷰 포함

이제 Vote 구조체를 생성할 차례다. 이 구조체는 votes.go라는 새 파일 안에 있다.

```go
type Vote struct {
    Key      *datastore.Key `json:"id" datastore:"-"`
    MTime    time.Time      `json:"last_modified" datastore:",noindex"`
    Question QuestionCard   `json:"question" datastore:",noindex"`
    Answer   AnswerCard     `json:"answer" datastore:",noindex"`
    User     UserCard       `json:"user" datastore:",noindex"`
    Score    int            `json:"score" datastore:",noindex"`
}
```

Vote에는 Question, Answer, User 투표를 나타내는 여러 가지 임베디드 카드 타입이 포함돼 있다. Score 정수도 포함된다. 이 정수는 1 또는 -1(투표 여부에 따라 다름)이다. MTimetime.Time 필드를 사용해 투표를 한 시점(또는 마지막으로 변경한 시점)을 추적한다.

 원한다면 Vote 구조체의 *Card 타입에 대한 포인터를 사용할 수 있다. 이 기능을 사용하면 Vote 객체를 함수 안팎에 전달할 때 추가 사본을 저장할 필요가 없지만, 이러한 함수 내부의 변경 사항은 로컬 사본이 아닌 원본 데이터에 영향을 미친다. 대부분의 상황에서 포인터를 사용하면 성능상 이점이 별로 없으며 포인터를 생략하는 것이 더 간단할 수 있다. 이 책은 의도적으로 두 가지 접근법을 혼합해 어떻게 작동하는지 보여주지만 결정을 내리기 전에 그 의미를 이해해야 한다.

UserCard 메소드와 마찬가지로 질문과 답변에 적절한 버전을 추가할 예정이지만 이번에는 어떤 필드를 포함시켜야 하는지, 어떤 필드를 빠뜨리지 않을지에 대해 좀 더 자세히 설명할 것이다.

questions.go에 QuestionCard 타입 및 연관된 헬퍼 메소드를 추가하라.

```go
type QuestionCard struct {
    Key      *datastore.Key `json:"id" datastore:",noindex"`
    Question string         `json:"question" datastore:",noindex"`
    User     UserCard       `json:"user" datastore:",noindex"`
}
func (q Question) Card() QuestionCard {
    return QuestionCard{
        Key:      q.Key,
        Question: q.Question,
        User:     q.User,
    }
}
```

QuestionCard 타입은 Question 문자열과 누가 요청했는지를 저장하지만(다시 UserCard 메소드), CTime과 AnswersCount 필드는 생략하고 있다.

answer.go에 AnswerCard를 추가하자.

```go
type AnswerCard struct {
  Key    *datastore.Key `json:"id" datastore:",noindex"`
  Answer string         `json:"answer" datastore:",noindex"`
  User   UserCard       `json:"user" datastore:",noindex"`
}
func (a Answer) Card() AnswerCard {
  return AnswerCard{
    Key:    a.Key,
    Answer: a.Answer,
    User:   a.User,
  }
}
```

마찬가지로 Answer 문자열과 User만 캡처하고 CTime과 Score는 제외한다.

캡처할 필드와 생략할 필드를 결정하는 것은 제공하려는 사용자 환경에 전적으로 달려 있다. 우리는 투표할 때 그 시간의 Answer 점수를 표시하길 원하거나, 투표가 진행되는 시점과 상관없이 현재 Answer 점수를 표시하려고 할 수 있다. 아마도 "블랑카Blanca가 에네스토Ernesto의 질문에 대한 답변을 '좋아요upvote'해서 지금 점수는 15점이다."라는 답을 쓴 사용자에게 푸시 알림을 보내려고 한다. 이 경우 Score 필드도 가져와야 한다.

▎ 투표하기

API가 완전한 기능을 갖추기 전에 사용자가 투표할 수 있는 기능을 추가해야 한다. 이 코드는 코드의 가독성을 높이기 위해 두 가지 기능으로 나뉜다.

votes.go 안에 다음 함수를 추가하라.

```go
func CastVote(ctx context.Context, answerKey *datastore.Key, score int)
(*Vote, error) {
  question, err := GetQuestion(ctx, answerKey.Parent())
  if err != nil {
    return nil, err
  }
  user, err := UserFromAEUser(ctx)
  if err != nil {
    return nil, err
  }
  var vote Vote
  err = datastore.RunInTransaction(ctx, func(ctx context.Context) error {
    var err error
    vote, err = castVoteInTransaction(ctx, answerKey, question, user,
      score)
    if err != nil {
      return err
    }
    return nil
  }, &datastore.TransactionOptions{XG: true})
  if err != nil {
    return nil, err
  }
  return &vote, nil
}
```

CastVote 함수는 (필수 Context와 함께) datastore.Key를 사용해 투표되는 답변과 score
정수를 가져온다. 질문과 현재 사용자를 로드하고, 데이터 저장소 트랜잭션을 시작하
고, 실행을 castVoteInTransaction 함수에 전달한다.

datastore.Key를 통한 부모 액세스

CastVote 함수는 Question에 대한 datastoreKey를 아는 것을 요구할 수 있다. 따라서 그것을 로드할 수 있다. 그러나 조상 키에 대한 한 가지 좋은 점은 키 단독으로 상위 키에 액세스할 수 있다는 것이다. 이는 키의 계층 구조가 키 자체에서 유지되기 때문에 경로와 비슷하다.

질문 1에 대한 세 가지 대답에는 다음 키가 있을 수 있다.

- Question,1/Answer,1
- Question,1/Answer,2
- Question,1/Answer,3

내부에서 키가 작동하는 방식에 대한 자세한 내용은 데이터 저장소 패키지 내부에서 유지되며 언제든지 변경될 수 있다. 따라서 Parent 메소드를 통해 부모parents에 액세스할 수 있는 것과 같이 API의 보장에 의존하는 것은 현명한 방법이다.

코드에서의 줄 맞춤

함수를 작성하는 데 드는 비용은 유지 비용과 비교할 때 상대적으로 낮다(특히 성공적이고 장기간 실행되는 프로젝트의 경우). 따라서 미래의 우리와 다른 사람들이 코드를 읽을 수 있도록 공을 들일 가치가 있다.

언뜻 보기에 쉽고 구문statement의 일상적인 예상 흐름(적절한 경로)을 이해할 수 있다면 코드가 좋은 가독성을 지닌다고 할 수 있다. Go에서는 코드를 작성할 때 몇 가지 간단한 규칙을 따르면서 이를 수행할 수 있다.

- 적절한 경로를 왼쪽 가장자리에 정렬해 단일 열을 스캔하고 예상되는 실행 흐름을 볼 수 있다.
- 들여쓰기된 중괄호 안의 적절한 경로 로직을 숨기지 말라.

- 함수에서 일찍 종료하라.

- 들여쓰기^{indent}는 오류나 엣지 케이스를 처리하기 위해서만 사용하라.

- 본문을 작고 읽기 쉬운 형태로 유지하기 위해 함수와 메소드를 분리하라.

 가독성이 좋은 코드를 작성하기 위한 몇 가지 세부 사항이 있으며, 이는 http://bit.ly/lineofsightincode에서 개요를 설명하고 관리한다.

CastVote 함수가 너무 커지거나 따르기 어려워지는 것을 방지하기 위해 핵심 기능을 자체 함수로 분리했다. 이제 이 함수를 votes.go에 추가한다.

```go
func castVoteInTransaction(ctx context.Context, answerKey *datastore.Key,
  question *Question, user *User, score int) (Vote, error) {
  var vote Vote
  answer, err := GetAnswer(ctx, answerKey)
  if err != nil {
    return vote, err
  }
  voteKeyStr := fmt.Sprintf("%s:%s", answerKey.Encode(), user.Key.Encode())
  voteKey := datastore.NewKey(ctx, "Vote", voteKeyStr, 0, nil)
  var delta int // delta는 답변 점수에 대한 변화를 기술한다
  err = datastore.Get(ctx, voteKey, &vote)
  if err != nil && err != datastore.ErrNoSuchEntity {
    return vote, err
  }
  if err == datastore.ErrNoSuchEntity {
    vote = Vote{
      Key:      voteKey,
      User:     user.Card(),
      Answer:   answer.Card(),
      Question: question.Card(),
      Score:    score,
```

```
    }
  } else {
    // 이미 투표한 사용자다. 그러므로 이 vote를 바꿀 것이다
    delta = vote.Score * -1
  }
  delta += score
  answer.Score += delta
  err = answer.Put(ctx)
  if err != nil {
    return vote, err
  }
  vote.Key = voteKey
  vote.Score = score
  vote.MTime = time.Now()
  err = vote.Put(ctx)
  if err != nil {
    return vote, err
  }
  return vote, nil
}
```

이 함수는 길지만 코드 가독성은 그렇게 나쁘지 않다. 적절한 경로는 왼쪽 가장자리로 흐르고 오류가 발생할 경우 초기에 들여쓰기만 하며 새 Vote 객체를 만드는 경우를 들 수 있다. 이것은 우리가 하는 일을 쉽게 추적할 수 있음을 의미한다.

우리는 답안 키, 관련 질문, 투표를 하는 사용자와 점수를 받아들여서 Vote 객체를 반환하거나 잘못됐을 경우 오류를 반환한다.

먼저, 트랜잭션 내에 있기 때문에 트랜잭션이 완료 또는 오류로 인해 멈출 때까지 해답을 얻는다.

그런 다음 이 투표를 위한 키를 만든다. 이 표는 답변과 사용자의 키가 단일 문자열로 인코딩된 것이다. 이는 각 사용자/답변 쌍에 대해 하나의 Vote 요소만 데이터 저장소

에 존재한다는 것을 의미한다. 따라서 사용자는 설계에 따라 답변당 한 개의 투표만 가질 수 있다.

그런 다음 투표 키를 사용해 데이터 저장소에서 Vote 요소를 로드하려고 시도한다. 물론 사용자가 질문에 처음으로 투표할 때 엔티티는 존재하지 않으며 datastore.Get에서 리턴된 오류가 특수 datastore.ErrNoSuchEntity 값인지 여부를 확인해 확인할 수 있다. 그런 경우, 적절한 필드를 설정해 새 Vote 객체를 만든다.

우리는 점수 delta 정수를 유지하고 있다. 투표 정수는 투표 결과 발생 후 답변 점수에 추가해야 할 숫자를 나타낸다. 사용자가 질문에 처음 투표했을 때 델타는 1 또는 −1이 된다. 투표를 아래에서 위로(−1에서 1) 변경하면 델타는 2가 돼서 이전 투표를 취소하고 새 투표를 추가한다. 델타에 −1을 곱해 이전 투표를 취소한다(err != datastore.ErrNoSuchEntity인 경우). 두 방향으로 같은 투표를 두 번 던지면 아무런 차이가 없기 때문에(delta는 0이 된다.) 이것은 좋은 효과가 있다.

마지막으로, 답변의 점수를 변경하고 Vote 객체의 최종 필드를 업데이트하고 그 값을 넣기 전에 데이터 저장소에 다시 넣는다. 그 후 돌아와서 CastVote 함수가 datastore.RunInTransaction 함수 블록을 빠져나온다. 따라서 Answer를 해제하고 다른 사람들이 자신의 투표를 행사하게 한다.

▌ HTTP를 통한 데이터 조작 노출

이제는 모든 엔티티와 이 엔티티에서 작동하는 데이터 액세스 메소드를 빌드했으므로 HTTP API에 연결해야 한다. 이미 이런 종류의 작업들을 여러 번 해봤기 때문에 더 익숙할 것이다.

타입 단언을 사용하는 옵션 기능

Go에서 인터페이스 타입을 사용하면 객체가 다른 인터페이스를 구현하는지 여부를 알기 위해 타입 단언[assertion]을 수행할 수 있으며, 인라인 인터페이스를 작성할 수 있으므로 객체가 특정 기능을 구현하는지 쉽게 알 수 있다.

v가 interface{}면 이 패턴을 사용해 OK 메소드가 있는지 확인할 수 있다.

```go
if obj, ok := v.(interface { OK() error }); ok {
  // v에는 OK() 메소드가 있다
} else {
  // v에는 OK() 메소드가 없다
}
```

v 객체가 인터페이스에 설명된 메소드를 구현하면 ok는 true가 되고 obj는 OK 메소드를 호출할 수 있는 객체가 된다. 그렇지 않으면 ok는 false가 된다.

 이 접근 방식에서 한 가지 문제는 코드 사용자로부터 비밀 기능을 숨기는 것이므로 명확하게 하기 위해 기능을 잘 문서화하거나 메소드를 자체 일급(first-class) 인터페이스로 승격시켜 모든 객체가 이를 구현할 수 있도록 해야 한다. 현명한 코드보다 분명한 코드를 추구해야 한다는 것을 잊지 마라. 추가 연습 과제로 인터페이스를 추가해 디코딩 서명에 대신 사용할 수 있는지 확인하라.

JSON 요청 본문을 디코딩하고 선택적으로 입력을 검증하는 데 도움이 되는 함수를 추가할 예정이다. http.go라는 새 파일을 만들고 다음 코드를 추가하라.

```go
func decode(r *http.Request, v interface{}) error {
  err := json.NewDecoder(r.Body).Decode(v)
  if err != nil {
    return err
```

```
  }
  if valid, ok := v.(interface {
    OK() error
  }); ok {
    err = valid.OK()
    if err != nil {
      return err
    }
  }
  return nil
}
```

decode 함수는 http.Request와 JSON의 데이터가 이동하는 v라는 대상 값을 사용한다. 우리는 OK 메소드가 구현됐는지 여부를 확인하고, 메소드가 있다면 호출한다. 객체가 문제없으면 OK가 반환될 것이고, 그렇지 않으면 무엇이 잘못됐는지 설명하는 오류가 리턴될 것으로 예상된다. 오류가 발생하면 리턴하고 호출 코드에서 처리하도록 한다.

모두 문제없이 처리된다면 함수의 맨 아래에서 nil을 리턴한다.

응답 헬퍼

API 요청에 쉽게 응답할 수 있는 한 쌍의 헬퍼 함수를 추가할 것이다. http.go에 respond 함수를 추가하라.

```
func respond(ctx context.Context, w http.ResponseWriter,
  r *http.Request, v interface{}, code int) {
  var buf bytes.Buffer
  err := json.NewEncoder(&buf).Encode(v)
  if err != nil {
    respondErr(ctx, w, r, err, http.StatusInternalServerError)
```

```
    return
  }
  w.Header().Set("Content-Type",
    "application/json; charset=utf-8")
  w.WriteHeader(code)
  _, err = buf.WriteTo(w)
  if err != nil {
    log.Errorf(ctx, "respond: %s", err)
  }
}
```

respond 메소드는 context, ResponseWriter, Request와 응답할 개체 및 상태 코드를 포함한다. 적절한 헤더를 설정하고 응답을 작성하기 전에 v를 내부 버퍼로 인코딩한다.

인코딩이 실패할 가능성이 있기 때문에 여기서 버퍼를 사용하고 있다. 메시지를 보내지만 이미 응답 작성을 시작한 경우 200 OK 헤더가 클라이언트로 전송되므로 오해의 소지가 있다. 대신 버퍼로 인코딩하면 어떤 상태 코드로 응답할지 결정하기 전에 이상 없이 완료됨을 확신할 수 있다.

이제 http.go의 끝에 respondErr 함수를 추가한다.

```
func respondErr(ctx context.Context, w http.ResponseWriter,
  r *http.Request, err error, code int) {
  errObj := struct {
    Error string `json:"error"`
  }{Error: err.Error()}
  w.Header().Set("Content-Type", "application/json; charset=utf-8")
  w.WriteHeader(code)
  err = json.NewEncoder(w).Encode(errObj)
  if err != nil {
    log.Errorf(ctx, "respondErr: %s", err)
```

```
      }
}
```

이 함수는 에러 문자열을 error라는 필드로 포함하는 구조체에 래핑된 error를 기록
한다.

경로 파라미터 파싱

일부 API 엔드포인트는 경로 문자열에서 ID를 가져와야 하지만 프로젝트(예: 외부 라우
터 패키지)에 종속성을 추가하지 않으려고 하며, 대신 우리를 위해 경로 파라미터를 파
싱할 간단한 함수를 작성하려고 한다.

먼저 경로 파싱을 수행하는 방법을 설명하는 테스트를 작성해보겠다. http_test.go라
는 파일을 만들고 다음 단위 테스트를 추가하라.

```go
func TestPathParams(t *testing.T) {
  r, err := http.NewRequest("GET", "1/2/3/4/5", nil)
  if err != nil {
    t.Errorf("NewRequest: %s", err)
  }
  params := pathParams(r, "one/two/three/four")
  if len(params) != 4 {
    t.Errorf("expected 4 params but got %d: %v", len(params), params)
  }
  for k, v := range map[string]string{
    "one":   "1",
    "two":   "2",
    "three": "3",
    "four":  "4",
  } {
    if params[k] != v {
      t.Errorf("%s: %s != %s", k, params[k], v)
```

```
    }
  }
  params = pathParams(r, "one/two/three/four/five/six")
  if len(params) != 5 {
    t.Errorf("expected 5 params but got %d: %v", len(params), params)
  }
  for k, v := range map[string]string{
    "one":   "1",
    "two":   "2",
    "three": "3",
    "four":  "4",
    "five":  "5",
  } {
    if params[k] != v {
      t.Errorf("%s: %s != %s", k, params[k], v)
    }
  }
}
```

패턴을 전달하고 http.Request의 경로에서 값을 발견하는 맵을 반환할 수 있을 것으로 기대한다.

테스트를 실행하고 (go test –v 명령으로) 실패하는 것을 확인하라.

http.go의 맨 아래에 다음 구현을 추가해 테스트를 통과하게 만든다.

```
func pathParams(r *http.Request, pattern string) map[string]string {
  params := map[string]string{}
  pathSegs := strings.Split(strings.Trim(r.URL.Path, "/"), "/")
  for i, seg := range strings.Split(strings.Trim(pattern, "/"), "/") {
    if i > len(pathSegs)-1 {
      return params
    }
    params[seg] = pathSegs[i]
```

```
    }
    return params
}
```

이 함수는 특정 http.Request에서 경로를 분리하고 패턴 경로를 위반한 키를 사용해 값의 맵을 작성한다. 따라서 /questions/id 패턴과 /questions/123 경로의 경우 다음 맵을 반환한다.

```
questions: questions
id:        123
```

물론 questions 키를 무시하겠지만, id는 유용할 것이다.

HTTP API를 통한 기능 노출

이제 JSON에서 데이터 페이로드를 인코딩 및 디코딩하는 헬퍼 함수, 경로 파싱 함수, 모든 엔티티 및 데이터 액세스 기능을 사용해 구글 클라우드 데이터스토어에서 데이터를 유지하고 쿼리할 수 있다.

Go의 HTTP 라우팅

질문을 처리하기 위해 추가할 세 가지 엔드포인트는 다음 표에 요약돼 있다.

HTTP 요청	설명
POST /questions	새로 질문 올리기
GET /questions/{id}	특정 ID로 질문을 가져옴
GET /questions	상위 질문을 가져옴

API 설계가 상대적으로 간단하기 때문에 프로젝트의 라우팅을 해결하기 위해 추가 의존성dependency을 가지고 프로젝트를 확장할 필요가 없다. 대신, 일반적인 Go 코드를 사용해 매우 단순한 애드혹adhoc 라우팅을 수행할 것이다. 간단한 switch문을 사용함으로써 사용된 HTTP 메소드를 감지하고 pathParams 헬퍼 함수를 사용해 실행이 적절한 장소로 전달되기 전에 ID가 지정됐는지 여부를 확인할 수 있다.

handle_questions.go라는 새 파일을 만들고 다음 http.HandlerFunc 함수를 추가한다.

```go
func handleQuestions(w http.ResponseWriter, r *http.Request) {
  switch r.Method {
  case "POST":
    handleQuestionCreate(w, r)
  case "GET":
    params := pathParams(r, "/api/questions/:id")
    questionID, ok := params[":id"]
    if ok { // GET /api/questions/ID
      handleQuestionGet(w, r, questionID)
      return
    }
    handleTopQuestions(w, r) // GET /api/questions/
  default:
    http.NotFound(w, r)
  }
}
```

HTTP 메소드가 POST면 handleQuestionCreate를 호출한다. GET이면 경로에서 ID를 추출할 수 있는지 여부를 확인하고 가능한 경우 handleQuestionGet을 호출하거나 처리할 수 없는 경우 handleTopQuestions를 호출한다.

구글 앱 엔진의 컨텍스트

기억하다시피, 앱 엔진 함수에 대한 모든 호출은 context.Context 객체를 첫 번째 파라미터로 사용했지만 그것이 무엇이며 어떻게 작성하는가?

Context는 실제로 많은 구성 요소와 API 경계에서 함수 호출 스택을 통해 취소 신호, 실행 기한 및 요청 범위 데이터를 제공하는 인터페이스다. Go용 구글 앱 엔진 SDK는 API 전체에서 이를 사용한다. 자세한 내용은 패키지 내부에 보관되므로 구글 사용자(SDK 사용자)는 걱정할 필요가 없다. 이것은 자신의 패키지에서 Context를 사용할 때 좋은 목표다. 이상적으로는 복잡성이 내부적이고 숨겨져 있어야 한다.

> 블로그 게시물 'Go Concurrency Patterns : Context'(https://blog.golang.org/context)에서 시작해 다양한 온라인 리소스를 통해 Context에 대해 더 많이 배울 수 있고, 또 공부해야 한다.

앱 엔진 호출에 적합한 컨텍스트를 만들려면 appengine.NewContext 함수를 사용한다. 이 함수는 컨텍스트가 속할 인수로 http.Request를 사용한다.

방금 추가한 라우팅 코드 아래에 질문을 작성하는 핸들러를 추가하고 각 요청에 대해 새 컨텍스트를 만드는 방법을 확인할 수 있다.

```
func handleQuestionCreate(w http.ResponseWriter, r *http.Request) {
  ctx := appengine.NewContext(r)
  var q Question
  err := decode(r, &q)
  if err != nil {
    respondErr(ctx, w, r, err, http.StatusBadRequest)
    return
  }
  err = q.Create(ctx)
  if err != nil {
```

```
        respondErr(ctx, w, r, err, http.StatusInternalServerError)
        return
    }
    respond(ctx, w, r, q, http.StatusCreated)
}
```

Context를 만들고 이를 ctx 변수에 저장한다. 이 변수는 Go 커뮤니티 전체에서 다소 허용되는 패턴이 됐다. 그런 다음 이전에 작성한 Create 헬퍼 메소드를 호출하기 전에 질문(OK 메소드 때문. 질문을 검증할 것임)도 디코딩한다. 방법의 모든 단계에서 컨텍스트를 함께 전달한다.

뭔가 문제가 발생하면 respondErr 함수를 호출한다. 이 함수는 클라이언트에서 응답을 리턴하고 함수에서 빠져나오기 전에 클라이언트에 응답을 기록한다.

모두 문제가 없으면 질문과 http.StatusCreated 상태 코드(201)로 응답한다.

키 문자열 디코딩

datastore.Key 객체를 객체의 id 필드(json 필드 태그를 통해)로 노출하기 때문에 특정 객체를 참조할 때 API 사용자가 동일한 ID 문자열을 다시 전달할 것으로 예상된다. 즉이 문자열을 디코딩해 다시 datastore.Key 객체로 되돌려야 한다. 다행히 datastore 패키지는 datastore.DecodeKey 함수 형태로 답을 제공한다.

handle_questions.go의 맨 아래에 다음과 같은 핸들 함수를 추가해 하나의 질문을 얻는다.

```
func handleQuestionGet(w http.ResponseWriter, r *http.Request,
    questionID string) {
    ctx := appengine.NewContext(r)
    questionKey, err := datastore.DecodeKey(questionID)
    if err != nil {
```

```
      respondErr(ctx, w, r, err, http.StatusBadRequest)
      return
  }
  question, err := GetQuestion(ctx, questionKey)
  if err != nil {
    if err == datastore.ErrNoSuchEntity {
      respondErr(ctx, w, r, datastore.ErrNoSuchEntity,
        http.StatusNotFound)
      return
    }
    respondErr(ctx, w, r, err, http.StatusInternalServerError)
    return
  }
  respond(ctx, w, r, question, http.StatusOK)
}
```

Context를 다시 생성한 후 question ID 인수를 디코딩해 문자열을 다시 datastore. Key 객체로 변환한다. question ID 문자열은 파일 상단에 추가한 라우팅 핸들러 코드에서 전달된다.

question ID가 유효한 키고 SDK가 datastore.Key로 성공적으로 전환할 수 있다고 가정할 때 GetQuestion 헬퍼 함수를 호출해 Question을 로드한다. datastore.ErrNo SuchEntity 에러를 얻으면, 404 (Not Found) 상태로 응답한다. 그렇지 않으면 http. StatusInternalServerError 코드로 오류를 보고할 것이다.

 API를 작성할 때는 HTTP 상태 코드 및 기타 HTTP 표준을 확인하고 이를 사용할 수 있는지 확인하라. 개발자는 자신에게 익숙하며 동일한 언어를 사용하면 API가 자연스러워진다.

질문을 로드할 수 있으면 respond를 호출해 JSON으로 클라이언트에 다시 보낸다.

다음으로, 질문에 사용했던 것과 유사한 API를 통해 응답과 관련된 기능을 노출하려고 한다.

HTTP 요청	설명
POST /answers	답변 제출
GET /answers	지정된 질문 ID로 답변을 가져옴

handle_answers.go라는 새 파일을 만들고 라우팅 http.HandlerFunc 함수를 추가하라.

```go
func handleAnswers(w http.ResponseWriter, r *http.Request) {
  switch r.Method {
  case "GET":
    handleAnswersGet(w, r)
  case "POST":
    handleAnswerCreate(w, r)
  default:
    http.NotFound(w, r)
  }
}
```

GET 요청의 경우 handleAnswersGet을 호출한다. POST 요청의 경우 handleAnswerCreate를 호출한다. 기본적으로 '404 찾을 수 없음[404 Not Found]'으로 응답한다.

검색어 파라미터 사용

경로 파싱의 대안으로 요청의 URL에서 쿼리 파라미터를 가져올 수 있으며, 응답을 읽는 핸들러를 추가할 때 수행한다.

```
func handleAnswersGet(w http.ResponseWriter, r *http.Request) {
  ctx := appengine.NewContext(r)
  q := r.URL.Query()
  questionIDStr := q.Get("question_id")
  questionKey, err := datastore.DecodeKey(questionIDStr)
  if err != nil {
    respondErr(ctx, w, r, err, http.StatusBadRequest)
    return
  }
  answers, err := GetAnswers(ctx, questionKey)
  if err != nil {
    respondErr(ctx, w, r, err, http.StatusInternalServerError)
    return
  }
  respond(ctx, w, r, answers, http.StatusOK)
}
```

여기서는 r.URL.Query()를 사용해 쿼리 파라미터가 들어있는 http.Values를 가져오고 Get 메소드를 사용해 question_id를 꺼낸다. 따라서 API 호출은 다음과 같다.

```
/api/answers?question_id=abc123
```

 실무에서는 **API**의 일관성을 유지해야 한다. 차이점을 보여주기 위해 경로 파라미터와 쿼리 파라미터를 혼합해 사용했지만 하나의 스타일을 선택해 붙여야 한다.

요청 데이터에 대한 익명 구조체

질문에 응답하기 위한 API는 /api/answers에 답변 세부 정보와 질문 ID 문자열이 포함된 본문을 게시하는 것이다. 이 구조는 Question ID 문자열을 datastore.Key로 디코딩해야 하기 때문에 Answer 내부 표현과 동일하지 않다. 필드를 그대로 두고 필드 태그를 사용해 JSON과 데이터 저장소 모두에서 생략해야 한다고 표시할 수 있지만, 더 명확한 접근 방식이 있다.

새로운 답변을 담을 인라인 익명 구조체를 지정할 수 있다. 이 작업을 수행하는 가장 좋은 장소는 데이터를 처리하는 핸들러 함수 안에 있다. 즉 API에 새 타입을 추가할 필요가 없다는 것을 의미하며, 우리가 기대하는 요청 데이터를 여전히 나타낼 수 있다.

handle_answers.go의 맨 아래에 handleAnswerCreate 함수를 추가하라.

```go
func handleAnswerCreate(w http.ResponseWriter, r *http.Request) {
  ctx := appengine.NewContext(r)
  var newAnswer struct {
    Answer
    QuestionID string `json:"question_id"`
  }
  err := decode(r, &newAnswer)
  if err != nil {
    respondErr(ctx, w, r, err, http.StatusBadRequest)
    return
  }
  questionKey, err := datastore.DecodeKey(newAnswer.QuestionID)
  if err != nil {
    respondErr(ctx, w, r, err, http.StatusBadRequest)
    return
  }
  err = newAnswer.OK()
  if err != nil {
    respondErr(ctx, w, r, err, http.StatusBadRequest)
    return
  }
  answer := newAnswer.Answer
  user, err := UserFromAEUser(ctx)
```

```
  if err != nil {
    respondErr(ctx, w, r, err, http.StatusBadRequest)
    return
  }
  answer.User = user.Card()
  err = answer.Create(ctx, questionKey)
  if err != nil {
    respondErr(ctx, w, r, err, http.StatusInternalServerError)
    return
  }
  respond(ctx, w, r, answer, http.StatusCreated)
}
```

다소 이상해 보이는 var newAnswer struct 라인을 보라. newAnswer라는 새로운 변수를 선언하고 있다. 이 변수에는 QuestionID string을 포함하고 Answer를 내장한 익명 구조체(이름이 없음) 타입이 있다. 요청 본문을 이 타입으로 디코딩할 수 있으며 QuestionID는 물론 특정 Answer 필드도 캡처한다. 그런 다음 이전에 해본 대로 질문 ID를 datastore.Key로 디코딩하고, 답변을 검증한 후 현재 인증된 사용자를 가져와서 Card 헬퍼 메소드를 호출해 User (UserCard) 필드를 설정한다.

모두 잘 수행되면 Create를 호출해 질문에 대한 답변을 저장하는 작업을 수행한다.

마지막으로 API에서 투표 기능을 노출해야 한다.

자기 유사 코드 작성

투표 API에는 /votes에 POST로 전송하는 하나의 엔드포인트만 있다. 따라서 물론 이 메소드에 대한 라우팅을 수행할 필요가 없다(핸들러 자체에서 메소드를 확인할 수는 있지만). 그러나 동일한 패키지에 있는 다른 코드와 비슷하고 친숙한 코드를 작성하기 위해 언급해야 할 것이 있다. 라우터를 생략하면 누군가 다른 사람이 우리 코드를 보고 있고 질문과 응답 라우터를 보고 나서 라우터를 예상하는 경우 약간의 혼란이 있을 수 있다.

handle_votes.go라는 새 파일에 간단한 라우터 핸들러를 추가해보자.

```go
func handleVotes(w http.ResponseWriter, r *http.Request) {
  if r.Method != "POST" {
    http.NotFound(w, r)
    return
  }
  handleVote(w, r)
}
```

라우터가 handleVote 함수를 호출하기 전에 POST가 아니라면 메소드를 검사하고 조기에 종료한다. 우리는 다음에 추가할 함수를 호출한다.

오류를 반환하는 유효성 검사 메소드

객체에 추가한 OK 메소드는 코드에 검증 메소드를 추가하는 좋은 방법이다.

들어오는 점수 값이 유효하도록(−1 또는 1) 하고 싶다. 따라서 다음과 같은 함수를 작성할 수 있다.

```go
func validScore(score int) bool {
  return score == -1 || score == 1
}
```

이 기능을 몇 군데 사용했다면 점수^{score}가 유효하지 않다고 설명하는 코드를 계속 반복해야 할 것이다. 그러나 함수가 오류를 리턴하면 이를 한곳에서 캡슐화할 수 있다.

votes.go에 다음의 validScore 함수를 추가한다.

```go
func validScore(score int) error {
  if score != -1 && score != 1 {
```

```
      return errors.New("invalid score")
  }
  return nil
}
```

이 버전에서는 점수가 유효하면 nil을 리턴한다. 그렇지 않으면 무엇이 잘못됐는지 설명하는 오류를 리턴한다.

handleVote 함수를 handle_votes.go에 추가할 때 이 유효성 검사 함수를 사용할 것이다.

```
func handleVote(w http.ResponseWriter, r *http.Request) {
  ctx := appengine.NewContext(r)
  var newVote struct {
    AnswerID string `json:"answer_id"`
    Score    int    `json:"score"`
  }
  err := decode(r, &newVote)
  if err != nil {
    respondErr(ctx, w, r, err, http.StatusBadRequest)
    return
  }
  err = validScore(newVote.Score)
  if err != nil {
    respondErr(ctx, w, r, err, http.StatusBadRequest)
    return
  }
  answerKey, err := datastore.DecodeKey(newVote.AnswerID)
  if err != nil {
    respondErr(ctx, w, r, errors.New("invalid answer_id"),
      http.StatusBadRequest)
    return
  }
```

```
  vote, err := CastVote(ctx, answerKey, newVote.Score)
  if err != nil {
    respondErr(ctx, w, r, err, http.StatusInternalServerError)
    return
  }
  respond(ctx, w, r, vote, http.StatusCreated)
}
```

이것은 지금까지 꽤 친숙해 보일 텐데, 모든 데이터 액세스 로직을 다른 장소의 핸들러에 두는 이유를 강조하고 있다. 그런 다음 핸들러는 요청을 디코딩하고 응답을 작성하는 것과 같은 HTTP 태스크에 집중할 수 있으며 애플리케이션 세부 사항을 다른 오브젝트에 위임할 수 있다.

또한 로직을 별도의 파일로 분할해 HTML 핸들러 코드 앞에 handle_ 접두사를 붙이는 패턴으로 구분함으로써 특정 프로젝트에서 작업할 시기를 빨리 알 수 있도록 했다.

라우터 핸들러 매핑

실제 핸들러를 HTTP 경로로 매핑하기 위해 init 함수를 변경해 main.go 파일을 업데이트하자.

```
func init() {
  http.HandleFunc("/api/questions/", handleQuestions)
  http.HandleFunc("/api/answers/", handleAnswers)
  http.HandleFunc("/api/votes/", handleVotes)
}
```

이제 중복된 handleHello 핸들러 함수를 제거할 수도 있다.

다중 모듈로 앱 실행

이번처럼 여러 모듈을 가진 애플리케이션의 경우 goapp 명령을 위한 모든 YAML 파일을 나열해야 한다.

새로운 애플리케이션을 제공^{serve}하려면 터미널에서 다음과 같이 실행한다.

```
goapp serve dispatch.yaml default/app.yaml api/app.yaml web/app.yaml
```

디스패치 파일부터 모든 관련 구성 파일을 나열한다. 누락된 경우 애플리케이션을 제공하려고 할 때 오류가 표시된다. 이제 출력에서 각 모듈이 다른 포트에 배포되고 있음을 알 수 있다.

각 포트를 방문해 직접 모듈에 액세스할 수 있지만, 다행히도 디스패처는 dispatch.yaml 구성 파일에 지정된 규칙에 따라 8080포트에서 실행된다.

로컬에서의 테스트

이제 애플리케이션을 빌드했으므로 localhost:8080을 방문해 작동 상태를 확인하라. 다음 단계를 수행해 애플리케이션의 기능을 사용한다.

1. 실제 이메일 주소를 사용해 로그인한다(그렇게 하면 Gravatar 이미지가 보일 것이다).
2. 질문을 한다.
3. 몇 가지 답변을 제출한다.
4. 답변에 위아래로 투표하고, 점수가 변하는 것을 본다.
5. 다른 브라우저를 열고 다른 사용자로 로그인해 앱이 어떻게 보이는지 확인한다.

관리 콘솔 사용

관리 콘솔^{admin console}은 애플리케이션과 함께 실행되며 localhost:8000에서 접속할 수 있다.

데이터스토어 뷰어^{Datastore Viewer}를 사용하면 애플리케이션의 데이터를 검사할 수 있다. 또한 애플리케이션을 사용할 때 생성되는 질문, 답변, 투표 데이터를 보고(심지어 변경할 수도 있음) 사용할 수 있다.

자동으로 생성된 인덱스

애플리케이션에서 작성한 쿼리를 만족시키기 위해 개발 서버에서 자동으로 생성한 인덱스를 확인할 수도 있다. 사실 default 폴더를 보면 index.yaml이라는 새 파일이 마술처럼 나타났다. 이 파일은 애플리케이션에 필요한 것과 동일한 인덱스를 설명하며, 애플리케이션을 배포할 때 이 파일이 클라우드에 함께 올라가 구글 클라우드 데이터스토어가 이러한 동일한 인덱스를 유지하도록 한다.

▌ 다중 모듈 앱 배포

디스패처 및 인덱스 파일마다 전용 배치 명령이 필요하기 때문에 여러 모듈을 사용하면 애플리케이션을 배포하는 것이 좀 더 복잡해진다.

다음과 같이 모듈을 배포하라.

```
goapp deploy default/app.yaml api/app.yaml web/app.yaml
```

작업이 완료되면 appcfg.py 명령을 사용해 디스패처를 업데이트할 수 있다(이 경로는 9장의 처음에서 다운로드한 'Go용 구글 앱 엔진 SDK' 폴더에서 찾을 수 있음).

```
appcfg.py update_dispatch.
```

디스패치가 업데이트되면 색인을 클라우드로 푸시할 수 있다.

```
appcfg.py update_indexes -A YOUR_APPLICATION_ID_HERE ./default
```

이제 애플리케이션이 배포됐으므로 'appspot URL(https://YOUR_APPLICATION_ID_
HERE.appspot.com/)'로 접속해 진짜 웹에서 볼 수 있다.

> 이 쿼리의 인덱스를 제공할 준비가 되지 않았음을 알리는 오류(The index for this
> query is not ready to serve)가 발생할 수 있다. 이는 구글 클라우드 데이터스토어가
> 서버에서 작업을 준비하는 데 약간의 시간이 걸리기 때문이다. 보통은 몇 분 이상 걸리
> 지 않으므로 커피 한 잔 마시고 와서 다시 시도하라.

재미있는 점은 HTTPS로 URL에 접속하면 구글 서버가 HTTP/2를 사용해 URL을 제
공한다는 것이다.

애플리케이션이 제대로 작동하면 흥미로운 질문을 올리고 친구들에게 링크를 보내 답
변을 요청해보자.

▌ 요약

9장에서는 구글 앱 엔진의 완전한 기능을 갖춘 질의응답 애플리케이션을 만들었다.

Go용 구글 앱 엔진 SDK를 사용해 클라우드에 배포하기 전에 로컬에서 애플리케이션
을 빌드하고 테스트해 친구 및 가족이 사용할 수 있도록 준비하는 방법을 배웠다. 갑자
기 많은 트래픽을 받기 시작하면 애플리케이션을 확장할 준비를 해뒀다. 우리는 조기
트래픽을 만족시키기 위해 많은 할당량healthy quota에 의존할 수 있다.

Go 코드에서 데이터를 모델링하고, 키를 추적하고, 구글 클라우드 데이터스토어에서
데이터를 유지 및 쿼리하는 방법을 살펴봤다. 또한 규모에 맞게 다시 읽을 수 있도록
데이터를 비정규화하는 전략을 모색했다. 우리는 트랜잭션이 특정 시점에서 단 하나

의 연산만 수행하도록 보장해 데이터 무결성을 보장할 수 있는 방법을 배웠다. 이를 통해 답변 점수에 대한 신뢰할 수 있는 카운터를 작성할 수 있다. 예측 가능한 데이터 저장소 키를 사용해 사용자가 답변당 하나의 투표만 가질 수 있도록 하고 데이터 저장소에서 키를 생성하기 위해 불완전한 키를 사용했다.

9장에서 설명하는 많은 기술은 RESTful JSON API를 통해 데이터를 유지하고 상호작용하는 모든 종류의 애플리케이션에 적용되므로 기술은 고도로 이전 가능하다.

10장에서는 Go Kit 프레임워크를 사용해 실제 마이크로서비스를 구축하면서 최신 소프트웨어 아키텍처를 살펴보겠다. 마이크로서비스를 사용해 솔루션을 구축하면 많은 이점을 얻을 수 있으므로 마이크로서비스는 대규모 분산 시스템에 널리 사용된다. 많은 기업들이 이미 프로덕션 환경에서 이러한 아키텍처(대부분 Go로 작성)를 운용하고 있으며, 어떻게 사용하는지 살펴볼 것이다.

10

Go kit 프레임워크를 이용한 Go의 마이크로서비스

마이크로서비스micro-service는 일반적으로 네트워크 프로토콜(HTTP/2 또는 바이너리 전송 등)을 통해 통신하고 다수의 물리적 시스템에 분산된 대규모 애플리케이션의 기능성 및 비즈니스 로직을 제공하기 위해 함께 동작하는 개별 컴포넌트component다. 각 컴포넌트는 다른 컴포넌트와 분리돼 있으며 명확하게 정의된 입력을 받아 명확한 출력을 내보낸다. 동일한 서비스의 여러 인스턴스가 여러 서버에서 실행될 수 있으며 트래픽이 둘 사이에서 로드 밸런싱될 수 있다. 제대로 설계돼 있으면 전체 인스턴스를 중지시키지 않고 개별 인스턴스가 실패할 수 있다. 그리고 로드 스파이크를 처리하는 데 도움이 되도록 런타임에 새로운 인스턴스를 불러와서 스핀업시킨다.

Go kit(https://gokit.io 참조)은 피터 부르곤Peter Bourgon(트위터ID @peterbourgon)이 창시한 마이크로서비스 아키텍처로 애플리케이션을 빌드하는 데 사용되는 분산 프로그래밍 툴킷이며, 현재 Gophers 슬라이스에 의해 유지 관리되고 있다. 이는 그러한 시스템을 구축하는 데 기초적인 (그리고 때로는 지루한) 많은 측면을 해결할 뿐만 아니라 좋은 디자인 패턴을 장려해 제품이나 서비스를 구성하는 비즈니스 로직에 집중할 수 있도록 돕는 것을 목표로 한다.

Go kit은 아무런 사전 준비 없이from scratch 모든 문제를 해결하려고 하지 않는다. 그보다는 SOAservice-oriented architecture(서비스 지향 아키텍처) 문제를 해결하기 위해 많은 인기 있는 관련 서비스를 통합한다. SOA 문제의 예를 들면 서비스 발견, 메트릭, 모니터링, 로깅, 로드 밸런싱, 회로 차단을 비롯해 대규모로 정확하게 마이크로서비스를 실행하는 다른 많은 중요한 측면 등이 있다. Go kit을 사용해 손수 서비스를 구축하면 작업을 수행하기 위해 많은 상용구boilerplate와 기본scaffold 코드를 작성하게 될 것이다.

소규모 개발자 팀이 있는 소규모 제품이나 서비스의 경우 단순한 JSON 엔드포인트를 노출하는 것이 더 쉽다고 결정할 수도 있지만 Go kit은 규모가 큰 팀에서 실제로 빛을 발한다. 다양한 서비스가 있는 실질적인 시스템을 구축하고 각 서비스는 아키텍처 내에서 수십 또는 수백 개씩 실행된다. 일관된 로깅, 계측, 분산된 추적 및 각 항목이 다음 시스템과 유사하므로 그러한 시스템을 실행하고 유지 보수하기가 훨씬 쉬워진다.

"Go kit은 궁극적으로 SOLID 설계, 도메인 주도 설계$^{domain-driven-design}$ 또는 헥사고날 아키텍처$^{hexagonal\ architecture}$ 등 서비스 내에서 우수한 설계 관행을 장려하는 것이다. 이러한 설계는 그중 어떤 것도 독단적으로는 아니지만 우수한 설계/소프트웨어 엔지니어링을 쉽게 처리하려고 한다."

– 피터 부르곤

10장에서는 vault라는 프로젝트에서 다양한 보안 문제를 다루는 마이크로서비스를 구축해 더 많은 기능을 구축할 수 있게 될 것이다. 비즈니스 로직은 매우 단순하게 유지돼 마이크로서비스 시스템 구축에 관한 원칙을 학습하는 데 집중할 수 있다.

 기술적인 선택으로 Go kit에 대한 몇 가지 대안이 있다. 대안의 대부분은 비슷한 접근 방식을 가지고 있지만 우선순위, 구문(syntax), 패턴이 다르다. 프로젝트에 착수하기 전에 다른 옵션을 살펴보라. 그러나 10장에서 배우는 원칙은 전반적으로 적용된다.

10장에서 다루는 내용은 다음과 같다.

- Go kit을 사용해 마이크로서비스 코드를 작성하는 방법
- gRPC의 개념과 서버와 클라이언트를 만드는 데 gRPC를 사용하는 방법
- 구글 프로토콜 버퍼 및 관련 도구를 사용해 서비스를 설명하고 매우 효율적인 바이너리 형식으로 통신하는 방법
- Go kit의 엔드포인트가 단일 서비스 구현을 작성하고 다중 전송 프로토콜을 통해 노출되도록 하는 방법
- Go kit이 포함된 서브 패키지가 우리에게 많은 공통적인 문제를 해결하는 데 도움이 되는 방법
- 미들웨어가 구현 자체를 건드리지 않고 엔드포인트를 래핑해 행위를 조정할 수 있게 해주는 방법
- 요청과 응답 메시지로 메소드 호출을 기술하는 방법

- 트래픽 급증으로부터 시스템을 보호하기 위해 서비스를 제한하는 방법
- 기타 관용적인 Go 팁과 테크닉

10장의 몇몇 코드는 여러 줄에 걸쳐 있다. 다음 예제와 같이 한 줄에 다 들어가지 않는 내용은 다음 줄에 오른쪽 정렬로 작성된다.

```
func veryLongFunctionWithLotsOfArguments(one string, two int,
  three http.Handler, four string) (bool, error) {
  log.Println("함수의 첫 번째 줄")
}
```

위 코드 조각의 처음 세 줄은 한 줄로 작성해야 한다. 걱정할 필요는 없다. Go 컴파일러는 이런 오류가 발생하면 친절하게 지적할 것이다.

gRPC 소개

서비스가 서로 통신하고 클라이언트가 서비스와 통신하는 방법에 관해서는 여러 가지 옵션이 있다. Go kit은 상관하지 않는다(오히려 많은 일반적인 메커니즘의 구현을 제공할 만큼 충분히 신경을 쓰지 않는다). 실제로 사용자를 위해 여러 가지 옵션을 추가하고 어느 옵션을 사용할지 결정할 수 있다. HTTP를 통해 익숙한 JSON에 대한 지원을 추가할 예정이지만 API에 대한 새로운 기술 대안도 소개할 것이다.

gRPC는 구글의 원격 프로시저 호출Remote Procedure Call의 약자로 네트워크를 통해 원격으로 실행되는 코드를 호출하는 데 사용되는 오픈소스 메커니즘이다. 전송 및 프로토콜 버퍼에 HTTP/2를 사용해 서비스 및 메시지를 구성하는 데이터를 나타낸다.

RPC 서비스는 잘 정의된 HTTP 표준을 사용해 데이터를 변경하는 대신 REST(무언가를 만들려면 POST, 무언가를 업데이트하려면 PUT, 무언가를 삭제하려면 DELETE 등)와 같이 RESTful

418

웹 서비스와는 다르다. 원격 함수 또는 메소드를 대신 트리거해 예상되는 인수를 전달하고 응답으로 하나 이상의 데이터를 돌려받는다.

차이를 강조하기 위해, 새로운 사용자를 만들고 있다고 상상해보라. RESTful 세계에서 다음과 같이 요청할 수있다.

```
POST /users
{
  "name": "Mat",
  "twitter": "@matryer"
}
```

그리고 다음과 같은 응답을 얻을 수 있다.

```
201 Created
{
  "id": 1,
  "name": "Mat",
  "twitter": "@matryer"
}
```

RESTful 호출은 쿼리 또는 리소스 상태 변경을 나타낸다. RPC 세계에서는 Go에서 일반적인 메소드나 함수와 훨씬 더 비슷하게 느껴지는 바이너리 직렬화된 프로시저 호출을 만들기 위해 대신 생성된 코드를 사용한다.

RESTful 서비스와 gPRC 서비스 간의 유일한 다른 차이점은 JSON이나 XML이 아닌 gPRC가 '프로토콜 버퍼'라는 특별한 형식을 사용한다는 점이다.

프로토콜 버퍼

프로토콜 버퍼(코드에서 protobuf라고 함)는 매우 작고 인코딩 및 디코딩 속도가 빠른 바이너리 직렬화 형식이다. 작은 선언적 언어를 사용해 추상적인 방식으로 데이터 구조를 설명하고 사용자가 쉽게 데이터를 읽고 쓸 수 있도록 다양한 언어로 소스 코드를 생성한다.

프로토콜 버퍼는 XML의 현대적인 대안으로 생각할 수 있다. 단, 데이터 구조의 정의가 내용과 분리돼 있으며 내용이 텍스트가 아닌 바이너리 형식이다.

실제 사례를 보면 이점을 분명히 확인할 수 있다. XML로 이름을 가진 사람을 표현하고 싶다면 다음과 같이 쓸 수 있다.

```
<person>
  <name>MAT</name>
</person>
```

이것은 약 30바이트(공백 제외)를 차지한다. JSON에서는 어떻게 보이는지 살펴보자.

```
{"name":"MAT"}
```

이제 14바이트까지 내려갔지만 구조는 여전히 콘텐츠에 포함돼 있다(name 필드는 값value과 함께 표시된다).

프로토콜 버퍼의 같은 내용은 5바이트만 사용한다. 다음 표는 각 바이트를 비교하기 위해 XML 및 JSON 표현의 처음 5바이트와 함께 보여준다. 설명 행은 프로토콜 버퍼 바이트를 보여주는 콘텐츠 행의 바이트 의미를 설명한다.

바이트	1	2	3	4	5
콘텐츠	0a	03	4d	61	72
설명	타입(문자열)	길이(3)	M	A	T
XML	〈	p	e	r	s
JSON	{	"	n	a	m

구조 정의는 데이터와 따로 구분된 특수한 .proto 파일에 있다.

XML 또는 JSON이 프로토콜 버퍼보다 더 나은 선택이 되는 경우는 아직 많다. 사용할 데이터 형식을 결정할 때 파일 크기가 유일한 방법은 아니지만 고정 스키마 구조 및 원격 프로시저 호출 또는 정말 대대적인 규모로 실행되는 애플리케이션의 경우, 충분한 이유로 많이 선택한다.

프로토콜 버퍼 설치

프로토콜 버퍼용 소스 코드를 컴파일하고 생성할 수 있는 몇 가지 도구가 있다. 이 도구는 프로젝트의 깃허브 홈페이지(https://github.com/google/protobuf/releases)에서 얻을 수 있다. 파일을 다운로드한 후 압축을 풀고 bin 폴더의 protoc 파일을 컴퓨터의 적절한 폴더($PATH 환경 변수에 포함된 폴더)에 저장한다.

protoc 명령이 준비되면 Go 코드로 작업할 수 있는 플러그인을 추가해야 한다. 터미널에서 다음을 실행한다.

```
go get -u github.com/golang/protobuf/{proto,protoc-gen-go}
```

그러면 나중에 사용할 두 개의 패키지가 설치된다.

프로토콜 버퍼 언어

데이터 구조를 정의하기 위해 proto3라는 프로토콜 버퍼 언어의 세 번째 버전을 사용할 것이다.

$GOPATH에 vault라는 새 폴더를 만들고 그 안에 pb라는 하위 폴더를 만든다. pb 패키지는 우리의 프로토콜 버퍼 정의와 생성할 소스 코드가 위치하게 될 곳이다.

Hash와 Validate라는 두 가지 메소드를 가진 Vault 서비스를 정의하려고 한다.

메소드	설명
Hash	주어진 암호에 대한 보안 해시를 생성한다. 암호를 일반 텍스트로 저장하는 대신 해시를 저장할 수 있다.
Validate	암호와 이전에 생성된 해시가 주어지면 Validate 메소드는 암호가 올바른지 확인한다.

각 서비스 호출에는 요청 및 응답 쌍이 있으며 여기에서도 정의할 것이다. pb 폴더 안에 vault.proto라는 새 파일을 만들어서 다음 코드를 추가하라.

```
syntax = "proto3";
package pb;
service Vault {
  rpc Hash(HashRequest) returns (HashResponse) {}
  rpc Validate(ValidateRequest) returns (ValidateResponse) {}
}
message HashRequest {
  string password = 1;
}
message HashResponse {
  string hash = 1;
  string err = 2;
}
message ValidateRequest {
```

```
    string password = 1;
    string hash = 2;
}
message ValidateResponse {
    bool valid = 1;
}
```

 책에서는 지면을 절약하기 위해 세로 공백(줄바꿈)을 제거했지만 각 블록 사이에 공백을 추가하면 가독성이 향상된다.

파일에서 지정하는 첫 번째 사항은 proto3 구문을 사용하고 있으며 생성된 소스 코드의 패키지 이름이 pb라는 것이다.

service 블록은 Vault와 아래에 정의된 HashRequest, HashResponse, Validate Request, ValidateResponse 메시지와 함께 두 가지 메소드를 정의한다. 서비스 블록 내에서 rpc로 시작하는 줄은 Hash와 Validate라는 두 개의 원격 프로시저 호출로 구성된다.

메시지 안의 필드는 다음 형식을 취한다.

```
type name = position;
```

이 type은 string, bool, double, float, int32, int64 등과 같은 스칼라 값 타입을 설명하는 문자열이다. name은 hash와 password처럼 사람이 읽을 수 있는 형태의 필드를 설명하는 문자열이다. position은 데이터 스트림에서 해당 필드가 나타나는 위치를 나타내는 정수다. 내용이 바이트 스트림이므로 내용을 정의에 맞추는 것이 형식을 사용할 수 있기 때문에 중요하다. 또한 나중에 (프로토콜 버퍼의 주요 설계 기능 중 하나인) 필드를 추가(또는 이름을 변경)하는 경우 특정 순서로 특정 필드를 필요로 하는 컴포넌트를 손상시키지 않고 수행할 수 있다. 그들은 새로운 데이터를 무시하고 그대로 투명하게 전달하면서 계속해서 손대지 않을 것이다.

 지원되는 타입의 전체 목록과 전체 언어에 대한 심층적인 설명을 보려면 다음 문서를 참조하라.
- https://developers.google.com/protocol-buffers/docs/proto3

각 메소드 호출에는 연관된 요청 및 응답 쌍이 있다. 이들은 원격 메소드가 호출될 때 네트워크를 통해 전송될 메시지다.

Hash 메소드는 단일 암호 문자열 인수를 사용하므로 HashRequest 개체에는 단일 암호 문자열 필드가 포함된다. 일반 Go 함수와 마찬가지로 응답에는 오류가 있을 수 있다. 이는 HashResponse와 ValidateResponse가 모두 두 개의 필드를 갖는 이유다. proto3 에는 Go에 있는 것과 같은 전용 error 인터페이스가 없으므로 대신 오류를 문자열로 변환한다.

Go 코드 생성

Go는 proto3 코드를 이해하지 못하지만 다행히도 프로토콜 버퍼 컴파일러와 이전에 설치한 Go 플러그인이 이를 Go가 이해할 수 있는 코드로 해석할 수 있다.

터미널에서 pb 폴더로 이동해 다음을 실행한다.

```
protoc vault.proto --go_out=plugins=grpc:.
```

이렇게 하면 vault.pb.go라는 새 파일이 생성된다. 파일을 열고 내용을 검사하라. 메시지를 정의하고 VaultClient 및 VaultServer 타입을 작성해 우리가 사용하고 공개할 수 있도록 하는 등 많은 작업을 수행했다.

세부 사항에 관심이 있다면 생성된 코드의 나머지 부분을 자유롭게 디코딩할 수 있다(파일 디스크립터(descriptor)는 특히 흥미롭다). 지금 당장은 제대로 작동하고 pb 패키지를 사용해 서비스 구현을 구축할 것이다.

▌ 서비스 구축

끝으로 아키텍처에서 어떤 다른 어두운 마법이 일어나고 있든 간에 Go 메소드가 호출되고, 작업을 하고, 결과를 리턴한다. 따라서 Vault 서비스 자체를 정의하고 구현하는 것이다.

vault 폴더에서 service.go라는 새 파일을 만들고 다음 코드를 추가한다.

```
// Service는 암호 해싱 기능을 제공한다
type Service interface {
  Hash(ctx context.Context, password string) (string, error)
  Validate(ctx context.Context, password, hash string) (bool, error)
}
```

이 인터페이스는 서비스를 정의한다.

 VaultService가 단순한 Service보다 더 나은 이름이라고 생각할지 모르지만, 이것은 Go 패키지이므로 외부에서는 vault.Service로 멋지게 읽힌다.

Hash와 Validate라는 두 가지 메소드를 정의한다. 각각은 context.Context를 첫 번째 인수로 취하고 일반 string 인수가 온다. 응답은 일반적인 Go 타입(string, bool, error)이다.

일부 라이브러리는 Go 1.7부터 사용할 수 있게 된 context 패키지가 아니라 이전 컨텍스트 종속성인 golang.org/x/net/context를 요구할 수 있다. 혼합 사용에 관해 지적하는 에러를 주의 깊게 살피고 올바른 패키지를 임포트하는지 확인하라.

마이크로서비스 설계의 일부는 상태가 저장되는 위치에 대해 주의를 기울이고 있다. 전역 변수에 액세스해 단일 파일에 서비스 메소드를 구현할지라도 요청별 또는 서비스별 상태를 저장하는 데 전역 변수를 사용해서는 안 된다. 각 서비스는 다른 물리적 변수에 액세스할 수 없는 여러 물리적 시스템에서 여러 번 실행될 가능성이 있음을 기억해야 한다.

이러한 정신에 입각해 우리는 빈 struct를 사용해 서비스를 구현할 것이다. 객체를 자체적으로 저장하지 않고 인터페이스를 구현하기 위해 메소드를 그룹화하는 깔끔하고 관용적인 Go 트릭이다. service.go에 다음 struct를 추가하라.

```
type vaultService struct{}
```

 구현에 종속성(데이터베이스 연결 또는 설정 객체 등)이 필요한 경우 이를 구조체 내에 저장하고 함수 본문에 리시버를 사용할 수 있다.

테스트 시작

가능하다면 테스트 코드를 작성해 시작하는 것이 코드의 품질과 유지 보수성을 향상시키는 측면에서 훨씬 유리하다. 새 서비스를 사용해 암호를 해시한 후 유효성을 검사하는 단위 테스트를 작성하려고 한다.

service_test.go라는 새 파일을 만들고 다음 코드를 추가한다.

```go
package vault
import (
  "golang.org/x/net/context"
  "testing"
)
func TestHasherService(t *testing.T) {
  srv := NewService()
  ctx := context.Background()
  h, err := srv.Hash(ctx, "password")
  if err != nil {
    t.Errorf("Hash: %s", err)
  }
  ok, err := srv.Validate(ctx, "password", h)
  if err != nil {
    t.Errorf("Valid: %s", err)
  }
  if !ok {
    t.Error("expected true from Valid")
  }
  ok, err = srv.Validate(ctx, "wrong password", h)
  if err != nil {
    t.Errorf("Valid: %s", err)
  }
  if ok {
    t.Error("expected false from Valid")
  }
}
```

NewService 메소드를 통해 새 서비스를 만든 후 이를 사용해 Hash 및 Validate 메소드를 호출한다. 또한 만족하지 못하는 케이스를 테스트하기도 한다. 여기서 암호가 잘못돼 Validate가 false를 리턴하는지 확인한다. 그렇지 않다면 보안에 문제가 있는 것이다.

Go의 생성자

다른 객체지향 언어의 생성자^{constructor}는 클래스의 인스턴스를 만드는 특별한 종류의 함수다. 초기화를 수행하고 필수 인수, 그중에서도 특히 의존성 등을 취한다. 일반적으로 이러한 언어로 개체를 만드는 유일한 방법이지만 종종 이상한 구문을 사용하거나 이름 지정 규칙(예를 들어 클래스와 동일한 함수 이름)을 사용한다.

Go에는 생성자가 없다. 그것은 훨씬 더 간단하고 함수를 가지고 있으며, 함수는 인자를 반환할 수 있기 때문에 생성자는 구조체의 사용 가능한 인스턴스를 반환하는 전역 함수일 뿐이다. Go의 단순성 철학은 언어 디자이너로 하여금 이러한 종류의 결정을 내리게 만든다. 사람들이 객체를 생성하는 새로운 개념에 대해 배워야 하는 것이 아니라 개발자는 함수가 어떻게 작동하는지를 알아야만 하고 개발자들이 함수를 이용해 생성자를 만들 수 있다.

객체의 생성(필드 초기화, 의존성 검증 등)에 특별한 작업을 하지 않더라도 어쨌든 때로는 구축^{construction} 함수를 추가할 필요가 있다. 여기서는 vaultService 타입을 공개해 API를 확장하고 싶지 않다. 이미 Service 인터페이스 타입이 공개돼 있으며 이를 생성자 내부에 숨기고 있기 때문에 이를 구현하는 좋은 방법이다.

vaultService 구조체 정의 아래에 NewService 함수를 추가하라.

```
// NewService는 새로운 서비스를 만든다
func NewService() Service {
  return vaultService{}
}
```

이로 인해 내부 자료가 노출될 필요가 없을 뿐만 아니라 향후 vaultService 사용을 준비하기 위해 더 많은 작업을 해야 할 경우 API를 변경하지 않고도 이를 수행할 수 있다. 우리의 패키지는 마지막에 무언가를 바꿀 수 있다. 이는 API 설계에 큰 도움이 된다.

bcrypt로 암호 해싱 및 유효성 검사

서비스에서 구현할 첫 번째 메소드는 Hash다. 이는 암호를 받아 해시를 생성한다. 결과 해시는 나중에 암호와 함께 Validate 메소드에 전달돼 암호가 올바른지 확인하거나 거부한다.

 애플리케이션에 암호를 저장하는 올바른 방법에 대한 자세한 내용을 보려면 코다 헤일 (Coda Hale) 블로그의 다음 게시물을 확인하라.

- https://codahale.com/how-to-safely-store-a-password/

우리 서비스의 핵심은 암호가 데이터베이스에 저장될 필요가 없음을 보장하는 것이다. 누군가가 데이터베이스에 무단으로 액세스할 수 있게 되면 보안상 위험할 수 있다. 대신 안전하게 저장할 수 있는 단방향 해시(디코딩할 수 없음)를 생성할 수 있으며 사용자가 인증을 시도할 때 암호가 동일한 해시를 생성하는지 확인하기 위해 검사를 수행할 수 있다. 해시가 일치하면 암호는 동일하다. 일치하지 않으면 그렇지 않다는 뜻이다.

bcrypt 패키지는 이 작업을 안전하고 신뢰할 수 있는 방식으로 수행하는 메소드를 제공한다.

service.go에 Hash 메소드를 추가한다.

```
func (vaultService) Hash(ctx context.Context, password string) (string,
error) {
  hash, err :=
    bcrypt.GenerateFromPassword([]byte(password),
      bcrypt.DefaultCost)
  if err != nil {
    return "", err
  }
  return string(hash), nil
}
```

적절한 bcrypt 패키지를 임포트해야 한다(golang.org/x/crypto/bcrypt를 시도하라). 기본적으로 해시를 생성하기 위해 GenerateFromPassword 함수를 래핑하고 있으며, 해시는 오류가 발생하지 않으면 리턴된다.

Hash 메소드의 리시버는 단순히 (vaultService)임을 주의하라. 빈 구조체에 상태를 저장할 수 있는 방법이 없으므로 변수를 캡처하지 않는다.

다음으로 Validate 메소드를 추가한다.

```go
func (vaultService) Validate(ctx context.Context,
  password, hash string) (bool, error) {
  err := bcrypt.CompareHashAndPassword([]byte(hash),
    []byte(password))
  if err != nil {
    return false, nil
  }
  return true, nil
}
```

Hash와 마찬가지로 bcrypt.CompareHashAndPassword를 호출해 암호가 올바른지를 안전하게 알아낸다. 에러가 반환되면 무언가가 잘못됨을 의미하고 오류를 나타내는 false를 리턴한다. 그렇지 않으면 암호가 유효할 때 true를 리턴한다.

▌ 요청 및 응답을 포함한 메소드 호출 모델링

Vault 서비스는 다양한 전송 프로토콜을 통해 공개될 것이기 때문에 서비스에 대한 요청과 응답을 모델링하는 방법이 필요하다. 우리는 서비스를 수락하거나 반환할 각 타입의 메시지에 대한 struct를 추가해 이 작업을 수행한다.

누군가 Hash 메소드를 호출하고 해시된 암호를 응답으로 받으려면 service.go에 다음 두 구조체를 추가해야 한다.

```
type hashRequest struct {
  Password string `json:"password"`
}
type hashResponse struct {
  Hash string `json:"hash"`
  Err  string `json:"err,omitempty"`
}
```

hashRequest 타입은 하나의 필드인 패스워드를 포함하고 hashResponse는 결과 해시와 함께 뭔가 문제가 발생했을 때를 대비해 Err 문자열 필드를 가진다.

 원격 메소드 호출을 모델링하려면 기본적으로 입력 인수에 대한 **struct**와 리턴 인수의 **struct**를 만든다.

계속하기 전에 Validate 메소드에 대해 동일한 요청/응답 쌍을 모델링할 수 있는지 확인하라. Service 인터페이스에서 서명을 확인하고 받아들인 인수를 검토하고 어떤 종류의 응답을 해야 하는지 생각한다.

http.Request의 JSON 본문을 service.go로 디코딩할 수 있는 헬퍼 메소드(Go kit에서 http.DecodeRequestFunc 타입)를 추가하려고 한다.

```
func decodeHashRequest(ctx context.Context, r *http.Request) (interface{},
error) {
  var req hashRequest
  err := json.NewDecoder(r.Body).Decode(&req)
  if err != nil {
    return nil, err
  }
```

```
    return req, nil
}
```

decodeHashRequest에 대한 서명은 Go kit에 의해 지정된다. 나중에 우리를 대신해 HTTP 요청을 디코딩할 것이기 때문이다. 이 함수에서는 json.Decoder를 사용해 JSON을 hashRequest 타입으로 비정렬화한다.

다음으로, Validate 메소드에 대한 디코드 헬퍼 함수와 요청 및 응답 구조를 추가한다.

```
type validateRequest struct {
  Password string `json:"password"`
  Hash     string `json:"hash"`
}
type validateResponse struct {
  Valid bool   `json:"valid"`
  Err   string `json:"err,omitempty"`
}
func decodeValidateRequest(ctx context.Context,
  r *http.Request) (interface{}, error) {
  var req validateRequest
  err := json.NewDecoder(r.Body).Decode(&req)
  if err != nil {
    return nil, err
  }
  return req, nil
}
```

여기서 validateRequest 구조체는 Password와 Hash 문자열을 모두 사용한다. 서명에 두 개의 입력 인수가 있고 Valid 또는 Err이라는 bool 데이터 타입을 포함하는 응답을 반환하기 때문이다.

마지막으로 해야 할 일은 응답을 인코딩하는 것이다. 이 경우 hashResponse 및 vali

dateResponse 객체를 모두 인코딩하는 단일 메소드를 작성할 수 있다.

service.go에 다음 코드를 추가한다.

```go
func encodeResponse(ctx context.Context,
  w http.ResponseWriter, response interface{}) error {
  return json.NewEncoder(w).Encode(response)
}
```

encodeResponse 메소드는 json.Encoder에게 작업을 요청한다. response 타입이 interface{}이므로 서명이 일반적이라는 점에 다시 주의하라. 이는 http.Response Writer로 디코딩하기 위한 Go kit 메커니즘이기 때문이다.

Go kit의 엔드포인트

엔드포인트는 Go kit의 단일 RPC 메소드를 나타내는 특별한 함수 타입이다. 정의는 endpoint 패키지 안에 있다.

```go
type Endpoint func(ctx context.Context, request interface{}) (response
interface{}, err error)
```

엔드포인트 함수는 context.Context와 request를 취하고 response 또는 error를 반환한다. request 및 response 타입은 interface{}며, 이는 엔드포인트를 빌드할 때 실제 타입을 처리하는 것이 구현 코드에 달려 있음을 알려준다.

http.Handler(그리고 http.HandlerFunc)와 같은 엔드포인트는 강력하다. 일반화된 미들웨어로 래핑해 로깅, 추적, 속도 제한, 에러 처리 등 마이크로서비스를 구축할 때 발생하는 수많은 공통적인 문제를 해결할 수 있기 때문이다.

Go kit은 다양한 프로토콜을 통해 전송을 해결하고 엔드포인트를 코드에서 우리 코드로 이동하는 일반적인 방법으로 사용한다. 예를 들어, gRPC 서버는 포트에서 수신 대기하고 적절한 메시지를 받으면 해당 Endpoint 함수를 호출한다. Go kit 덕분에 Service 인터페이스로 Go 코드만 처리하면 되므로 이 모든 것이 우리에게 투명해질 것이다.

서비스 메소드용 엔드포인트 작성

우리 서비스의 메소드를 endpoint.Endpoint 함수로 바꾸기 위해, 들어오는 hash Request를 처리하고 Hash 서비스 메소드를 호출하며 응답에 따라 적절한 hashResponse 객체를 만들고 리턴하는 함수를 작성할 것이다.

service.go에 MakeHashEndpoint 함수를 추가한다.

```go
func MakeHashEndpoint(srv Service) endpoint.Endpoint {
  return func(ctx context.Context, request interface{}) (interface{}, error) {
    req := request.(hashRequest)
    v, err := srv.Hash(ctx, req.Password)
    if err != nil {
      return hashResponse{v, err.Error()}, nil
    }
    return hashResponse{v, ""}, nil
  }
}
```

이 함수는 Service를 인수로 사용한다. 즉 Service 인터페이스 구현에서 엔드포인트를 생성할 수 있다. 그런 다음 타입 단언을 사용해 요청 인수가 실제로 hashRequest 타입이어야 한다고 지정한다. 우리는 Hash 메소드를 호출해 hashRequest에서 얻은 컨텍스트와 Password를 전달한다. 모두 문제가 없다면 Hash 메소드에서 얻은 값으로 hashResponse를 생성하고 반환한다.

Validate 메소드에 대해서도 똑같은 작업을 해보자.

```go
func MakeValidateEndpoint(srv Service) endpoint.Endpoint {
  return func(ctx context.Context, request interface{}) (interface{}, error) {
    req := request.(validateRequest)
    v, err := srv.Validate(ctx, req.Password, req.Hash)
    if err != nil {
      return validateResponse{false, err.Error()}, nil
    }
    return validateResponse{v, ""}, nil
  }
}
```

요청을 받아서 응답을 만들기 전에 메소드를 호출하기 위해 요청을 사용한다. Endpoint 함수에서 에러를 리턴하지 않는다.

오류의 다양한 레벨

Go kit에는 전송 오류(네트워크 오류, 시간 초과, 연결 끊김 등)와 비즈니스 로직 오류(요청 및 응답을 만드는 인프라가 성공적이었지만 로직 또는 데이터가 뭔가 정확하지 않음)의 두 가지 주요 오류 타입이 있다.

Hash 메소드가 오류를 반환하면 두 번째 인수로 반환하지 않는다. 대신 에러 문자열(Error 메소드를 통해 액세스할 수 있음)을 포함하는 hashResponse를 빌드하려고 한다. 이는 엔드포인트에서 리턴된 에러가 전송 오류를 표시하기 위한 것이므로 Go kit은 일부 미들웨어에 의해 호출을 몇 번 재시도하도록 구성될 수 있기 때문이다. 서비스 메소드가 오류를 반환하면 비즈니스 로직 오류로 간주돼 동일한 입력에 대해 항상 동일한 오류를 반환하므로 재시도할 필요가 없다. 이것이 우리가 오류를 응답을 감싸서 처리할 수 있도록 클라이언트에 반환하는 이유다.

엔드포인트를 서비스 구현으로 래핑

Go kit에서 엔드포인트를 처리할 때 유용한 또 다른 트릭은 vault.Service 인터페이스의 구현을 작성하는 것이다. 이 인터페이스는 기본 엔드포인트에 필요한 호출만 수행한다.

service.go에 다음 구조체를 추가한다.

```go
type Endpoints struct {
  HashEndpoint     endpoint.Endpoint
  ValidateEndpoint endpoint.Endpoint
}
```

vault.Service 인터페이스를 구현하기 위해 두 개의 메소드를 Endpoints 구조에 추가한다. 이 메소드는 요청 객체를 작성하고 요청을 작성한 후 결과 응답 객체를 리턴할 일반 인수로 파싱한다.

다음 Hash 메소드를 추가하라.

```go
func (e Endpoints) Hash(ctx context.Context, password string) (string,
error) {
  req := hashRequest{Password: password}
  resp, err := e.HashEndpoint(ctx, req)
  if err != nil {
    return "", err
  }
  hashResp := resp.(hashResponse)
  if hashResp.Err != "" {
    return "", errors.New(hashResp.Err)
  }
  return hashResp.Hash, nil
}
```

hashResponse에 대한 일반적인 응답을 캐싱하기 전에 password 인수를 사용해 생성한 hashRequest와 함께 HashEndpoint를 호출하고 그로부터 해시 값 또는 에러를 리턴한다.

Validate 메소드에서 이 작업을 수행할 것이다.

```go
func (e Endpoints) Validate(ctx context.Context, password,
  hash string) (bool, error) {
  req := validateRequest{Password: password, Hash: hash}
  resp, err := e.ValidateEndpoint(ctx, req)
  if err != nil {
    return false, err
  }
  validateResp := resp.(validateResponse)
  if validateResp.Err != "" {
    return false, errors.New(validateResp.Err)
  }
  return validateResp.Valid, nil
}
```

이 두 메소드를 사용하면 우리가 만든 엔드포인트를 일반 Go 메소드인 것처럼 처리할 수 있다. 이는 10장의 후반부에서 서비스를 실제로 사용할 때 매우 유용하다.

▌ Go kit의 HTTP 서버

Go kit의 진정한 가치는 엔드포인트를 해시하고 유효성을 검사할 HTTP 서버를 만들 때 분명해진다.

server_http.go라는 새 파일을 만들고 다음 코드를 추가한다.

```
package vault
import (
  httptransport "github.com/go-kit/kit/transport/http"
  "golang.org/x/net/context"
  "net/http"
)
func NewHTTPServer(ctx context.Context, endpoints Endpoints) http.Handler {
  m := http.NewServeMux()
  m.Handle("/hash", httptransport.NewServer(
    ctx,
    endpoints.HashEndpoint,
    decodeHashRequest,
    encodeResponse,
  ))
  m.Handle("/validate", httptransport.NewServer(
    ctx,
    endpoints.ValidateEndpoint,
    decodeValidateRequest,
    encodeResponse,
  ))
  return m
}
```

github.com/go-kit/kit/transport/http 패키지를 임포트하고(net/http 패키지도 임포트하기 때문에) Go에게 이 패키지를 httptransport로 명시적으로 참조할 것임을 알려준다.

표준 라이브러리의 NewServeMux 함수를 사용해 간단한 라우팅과 /hash 및 /validate 경로를 매핑해 http.Handler 인터페이스를 작성한다. 나중에 추가할 미들웨어를 포함해 HTTP 서버가 이 엔드포인트를 제공하고자 하기 때문에 Endpoints 객체를 사용한다. httptransport.NewServer를 호출하면 Go kit을 통해 각 엔드포인트에 대한 HTTP 핸들러를 제공할 수 있다. 대부분의 함수와 마찬가지로 context.Context를 첫 번째 인수로 전달한다. 첫 번째 인수는 각 요청에 대한 기본 컨텍스트를 형성한다. 또한 서버가 JSON 메시지를 비정렬화 및 정렬화하는 방법을 알 수 있도록 이전에 작성한 디코딩 및 인코딩 함수뿐만 아니라 엔드포인트도 전달한다.

▌ Go kit의 gRPC 서버

Go kit을 사용해 gPRC 서버를 추가하는 것은 이전 절에서 했던 것처럼, JSON/HTTP 서버를 추가하는 것만큼이나 쉽다. 생성된 코드(pb 폴더에 있음)에는 다음과 같은 pb. VaultServer 타입을 지정한다.

```
type VaultServer interface {
  Hash(context.Context, *HashRequest) (*HashResponse, error)
  Validate(context.Context, *ValidateRequest) (*ValidateResponse, error)
}
```

이 타입은 원시 인수가 아닌 생성된 요청 및 응답 클래스를 사용한다는 점을 제외하고는 자체 Service 인터페이스와 매우 비슷하다.

이전 인터페이스를 구현할 타입을 정의함으로써 시작하겠다. server_grpc.go라는 새 파일에 다음 코드를 추가한다.

```
package vault
import (
  grpctransport "github.com/go-kit/kit/transport/grpc"
  "golang.org/x/net/context"
)
type grpcServer struct {
  hash     grpctransport.Handler
  validate grpctransport.Handler
```

```
}
func (s *grpcServer) Hash(ctx context.Context,
  r *pb.HashRequest) (*pb.HashResponse, error) {
  _, resp, err := s.hash.ServeGRPC(ctx, r)
  if err != nil {
    return nil, err
  }
  return resp.(*pb.HashResponse), nil
}
func (s *grpcServer) Validate(ctx context.Context,
  r *pb.ValidateRequest) (*pb.ValidateResponse, error) {
  _, resp, err := s.validate.ServeGRPC(ctx, r)
  if err != nil {
    return nil, err
  }
  return resp.(*pb.ValidateResponse), nil
}
```

생성된 pb 패키지와 함께 grpctransport로 github.com/go-kit/kit/transport/grpc
를 임포트할 필요가 있다는 점에 유의한다.

grpcServer 구조체는 각 서비스 엔드포인트에 대한 필드를 포함하며 이 시점은
grpctransport.Handler 타입이다. 그런 다음 적절한 핸들러에서 ServeGRPC 메소드를
호출해 인터페이스의 메소드를 구현한다. 이 메소드는 실제로 먼저 디코딩하고, 적절
한 엔드포인트 함수를 호출하고, 응답을 얻고, 이를 인코딩하고 요청한 클라이언트에
게 다시 전송함으로써 요청을 처리한다.

프로토콜 버퍼 타입에서 자체 타입으로 변환

pb 패키지의 요청 및 응답 객체를 사용하고 있음을 알 수 있겠지만, 자체 엔드포인트
는 이전에 service.go에 추가한 구조를 사용한다. 자체 타입과 프로토콜 버퍼 타입 사

이에서 상호 변환하기 위해 각 타입에 대한 메소드가 필요하다.

 반복되는 타이핑이 많이 발생한다. 수고를 덜기 위해 깃허브 저장소(https://github.com/matryer/goblueprints)에서 자유롭게 복사, 붙여넣기를 하라. 서비스를 구성하는 모든 부분을 이해하는 것이 중요하기 때문에 우리는 하나하나 직접 코딩하고 있다.

server_grpc.go에 다음 함수를 추가하라.

```go
func EncodeGRPCHashRequest(ctx context.Context,
  r interface{}) (interface{}, error) {
  req := r.(hashRequest)
  return &pb.HashRequest{Password: req.Password}, nil
}
```

이 함수는 Go kit에 의해 정의된 EncodeRequestFunc 함수며, 자체 hashRequest 타입을 클라이언트와 통신하는 데 사용할 수 있는 프로토콜 버퍼 타입으로 변환하기 위해 사용된다. 이는 일반적이기 때문에 interface{} 타입을 사용한다. 그러나 우리는 들어오는 요청을 hashRequest(자체 고유 타입)로 캐스팅하고 적절한 필드를 사용해 새로운 pb.HashRequest 객체를 빌드할 수 있다.

hash와 validate 엔드포인트 모두에 대한 요청 및 응답 인코딩, 디코딩 모두에 대해 이 작업을 수행할 것이다. server_grpc.go에 다음 코드를 추가한다.

```go
func DecodeGRPCHashRequest(ctx context.Context,
  r interface{}) (interface{}, error) {
  req := r.(*pb.HashRequest)
  return hashRequest{Password: req.Password}, nil
}
func EncodeGRPCHashResponse(ctx context.Context,
  r interface{}) (interface{}, error) {
```

```go
    res := r.(hashResponse)
    return &pb.HashResponse{Hash: res.Hash, Err: res.Err},
      nil
}
func DecodeGRPCHashResponse(ctx context.Context,
   r interface{}) (interface{}, error) {
   res := r.(*pb.HashResponse)
   return hashResponse{Hash: res.Hash, Err: res.Err}, nil
}
func EncodeGRPCValidateRequest(ctx context.Context,
   r interface{}) (interface{}, error) {
   req := r.(validateRequest)
   return &pb.ValidateRequest{Password: req.Password,
     Hash: req.Hash}, nil
}
func DecodeGRPCValidateRequest(ctx context.Context,
   r interface{}) (interface{}, error) {
   req := r.(*pb.ValidateRequest)
   return validateRequest{Password: req.Password,
     Hash: req.Hash}, nil
}
func EncodeGRPCValidateResponse(ctx context.Context,
   r interface{}) (interface{}, error) {
   res := r.(validateResponse)
   return &pb.ValidateResponse{Valid: res.Valid}, nil
}
func DecodeGRPCValidateResponse(ctx context.Context,
   r interface{}) (interface{}, error) {
   res := r.(*pb.ValidateResponse)
   return validateResponse{Valid: res.Valid}, nil
}
```

보다시피, 일을 처리하기 위해 많은 상용구[1] 코딩이 있다.

 코드 생성(여기에서 다루지 않음)은 코드가 매우 예측 가능하고 자기 유사하므로 여기에
잘 응용될 수 있을 것이다.

gRPC 서버를 동작시키기 위해 마지막으로 해야 할 일은 grpcServer 구조의 인스턴
스를 생성하는 헬퍼 함수를 제공하는 것이다. grpcServer 구조체 아래에 다음 코드
를 추가하라.

```go
func NewGRPCServer(ctx context.Context, endpoints Endpoints) pb.VaultServer {
  return &grpcServer{
    hash: grpctransport.NewServer(
      ctx,
      endpoints.HashEndpoint,
      DecodeGRPCHashRequest,
      EncodeGRPCHashResponse,
    ),
    validate: grpctransport.NewServer(
      ctx,
      endpoints.ValidateEndpoint,
      DecodeGRPCValidateRequest,
      EncodeGRPCValidateResponse,
    ),
  }
}
```

---

1 각종 문서에서 반복적으로 인용되는 문서의 한 부분으로 '표준 문안'이라고 번역할 수도 있다. 하지만 코딩에서는 상용구,
즉 코드 작성에 반복 사용되는 요소로서 하나의 템플릿과 같은 역할을 하는 부분이다. 자바에서 흔히 쓰는 getter/setter를
생각하면 이해하기 쉬울 것이다. 실제로 '보일러플레이트(boilerplate)'라고도 부른다. – 옮긴이

HTTP 서버와 마찬가지로 gRPC 서버를 통해 노출되는 기본 컨텍스트와 실제 End points 구현을 사용한다. grpctransport.NewServer를 호출하고 해시와 유효성 검사를 위한 핸들러를 설정해 grpcServer 타입의 새 인스턴스를 만들고 반환한다. 서비스를 위해 endpoint.Endpoint 함수를 사용하고 각 케이스에 사용할 인코딩/디코딩 함수를 서비스에 지시한다.

█ 서버 명령 생성

지금까지 모든 서비스 코드는 vault 패키지 안에 있다. 이제 이 패키지를 사용해 서버 기능을 제공하는 새로운 도구를 만들려고 한다.

vault 폴더 안에 cmd라는 새 폴더를 만들고 그 안에 vaultd라는 다른 폴더를 만든다. 코드가 main 패키지에 있어도 도구 이름은 기본적으로 vaultd로 지정되기 때문에 명령 코드를 vaultd 폴더에 넣을 것이다. cmd 폴더에 명령을 넣으면 이 도구는 cmd라는 바이너리 파일로 작성된다. 이는 매우 혼란스럽다.

Go 프로젝트에서 패키지의 기본 사용을 다른 프로그램(Go kit 등)으로 가져오는 경우 루트 수준 파일이 패키지를 구성해야 하며 적절한 패키지 이름(main이 아님)을 갖는다. 주된 목적이 삭제 명령과 같은 커맨드라인 도구(https://github.com/matryer/drop)인 경우 루트 파일은 main 패키지에 있다.

이것에 대한 이론적 근거는 사용성에 있다. 패키지를 임포트할 때 사용자가 입력해야 하는 문자열을 가능한 한 가장 짧게 만들려고 한다.

마찬가지로, go install을 사용할 때 경로가 짧고 간편해진다.

우리가 만들 도구(데몬이나 백그라운드 작업임을 나타내는 접미사 'd'가 붙은)는 gRPC와 JSON/HTTP 서버를 모두 스핀업한다. 각각은 자신의 고루틴에서 실행되며 서버에서 종료 신호나 오류를 찾아내어 프로그램이 종료된다.

444

Go kit에서는 메인 함수가 상당히 크다. 이는 의도적으로 설계된 것이다. 마이크로서비스의 전체를 포함하는 하나의 함수가 있다. 거기에서 상세히 설명할 수 있지만 각 컴포넌트를 한눈에 파악할 수 있다.

꽤 긴 임포트 목록부터 시작해 vaultd 폴더의 새로운 main.go 파일 안에 main 함수를 조금씩 만들어보겠다.

```
import (
  "flag"
  "fmt"
  "log"
  "net"
  "net/http"
  "os"
  "os/signal"
  "syscall"
  "your/path/to/vault"
  "your/path/to/vault/pb"
  "golang.org/x/net/context"
  "google.golang.org/grpc"
)
```

your/path/to 부분은 $GOPATH에서 프로젝트가 있는 곳까지의 실제 경로로 대체해야 한다. 컨텍스트 임포트에도 주의하라. Go kit이 Go 1.7로 전환되는 시점에 따라 여기에 나열된 임포트 대신 context를 입력하기만 하면 된다. 마지막으로 구글의 grpc 패키지는 gRPC 기능을 네트워크를 통해 노출하는 데 필요한 모든 것을 제공한다.

이제 main 함수를 정리할 것이다. 이 다음에 오는 모든 섹션은 main 함수의 본체 안에 들어있는 것이다.

```
func main() {
  var (
    httpAddr = flag.String("http", ":8080",
      "http listen address")
    gRPCAddr = flag.String("grpc", ":8081",
      "gRPC listen address")
  )
  flag.Parse()
  ctx := context.Background()
  srv := vault.NewService()
  errChan := make(chan error)
```

우리는 플래그를 사용해 네트워크에서 서비스를 노출할 때 수신 대기하는 엔드포인트를 결정할 수 있지만 JSON/HTTP 서버의 경우 8080, gRPC 서버의 경우 8081을 제공한다.

그런 다음 취소cancelation 또는 마감 기한deadline이 지정되지 않고 값이 없는 빈 상태가 아닌non-nil 빈 컨텍스트를 반환하는 context.Background() 함수를 사용해 새 컨텍스트를 만든다. 이 컨텍스트는 모든 서비스의 기본 컨텍스트에 적합하다. 요청과 미들웨어는 요청 범위의 데이터나 마감 시간을 추가하기 위해 자유롭게 새로운 컨텍스트 객체를 만들 수 있다.

그런 다음 NewService 생성자를 사용해 새로운 Service 타입을 만들고 제로 버퍼zero-buffer 채널을 만든다. 제로 버퍼 채널은 오류가 발생한 경우에 생성될 수 있다.

이제 종료 신호를 트랩하는 코드(예: Ctrl + C)를 추가하고 errChan 오류를 보낸다.

```
go func() {
  c := make(chan os.Signal, 1)
  signal.Notify(c, syscall.SIGINT, syscall.SIGTERM)
  errChan <- fmt.Errorf("%s", <-c)
}()
```

새 고루틴에서 SIGINT 또는 SIGTERM 신호가 수신되면 signal.Notify를 요청한다. 신호가 발생하면 c 채널로 보내진다. 이 시점에서 문자열로 서식을 지정하고(String( ) 메소드가 호출된다.) 에러로 변환해 보내준다. errChan을 실행하면 프로그램이 종료된다.

Go kit 엔드포인트 사용

이제 서버에 전달할 수 있는 엔드포인트 인스턴스 중 하나를 생성해야 한다. main 함수 본문에 다음 코드를 추가한다.

```
hashEndpoint := vault.MakeHashEndpoint(srv)
validateEndpoint := vault.MakeValidateEndpoint(srv)
endpoints := vault.Endpoints{
  HashEndpoint:      hashEndpoint,
  ValidateEndpoint: validateEndpoint,
}
```

해시 및 유효성 검사 메소드 모두에 대한 엔드포인트 헬퍼 함수의 출력에 필드를 지정한다. 두 서비스 모두 동일한 서비스를 전달하므로 endpoints 변수는 본질적으로 srv 서비스를 둘러싼 래퍼가 된다.

 변수에 대한 할당을 모두 제거하고 struct 초기화의 필드에 헬퍼 함수를 반환하도록 설정하면 이 코드를 정리할 수 있지만, 나중에 미들웨어를 추가할 때 이러한 접근 방법에 대해 감사하게 될 것이다.

이제 이 엔드포인트를 사용해 JSON/HTTP 및 gRPC 서버를 시작할 준비가 됐다.

HTTP 서버의 실행

이제 고루틴을 추가해 JSON/HTTP 서버를 메인 함수 본문에 만들고 실행한다.

```
// HTTP 전송
go func() {
  log.Println("http:", *httpAddr)
  handler := vault.NewHTTPServer(ctx, endpoints)
  errChan <- http.ListenAndServe(*httpAddr, handler)
}()
```

무거운 짐을 싣는 작업은 Go kit에 의해 패키지 코드에서 이미 완료됐으므로 표준 라이브러리를 호출하기 전에 NewHTTPServer 함수를 호출해 백그라운드 컨텍스트와 노출하려는 서비스 엔드포인트를 전달한다. http.ListenAndServe는 지정된 httpAddr의 핸들러 기능을 제공한다. 오류가 발생하면 에러 채널로 보낸다.

gRPC 서버의 실행

gRPC 서버를 실행하기 위해 해야 할 일이 좀 더 있지만 이 또한 쉽다. 로우 레벨의 TCP 네트워크 리스너를 만들어 gRPC 서버에 제공해야 한다. 메인 함수 본문에 다음 코드를 추가한다.

```
go func() {
  listener, err := net.Listen("tcp", *gRPCAddr)
  if err != nil {
    errChan <- err
    return
  }
  log.Println("grpc:", *gRPCAddr)
  handler := vault.NewGRPCServer(ctx, endpoints)
  gRPCServer := grpc.NewServer()
```

```
    pb.RegisterVaultServer(gRPCServer, handler)
    errChan <- gRPCServer.Serve(listener)
}()
```

지정된 gRPCAddr 엔드포인트에서 TCP 리스너를 작성해 오류를 errChan 오류 채널로 보낸다. vault.NewGRPCServer를 사용해 핸들러를 생성하고 백그라운드 컨텍스트와 우리가 노출하고 있는 Endpoints의 인스턴스를 다시 전달한다.

 JSON/HTTP 서버와 gRPC 서버가 실제로 똑같은 서비스를 노출시키는 방법에 주목하라(글자 그대로 '똑같은' 인스턴스).

그런 다음 구글의 grpc 패키지에서 새 gRPC 서버를 만들고 RegisterVaultServer 함수를 통해 자체 생성된 pb 패키지를 사용해 등록한다.

 RegisterVaultService 함수는 grpcServer에서 RegisterService를 호출하기만 하지만, 자동으로 생성된 서비스 설명의 내부를 숨긴다. vault.pb.go를 보고 RegisterVaultServer 함수를 검색하면 서비스의 설명인 &_Vault_serviceDesc 등을 참조하는 것을 볼 수 있다. 생성된 코드를 자유롭게 파헤쳐보라. 메타데이터(metadata)는 특히 흥미롭지만 이 책의 범위를 벗어난다.

그런 다음 서버에 스스로 Serve를 요청해 동일한 에러 채널이 발생하면 에러를 던진다.

 10장에서는 다루지 않지만 TLS(Transport Layer Security), 특히 암호를 다루는 서비스와 함께 모든 서비스를 제공하는 것이 좋다.

메인 함수의 즉시 종료 방지

여기서 메인 함수를 종료하면 즉시 모든 서버를 빠져나가고 종료한다. 이는 우리가 하는 모든 일이 자신의 고루틴 안에 있는 것을 막을 수 있기 때문이다. 이를 방지하려면 프로그램 종료를 기다릴 때까지 함수를 차단할 방법이 필요하다.

에러에 errChan 에러 채널을 이용하므로 완벽한 후보다. 이 채널을 수신^{listen}만 하면 된다. 아무것도 보내지지 않았지만 다른 고루틴이 자신의 작업을 할 수 있도록 차단한다. 잘못된 것이 있거나 종료 신호가 수신되면 <-errChan 호출은 차단 해제돼 빠져나가고 모든 고루틴이 중지된다.

main 함수 맨 아래에 마지막 구문과 닫기 블록을 추가한다.

```
    log.Fatalln(<-errChan)
}
```

오류가 발생하면 로그에 기록하고 0이 아닌 코드로 종료한다.

HTTP를 통한 서비스 사용

이제 모두 연결했으므로 curl 명령 또는 JSON/HTTP 요청을 할 수 있는 도구를 사용해 HTTP 서버를 테스트할 수 있다.

터미널에서 서버를 실행해보자. vault/cmd/vaultd 폴더로 가서 프로그램을 시작하라.

```
go run main.go
```

서버가 실행되면 다음과 같은 메시지가 표시된다.[2]

---

2 'github.com/go-kit/kit/transport/grpc'와 관련된 수많은 에러가 발생한다면 관련 링크(https://github.com/matryer/ goblueprints/issues/42)를 참고하라. 임시방편으로 v0.3.0을 사용해 해결할 수 있다. —옮긴이

```
http: :8080
grpc: :8081
```

이제 다른 터미널을 열고 curl을 사용해 다음 HTTP 요청을 보낸다.

```
curl -XPOST -d '{"password":"hernandez"}' http://localhost:8080/hash
```

우리는 해싱을 위해 원하는 암호가 포함된 JSON 본문을 사용해서 hash 엔드포인트에
POST 요청을 한다. 그러면 다음과 같은 결과를 얻을 것이다.

```
{"hash":"$2a$10$IXYT10DuK3Hu. NZQsyNafF1tyxe5QkYZKM5by/5Ren"}
```

 이 예제의 해시는 일치하지 않을 것이다. 용인되는 해시가 많으며, 어떤 해시를 얻을지 알
수 있는 방법이 없다. 실제 해시(큰따옴표 안에 있는 모든 항목)를 복사해 붙여넣어야 한다.

생성된 해시는 지정된 암호가 주어지면 데이터 저장소에 저장할 것이다. 그런 다음 사
용자가 다시 로그인하려고 하면 입력한 암호와 이 해시를 사용해 validate 엔드포인
트로 요청한다.

```
curl -XPOST -d
'{"password":"hernandez",
"hash":"PASTE_YOUR_HASH_HERE"}'
http://localhost:8080/validate
```

올바른 해시를 복사해 붙여넣은 후 동일한 hernandez 암호를 입력해 이 요청을 하면
다음과 같은 결과가 표시된다.

```
{"valid":true}
```

이제 암호를 바꿔 입력해본다(이는 사용자가 잘못 이해하는 것과 같다). 그러면 다음과 같이 표시된다.

```
{"valid":false}
```

vault 서비스에 대한 JSON/HTTP 마이크로서비스가 완성돼 제대로 작동하고 있음을 확인할 수 있다.

다음으로 gRPC 버전을 어떻게 사용할 수 있는지 살펴보겠다.

█ gRPC 클라이언트 구축

JSON/HTTP 서비스와 달리 gRPC 서비스는 사람이 다루기 쉽지 않다. 그것들은 실제로 머신 사이의^{machine-to-machine} 프로토콜로 의도됐기 때문에 사람이 사용하길 원한다면 프로그램을 만들어야 한다.

이를 위해 먼저 vault 서비스에 vault/client/grpc라는 새 패키지를 추가할 것이다. 구글의 grpc 패키지로부터 얻을 수 있는 gRPC 클라이언트 연결 객체가 주어진다면, 우리는 vault.Service 인터페이스 뒤에 숨겨진 모든 것을 적절하게 인코딩하고 디코딩하는 객체를 제공할 것이다. 그래서 객체를 인터페이스의 또 다른 구현처럼 사용할 수 있다.

vault/client/grpc의 경로를 갖도록 vault 안에 새 폴더를 만든다. 원한다면 다른 클라이언트 추가를 상상할 수 있다. 따라서 이 패턴이 좋은 것으로 보인다.

새 client.go 파일에 다음 코드를 추가하라.

```
func New(conn *grpc.ClientConn) vault.Service {
  var hashEndpoint = grpctransport.NewClient(
    conn, "Vault", "Hash",
    vault.EncodeGRPCHashRequest,
    vault.DecodeGRPCHashResponse,
    pb.HashResponse{},
  ).Endpoint()
  var validateEndpoint = grpctransport.NewClient(
    conn, "Vault", "Validate",
    vault.EncodeGRPCValidateRequest,
    vault.DecodeGRPCValidateResponse,
    pb.ValidateResponse{},
  ).Endpoint()
  return vault.Endpoints{
    HashEndpoint:     hashEndpoint,
    ValidateEndpoint: validateEndpoint,
  }
}
```

grpctransport 패키지는 github.com/go-kit/kit/transport/grpc를 참조한다. 이것
은 지금 친숙하다고 느낄 수도 있으며, 지정된 연결을 기반으로 두 개의 새 엔드포인트
를 만들고 있다. 이번에는 Vault 서비스명과 엔드포인트 이름 Hash 및 Validate에 대
해 명시적이다. 우리는 자체 추가한 vault.Endpoints 구조체(우리에게 지정된 엔드포인트
를 트리거하는 vault.Service 인터페이스를 구현하는 구조체)에서 둘 다 래핑하기 전에 vault
패키지와 빈 응답 객체의 적절한 인코더 및 디코더를 전달한다.

서비스 사용을 위한 커맨드라인 도구

이 절에서는 gRPC 프로토콜을 통해 우리의 서비스와 통신할 수 있는 커맨드라인 도구
(또는 CLI)를 작성하려고 한다. Go에 다른 서비스를 작성하는 경우 CLI 도구를 작성할

때와 동일한 방법으로 vault 클라이언트 패키지를 사용한다.

우리의 도구를 사용하면, 다음과 같이 암호를 해시할 수 있는 명령과 인수를 공백으로 구분해 커맨드라인에서 유창한 방법으로 서비스에 액세스할 수 있다.

---

vaultcli hash MyPassword

다음과 같이 해시를 사용해 암호를 확인할 수 있다.

---

vaultcli hash MyPassword HASH_GOES_HERE

---

cmd 폴더에서 vaultcli라는 새 폴더를 만든다. main.go 파일을 추가하고 다음 main 함수를 삽입하라.

```go
func main() {
  var (
    grpcAddr = flag.String("addr", ":8081",
      "gRPC address")
  )
  flag.Parse()
  ctx := context.Background()
  conn, err := grpc.Dial(*grpcAddr, grpc.WithInsecure(),
    grpc.WithTimeout(1*time.Second))
  if err != nil {
    log.Fatalln("gRPC dial:", err)
  }
  defer conn.Close()
  vaultService := grpcclient.New(conn)
  args := flag.Args()
  var cmd string
  cmd, args = pop(args)
  switch cmd {
```

```
    case "hash":
      var password string
      password, args = pop(args)
      hash(ctx, vaultService, password)
    case "validate":
      var password, hash string
      password, args = pop(args)
      hash, args = pop(args)
      validate(ctx, vaultService, password, hash)
    default:
      log.Fatalln("unknown command", cmd)
    }
}
```

vault/client/grpc 패키지를 grpcclient라는 이름으로 임포트하고 google.golang.
org/grpc를 grpc로 임포트해야 한다. 또한 vault 패키지를 임포트한다.

gRPC 엔드포인트에 접속해 연결을 설정하기 전에 플래그를 파싱하고 백그라운드 컨
텍스트를 가져온다. 모두 정상이면 연결 종료를 연기하고 해당 연결을 사용해 vault
서비스 클라이언트를 만든다. 이 객체는 vault.Service 인터페이스를 구현하므로 실
제로 네트워크 프로토콜을 통해 통신이 이뤄지는 것을 염려하지 않고 일반 Go 메소드
처럼 메소드를 호출할 수 있다.

그런 다음 실행 흐름을 결정하기 위해 커맨드라인 인수를 파싱하기 시작한다.

CLI에서의 인수 파싱

커맨드라인 도구에서 인수를 파싱하는 것은 매우 일반적이며 Go에서 이를 수행하는
데 사용되는 깔끔한 관용구가 있다. 인수는 모두 os.Args 슬라이스를 통해 사용할 수
있으며, 플래그를 사용하는 경우에는 flags.Args() 메소드(플래그가 제거된 인수를 가져
옴)가 사용된다. 각 인수를 (처음부터) 슬라이스에서 제거하고 순서대로 사용하려고 한

다. 그러면 프로그램을 통해 어떤 실행 흐름을 결정할 것인지 정하는 데 도움이 된다. 첫 번째 항목을 반환하는 pop이라는 헬퍼 함수와 첫 번째 항목이 있는 슬라이스를 추가할 것이다.

pop 함수가 예상대로 작동하는지 확인하기 위해 빠른 단위 테스트를 작성한다. pop 함수를 직접 작성하고 싶은 경우 일단 테스트가 끝나면 그렇게 해야 한다. 터미널의 해당 폴더로 이동하고 다음을 실행해 테스트를 실행할 수 있다.

go test

vaultcli에 main_test.go라는 새 파일을 만들고 다음 테스트 함수를 추가한다.

```go
func TestPop(t *testing.T) {
  args := []string{"one", "two", "three"}
  var s string
  s, args = pop(args)
  if s != "one" {
    t.Errorf("unexpected %s", s)
  }
  s, args = pop(args)
  if s != "two" {
    t.Errorf("unexpected %s", s)
  }
  s, args = pop(args)
  if s != "three" {
    t.Errorf("unexpected %s", s)
  }
  s, args = pop(args)
  if s != "" {
    t.Errorf("unexpected %s", s)
  }
}
```

슬라이스가 비면 각 호출이 팝pop을 호출해 슬라이스의 다음 항목을 가져오고 비어있
는 인수를 반환한다.

main.go의 맨 아래에 pop 함수를 추가한다.

```go
func pop(s []string) (string, []string) {
  if len(s) == 0 {
    return "", s
  }
  return s[0], s[1:]
}
```

케이스 본문을 추출해 좋은 코드 정렬 유지

우리가 해야 할 일은 해시를 구현하고 앞에서 설명한 switch문에 언급된 메소드의 유
효성을 검사하는 것이다.

이 코드를 switch문 자체에 임베딩할 수는 있지만, 메인 함수를 읽기 어렵게 만들고 다
른 들여쓰기 수준에서 만족하는 경로 실행을 숨기므로 피해야 한다.

대신 switch문 내부의 case를 필요한 인수를 사용해 전용 함수로 옮기는 것이 좋다.
main 함수 아래에 다음 해시를 추가하고 함수의 유효성을 검사한다.

```go
func hash(ctx context.Context, service vault.Service,
  password string) {
  h, err := service.Hash(ctx, password)
  if err != nil {
    log.Fatalln(err.Error())
  }
  fmt.Println(h)
}
```

```
func validate(ctx context.Context, service vault.Service,
  password, hash string) {
  valid, err := service.Validate(ctx, password, hash)
  if err != nil {
    log.Fatalln(err.Error())
  }
  if !valid {
    fmt.Println("invalid")
    os.Exit(1)
  }
  fmt.Println("valid")
}
```

이 함수는 단순히 서비스에서 적절한 메소드를 호출하고 결과에 따라 콘솔에 결과를 기록하거나 출력한다. validate 메소드가 false를 리턴하면 종료 코드가 1인 프로그램이 종료된다. 0이 아닌 값은 오류를 의미하기 때문이다.

Go 소스 코드에서 도구 설치

이 도구를 설치하려면 터미널에서 vaultcli 폴더로 이동해 다음을 입력한다.

```
go install
```

오류가 없다면 패키지는 $GOPATH/bin 폴더에 빌드돼 배포된다. $GOPATH/bin 폴더는 $PATH 환경 변수에 이미 포함돼 있어야 한다. 즉 터미널의 일반 명령어처럼 도구를 사용할 준비가 됐다.

배포되는 바이너리 이름은 폴더 이름과 같으므로 하나의 명령만 작성하는 경우에도 cmd 폴더 내에 추가 폴더가 만들어진다.

명령을 설치하면 gRPC 서버를 테스트할 수 있다.

cmd/vaultd로 가서 다음을 입력해 서버를 시작한다(아직 실행 중이 아닌 경우).

```
go run main.go
```

다른 터미널에서 다음을 입력해 암호를 해싱한다.

```
vaultcli hash blanca
```

해시가 반환된다. 이제 이 해시를 검증해보자.

```
vaultcli validate blanca PASTE_HASH_HERE
```

 해시에는 터미널을 방해하는 특수 문자가 포함될 수 있으므로 필요하면 따옴표로 문자열을 처리(escape)해야 한다.

맥에서는 $'PASTE_HASH_HERE'로 인수를 적절하게 이스케이프 처리한다.

윈도우에서는 !PASTE_HASH_HERE!처럼 느낌표로 인수를 감싼다.

암호를 올바르게 입력하면 vaild가 표시되고, 그렇지 않으면 invalid가 표시된다.

▌ 서비스 미들웨어로 속도 제한

이제 완전한 서비스를 구축했으므로 실제 구현 자체를 건드리지 않고 서비스를 확장하기 위해 미들웨어를 엔드포인트에 추가하는 것이 얼마나 쉬운지 알 수 있다.

실제 서비스에서는 처리할 요청의 수를 제한해 서비스에 부담을 주지 않는 것이 좋다. 프로세스가 사용 가능한 것보다 더 많은 메모리를 필요로 하거나 CPU를 너무 많이 사용한다면 성능이 저하될 수 있다. 마이크로서비스 아키텍처에서 이러한 문제를 해결하기 위한 전략은 다른 노드를 추가하고 로드를 분산시키는 것이다. 즉 각 개별 인스턴스를 속도 제한으로 지정해야 한다.

우리는 클라이언트를 제공하고 있기 때문에 속도 제한을 추가해야 네트워크에 너무 많은 요청이 들어오는 것을 방지할 수 있다. 그러나 동시에 많은 클라이언트가 동일한 서비스에 액세스하려고 하는 경우 서버에 속도 제한을 추가하는 것이 좋다. 다행히 Go kit의 엔드포인트는 클라이언트와 서버 모두에 사용되므로 동일한 코드를 사용해 두 위치에서 미들웨어를 추가할 수 있다.

그리고 토큰 버킷^{Token Bucket} 기반의 리미터가 추가될 예정이다. 이 리미터는 http://wikipedia.org/wiki/Tokenbucket에서 더 알아볼 수 있다. Juju에서 github.com/juju/ratelimit을 임포트해서 사용할 수 있는 Go 구현을 작성했으며 Go kit에는 이러한 구현을 위해 미들웨어가 내장돼 있어 많은 시간과 노력을 절약할 수 있다.

일반적인 개념은 우리가 하나의 토큰 버킷을 가지고 있으며, 각 요청은 토큰이 필요하다는 것이다. 버킷에 토큰이 없으면 제한에 도달해 요청을 완료할 수 없다. 버킷은 시간이 지남에 따라 특정 간격마다 다시 채워진다.

github.com/juju/ratelimit을 임포트하고 hashEndpoint를 만들기 전에 다음 코드를 삽입하라.

```
rlbucket := ratelimit.NewBucket(1*time.Second, 5)
```

NewBucket 함수는 초당 한 개 토큰(최대 다섯 개)의 속도로 리필할 새로운 속도 제한 버킷을 생성한다. 우리 사례에 이러한 수치는 매우 어리석다. 그러나 우리는 개발 중에 수작업으로 제한에 도달할 수 있길 원한다.

Go kit ratelimit 패키지는 Juju의 패키지와 이름이 같으므로 다른 이름으로 임포트해야 한다.

```
import ratelimitkit "github.com/go-kit/kit/ratelimit"
```

Go kit의 미들웨어

Go kit의 엔드포인트 미들웨어는 endpoint.Middleware 함수 타입에 의해 지정된다.

```
type Middleware func(Endpoint) Endpoint
```

미들웨어는 단순하게 Endpoint를 취해 Endpoint를 반환하는 함수다. 엔드포인트 또한 함수임을 기억하라.

```
type Endpoint func(ctx context.Context, request interface{}) (response
interface{}, err error)
```

이것은 다소 혼란스럽지만 http.HandlerFunc를 위해 만든 래퍼와 같다. 미들웨어 함수는 래핑된 Endpoint를 호출하기 전이나 호출한 후에 무언가를 수행하는 Endpoint 함수를 반환한다. Middleware를 반환하는 함수에 전달된 인수는 폐쇄된다. 즉 상태가 다른 곳에 저장될 필요 없이 내부 코드(클로저를 통해)에서 사용할 수 있음을 의미한다.

Go kit의 ratelimit 패키지에서 NewTokenBucketLimiter 미들웨어를 사용하려고 한다. 코드를 살펴보면, 실행을 next 엔드포인트에 전달하기 전에 토큰 버킷의 TakeAvailable 메소드에 대한 호출을 주입하는 클로저와 리턴 함수를 사용하는 방법을 확인할 수 있다.

```
func NewTokenBucketLimiter(tb *ratelimit.Bucket) endpoint.Middleware {
  return func(next endpoint.Endpoint) endpoint.Endpoint {
    return func(ctx context.Context, request interface{}) (interface{},
    error) {
```

```
      if tb.TakeAvailable(1) == 0 {
        return nil, ErrLimited
      }
      return next(ctx, request)
    }
  }
}
```

Go kit에서 엔드포인트를 얻은 패턴이 나왔다가 모든 미들웨어 적용을 즉시 자신의 블록에 넣는다. 리턴된 함수는 호출될 때 엔드포인트에 제공되고 동일한 변수가 결과로 겹쳐 써진다.

간단한 예로 다음 코드를 고려하라.

```
e := getEndpoint(srv)
{
  e = getSomeMiddleware()(e)
  e = getLoggingMiddleware(logger)(e)
  e = getAnotherMiddleware(something)(e)
}
```

우리는 지금 엔드포인트를 위해 이것을 할 것이다. 속도 제한 미들웨어를 추가하기 위해 메인 함수 내부의 코드를 업데이트하라.

```
hashEndpoint := vault.MakeHashEndpoint(srv)
{
  hashEndpoint = ratelimitkit.NewTokenBucketLimiter
  (rlbucket)(hashEndpoint)
}
validateEndpoint := vault.MakeValidateEndpoint(srv)
{
  validateEndpoint = ratelimitkit.NewTokenBucketLimiter
```

```
  (rlbucket)(validateEndpoint)
}
endpoints := vault.Endpoints{
  HashEndpoint:     hashEndpoint,
  ValidateEndpoint: validateEndpoint,
}
```

여기에서 변경할 것이 많지 않다. vault.Endpoints 구조체에 할당하기 전에 hash
Endpoint 및 validateEndpoint 변수를 업데이트하는 것이다.

속도 제한기 수동 테스트

속도 제한기 동작 여부를 확인하고, 낮은 임계값^{threshold}을 설정했으므로 커맨드라인
도구를 사용해 테스트할 수 있다.

먼저 서버를 실행하는 터미널 창에서 **Ctrl + C**를 눌러 서버를 다시 시작하라(새 코드가
실행되도록). 이 신호는 코드에 의해 트랩되고 errChan 아래로 에러가 전송돼 프로그램
이 종료된다. 종료된 후에 다시 시작하라.

```
go run main.go
```

이제 다른 창에서 암호를 해시한다.

```
vaultcli hash bourgon
```

대부분의 터미널에서 이 명령을 몇 번 반복하면 위쪽 화살표 키와 엔터 키를 쓸 수 있
다. 처음 몇 건의 요청은 제한 범위 내에서 성공하지만, 좀 더 공격적으로 다섯 건 이상
의 요청을 처리하면 오류가 발생한다는 것을 알 수 있다.

```
$ vaultcli hash bourgon
$2a$10$q3NTkjG0YFZhTG6gBU2WpenFmNzdN74oX0MDSTryiAqRXJ7RVw9sy
$ vaultcli hash bourgon
$2a$10$CdEEtxSDUyJEIFaykbMMl.EikxvV5921gs/./7If6VOdh2x0Q1oLW
$ vaultcli hash bourgon
$2a$10$1DSqQJJGCmVOptwIx6rrSOZwLlOhjHNC830PVE8SdQ9q73Li5x2le
$ vaultcli hash bourgon
Invoke: rpc error: code = 2 desc = rate limit exceeded
$ vaultcli hash bourgon
Invoke: rpc error: code = 2 desc = rate limit exceeded
$ vaultcli hash bourgon
Invoke: rpc error: code = 2 desc = rate limit exceeded
$ vaultcli hash bourgon
$2a$10$kriTDXdyT6J4IrqZLwgBde663nLhoG3innhCNuf8H2nHf7kxnmSza
```

이것은 속도 제한기가 작동 중임을 나타낸다. 토큰 버킷이 다시 채워질 때까지 오류가 표시된다. 이후 요청이 다시 처리된다.

적절한 속도 제한

오류(매우 가혹한 응답)를 리턴하기보다는 서버가 요청을 억제하고 조절이라도 할 수 있을 때 이를 수행하는 것이 좋다. 이 경우 Go kit은 NewTokenBucketThrottler 미들웨어를 제공한다.

대신 이 미들웨어 함수를 사용하도록 미들웨어 코드를 업데이트하라.

```
hashEndpoint := vault.MakeHashEndpoint(srv)
{
  hashEndpoint = ratelimitkit.NewTokenBucketThrottler(rlbucket,
    time.Sleep)(hashEndpoint)
}
```

```
validateEndpoint := vault.MakeValidateEndpoint(srv)
{
  validateEndpoint = ratelimitkit.NewTokenBucketThrottler(rlbucket,
    time.Sleep)(validateEndpoint)
}
endpoints := vault.Endpoints{
  HashEndpoint:     hashEndpoint,
  ValidateEndpoint: validateEndpoint,
}
```

NewTokenBucketThrottler의 첫 번째 인수는 이전과 같은 엔드포인트지만 이제는 time.Sleep의 두 번째 인수를 추가했다.

 Go kit을 사용하면 지연이 발생할 필요가 있을 때 어떤 일이 발생하는지 지정해 동작을 사용자 정의할 수 있다. 우리는 지정된 시간 동안 실행을 일시 중지하도록 요청하는 함수인 time.Sleep을 전달한다. 다른 작업을 하고 싶다면 여기에 자신만의 함수를 작성할 수 있지만, 지금까지는 잘된다.

이전에 테스트를 반복하되, 이번에는 오류가 발생하지 않도록 주의하라. 대신 요청이 완료될 때까지 잠시 기다린다.

▌ 요약

10장에서는 마이크로서비스의 실제 사례를 종합해봤다. 코드 생성 외에도 많은 작업이 필요하지만, 대형 팀과 대규모 마이크로서비스 아키텍처의 이점은 시스템을 구성하는 자기 유사하고 개별적인 컴포넌트를 구축할 때 투자 비용을 지불해야 한다는 것이다.

우리는 gRPC와 프로토콜 버퍼가 클라이언트와 서버 사이에 매우 효율적인 전송 통신을 제공하는 방법을 배웠다. proto3 언어를 사용해 메시지를 포함한 서비스를 정의하고 클라이언트와 서버 코드를 제공하는 Go 패키지를 생성하는 도구를 사용했다.

Go kit의 기본 사항fundamental과 엔드포인트를 사용해 어떻게 서비스하는지 설명하는 방법을 살펴봤다. Go kit은 프로젝트에 포함된 패키지를 사용해 HTTP 및 gRPC 서버를 구축할 때 우리에게 힘든 일을 맡긴다. 미들웨어 기능을 통해 서버가 처리해야 하는 트래픽의 양을 속도 측면에서 제한함으로써 엔드포인트를 쉽게 적용할 수 있음을 알았다.

또한 Go의 생성자, 들어오는 커맨드라인 인수를 파싱하는 간단한 방법, bcrypt 패키지를 사용해 암호를 해시하고 검증하는 방법을 배웠다. 이는 암호 저장을 피하는 데 도움이 되는 합리적인 방법이다.

마이크로서비스를 구축하는 더 많은 방법이 있으며, Go kit 웹사이트(https://gokit.io)에 방문하거나 gophers.slack.com의 #go-kit 슬랙 채널에 있는 대화에 참여해 더 자세한 정보를 얻는 것을 추천한다.

이제 Vault 서비스를 구축했으므로 세상에 배포하기 위해 옵션을 고려해야 한다. 11장에서는 마이크로서비스를 도커 컨테이너에 패키징해 디지털 오션Digital Ocean의 클라우드에 배포할 것이다.

11

도커를 이용한
Go 애플리케이션 배포

도커Docker는 오픈소스 에코시스템(기술 및 관련된 서비스 범위)이며, 간단하고 가벼운 휴대용 컨테이너에 애플리케이션을 패키지화할 수 있으므로 실행 환경에 관계없이 동일한 방식으로 실행된다. 개발 환경(아마도 맥[1])이 프로덕션 환경(리눅스 서버나 클라우드 서비스 등)과 다르다는 사실과, 동일한 애플리케이션을 배포할 수 있는 곳이 굉장히 다양하다는 점을 고려할 때 도커를 이용하는 것이 유용하다.

대부분의 클라우드 플랫폼은 이미 도커를 지원하고 있으므로 도커는 앱을 세상에 선보이기에 가장 적합한 옵션이다.

9장, '구글 앱 엔진용 Q&A 애플리케이션 구축'에서 구글 앱 엔진용 애플리케이션을 만들었다. 구글 클라우드 데이터스토어 사용을 잊어버렸더라도 다른 플랫폼에서 애플리케이션을 실행하기로 결정했다면 우리 코드를 대폭 변경해야 한다. 도커 컨테이너에 배포하는 것을 염두에 둔 애플리케이션의 구축은 더욱 향상된 유연성을 제공한다.

 도커 자체가 Go 언어로 만들어졌다는 것을 알고 있는가? 다음 주소에서 소스 코드를 찾아 직접 확인해보라.

- https://github.com/docker/docker

11장에서 다루는 내용은 다음과 같다.

- 애플리케이션을 설명하는 간단한 Dockerfile을 작성하는 방법
- docker 명령을 사용해 컨테이너를 만드는 방법
- 도커 컨테이너를 로컬에서 실행하고 종료하는 방법
- 도커 컨테이너를 디지털 오션에 배포하는 방법
- 이미 도커가 설정돼 있는 인스턴스를 스핀업spin up하기 위해 디지털 오션의 기능을 사용하는 방법

---

1   국내에서 PC 시장 점유율이 더 높은 윈도우 환경도 대동소이하다. - 옮긴이

10장, 'Go kit 프레임워크를 사용한 마이크로서비스'에서 작성한 Vault 서비스를 도커 이미지에 넣고 클라우드에 배포한다.

▌ 로컬에서 도커 사용

코드를 클라우드에 배포하기 전에 개발 시스템에서 도커 도구를 사용해 이미지를 빌드하고 도커 허브^{Docker Hub}에 푸시^{push}해야 한다.

도커 도구 설치

컨테이너를 빌드하고 실행하려면 개발용 컴퓨터에 도커를 설치해야 한다. https://www.docker.com/products/docker로 가서 컴퓨터에 적합한 설치 프로그램을 다운로드하라.

도커와 제반 생태계는 빠르게 발전하고 있으므로 최신 릴리스를 통해 최신 상태로 유지하는 것이 좋다. 마찬가지로, 11장에서는 몇 가지 세부 사항이 변경될 수 있다. 설치 과정에서 막혔다면 프로젝트 홈페이지(https://github.com/matryer/goblueprints)를 방문해 유용한 팁을 얻자.

Dockerfile

도커 이미지는 작은 가상 머신과 비슷하다. 여기에는 애플리케이션을 실행하는 데 필요한 모든 것이 포함돼 있다. 코드를 실행할 운영체제, 코드가 가질 수 있는 모든 종속성(Vault 서비스의 경우 Go kit 등), 애플리케이션 자체의 바이너리 등이다.

Dockerfile로 이미지를 설명한다. 이는 이미지의 빌드 방법을 도커에 지시하는 특수한 명령어들의 목록을 포함하는 텍스트 파일이다. 일반적으로 다른 컨테이너를 기반으로 하므로 Go 애플리케이션을 빌드하고 실행하는 데 필요한 모든 것을 구축할 필요가 없다.

10장, 'Go kit 프레임워크를 이용한 Go의 마이크로서비스'에서 작성한 코드의 vault 폴더 안에 다음 코드를 포함한 Dockerfile(확장자가 없음에 유의)이라는 파일을 추가한다.

```
FROM scratch
MAINTAINER Your Name <your@email.address>
ADD vaultd vaultd
EXPOSE 8080 8081
ENTRYPOINT ["/vaultd"]
```

Dockerfile이라는 파일의 각 행은 이미지를 빌드하는 동안 실행되는 각각의 명령을 나타낸다. 다음 표에서는 사용된 각 명령을 설명하고 있다.

명령	설명
FROM	이 이미지의 기반이 될 이미지명. 스크래치(scratch) 등 하나의 단어는 도커 허브에서 호스팅되는 공식 도커 이미지를 나타낸다. 스크래치 이미지에 대한 자세한 내용은 https://hub.docker.com/_/scratch/를 참조하라.
ADD	파일을 컨테이너에 복사한다. 우리는 vaultd 바이너리를 복사하고 그것을 vaultd로 호출한다.
EXPOSE	포트 목록을 노출한다. 우리의 경우 Vault 서비스는 :8080 및 :8081에 바인딩된다.
ENTRYPOINT	컨테이너가 실행될 때 동작할 바이너리, 즉 이전에 go install을 호출해 거기에 포함되는 vaultd 바이너리다.
MAINTAINER	도커 이미지를 관리할 담당자의 이름과 이메일이다.

 지원되는 명령의 전체 목록을 보려면 온라인 도커 문서(https://docs.docker.com/engine/reference/builder/#dockerfile-reference)를 참조하라.

다른 아키텍처용 Go 바이너리 빌드

Go는 크로스 컴파일^{cross-compilation}을 지원한다. 이는 하나의 시스템(예를 들어 맥)에서 다른 운영체제(리눅스 또는 윈도우 등) 및 아키텍처를 대상으로 하는 바이너리를 빌드할 수 있는 메커니즘이다. 도커 컨테이너는 리눅스 기반이다. 따라서 해당 환경에서 동작할 수 있는 바이너리를 전달하려면 리눅스용을 먼저 빌드해야 한다.

터미널에서 vault 폴더로 이동해 다음 명령을 실행한다.

```
CGO_ENABLED=0 GOOS=linux go build -a ./cmd/vaultd/
```

본질적으로 여기에서 go build를 호출하지만 빌드 프로세스를 제어하기 위한 이런저런 몇 가지 것들이 더 있다. CGO_ENABLED와 GOOS는 go build의 환경 변수며 주의가 필요하다. -a는 플래그고, ./cmd/vaultd/는 빌드하려는 명령의 위치다(여기서는 10장에서 만든 vaultd 명령).

- CGO_ENABLED=0는 cgo를 활성화하고 싶지 않음을 나타낸다. C 종속성에 바인딩하지 않기 때문에 이를 비활성화해 빌드 크기를 줄일 수 있다.
- GOOS는 Go 운영체제^{Go Operating System}의 약자로, 타깃으로 하는 운영체제(우리의 경우 리눅스)를 지정할 수 있다. 사용 가능한 옵션의 전체 목록을 보려면 다음을 방문해 Go 소스 코드에서 직접 찾아볼 수 있다.

  – https://github.com/golang/go/blob/master/src/go/build/syslist.go

잠시 후, vaultd라는 새로운 바이너리가 표시될 것이다. 리눅스가 아닌 컴퓨터를 사용 중이라면 직접 실행할 수는 없지만 걱정하지 않아도 된다. 도커 컨테이너 안에서 잘 동작할 것이다.

도커 이미지 빌드

이미지를 빌드하려면 터미널에서 Dockerfile로 이동해 다음 명령을 실행하라.

```
docker build -t vaultd .
```

docker 명령을 사용해 이미지를 빌드하고 있다. 마지막 점(.)은 현재 디렉터리에서 Dockerfile을 빌드하고자 함을 나타낸다. -t 플래그는 이미지에 vaultd의 이름을 지정한다. 그러면 도커가 할당할 해시가 아닌 이름으로 참조할 수 있다.

도커를 처음 사용하는 경우, 특히 scratch 기반 이미지를 사용하는 경우 인터넷 연결에 따라 도커 허브에서 필요한 종속성을 다운로드하는 데 다소 시간이 걸릴 수 있다. 완료되면 다음과 유사한 출력이 표시된다.

```
Step 1 : FROM scratch
--->
Step 2 : MAINTAINER Your Name <your@email.address>
---> Using cache
---> a8667f8f0881
Step 3 : ADD vaultd vaultd
---> 0561c999c1e3
Removing intermediate container 4b75fde507df
Step 4 : EXPOSE 8080 8081
---> Running in 8f169f5b3b44
---> 1d7758c20b3a
Removing intermediate container 8f169f5b3b44
Step 5 : ENTRYPOINT /vaultd
---> Running in b5d55d6429be
---> b7178985dddf
Removing intermediate container b5d55d6429be
Successfully built b7178985dddf
```

최종 이미지가 완성될 때까지 각 명령에 대한 새 이미지가 생성된다(중간 단계의 컨테이너가 도중에 폐기됨을 알 수 있음).

로컬 컴퓨터에서 바이너리를 빌드하고 ADD 명령을 사용해 컨테이너에 복사하고 있기 때문에 도커 이미지는 약 7MB에 불과하다. 서비스를 실행하는 데 필요한 모든 것이 포함돼 있다고 생각하면 상당히 작은 크기다.

도커 이미지를 로컬에서 실행

이미지가 만들어졌으므로 다음 명령을 실행해 이미지를 테스트할 수 있다.

```
docker run -p 6060:8080 -p 6061:8081 --name localtest --rm vaultd
```

docker run 명령은 vaultd 이미지의 인스턴스를 스핀업할 것이다.

-p 플래그는 공개될 포트 쌍을 지정한다. 첫 번째 값은 호스트 포트며, 콜론 뒤에 오는 두 번째 값은 이미지 내의 포트다. 여기에서는 8080포트를 6060포트에, 8081포트는 6061포트를 통해 노출시키고자 한다.

실행 중인 인스턴스에 --name 플래그를 사용해 localtest의 이름을 지정하면 검사하거나 정지할 때 이를 식별하는 데 도움이 된다. --rm 플래그는 이미지를 정지한 후 이미지를 제거하길 원한다는 것을 나타낸다.

실행이 성공하면 Vault 서비스가 실제로 시작된 것을 알 수 있다. Vault 서비스가 바운딩된 포트를 알려주고 있기 때문이다.

```
2016/09/20 15:56:17 grpc: :8081
2016/09/20 15:56:17 http: :8080
```

이들은 내부 포트다. 대신 이 포트를 다른 외부 포트에 매핑한 점에 유의하라. 혼란스러워 보이지만 매우 강력하다. 서비스의 인스턴스를 스핀업하는 담당자가 각 환경에 적합한 포트를 결정하기 때문이며, Vault 서비스 자체는 이를 걱정할 필요가 없다.

이 동작을 확인하려면 다른 터미널을 열고 curl 명령을 사용해 우리 암호 해시 서비스의 JSON 엔드포인트에 액세스하라.

```
curl -XPOST -d '{"password":"monkey"}' localhost:6060/hash
```

실행 중인 서비스의 출력과 비슷한 내용이 표시된다.

```
{"hash":"$2a$0$wk4qc74ougOkbkt/TWuRQHSg03i1ataNupbDADBwpe"}
```

도커 프로세스 검사

실행 중인 도커 인스턴스를 확인하려면 docker ps 명령을 사용할 수 있다. 터미널에 다음과 같이 입력하라.

```
docker ps
```

다음 속성을 개괄적으로 나타내는 텍스트 표가 표시된다.

CONTAINER ID	0b5e35dca7cc
IMAGE	vaultd
COMMAND	/bin/sh -c /go/bin/vaultd
CREATED	3 seconds ago

(이어짐)

474

STATUS	Up 2 seconds
PORTS	0.0.0.0:6060->8080/tcp, 0.0.0.0:6061->8081/tcp
NAMES	localtest

자세한 내용은 방금 막 시작한 이미지의 전체적인 개요를 보여준다. PORTS 섹션은 외부에서 내부로의 매핑을 보여준다.

도커 인스턴스 중지

우리는 코드를 실행하는 창에서 **Ctrl + C**를 눌러 중지시키는 데 익숙해져 있지만, 도커는 컨테이너 내부에서 실행되기 때문에 작동하지 않는다. 대신 `docker stop` 명령을 사용해야 한다.

인스턴스에 localtest라는 이름을 부여했으므로 사용 가능한 터미널 창에 다음과 같이 입력해 인스턴스를 중지할 수 있다.

```
docker stop localtest
```

잠시 후, 이미지를 실행 중이던 터미널이 프롬프트 상태로 돌아갔음을 알 수 있다.

▌ 도커 이미지 배포

이제 Vault 서비스가 도커 컨테이너에 실렸기 때문에 여기에 몇 가지 유용한 작업을 수행할 것이다.

첫 번째 작업으로는 다른 사람이 자신의 인스턴스를 스핀업하거나 그것을 기반으로 새로운 이미지를 빌드할 수 있도록 도커 허브에 푸시하는 것을 해본다.

도커 허브에 배포

도커 허브(https://hub.docker.com)에 가서 오른쪽 상단의 **Sign in** 링크를 클릭한 후 **Create Account**를 클릭해 계정을 만든다. 물론 이미 계정이 있다면 바로 로그인하라.

이제 터미널에서 도커의 `login` 명령을 실행해 이 계정으로 인증한다.

```
docker login -u USERNAME -p PASSWORD https://index.docker.io/v1/
```

 'WARNING : Error loading config, permission denied'와 같은 오류가 나타나면 sudo 명령을 접두사로 붙여 다시 시도하라. 안전한 구성을 사용하고 있기 때문에 이 시점부터 모든 도커 명령에 적용된다.

USERNAME 및 PASSWORD를 방금 생성한 계정의 실제 사용자 이름 및 암호로 대체해야 한다.

성공하면 'Login Succeeded'가 표시된다.

그런 다음 웹 브라우저로 돌아가 **Create Repository**를 클릭하고 `vault`라는 새 저장소를 만든다. 이 이미지의 실제 이름은 `USERNAME/vault`가 될 것이므로 여기에 맞게 이미지를 로컬로 다시 빌드해야 한다.

 공개 사용을 위해 vaultd가 아닌 vault 이미지를 호출하는 것에 주의한다. 이것은 의도적인 차이며 적절한 이미지를 다루고 있는지 확인하기 위함이지만, 어쨌든 사용자를 위한 더 나은 이름이기도 하다.

터미널에서 올바른 이름으로 새 저장소를 만든다.

```
docker build -t USERNAME/vault
```

이번에는 적절한 이름으로 이미지를 다시 빌드한다. 이미지를 도커 허브에 배포하려면 도커의 push 명령을 사용한다.

```
docker push USERNAME/vault
```

잠시 후 이미지와 종속성이 도커 허브에 푸시된다.

```
f477b97e9e48: Pushed
384c907d1173: Pushed
80168d020f50: Pushed
0ceba54dae47: Pushed
4d7388e75674: Pushed
f042db76c15c: Pushing [====> ] 21.08 MB/243.6 MB
d15a527c2ee1: Pushing [=====> ] 15.77 MB/134 MB
751f5d9ad6db: Pushing [======> ] 16.49 MB/122.6 MB
17587239b3df: Pushing [==================>] 17.01 MB/44.31 MB
9e63c5bce458: Pushing [=================> ] 65.58 MB/125.1 MB
```

이제 도커 허브로 가서 이미지의 세부 사항을 확인하거나, https://hub.docker.com/r/matryer/vault/로 가서 예시를 살펴보라.

▌ 디지털 오션에 배치

디지털 오션Digital Ocean은 경쟁력 있는 가격으로 가상 컴퓨터 호스팅 서비스를 제공하는 클라우드 서비스 업체며, 도커 이미지를 아주 쉽게 배포하고 제공할 수 있다. 이 절에서는 클라우드에서 도커화된 Vault 서비스를 실행하는 드롭릿droplet(머신 한 대를 지칭하는 디지털 오션의 용어)을 배포할 예정이다.

도커 이미지를 디지털 오션에 배포하는 단계는 다음과 같다.

1. 드롭릿을 만든다.

2. 웹 기반 콘솔을 통해 액세스하라.

3. USERNAME/vault 컨테이너를 꺼낸다.

4. 컨테이너를 실행하라.

5. curl 명령을 사용해 호스팅된 Vault 서비스에 원격으로 액세스하라.

디지털 오션은 PaaS^{Platform as a Service} 아키텍처이므로 사용자 경험이 수시로 변경될 수 있다. 따라서 여기에 설명된 세부 흐름은 이러한 작업을 수행할 때 완전히 정확하지 않을 수 있다. 일반적으로 옵션을 살펴봄으로써 진행 방법을 파악할 수 있지만 이해를 돕기 위해 스크린샷을 포함시켰다.

이 절에서는 또한 드롭릿 생성에 필요한 청구^{billing}를 활성화했다고 가정한다.

드롭릿 생성

브라우저에서 https://www.digitalocean.com을 방문해 디지털 오션에 가입하거나 로그인하라. 그리고 실제 이메일 주소를 사용하는지 확인하라. 실제 이메일 주소는 만들려는 드롭릿의 루트 암호를 보내는 곳이다.

다른 드롭릿이 없으면 빈 화면이 나타난다. **Create Droplet**을 클릭한다.

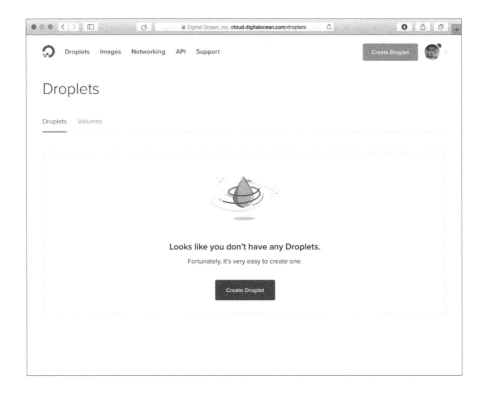

One-click apps 탭에서 최신 도커 옵션을 찾는다. 이 글을 쓰는 시점에 'Docker 1.12.1 on 16.04'는 도커 버전 1.12.1이 우분투^Ubuntu 16.04에서 실행되고 있음을 의미한다.

페이지를 아래로 스크롤해 크기 선택(현재는 최소 크기로 가능) 및 위치(가장 가까운 지리적 위치 선택) 등 나머지 옵션을 선택하라. 단순한 드롭릿으로 진행하기 위해 추가 서비스(예: 볼륨, 네트워킹 또는 백업)를 추가할 필요가 없다.

드롭릿을 의미 있는 호스트명으로 지정해 나중에 쉽게 찾을 수 있도록 하는 것이 좋다. 예를 들어 vault-service-1 또는 이와 유사한 것이다. 지금은 별로 중요하지 않다.

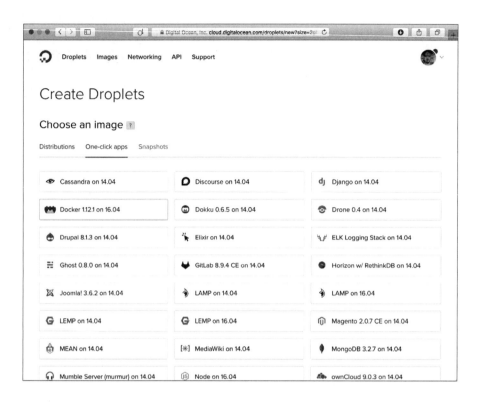

 추가 보안을 위해 SSH 키를 선택적으로 추가할 수 있지만 간단히 하기 위해 이 키 없이
계속 진행할 것이다. 프로덕션에서는 항상 SSH 키를 추가하는 것을 권장한다.

페이지 하단에서 Create를 클릭하라.

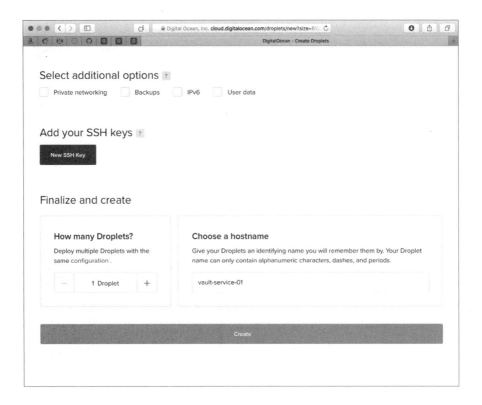

드롭릿의 콘솔에 액세스

드롭릿이 생성되면 Droplets 목록에서 해당 드롭릿을 선택하고 Console 옵션을 찾는다 (액세스 콘솔로 작성될 수 있음).

잠시 후 웹 기반 터미널이 제공된다. 이것이 드롭릿을 관리하는 방법이지만, 먼저 로 그인해야 한다.

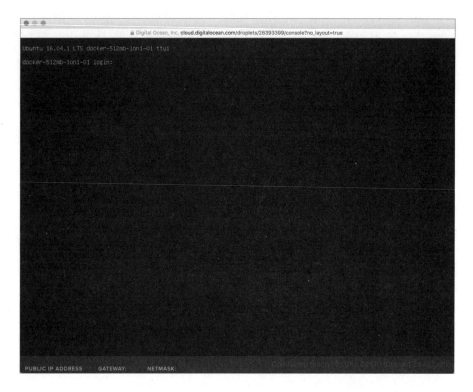

로그인 사용자 이름을 root로 입력하고 디지털 오션에서 보낸 루트 암호를 이메일에서 확인하라. 이 글을 쓰는 시점에서는 이를 복사해 붙여넣을 수 없으므로 가능한 한 정확하고 신중하게 긴 문자열을 타이핑할 준비를 하라.

 암호는 소문자 16진수 문자열일 수 있으므로 어떤 문자가 나타날지 알 수 있다. 예를 들어 O처럼 보이는 것은 아마도 0일 것이고, 1이 I 또는 L일 가능성은 낮다.

처음 로그인하면 생성된 긴 암호를 다시 입력해 관련된 암호를 변경하라는 메시지가 표시된다. 보안이 때로는 불편할 수 있다.

도커 이미지 풀링

도커 앱을 드롭릿의 시작점으로 선택했기 때문에 디지털 오션은 도커가 이미 인스턴스 내부에서 실행되도록 친절하게 구성했다. 따라서 docker 명령을 사용해 설정을 완료할 수 있다.

웹 기반 터미널에서 다음 명령으로 컨테이너를 가져와서 USERNAME을 도커 허브 사용자 이름으로 바꾼다.

```
docker pull USERNAME/vault
```

 어떤 이유에서 잘 되지 않는다면, 다음을 입력해 내가 배치한 도커 이미지를 사용해보라.

```
docker pull matryer/vault
```

도커는 이전에 만든 이미지를 실행하기 위해 필요한 모든 것을 가져온다.

클라우드에서 도커 이미지의 실행

일단 이미지와 의존성이 성공적으로 다운로드되면 docker run 명령을 사용해 실행할 수 있다. 이번에는 -d 플래그를 사용해 백그라운드 데몬으로 실행되도록 지정한다. 웹 기반 터미널에 다음을 입력하라.

```
docker run -d -p 6060:8080 -p 6061:8081 --name vault USERNAME/vault
```

이것은 이전에 실행한 명령과 비슷하지만, 이번에는 vault라는 이름을 부여한다는 것을 제외하고는 백그라운드 데몬 모드와 호환되지 않으므로(의미가 없다.) --rm 플래그를 생략했다.

Vault 서비스가 포함된 도커 이미지가 실행되기 시작하며 이제 테스트할 준비가 됐다.

클라우드에서 도커 이미지에 액세스

이제 도커 이미지가 디지털 오션의 플랫폼에서 실행됐다. 이제 이 이미지를 사용할 수 있다.

디지털 오션 웹 제어판에서 **Droplets**를 선택하고 방금 만든 드롭릿을 찾는다. 원격으로 서비스에 액세스할 수 있도록 IP 주소를 알아야 하며, 드롭릿의 IP 주소를 찾았으면 이를 클릭해 복사한다.

컴퓨터에서 로컬 터미널을 열고(웹 기반 터미널을 사용하지 말라.) curl 또는 이와 동등한 명령을 사용해 다음과 같이 요청한다.

```
curl -XPOST -d '{"password":"Monkey"}' http://IPADDRESS:6060/hash
```

IPADDRESS를 디지털 오션의 웹 제어판에서 복사한 실제 IP 주소로 대체한다.

다음과 비슷한 응답을 받으면 Vault 서비스의 JSON/HTTP 엔드포인트에 성공적으로 액세스할 수 있다.

```
{"hash":"$2a$10$eGFGRZ2zMfsXss.6CgK6/N7TsmF.6MAv6i7Km4AHC"}
```

/validate 엔드포인트를 사용해 제공된 해시의 유효성을 검사하기 위해 curl 명령으로 수정할 수 있는지 확인하라.

▌요약

11장에서는 도커를 사용해 디지털 오션의 클라우드에 Vault Go 애플리케이션을 구축하고 배포했다.

도커 도구를 설치한 후 Go 애플리케이션을 도커 이미지로 패키징하고 도커 허브에 푸시하는 것이 얼마나 쉬운지 알 수 있었다. 웹 기반 콘솔을 통해 제공하고 제어하는 유용한 도커 앱을 사용해 디지털 오션 드롭릿을 만들었으며, 그것이 일단 내부에 있으면 도커 허브로부터 도커 이미지를 가져와 도커 이미지 내부에서 드롭릿을 실행할 수 있었다.

또한 드롭릿의 공개 IP를 사용해 Vault 서비스의 JSON/HTTP 엔드포인트에 원격으로 액세스함으로써 암호를 해시하고 유효성을 검사할 수 있었다.

부록

안정적인 Go 개발
환경을 위한 지침

Go 코드 작성은 재미있고 즐거운 경험이다. 컴파일 시 에러가 발생하는 부분은 고통을 주는 것이 아니라 오히려 견고하고 고품질의 코드를 작성하도록 안내해준다. 그러나 때때로, 당신은 방해가 되고 흐름을 깨뜨리기 시작하는 개발 환경 문제에 봉착하게 될 것이다. 검색과 약간의 조정을 거친 후 일반적으로 이러한 문제를 해결할 수 있지만, 개발 환경을 올바르게 설정하면 문제를 줄이는 데 도움이 되므로 유용한 애플리케이션 구축에 집중할 수 있다.

이 부록에서는 Go를 처음부터 새로운 시스템에 설치하고 몇 가지 환경 옵션과 향후의 영향을 논의할 것이다. 또한 협업이 우리의 결정에 미칠 영향뿐만 아니라 패키지의 오픈소싱에 미칠 영향도 고려할 것이다.

구체적으로, 다음과 같이 할 것이다.

- 개발용 컴퓨터에 Go 설치하기
- GOPATH 환경 변수가 무엇인지 알아보고 그 사용을 위한 현명한 접근 방법을 논의
- Go 툴에 대해 배우고 코드를 사용해 코드 품질을 높게 유지하는 방법 알아보기
- 임포트 자동 관리 툴을 사용하는 방법
- .go 파일의 저장 작업과 일상 개발의 일부로 Go 툴을 통합하는 방법 고려하기
- Go 코드 작성을 위한 유명한 코드 편집기 후보 살펴보기

Go 설치

Go를 설치하는 가장 좋은 방법은 온라인에서 사용할 수 있는 많은 설치 프로그램 중하나를 사용하는 것이다. Go 웹사이트로 이동해 **다운로드**(http://golang.org/dl/)를 클릭한 후 컴퓨터 환경에 맞는 최신 1.x 버전을 찾는다. 페이지 상단의 추천 다운로드 섹션

에는 가장 인기 있는 버전에 대한 링크가 포함돼 있으므로 해당 목록에 포함될 수 있다.

이 책의 코드는 Go 1.7에서 테스트됐지만 모든 1.x 버전이 작동한다.[1] Go의 이후 버전(2.0 또는 그 이상)에서는 주요 버전의 릴리스에 큰 변화가 있을 수 있으므로 코드를 조정해야 할 수도 있다.

▌ Go 설정

이제 Go가 설치됐지만 도구를 사용하려면 도구가 제대로 구성됐는지 확인해야 한다. 도구를 더 쉽게 호출하려면 go/bin 경로를 PATH 환경 변수에 추가해야 한다.

 유닉스 시스템에서는 .bashrc 파일에 export PATH = $PATH :/opt/go/bin을 추가해야 한다(Go 설치 시 선택한 경로인지 확인하라).

원도우의 경우 시스템 등록 정보를 열고(내 컴퓨터를 마우스 오른쪽 단추로 클릭) 고급 탭에서 환경 변수 버튼을 클릭하고 UI를 사용해 PATH 변수에 go/bin 폴더의 경로가 포함돼 있는지 확인하라.

터미널에서(변경 사항을 적용하려면 다시 시작해야 할 수도 있음) PATH 변수의 값을 출력[2]해 이 작업이 올바르게 작동하는지 확인할 수 있다.

```
echo $PATH
```

---

1   2017년 2월 기준 1.8 버전이 릴리스됐으며, 예제 코드는 1.8 버전에서도 테스트를 마쳤다. - 옮긴이

2   원도우에서는 'echo %PATH%' 형태로 입력해 확인할 수 있다. - 옮긴이

출력된 값에 go/bin 폴더의 올바른 경로가 포함돼 있는지 확인하라. 예를 들어, 내 컴퓨터에서 다음과 같이 출력한다.

```
/usr/local/bin:/usr/bin:/bin:/opt/go/bin
```

 경로 사이의 콜론(윈도우의 경우 세미콜론)은 PATH 변수가 실제로 하나의 폴더가 아닌 폴더 목록임을 나타낸다. 이것은 터미널에 명령을 입력할 때 포함된 각 폴더가 검색됨을 나타낸다.

이제 방금 만든 Go 구성이 정상적으로 실행된 것을 확인할 수 있다.

```
go version
```

이처럼 go 명령을 실행하면(go/bin 위치에서 찾을 수 있다.) 현재 버전이 출력된다. 예를 들어, Go 1.7.1의 경우 다음과 비슷한 내용이 표시돼야 한다.

```
go version go1.7.1 darwin/amd64
```

올바른 GOPATH 얻기

GOPATH는 Go 소스 코드 및 컴파일된 바이너리 패키지의 위치를 지정하는 데 사용되는 폴더(예: 이전 절의 PATH)에 대한 또 다른 환경 변수다. Go 프로그램에서 import 명령을 사용하면 컴파일러가 GOPATH 위치에서 찾고 있는 패키지를 찾는다. go get 및 기타 명령을 사용할 때 프로젝트는 GOPATH 폴더로 다운로드된다.

GOPATH 위치에는 PATH와 같이 콜론으로 구분된 폴더 목록이 포함될 수 있지만, 작업 중인 프로젝트에 따라 GOPATH에 대해 다른 값을 가질 수도 있다. 그러나 모든 경우에 단일 GOPATH 위치를 사용하는 것이 좋다. 이것이 이 책의 프로젝트에서 여러분이 할 일이라고 가정한다.

go라는 새 폴더를 만든다. 이번에는 아마 Work의 서브폴더인 Users 폴더의 어딘가에 저장된다. 이것은 GOPATH 타깃이 될 것이며, 모든 서드파티 코드와 바이너리가 Go 프로그램과 패키지를 작성하는 곳일 뿐만 아니라 끝나는 곳이다. 이전 절에서 PATH 환경 변수를 설정할 때와 같은 방법으로 새 go 폴더를 GOPATH 변수로 설정하라. 터미널을 열고 새로 설치한 명령 중 하나를 사용해 우리가 사용할 서드파티 패키지를 얻도록 한다.

```
go get github.com/matryer/silk
```

silk 라이브러리를 가져오면 실제로 $GOPATH/src/github.com/matryer/silk와 같은 폴더 구조가 생성되고, Go 경로가 경로를 구성하는 방식에서 중요하다는 것을 알 수 있다. 이 경로 세그먼트는 네임 스페이스 프로젝트를 돕고 고유하게 유지한다. 예를 들어 silk라는 자체 패키지를 만든 경우, matryer의 깃허브 저장소에 보관하지 않으므로 경로가 달라진다.

이 책에서 프로젝트를 만들 때 합리적인 GOPATH 루트를 고려해야 한다. 예를 들어 github.com/matryer/goblueprints를 사용했으므로 GOPATH 폴더에 이 책에서 다룬 모든 소스 코드의 전체 사본이 실제로 제공된다.

▌ Go 툴

Go 코어 팀이 내린 초기 결정은 모든 Go 코드가 새로운 프로그래머가 이해하거나 작업할 수 있도록 추가 학습이 필요한 각 코드 기반보다는 Go를 사용하는 모든 사람에게 익숙하고 분명해야 한다는 것이다. 이것은 오픈소스 프로젝트를 고려할 때 특히 현명한 접근법이다. 그중 일부는 수백 명의 기여자contributor가 항상 드나들고 있다.

Go 코어 팀이 설정한 높은 표준을 달성하는 데 도움이 되는 다양한 툴이 있으며 이 절에서 실제 작동 중인 툴 중 일부를 살펴보겠다.

GOPATH 경로에 tooling이라는 새 폴더를 만들고 다음 코드를 그대로 포함하는 새 main.go 파일을 만든다.

```go
package main
import (
"fmt"
)
func main() {
return
var name string
name = "Mat"
fmt.Println("Hello ", name)
}
```

비좁은 공백과 들여쓰기^{indentation} 부족은 의도적으로 만들었다. Go와 함께 제공되는 매우 유용한 유틸리티를 살펴볼 것이기 때문이다.

터미널에서 새 폴더로 이동해 다음을 실행한다.[3]

```
go fmt -w
```

 콜로라도 덴버에서 열린 'Gophercon 2014'에서 대부분의 사람들은 이 작은 삼중체(세 글자)를 format 또는 f, m, t로 발음하기보다는 글자 그대로 발음한다는 것을 배웠다. 지금 한번 스스로 읽어보라. 프므트([fhumt]). 컴퓨터 프로그래머들은 서로 외계 언어를 말하더라도 이상하지 않은 것 같다!

---

3 윈도우용 1.8 버전에서 오류가 발생한다면 '-w' 플래그 없이 실행해보라. – 옮긴이

이 작은 툴이 우리 프로그램의 레이아웃(또는 형식)이 Go 표준에 일치하도록 실제로 코드 파일을 조정한 것을 알 수 있다. 새 버전은 훨씬 더 읽기 수월하다.

```
package main
import (
  "fmt"
)
func main() {
  return
  var name string
  name = "Mat"
  fmt.Println("Hello ", name)
}
```

go fmt 명령은 들여쓰기, 코드 블록, 불필요한 공백, 불필요한 추가 줄바꿈 등을 배려한다. 이러한 방식으로 코드를 형식화formatting하면 Go 코드가 다른 모든 Go 코드와 비슷해 보이게 할 수 있다.

그런 다음 사용자에게 혼란을 줄 수 있는 실수나 결정을 하지 않았음을 확인하기 위해 프로그램을 점검vet할 것이다. 무료로 쓸 수 있는 또 다른 훌륭한 툴을 써서 이에 대한 점검을 자동으로 수행할 수 있다.

go vet

작은 프로그램의 출력은 명백하고 확연한 실수를 지적한다.

```
main.go:10: unreachable code
exit status 1
```

함수 상단의 return을 호출하고 다른 일을 하려고 한다. go vet 툴은 이것을 알아채고 파일 내에 접근할 수 없는 코드가 있음을 지적하고 있다.

go vet이 잡아내는 것은 이런 어리석은 실수뿐만이 아니다. 그것은 또한 프로그램의 미묘한 측면을 찾아서 당신이 할 수 있는 최선의 Go 코드를 작성하는 방향으로 인도할 것이다. vet 툴이 리포트하는 내용에 대한 최신 목록을 보려면 다음 문서를 확인하라.

- https://golang.org/cmd/vet/

수행해볼 마지막 툴은 goimports라고 부르며, 브래드 피츠패트릭[Brad Fitzpatrick]이 Go 파일에 대한 import문을 자동으로 수정(추가 또는 제거)하기 위해 이를 작성했다. Go에서 패키지를 임포트하고 사용하지 않는 것은 오류다. 패키지를 임포트하지 않고 사용하면 분명히 작동하지 않는다. goimports 툴은 코드 파일의 내용을 기반으로 import문을 자동으로 다시 작성한다. 먼저, 익숙한 명령으로 goimports를 설치하라.

go get golang.org/x/tools/cmd/goimports

프로그램을 업데이트해 사용하지 않을 패키지를 임포트하고 fmt 패키지를 제거하라.

```
import (
  "net/http"
  "sync"
)
```

go run main.go를 호출해 프로그램을 실행하려고 하면 오류가 발생한다.

```
./main.go:4: imported and not used: "net/http"
./main.go:5: imported and not used: "sync"
./main.go:13: undefined: fmt in fmt.Println
```

이러한 오류는 우리가 사용하지 않는 패키지를 임포트하고 있고 fmt 패키지가 없음을 나타내고 있으며, 계속하기 위해서는 정정해야 함을 알려준다. 여기가 goimports가 쓰일 곳이다.

```
goimports -w *.go
```

-w 쓰기 플래그와 함께 goimports 명령을 호출한다. 이것은 .go로 끝나는 모든 파일에 대한 수정 작업을 저장한다.

이제 main.go 파일을 살펴보고 net/http와 sync 패키지가 제거되고 fmt 패키지가 다시 추가됐는지 확인하라.

이 명령을 실행하기 위해 터미널로 전환하는 것은 직접 고치는 것보다 시간이 더 오래 걸리고, 대부분의 경우에는 틀리지 않을 것이므로 Go 툴을 텍스트 편집기에 통합하는 것을 추천한다.

▌ 저장 시 정리, 빌드, 테스트 실행하기

Go 코어 팀이 fmt, vet, test, goimports와 같은 훌륭한 툴을 제공한 이후 매우 유용한 것으로 입증된 개발 사례를 살펴볼 것이다. .go 파일을 저장할 때마다 자동으로 다음 작업을 수행하려고 한다.

1. goimports와 fmt를 사용해 임포트를 고치고 코드의 형식을 맞춘다.
2. 실수하지 않도록 코드를 면밀히 조사하고 즉시 알린다.
3. 현재 패키지를 빌드하고 모든 빌드 오류를 출력한다.
4. 빌드가 성공하면 패키지에 대한 테스트를 실행하고 모든 장애를 출력한다.

Go 코드가 너무 빨리 컴파일되기 때문에(롭 파이크^{Rob Pike}는 실제로 빠르게 빌드되지 않는다고 말했지만 다른 것들처럼 느리지는 않다.), 파일을 저장할 때마다 전체 패키지를 편안하게 빌드할 수 있다. 이것은 TDD 스타일로 개발할 때 도움이 되는 실행 테스트에도 해당되며 경험이 풍부하다. 코드를 변경할 때마다 무언가 손상됐거나 프로젝트의 다른 부분에 예기치 않은 영향을 줬는지 즉시 알 수 있다. import문이 수정돼 코드가 올바르게 표시되기 때문에 패키지 임포트 에러가 다시 표시되지 않는다.

일부 편집기는 파일 저장과 같은 특정 이벤트에 대한 응답으로 코드 실행을 지원하지 않을 가능성이 높다. 두 가지 옵션이 있다. 더 나은 편집기로 바꾸거나 파일시스템 변경에 대한 반응으로 수행되는 자체 스크립트 파일을 작성할 수 있다. 후자의 해결책은 이 책에서 다루지 않는다. 대신 몇 가지 유명한 편집기 코드에서 이 기능을 구현하는 방법에 초점을 맞출 것이다.

▌ 통합 개발 환경

통합 개발 환경IDE, Integrated Developer Environments은 기본적으로 텍스트 편집기며, 코드 작성 및 소프트웨어 구축을 용이하게 하는 추가 기능을 제공한다. 문자열 리터럴, 타입, 함수 이름 등과 같은 특수한 의미를 지닌 텍스트는 구문 강조syntax highlighting로 달리 색을 입히거나 입력 시 자동 완성 옵션을 사용할 수 있다. 일부 편집기는 코드를 실행하기 전에 코드상의 오류를 지적하기도 한다.

선택할 수 있는 옵션은 많다. 주로 개인적인 취향에 따라 다르지만 좀 더 대중적인 선택과 Go 프로젝트 빌드 설정 방법을 여기서 살펴보겠다.

가장 많이 사용되는 편집기는 다음과 같다.

- 서브라임 텍스트Sublime Text 3
- 비주얼 스튜디오 코드Visual Studio Code
- Atom

- Vim(vim-go 포함)

https://github.com/golang/go/wiki/IDEsAndTextEditorPlugins에서 전체 목록을 볼 수 있다.

이 절에서는 서브라임 텍스트 3와 비주얼 스튜디오 코드를 살펴보겠다.

서브라임 텍스트 3

서브라임 텍스트 3는 OS X, 리눅스, 윈도우에서 실행되는 Go 코드를 작성하는 훌륭한 편집기며 매우 강력한 확장 모델을 사용하므로 쉽게 커스터마이징하고 확장할 수 있다. http://www.sublimetext.com/에서 서브라임 텍스트를 다운로드 할 수 있으므로 구입 여부를 결정하기 전에 무료로 사용해보라.

DisposaBoy(https://github.com/DisposaBoy 참조) 덕분에 Go용 서브라임 확장 패키지가 제공돼 많은 Go 프로그래머가 실제로 놓치고 있는 기능과 능력을 풍부하게 제공한다. 이 GoSublime 패키지를 설치하고 원하는 On-save 기능을 추가하기 위해 빌드한다.

GoSublime을 설치하기 전에 패키지 컨트롤Package Control을 서브라임 텍스트에 설치해야 한다. https://packagecontrol.io/로 가서 패키지 컨트롤을 설치하는 방법을 확인하기 위해 **설치**Installation 링크를 클릭하라. 이 글을 쓰는 시점에서는, 하나의 긴 줄 명령을 복사해 서브라임 콘솔에 붙여넣기만 하면 된다. 메뉴에서 **View › Show Console**로 이동해 열 수 있다.

이 작업이 완료되면 **Shift + command + P**를 누르고 **Package Control: Install Package**를 입력해 원하는 옵션을 선택한 후 엔터(return) 키를 누른다. 잠시 기다리면 (Package Control이 목록을 갱신하고 있음) GoSublime을 검색하고 설치할 수 있는 창이 나타난다. GoSublime이라 입력하고 선택한 뒤 엔터 키만 누르면 된다. 모두 성공하면 GoSublime이 설치되고 Go 코드를 작성하는 것이 더 쉬워진다.

GoSublime을 설치했으므로 command + .. command + 2(command 키와 마침표를 동시에 누른 후 command 키와 숫자 2를 입력함)를 눌러 패키지의 세부 사항을 포함하는 짧은 도움말 파일을 열 수 있다.

저장 중에 추가 도움말을 표시하려면 command + .. command + 5를 눌러 GoSublime 설정을 열고 다음 항목을 개체에 추가하라.

```
"on_save": [{
    "cmd": "gs9o_open",
    "args": {
      "run": ["sh", "go build . errors && go test -i && go test &&
        go vet && golint "],
        "focus_view": false
    }
  }
]
```

 설정 파일은 실제로 JSON 객체이므로 파일을 손상시키지 않고 on_save 속성을 추가해야 한다. 예를 들어 이전 및 이후에 속성이 있는 경우 적절한 쉼표가 있는지 확인하라.

앞의 설정은 파일을 저장할 때마다 오류를 찾고, 테스트 종속성을 설치하고, 테스트를 실행하고, 코드를 검증하도록 서브라임 텍스트에 지시한다. 설정 파일을 저장하고(아직 닫지는 말라.) 실제로 작동하는지 보자.

메뉴에서 File ❯ Open...을 선택하고 지금 열 폴더를 선택하면 tooling 폴더가 열린다. 서브라임 텍스트의 간단한 사용자 인터페이스를 통해 지금 우리 프로젝트에는 main. go 파일 하나만 있다. 파일을 클릭하고 줄바꿈을 추가하고 들여쓰기를 추가하거나 제거하라. 그런 다음 메뉴에서 File ❯ Save로 저장하거나 command + S를 누른다. 코드가 즉시 정리되고, 이상하게 배치된 return문을 main.go에서 제거하지 않았다면 콘솔이 나타나고 go vet 덕분에 문제가 보고되고 있음을 알 수 있다.

```
main.go:8: unreachable code
```

콘솔에서 command + shift를 누른 채로 'unreachable code' 행을 더블 클릭하면 파일이 열리고 문제가 발생한 행으로 커서가 이동한다. Go 코드를 계속 작성하다 보면 이 기능이 얼마나 유용한지 알 수 있다.

원치 않는 임포트를 파일에 추가하면 on_save를 사용할 때 문제에 대해 알게 되지만 자동으로 수정되지는 않는다. 우리는 또 하나의 비틀기가 있기 때문이다. on_save 속성을 추가한 설정 파일과 동일한 설정 파일에 다음 속성을 추가한다.

```
"fmt_cmd": ["goimports"]
```

이것은 GoSublime에게 go fmt 대신 goimports 명령을 사용하도록 지시한다. 이 파일을 다시 저장하고 main.go로 돌아간다. 임포트에 net/http를 다시 추가하고 fmt를 제거한 후 파일을 저장하라. 사용하지 않은 패키지는 제거됐고 fmt가 다시 추가된 것을 확인할 수 있다.

비주얼 스튜디오 코드

최고의 Go IDE를 향한 경쟁 무대에 깜짝 등장한 마이크로소프트의 비주얼 스튜디오 코드가 있다. 이는 https://code.visualstudio.com/에서 무료로 제공된다.

웹사이트에서 다운로드한 후 Go 파일(확장자가 .go인 모든 파일)을 열고 비주얼 스튜디오 코드에서 권장하는 플러그인을 설치해 Go 파일 작업을 좀 더 쉽게 수행할 것인지 묻는다.

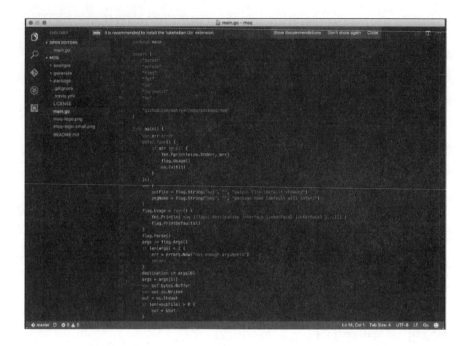

Show Recommendations를 클릭하고 제안된 Go 플러그인 옆에 있는 Install을 클릭하라.

비주얼 스튜디오 코드를 다시 시작해 플러그인을 사용하도록 요청할 수 있으며, 추가 명령을 설치하라는 요청을 받을 수도 있다.

Install All을 클릭해 모든 종속성을 설치하고, 다른 설치를 시작하기 전에 이전 설치 프로세스가 완료될 때까지 기다린다. 잠시 후 몇 가지 도구가 설치됐음을 알 수 있다.

비주얼 스튜디오 코드에 지저분한 코드를 작성하거나 https://github.com/matryer/goblueprints/blob/master/appendixA/messycode/main.go에서 복사하고 붙여넣은 후 저장한다.

임포트가 수정됐고 코드 형식은 Go 표준에 따라 적절하게 맞춰졌음을 알 수 있다.

사용할 수 있는 더 많은 기능들이 있지만 여기에서는 더 이상 다루지 않을 것이다.

▌ 요약

이 부록에서는 Go를 설치했으며 이제 본격적인 프로젝트를 시작할 준비가 됐다. GOPATH 환경 변수에 대해 배웠고 모든 프로젝트 내에 하나의 가치를 지키는 통례를 발견했다. 이러한 접근 방식을 통해 Go 프로젝트 작업을 대폭 단순화한다. 그렇지 않으면 계속해서 까다로운 오류가 발생할 수 있다.

Go 툴셋이 다른 어떤 프로그래머든 간에 추가 학습 필요 없이 선택하고 수행할 수 있으며, 이로써 높은 품질의 커뮤니티 표준 호환 코드를 생성하는 데 진정 도움이 되는 방법을 배웠다. 무엇보다, 이러한 도구의 사용을 자동화하면 애플리케이션을 작성하고 문제를 해결할 수 있다는 사실이 중요하다. 이는 모든 개발자가 정말로 원하는 것이다.

코드 편집기와 IDE 몇 가지를 살펴본 후 Go 코드 작성을 쉽게 도와주는 플러그인과 확장 기능을 추가하는 것이 얼마나 쉬운지 알게 됐다.

찾아보기

에이콘출판의 기틀을 마련하신 故 정완재 선생님 (1935-2004)

프로젝트로 완성하는 Go 프로그래밍

Go 언어를 활용한 마이크로서비스 구축 가이드

발 행 | 2017년 8월 10일

지은이 | 맷 라이어
옮긴이 | 권 순 범

펴낸이 | 권 성 준
편집장 | 황 영 주
편 집 | 조 유 나
디자인 | 박 주 란

에이콘출판주식회사
서울특별시 양천구 국회대로 287 (목동)
전화 02-2653-7600, 팩스 02-2653-0433
www.acornpub.co.kr / editor@acornpub.co.kr

한국어판 © 에이콘출판주식회사, 2017, Printed in Korea.
ISBN 979-11-6175-032-3
ISBN 978-89-6077-210-6 (세트)
http://www.acornpub.co.kr/book/go-blueprints-2

이 도서의 국립중앙도서관 출판시도서목록(CIP)은 서지정보유통지원시스템 홈페이지(http://seoji.nl.go.kr)와
국가자료공동목록시스템(http://www.nl.go.kr/kolisnet)에서 이용하실 수 있습니다.(CIP제어번호: CIP2017018677)

책값은 뒤표지에 있습니다.